来自东方的珍宝

COMPANY CURIOSITIES

NATURE, CULTURE AND
THE EAST INDIA COMPANY
1600—1874

东印度公司
自然、文化探索简史

[英] 亚瑟·麦格雷戈 著
Arthur MacGregor

黄韵雅 译

中国科学技术出版社
·北 京·

Company Curiosities: Nature, Culture and the East India Company, 1600—1874
by Arthur MacGregor was first published by Reaktion Books, London, UK, 2018.
Copyright © Arthur MacGregor 2018.
Rights arranged through CA-Link International LLC
Simplified Chinese translation copyright © 2024 by China Science and Technology Press Co., Ltd.
All rights reserved.

北京市版权局著作权合同登记　图字：01-2024-0358

图书在版编目（CIP）数据

来自东方的珍宝：东印度公司自然、文化探索简史 /（英）亚瑟·麦格雷戈 (Arthur MacGregor) 著；黄韵雅译. -- 北京：中国科学技术出版社，2025.1.
ISBN 978-7-5236-1013-8
Ⅰ. F755.619；N91
中国国家版本馆 CIP 数据核字第 20243CN493 号

策划编辑	刘颖洁	责任编辑	刘颖洁
执行编辑	何　涛	封面设计	东合社
版式设计	中文天地	责任校对	焦　宁
责任印制	李晓霖		

出　版	中国科学技术出版社
发　行	中国科学技术出版社有限公司
地　址	北京市海淀区中关村南大街 16 号
邮　编	100081
发行电话	010-62173865
传　真	010-62173081
网　址	http://www.cspbooks.com.cn

开　本	787 mm × 1092 mm　1/16
字　数	406 千字
印　张	25.5
版　次	2025 年 1 月第 1 版
印　次	2025 年 1 月第 1 次印刷
印　刷	北京盛通印刷股份有限公司
书　号	ISBN 978-7-5236-1013-8 / F·1305
定　价	218.00 元

（凡购买本社图书，如有缺页、倒页、脱页者，本社销售中心负责调换）

前　言

从16世纪到19世纪期间，东印度公司为英国提供了迄今为止都令人难以想象的巨额财富，这是有案可稽的。这种现象无可厚非，毕竟东印度公司主要是一个商业组织，印度贸易为其股东和员工都带来了丰厚的利润。不过本书所要探讨的特殊进口物品——自然标本和人造珍品——最初并没有瞄准市场，而是进了收藏家的藏品柜和科研者的实验室，因其科学、美学或文化价值，并非其货币价值而受到青睐。这些物品的进口在公司发展初期只是作为主要贸易业务的副产品，其商业价值可谓微不足道，以至于大多数传统历史都不愿浪费笔墨提上一笔。直到公司发展的后期，这些物品的商业价值才被人们所认识。我们关注的正是这些物品，从探究它们在东方的起源，最初的收集、分类和管理，一直到西方的接受过程及其对自然科学、商业、工业和对个人品位的影响。这些物品的涌入是一个过程（或者说多个过程）的结果。这一过程以东印度公司给达官显贵送礼为开端，最后以一系列精心策划的收集活动告终。其中包括从伦敦总部向公司驻派印度的官员传送的各种需求清单，这些清单最终到了生产商和制造商手里，其目的是为19世纪后期欧洲的国际贸易博览会和展览会提供陈设之物，旨在刺激商业贸易，并为公司、不列颠本土和整个大英帝国增加收益。与这些实物同样具有重要意义的是，东印度公司及其员工在知识生产方面所取得的巨大成就。其中最具代表性的成绩是，在地形和地磁勘测过程中系统收集的大量数据档案，还有对自然资源、历史遗迹和原住民的调查，尤其从19世纪中期开始，除了传统的文字和绘画记录外，还创造性地使用了摄影技术进行记录。也许这个时代关于印度各方面最有用的出版物大部分都可以归功于东印度公司和它的员工。

在大约70年的时间里,东印度公司位于伦敦的印度博物馆是所有这些活动的中心。我们的故事从19世纪初,在博物馆正式成立前大约两个世纪开始。这座博物馆历经动荡,先是由印度事务处(India Office)管辖,后由东印度公司接手管理,直到1858年公司被解除行政权力,最终到1874年公司被清算解散,这个故事才算画上了句号。虽然博物馆制度的历史呈现出许多令人感兴趣的东西,但这个时代的许多杰出成就同样要归功于那些杰出的个人,他们留下的遗产继续丰富着我们后人的生活,他们在该领域的专业活动和集体愿景扩大了一个营利性公司的作用,让其成为启蒙、研究和教育的载体。与此同时,从公司的行政、司法和军事部门退休的官员越来越倾向于把印度的东西带回家,不仅有异域风情的个人品位,而且还有相当数量的物品和材料,这使得他们的许多私人宅邸变成东方奇珍异宝的展橱(图1)。在"约翰公司"掌权的时代和19世纪后期,这些物品的重要性才被认识到,彼时大英帝国霸权的野心昭然若揭。在19世纪,中央政府的正式机构最终取代了一家贸易公司的活动,而该公司则发现自己(几乎是意外地)掌管了一个大陆。

就本书所述的某一方面,前人已有许多精彩史论公之于世。但迄今为止,还没有人试图将其作为一个整体来研究,并将其作为一

图1 《大卫·奥克特洛尼爵士观看印度舞》(*Sir David Ochterlony Watching a Nautch*),水彩画,作者不详,1820年。墙上的欧洲肖像画与其下方房间中印度风情(奥克特洛尼对这种异域情调特别热慕)的欢宴形成了一种衬托。这幅画作成于奥克特洛尼在1818—1822年驻扎德里期间。驻扎之前,他在东印度公司的军队中有着杰出的职业生涯,曾在那里被提拔为少将。

个单一课题来论述，以证明东印度公司对18世纪和19世纪英国的物质、文化和经济格局所产生的巨大影响。英国公园可能不再饲养婆罗门牛和印度羚羊，但曾经在穿越热带地区和绕过海角的六个月航程中被精心培育的树木、灌木和花卉，现在在英国的花园中却已经司空见惯，完全不受关注了。谁还记得1851年伦敦世界博览会上最大的参展商是东印度公司？它在会上展示了各种纺织品、手工艺品、雕塑、武器、金器、药品、原材料和大量的异域奇物。英国东印度公司两个世纪以来参与了各种不同的事业，并留下了许多证据，本书力图将这些看似不相干的证据重新编织起来，尽力阐明公司的利益范围及其在公司存续期间的不同命运。在讲述这个故事时，我会提到印度和英国的一些令人钦佩的个人（以及一些德行并不那么光明正大的个人）的生活，公司的成功有赖于他们，而这份成功直到公司在水晶宫（Crystal Palace）被捧上高坛的几年后才消亡。

近年来，对殖民主义事业兴趣过于浓厚已经变得不合时宜，而且一群商人冒险家在南亚次大陆上捞钱时居然发现自己是这片大陆的实际统治者，这片领地似乎让寻找令人振奋的材料变得不容乐观。本调查报告无意为东印度公司在印度的恶劣行径或其某些官员的卑鄙行为辩护。毫无疑问，他们中的一些人靠剥削而变得极其富有——或者说他们利用了自己所处的特权环境，但不论是在东方还是在英国，东印度公司的许多员工在追求理解和学问方面也表现出了最非凡的学术能力、积极性和献身精神，他们的活动通常都是为了完全崇高和无私的目的。在接下来的篇幅中，我们会看到公司的这两个团体给西方带来了巨大的财富，他们功绩卓越，并且在印度和在英国舒适的退休生活（那些逃离了疾病、暴力和海难陷阱的人）中获得了各种好处，这是他们应得的。

关于地名的说明

本书引用的手稿和印刷资料中，出现了地名的各种各样拼法，其中一些是英国人的发明（或误誉的），从未在印度本土人口中流传过。此外，许多在殖民时代结束前都广为人知的地名（甚至是重要城市的名字），现在都已经不再使用。在史学作品中使用早期的地名名称，这种对理解产生干扰的做法既不实际也不可取，而且在每一个过时的术语后面插入其现代名称也相当枯燥乏味。书中所涉及的地名，其原始名称的某种形式（直接引用的材料除外）一般会沿用，而其各自的现代名称则在索引中以供参阅。从大英图书馆的印度事务处档案（India Office Records，保存在亚非研究阅览室）中提取的参考资料在这里会加上前缀IOR。

目 录

绪　论　东印度公司：1600—1874 / 1
　　东印度公司治下的印度 / 12
　　来自欧洲的竞争对手 / 14
　　公司权力的扩张 / 20
　　东印度 / 29
　　教会和公司 / 30
　　收藏情况简介 / 31

第一部分　东印度公司的藏品 / 33
　　至1800年的开拓性实地考察 / 35
　　支持者们：孟加拉的亚洲学会和其他机构 / 40
　　公司的博物学家Ⅰ：植物学与帝国 / 46
　　　　早期在马德拉斯总督府 / 46
　　　　加尔各答植物园 / 50
　　　　公司的其他植物园 / 63
　　　　公司植物学家在偏远地区的田野工作 / 68
　　　　运送获得的物品 / 71
　　　　植物标本及其相关档案 / 75
　　公司的博物学家Ⅱ：早期英属印度的动物学 / 78
　　　　动物园和博物馆的动物标本 / 78
　　　　韦尔斯利侯爵和博物学的提倡 / 86
　　　　韦尔斯利之后的动物学 / 91
　　纸质博物馆：博物学插画师和插图 / 97
　　对印度次大陆的记录和描述 / 113
　　　　欧洲画师和印度景观 / 114
　　　　由公司人员记录的地貌和古迹 / 128
　　　　古迹调查 / 131
　　　　地形测量 / 139

　　　　古文物收藏　　　　　　　　　　　　　　　　　　　　　/ 151
　　　　　　查尔斯·斯图尔特少将和他的博物馆　　　　　　　/ 154
　　　　新兴的民族志研究　　　　　　　　　　　　　　　　　/ 157
　　　　摄影术和东印度公司　　　　　　　　　　　　　　　　/ 162

第二部分　　英国视角下的印度　　　　　　　　　　　　　　　/ 173
　　印度博物馆　　　　　　　　　　　　　　　　　　　　　　/ 175
　　　　从威尔金斯到霍斯菲尔德　　　　　　　　　　　　　　/ 178
　　　　罗伊尔，"经济博物馆"与国际展览时代　　　　　　　 / 199
　　　　　　1851年的伦敦世界博览会　　　　　　　　　　　 / 200
　　　　　　1853年和1865年的都柏林皇家学会展览会　　　　 / 211
　　　　　　1855年和1867年的巴黎世界博览会　　　　　　　 / 211
　　　　　　1857年的曼彻斯特艺术珍品展览会　　　　　　　 / 215
　　福布斯·沃森的贸易博物馆时代　　　　　　　　　　　　　/ 216
　　　　超越贸易博物馆　　　　　　　　　　　　　　　　　　/ 226
　　　　四处碰壁　　　　　　　　　　　　　　　　　　　　　/ 227
　　　　　　藏品分散　　　　　　　　　　　　　　　　　　　/ 239
　　　　　　印度博物馆种类广泛的遗产　　　　　　　　　　　/ 242
　　荣归故里：回国的东印度公司人员和他们的遗产　　　　　　/ 245
　　　　公司人员和商人的个人收藏　　　　　　　　　　　　　/ 246
　　　　新贵们的豪宅　　　　　　　　　　　　　　　　　　　/ 247
　　　　花园　　　　　　　　　　　　　　　　　　　　　　　/ 253
　　　　新贵豪宅的室内陈设　　　　　　　　　　　　　　　　/ 257
　　　　大英帝国的印度雕塑　　　　　　　　　　　　　　　　/ 261
　　　　杂珍奇物　　　　　　　　　　　　　　　　　　　　　/ 272
　　　　动物珍品　　　　　　　　　　　　　　　　　　　　　/ 281

尾　声　　　　　　　　　　　　　　　　　　　　　　　　　　/ 299
附　录　　　　　　　　　　　　　　　　　　　　　　　　　　/ 301
注　释　　　　　　　　　　　　　　　　　　　　　　　　　　/ 318
参考文献　　　　　　　　　　　　　　　　　　　　　　　　　/ 383

绪 论
东印度公司：1600—1874

1595年，荷兰人的船只探入了欧洲东部的海域，4年后，英国人也驶入了这片海域。促使他们远洋的，与其说仅仅是为了复刻葡萄牙对东部海域的百年统治的成功，不如说是想挑战葡萄牙在这片海域的统治权，他们也渴望在这有利可图的贸易中分一杯羹。[1] 与他们的竞争对手一样，英国的轮船首先规划了一条前往苏门答腊的航线，以寻找能让他们满载而归的胡椒、香料、丝绸、宝石和靛蓝。这些早期自由贸易活动所取得的成果让人们看到了利益前景，因此伊丽莎白女王在1600年12月31日颁发了便于伦敦商人联合公司（United Company of Merchants of London Trading）进入东印度群岛贸易的皇家许可状，这是一个由大约100名商人组成的同业联盟，他们共同组成了一个股份公司（图2）。在特许状的条款中，有一条

图2 授予东印度公司商人的徽章，1601年2月4日。徽章画面中央是三艘航行中的三桅船；两边的支座是"两个狮身鱼尾的海兽"和拉丁文箴言DEO DUCENTE NIL NOCET（在上帝的引导下，我们无所畏惧）。

规定:"公司可以每年向东印度群岛派遣 6 艘货船和 6 艘武装舰载艇,以及 500 名水手,皇家海军的出动则另有规定。"[2]

在接下来的一个世纪里,公司许可状的定期修订使其条款发生了一些变化。例如,1661 年的第三份许可状赋予了公司自行任命总督的权利,以根据英国法律管理工厂、种植园等;1677 年的第四份许可状赋予了公司在印度铸造货币的权利;1693 年的第七份许可状规定:"公司每年向印度出口价值 10 万英镑的英国货物……应每年上呈给国王和议会过目。"

在早期股东们只按短期合同运作时,这个松散的商人协会是在芬彻奇街(Fenchurch Street)菲尔波特巷(Philpot Lane)的一个成员的房子里进行协调合作的。后来公司总部建立,先是 1621 年落址于主教门(Bishopsgate)的克罗斯比厅(Crosby House),然后在 1648 年建立在利德贺街(Leadenhall Street)的克雷文大楼(Craven House),那里是威廉·克雷文爵士(Sir William Craven)的住所,他曾任职伦敦市长。那是一幢伊丽莎白时代的豪宅,到 1660 年代初已被改称为东印度大楼(East India House,图 3)。它的威望已经确立,甚至可以在查理二世的加冕仪式上上演一段色彩缤纷的插曲:

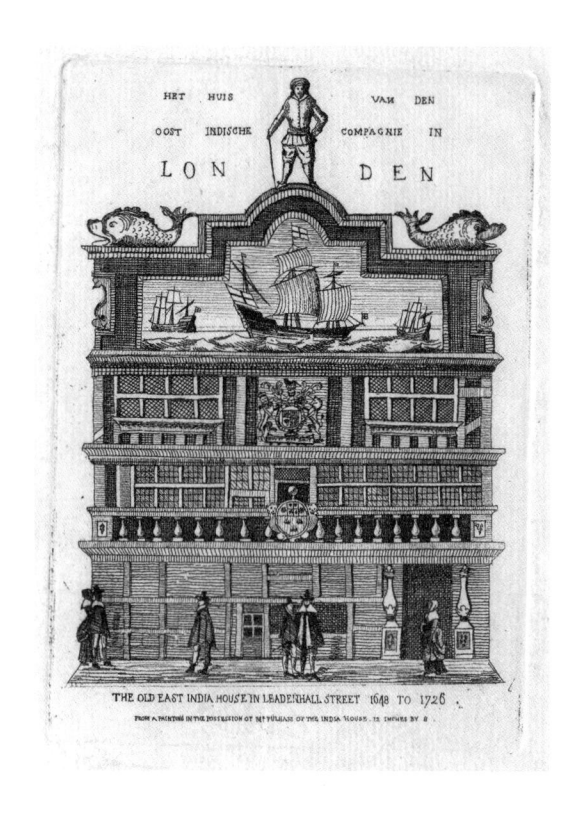

图 3《东印度大楼旧址》(*The Old East India House*),展示了 1726 年重建前的木质结构,蚀刻画,约 1830 年。

> 在尊贵的国王前往位于利德贺街的东印度大楼时,东印度公司借此机会用如下方式向陛下表达了他们的忠君之情:
> 　　起初,一个身着印度服饰的青年在两个肤色黝黑的摩尔人(Moor)的陪同下,被派去向国王表示衷心,他跪拜在国王的坐骑前,说道:
>
> 　　请留步,尊贵的王上,在您面前的是一个印度人,

2

> 我满载一车礼物，
> 奉上我的耿耿忠心和感恩。
> 在这无上光荣的日子，作为对王上应有的敬意。

> 同时，另一个身穿印度式马甲的青年骑在骆驼上，由两个黑摩尔人和其他随从牵了出来，骆驼上有两个装满珠宝、香料和丝绸的驮袋，里面的东西被分撒给旁观的人们，他向国王陈述自己的身份和来由，内容如下……[3]

此后，该地一直是公司的所在地，尽管到了1720年代初，克雷文大楼已经不敷使用，而且随时都有倒塌的严重危险。因此，业余建筑师西奥多·雅各布森（Theodor Jacobsen）接到委托，建造了一座帕拉第奥风格的新建筑。虽然内部设备齐全，但新建筑的外观最初相对而言是比较简陋朴素的。后来在1726—1729年期间进行了重建和扩建，并在1796—1800年的四年内在面积上进一步扩展，并精心装修，才有了最终的建筑外观（图3）。

显然，东印度公司很早就开始收集奇珍异宝，因为在1669年科西莫三世·德·美第奇（Cosimo III de' Medici）访问伦敦之际，他的秘书洛伦佐·马加洛蒂（Lorenzo Magalotti）怀着某种热情记录了他对位于利德贺街的公司总部的印象：

> 殿下接下来去了印度馆……那里有很多稀奇古怪的东西，有动物也有植物。在众多引人注目的物品中，能看到在尼罗河畔大量生长的无花果树……这里有多种鸟类，其中有一种被称为天堂鸟……看起来十分美丽，相当悦目；还有来自弗吉尼亚州的夜莺……除了这些鸟类，还有各种不同的动物，有陆生的，也有水生的，因其身体的巨大和各部分的对称性而令人惊奇；这类动物中有种蛇，其尺寸最是不同寻常，居然能超过12腕尺之长……还有一种鱼，它的大小与海豹相当，身上没有鳞片，但覆盖着粗糙不平的皮肤，有一个长且畸形的头，嘴里有上下两排牙齿，形状如锯齿一般可怕。殿下还查看了许多其他来自印度的动物和奇

珍异物，它们被收藏于此，以满足公众的好奇心。[4]

虽然马加洛蒂对"印度"一词的使用必须适当宽泛地来解释——正如16世纪和17世纪的用法一样[5]——而且尽管这些藏品显然包括来自公司主要业务范围以外的材料，但他将这种积累描述为"奇珍异物"似乎是完全恰当的。当然，除了"满足公众的好奇心"的愿望，没有证据表明此时的东印度公司对其收藏有任何有目的的野心。

在早期阶段，正常参观"印度大楼"并观赏其藏品，一直以来是没有什么问题的。事实上，即使在大规模改建公司旧址的时期，公司仍然有一段时间羞于炫耀其财富和影响力。布赖恩·艾伦（Brian Allen）将其试图向商界展示的形象描述为"刻意的保守沉稳，以传达出没有被任何异域人文所影响的信息"：东印度公司远没有强调其东方色彩，它更希望被视为可靠、安全和典型的英国机构。[6] 即使是委托乔治·兰伯特（George Lambert）为公司总部的墙壁制作的其在印度各驻地的图片，也是以在英国流行的风景画的风格来制作的；唯一一幅公然展出的具有异国风情的作品是乔治·威里森为卡纳提克的纳瓦布①画的全身像（图4）。这位纳瓦布是马德拉斯（Madras）②总督府的一个傀儡统治者，他出于自身利益的考虑向公司赠送了这幅画，它在伦敦的出现有效地证实了公司的确对南亚次大陆有着紧密的掌控。[7]

在生意方面，东印度大楼是公司活动的中心。董事会行使执行委员会的职责，尽可能扩大对其员工日常生活细节的控制。各省的总督[8]以及印度总督都根据自己的个性独立和强势，或多或少地遵守了董事会的要求。由于往返董事会的"公文"派送可能需要6个月或更长时间才能到达目的地，因此那些不那么听话顺从的人就会借此揽权，而在偶尔需要迅速和果断的行动的情况下，他们就会先斩后奏，提出一个所谓的提案，这些提案往往已成为既定的事实。除了从伦敦向各个总督或地方政府发送的信息外，还开发了一个公文系统，通过该系统在整个公司范围内发布公告。

---

① 纳瓦布，印度莫卧儿帝国时代副王和各省总督的称谓，即省长。——编者注
② 今金奈。——编者注

图4 《穆罕默德·阿里·汗，卡纳提克的纳瓦布》(Muhammed Ali Khan, Nawab of the Carnatic)，乔治·威里森（George Willison）作，约1774年，布面油画。这位纳瓦布清楚地知道肖像画所具有的心理价值，像这样的一幅画有助于巩固他在印度和英国两方的地位。

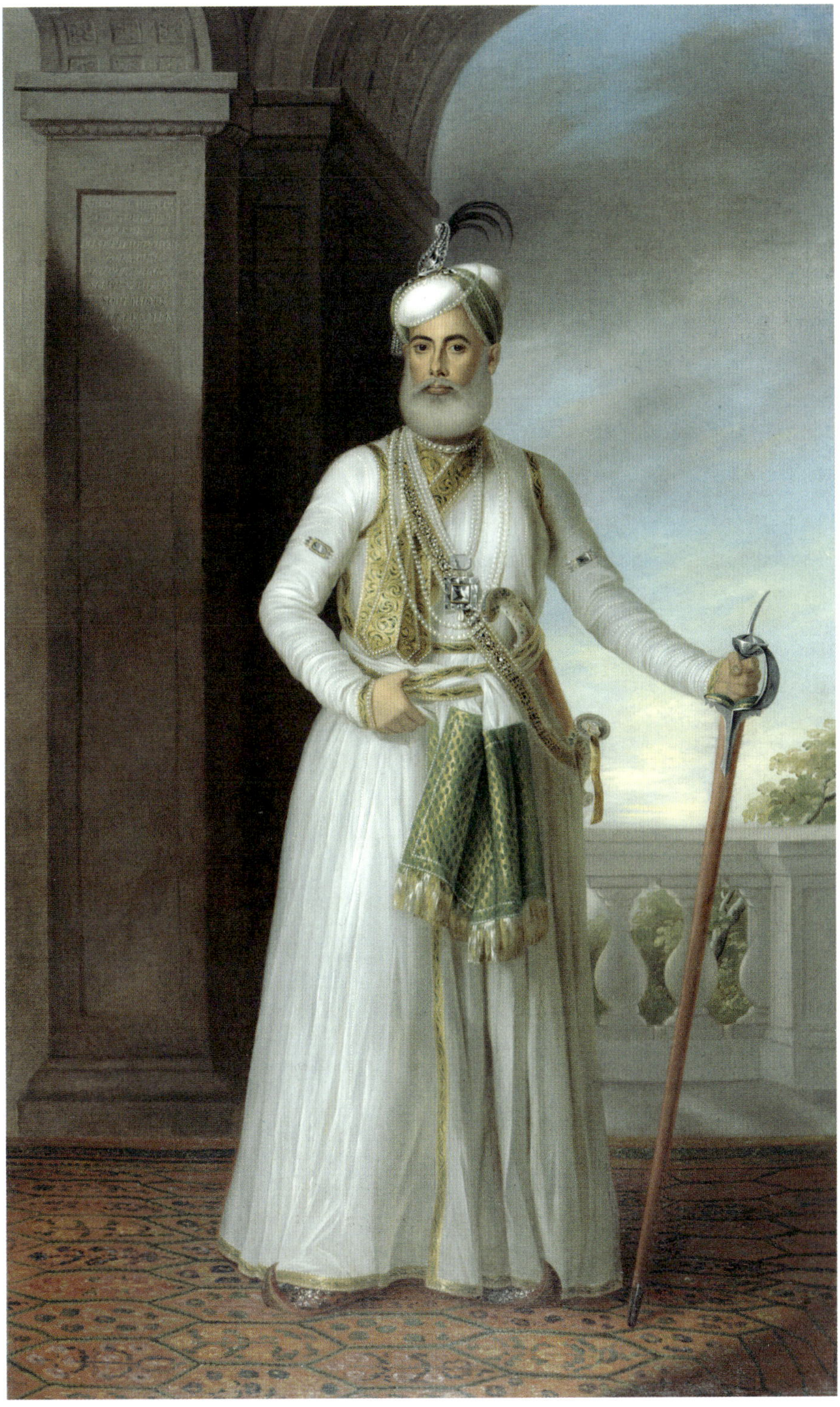

图 5 《泰晤士河上的布莱克沃尔船厂》（The Blackwall Yard from the Thames），弗朗西斯·霍尔曼（Francis Holman）作，1784 年，布面油画。从 17 世纪初开始，东印度公司和皇家海军的船只在布莱克沃尔一并建造；这里显示的第一艘和第三艘船是商船，其他的是海军的双层甲板船。

1607 年，公司在德普特福德（Deptford）租赁了一个码头，于 1617 年搬到了布莱克沃尔（Blackwall）的一个更大的地方（图 5）。不仅货物从布莱克沃尔收发运送，而且有一段时间公司还在那里建造和维修自己的船只。到 1620 年代，据说有两百多人在那里干活。[9] 从复辟时期开始，大部分的公司贸易都是由租来的船只处理的——通常是四艘——尽管有几艘仍然属于公司所有。它们都是打着公司的旗号航行，并以"东印度商船"（East Indiamen）的称谓闻名。[10] 当然，这些船都是质量上乘的坚固船只，标准重量约为 300 吨，比从事其他商业领域的船只要重。甚至，更大的船只也逐渐发展起来（图 6），到 19 世纪初，中国贸易全面展开时，超过 1200 吨

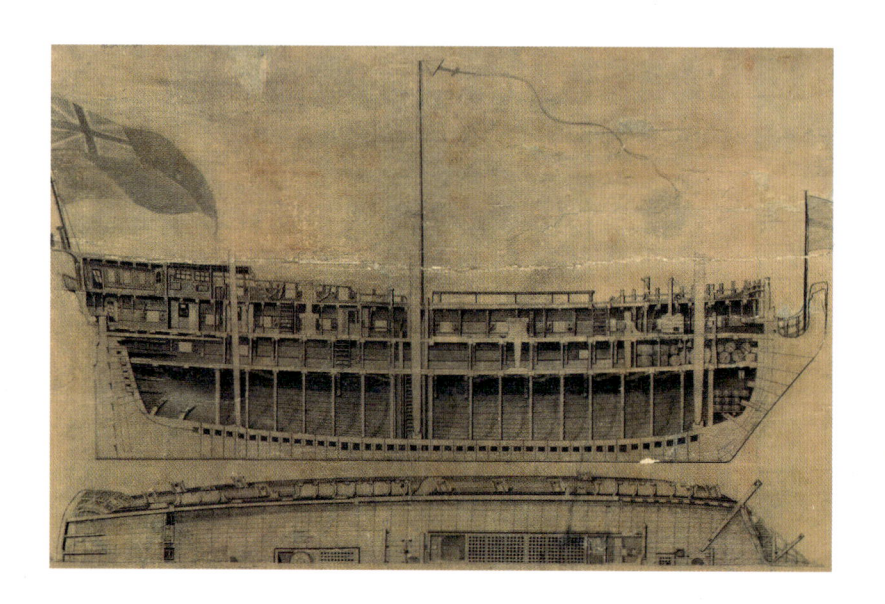

图 6 东印度商船"法尔茅斯"号（Falmouth）的截面图和平面图，1752 年在布莱克沃尔下水；可能是由船厂的监督官迈克尔·托平（Michael Topping）绘制的。"法尔茅斯"号是 18 世纪中期高度发展的公司船舶的典型。

6

以上的船只已屡见不鲜。[11] 管控向公司租赁船只的"航运事业集团"（Shipping Interest）在18世纪末形成了一个强大的压力集团。在东印度码头公司（East India Dock Company，成立于1803年）建造了新的设施后，东印度码头接收进港船只（图7），而布莱克沃尔继续处理出口贸易。承载公司贸易的"东印度商船"是有史以来最令人印象深刻的商船之一（图8）。

起初，公司能够出口到印度并从中获利的产品很少，但根据其特许状，公司必须将英国的"自然作物、产品和制造"带到国外，能够满足这一要求的主要是羊毛布的出口贸易（图9）——不过刚开始的时候，东方对英国布料的需求很小。[12] 这一过程的大多数交易都必须以白银支付，通常是用西班牙元，这一惯例导致了国家资源的消耗，引起了民众对公司贸易活动的强烈反对。然而，到了18世纪，纺织品贸易的范围扩大了，无论是从印度进口到英国的纺织品，还是最终又出口到南亚次大陆的具有印度特色的纺织品，都开始有了较大的收益。英国日渐成熟的机械化生产和具有竞争力的工业生产产出的这些具有印度特色的出口纺织品给公司带来了甜头。

在公司的特权保持不变的这些年里，对皇家特许状授予的印度贸易垄断权的反对意见一直在发酵。在1690年代，被排除在"老"

图7《布莱克沃尔的东印度码头》（*The East India Docks at Blackwall*），威廉·丹尼尔（William Daniell）作，1808年，手绘蚀刻画。附有文字记载："东印度码头是专门为英国东印度公司雇用的船舶提供短期驻泊的，它们由两个宽敞的码头组成。其中最大的码头用来卸载公司从东方进口的所有货物；而在另一个码头上，所有出航国外的船只装载出口的货物……"

图 8 《威廉三世时期的两艘东印度商船》(*Two views of an East Indiaman of the time of King William Ⅲ*)，艾萨克·塞尔梅克（Isaac Sailmaker）作，约 1685 年，布面油画。这艘全副武装的船只，初步确定为 775 吨的"查尔斯二世"号（Charles the Second），1683 年在德普特福德建造，悬挂着东印度公司的红白两色旗帜，俗称"公司格子旗"。

公司之外的心怀不满的辉格党（Whig）企业家试图引发一场重大危机，他们成功赢得了皇室对一个全新的、有竞争力的英国东印度公司的支持，并于 1698 年获得了特许状。然而，经过四年的巧妙周旋，老公司成功地延长了它的特许权，并持有新公司 50% 股份。它因此能够有效地恢复以前的业务，并继续排除其贸易上的竞争对手。[13]

尽管英国国内敌对情绪的暗流持续存在（甚至声势愈加浩大），但公司在印度的发展却很繁荣，并且和政府事务日益纠缠在了一起。直到罗伯特·克莱武（Robert Clive）建立的扩张主义政权"公然挑衅公司决策，打开了财政和外交问题的潘多拉魔盒"。[14] 诺斯勋爵（Lord North）的政府试图通过 1773 年出台的《调节法案》（Regulating Act）来解决危机：在印度设立了总督职位，并建立了最高法院，两者都由政府控制；在英国，国家提供的 140 万英镑贷款使公司免于破产，董事会也进行了改革，但这些举措只给公司带来了短暂的喘息机会。1784年，威廉·皮特（William Pitt）政府通过了一项新的《印度法案》（India Act），该法案在伦敦设立了一个强大的管理委员会，负责监督公司与印度本土势力之间的所有关系，并加强了总督的职能。所有这些都是为了确保公司的活动更加专注于贸易和商业，外交和政治事务将由政府官员以王室的名义来处理。该法案提供了基本框架，在该架构之下，公司将在其存续时间里在印度保持运作。

在公司发展早期，印度的员工主要由代理人、撰稿人（文员）和学徒——通常来自教会医院——担任职位。在这些人中，实用的谈判、文书和商业技能是最被看重的，但随着时间的推移，对专业人员的需求让公司针对人员聘用要求进行了修订：从1760年起，所有新聘人员都被指定为"文员"，在另一代人中还出现了专业培训学院，可以教授日益复杂的管理所需的更高级技能。[15] 其中最早的学院——威廉堡学院（College of Fort William）于1800年在加尔各答成立，韦尔斯利侯爵（Marquess Wellesley）以其特有的商业敏锐性创立了这所学校。其课程包括梵语、波斯语、阿拉伯语和其他语言，以及法律、政治、文学、数学、化学和植物学，全部由当地聘请的学者进行教授，而且第一批学生是由总督亲自推荐的。然而，这些举措都没有得到董事会的批准，尤其当他们在1803年收到25万英

图9 这些铅封印章来自东印度商船"阿伯加维尼伯爵"号（Earl of Abergavenny）的残骸，该船在1805年的出航中与一船羊毛布全部下落不明。公司的首字母（veic，指东印度联合公司）出现在一个心形内，与两个护盾（弧形）相交。

镑的初始账单时，其反应可想而知：韦尔斯利不仅僭越他的权责，而且他个人领导的政权有可能破坏董事们控制员工招聘和延续其自身影响力的赞助制度。[16] 威廉堡学院很快就被叫停了，不过董事会在加尔各答、马德拉斯和孟买批准了一些课程范围较小的学院，并且由伦敦总部直接控制，而不是由总督控制。[17]

一个新的机构，即东印度学院（East India College）在英国成立，由董事会直接控制。从1806年起，学院在赫特福德（Hertford）城堡的临时住所中运作，同时在附近建造了令人印象深刻的新住所［今天的黑利伯瑞学院（Haileybury College）和帝国后勤学院（Imperial Service College）］，第一批学生于1809年9月搬到了新地点（图10）。在这里，有志于此的学生将接受大学式的教育，以适应公司部门的行政职位。[18] 学习内容包括波斯语、孟加拉语和其他语言的基础教育——其中一些语言是由专门从印度带来的梵学家（*pandits*）教授的，以及古典文学、人文学科和哲学、政治经济学和法律。绘画也被纳入了课程，最初由托马斯·梅德兰（Thomas Medland）教授。学生们在学院获得的所有这些技能在他们走上工作岗位时都会为他们提供帮助。

为东印度公司军事服务的学员要通过一个独立机构来培养，这

图10 东印度学院（East India College，今天的黑利伯瑞学院）空中俯瞰图。黑利伯瑞学院是按照牛津剑桥学院（Oxbridge College）的建筑形象建立的，其四方院的规模超过了所有的学院，今天仍然是英国最大的学院，可见其创始人雄厚的财力。

就是公司于1809年在萨里郡（Surrey）的阿第斯康比（Addiscombe）建立的军事学院（Military Seminary，图11）。刚开始的招募对象仅限于有潜力被培养成未来的工程师和炮兵军官的学生，但从1827年开始，从事一般事务的学员也被吸纳进来。[19] 如果根据其公布的课程来判断的话，阿第斯康比可能会被看成一个为即将加入印度军队的人提供模范教育基地，其教学内容包括"数学、防御工事、自然哲学[20]和化学；语言方面有印地语、拉丁语和法语；民用、军用和平版印刷制图和测量艺术；还有根据最被认可的模型建造炮兵常使用的几种炮车和迫击炮床"。可悲的是，现实和理想似乎相差甚远，占主导地位的数学课（尽管还不够）、民用和军用绘图被认为是"无关紧要的小事"，只适合纸上谈兵，实战派不上用场。而印地语的学习——尽管每周有六天的时间安排了这门课程[21]——仍然被认为是"次要或无用"的功课。阿第斯康比的努力非但没有培养出能建设公司军事管理的模范领导人，反而被认为加速了公司的垮台："它未能传达对印度生活和语言的同情，却导致1857年公司的军事系统在印度北部的平原上功亏一篑。"[22] 但是，无论这些批评大体上多么合理，事实是，许多最能干的官员的名字被留在了阿第斯康比校友的荣誉册上，他们在更广泛的学术服务中的事迹也被记录在册子中。

图11 军校学生在公司的阿第斯康比军事学院；照片上有"1857年6月第四学期"的字样，这一年是发生印度叛乱的重要年份。

东印度公司治下的印度

欧洲商船在 17 世纪初初次进入南亚次大陆，此时的印度在历史上正居于莫卧儿帝国（Mughal）后期。这个帝国幅员辽阔、底蕴深厚、政治稳定，阿克巴皇帝（Akbar，1556—1605 年执政）通过武力和外交的结合，其政权在他的统治下得到了有力的巩固。阿克巴的宫廷分布在德里、阿格拉（Agra）和法塔赫布尔·西格里（Fatehpur Sikri）。法塔赫布尔·西格里是一个壮丽辉煌的城池，同时也是一个充满学问和智慧的地方，它拥有一座显赫的图书馆和许多常驻的书法家和艺术家，在他们的领导下，莫卧儿帝国的绘画和工艺品被提升到了最高艺术水平；其他形式的学术研究也得到了赞助，一个独特的伊斯兰风格的建筑流派得到了发展。在对外交往方面，阿克巴证明了他能以开放的胸襟对待欧洲文化，他自信地认为，欧洲文明也可能给他的帝国带来好处。

虽然整个政府是中央集权的，但在阿克巴的统治下，有相当多的自治权被下放给了各地的长官和国内的藩王。少数群体的权利普遍能得到尊重，并且宗教宽容程度明显较高。不同的人种和文化相对和谐地融合在一起，由此产生的社会和谐带来了极为和平的发展环境。当然，这是付出代价换来的和平：高税收，社会阶层僵化，绝大多数人不可逆转地陷入了无法摆脱的种姓制度、行业或社会群体中。强加给劳工和整个社会的规定和习俗是如此僵硬，几乎完全扼杀了个人的上升空间或上进心。这样的制度让莫卧儿的社会稳定且顺从，但在经济上却停滞不前。虽然他们与东方建立了海上联系，最远可至中国，然而现有的对外贸易主要限于伊斯兰世界，尤其是波斯。在接下来的一个世纪里，所有这些因素都会发生变化，在这期间，个人的财富可能会有失有得，但对于那些贫苦人来说，无论是短命王朝的更迭动荡还是政治制度的改变，生活都如死水微澜，毫无起色。

在阿克巴的儿子贾汉吉尔（Jahangir，1605—1627 年执政）的统治下，刚刚实现的政治统一开始出现潜在的矛盾。贾汉吉尔的统治以一些宏伟的纪念碑和花园为标志，正是通过这些建筑，他的王朝在今天被人们所记住。这些建筑中有许多是由波斯建筑师设计的,专门为行使皇权创造适宜的宏伟环境而引进。帝国的活力与和谐将持续到贾汉吉尔的儿子沙·贾汗(Shah Jahan)的统治时期(1628—1658年)。在他的统治下,德里成为权力的中心,但当沙·贾汗强势的小儿子奥朗泽布(Aurangzeb,1658—1707年执政)篡位时,他的宗教保守主义给莫卧儿帝国的成功所依赖的宗教宽容画上了句号,其带来的后果就是疏远了整个信奉印度教的人口。在奥朗泽布的统治下,帝国的边界得到了扩展,但在他去世时,许多选民省份公开造反,而捉襟见肘的中央当局没有办法在如此广泛的战线上施展他们的意志。在奥朗泽布的儿子沙·阿兰(Shah Alam,1707—1712年执政)短暂执政期间,曾试图扭转莫卧儿权威受到侵蚀的局面,他试图重新统一他治下的人民,但在他执政结束时,该王朝已陷入分裂和广泛的争斗之中。在穆罕默德·沙阿(Muhammed Shah,1719—1748年执政)的统治下,印度中部的大片土地最终从莫卧儿的控制下转到了印度马拉地帝国(Marathas)的手中,而波斯人纳迪尔·沙阿(Nadir Shah,1736—1747年执政)1739年对德里的冲击直接结束了莫卧儿帝国的一统局面。象征莫卧儿统治地位的孔雀宝座就是被运往波斯的大量战利品之一。此后,莫卧儿皇帝的名义主权继续得到承认,但实际上其各个省份,无论是穆斯林、印度教还是锡克教的政治势力,都各揽政权,根据自己的地方利益与对手开战或维持和平。末代王朝所特有的分裂过程在很大程度上有利于东印度公司的发展,直到其政治权力的最后几年,从最初的孟加拉向外扩展到克什米尔地区,后来又扩展到整个旁遮普,在19世纪40年代与锡克教的十年断断续续的战争之后,旁遮普落入了英国人手中。

这是一个逐渐分裂的社会,尽管东印度公司在伦敦的管理机构相当小心,将其野心严格限于贸易事业,仍发现自己日益被裹挟进对一方或另一方的支持,以保护自己的权利,以至于公司本身就被认为是这片土地上最重要的力量,是皇帝本人的保护者。最终,巴哈杜尔·沙阿二世(Bahadur Shah II,1837—1857年在位)结束了疲弱的执政路线,他在卷入1857年的叛乱后,被废黜并流放。[23]此时,帝国的正式控制权不是交给公司,而是直接交给英国政府,这次吞并标志着大英帝国形成的一个关键转折点，此时英国的野心是（征服）整个世界。

来自欧洲的竞争对手

当英国东印度公司的第一批代表踏足这片不论是地理位置还是本土社会群落在西方都鲜为人知的领土时，除了要建立有利可图的贸易联系，没有任何其他想法。公司对皇家特许状确实没有过多设想。这些英国冒险家发现他们早被葡萄牙人甩到了后头，1498 年，葡萄牙航海家瓦斯科·达·伽马（Vasco da Gama）首次在马拉巴尔（Malabar）海岸的卡利卡特（Calicut）登陆。此后 20 年间，一些葡萄牙人在果阿（Goa）安顿了下来，并于 15 世纪在科罗曼德尔（Coromandel）海岸、孟加拉和吉大港（Chittagong），以及东至马来半岛的马六甲的一系列港口都建立了贸易点。到了 17 世纪时期，葡萄牙人的活动逐渐减少，财产也逐渐削减，部分原因是英国东印度公司的活动，但更重要的是来自荷兰同行的竞争，1602 年荷兰东印度公司（Vereenigde Oostindische Compagnie，简称 VOC）的成立，部分原因是对两年前英国东印度公司成立的回击。[24]

除了成功挑战葡萄牙在"香料群岛"（Spice Islands）的霸主地位，荷兰人还在古吉拉特邦（Gujarat）和科罗曼德尔海岸建立了工厂，就是在等待运输前可以积累货物的仓库，并且在阿格拉建立了一个子贸易站。此后不久，英国人获准在马德拉斯北部的默苏利珀德姆（Masulipatam，1611 年）和西海岸的苏拉特（Surat，1612 年被指定为公司在印度的总部）建立工厂。

1615 年，托马斯·罗爵士（Sir Thomas Roe）被詹姆斯一世派遣拜谒贾汉吉尔皇帝（图 12），这令（英国）东印度公司获得了优先于葡萄牙人的贸易特权。大约 15 年后，登比堡（Denbigh）的第一位伯爵威廉·费尔丁（William Feilding）也效仿了他的做法，乘坐东印度商船到达贾汉吉尔的儿子沙·贾汗的宫廷。回国后他的肖像被凡·代克（Van Dyck）的画笔画了下来，将一种异国情调和欧洲服装融合在了一起（图 13），从而开启了一种新的表现形式，这

图 12 《贾汉吉尔皇帝用荣誉之袍礼仪接见群臣》（The Emperor Jahangir Investing a Courtier with a Robe of Honour），约 1616 年，纸上水粉画。托马斯·罗爵士和阿格拉的莫卧儿宫廷成员一起观看了这个仪式。尽管据英国人所说，罗的使团在印度得到很高的重视，但在莫卧儿的档案中几乎没有什么记录，所以他在这幅画的边缘位置似乎也无可厚非。

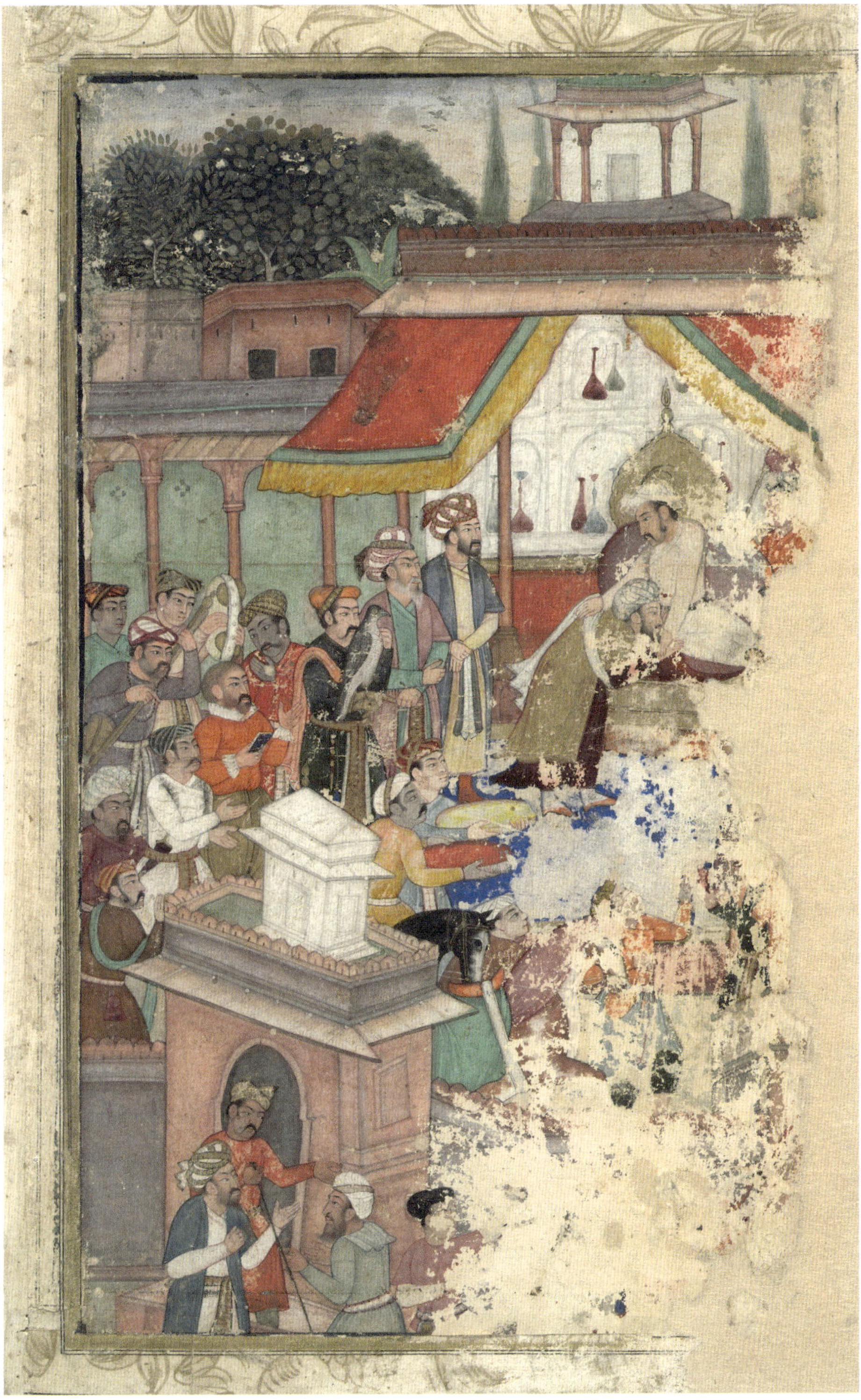

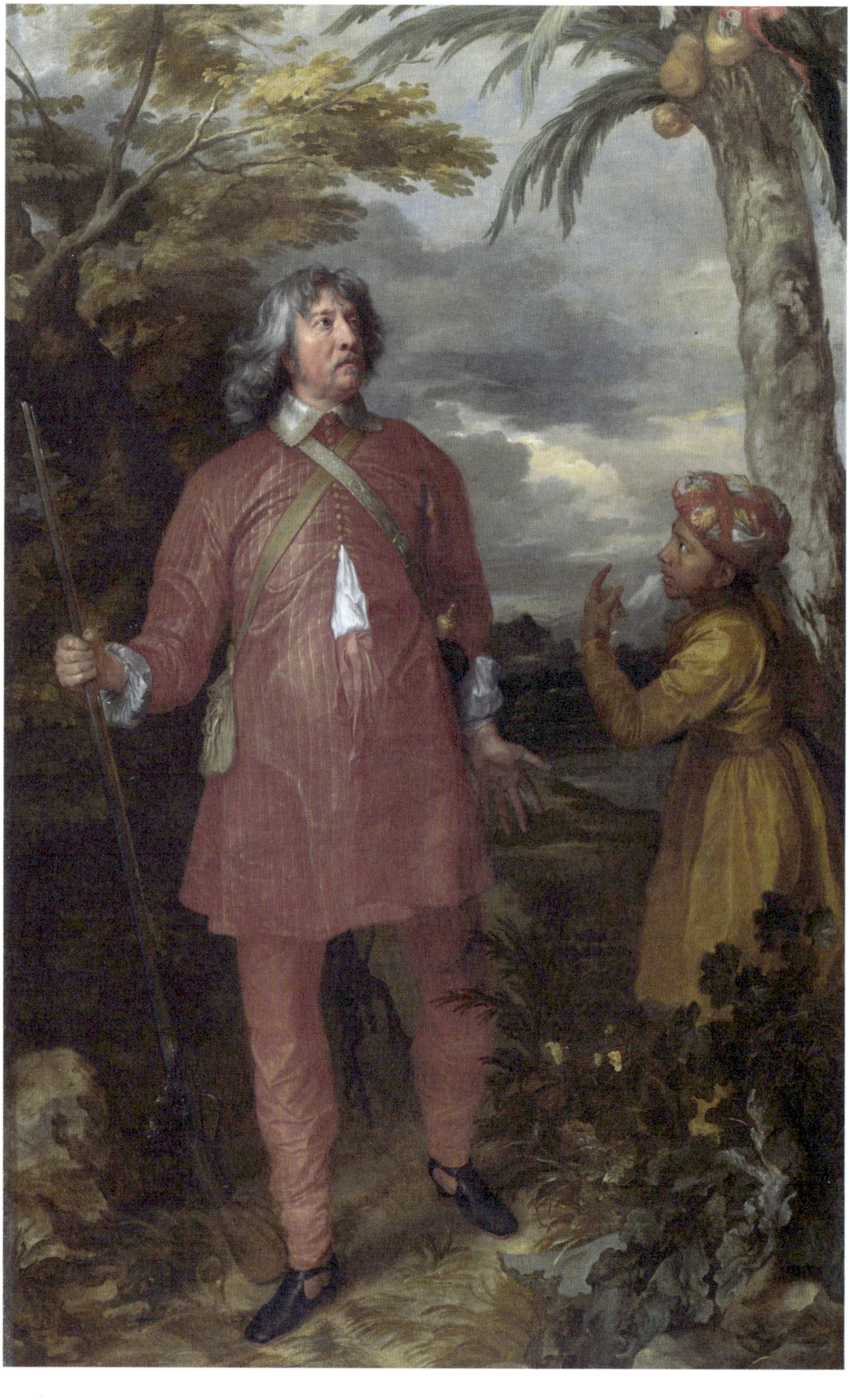

图13 《威廉·费尔丁，登比堡的第一位伯爵》（*William Feilding, 1st Earl of Denbigh*），约1635—1636年，布面油画。画中的伯爵穿着印度丝绸服装和欧洲鞋子，站在一个虚构出来的森林环境中，左边是一棵橡树，右边是一棵椰子树（树叶掩蔽着一只南美金刚鹦鹉）；他身边有一个小男孩（也是穿着得体），费尔丁把他带回到了英国。

种风格的画作不时在接下来的三个世纪中出现。他还携带了一个铜制的神像，在返回时将其献给了国王。这在1639年由亚伯拉罕·凡·德·杜尔特（Abraham van der Doort）记录的一份怀特霍尔宫（Whitehall Palace）陈列室存货清单中有所记载。[25]

由于这些贸易点和其他贸易点从来都不是完全安全的，尽管莫卧儿帝国不愿意批准建造外国据点，但事实证明它们应该被加固。因此，英国人于1639年被允许在马德拉斯[26]建造一个堡垒，这座堡垒次年建成，并被命名为圣乔治堡（Fort St George）。及至1652年，马德拉斯被指定为公司在东部的主辖区。在北方，英国人、荷兰人和丹麦人都获批在胡格利河（River Hooghly）一带建造了工厂，1627年葡萄牙人被沙贾汗赶出了该区域，他们则接替了葡萄牙人留在这里。公司在南亚次大陆的另一个主要立足点是孟买。1662年，布拉干萨王朝（Braganza）的凯瑟琳公主（Catherine）与查理二世（Charles II）联姻，该地则作为嫁妆安置的一部分，从葡萄牙人手中以完全资产转让给了英国人。查理二世很快安排将孟买转到东印度公司名下，此后以每年10英镑的租金为王室托管此地。[27] 1687年，孟买取代苏拉特成为公司在印度西部地区的总部。风水轮流转，英国人在1680年代被奥朗泽布暂时驱逐出胡格利河，公司业务被转移到加尔各答，由公司的代理人乔布·查诺克（Job Charnock）在1691年建立（或者说重新建立）。正是在加尔各答，公司于1696年建造了它的第二个主要防御工事——威廉堡（Fort William，图14）。到18世纪初，公司建立的脆弱的立足点已经得到了巩固，以至于公司的员工在充足的安全保障中富有起来，甚至有了一种自信的、主人翁式的姿态（图15）。

在此期间，一个新的参与者出现在舞台上，它就是法属东印度公司（Compagnie des Indes Orientales，简称CIO，在其存在过程中有多个名称）。该公司最初是在黎塞留（Richelieu）的构想下成立的，1664年由柯尔贝尔（Colbert）再次创建。法属东印度公司（一直是皇家企业，而不是股份公司）于1673年得到了本地治里（Pondicherry），次年又得到了加里加尔（Karaikal）；另外还分别在苏拉特（1668年）、默苏利珀德姆（1669年）和金登纳

图 14 《孟加拉王国的威廉堡》(Fort William in the Kingdom of Bengal)，扬·凡·雷恩（Jan van Ryne）作，手绘版画，由罗伯特·塞耶（Robert Sayer）根据《1754年议会法案》（Act of Parliament 1754）对原作的再版。

格尔（Chandernagore，1692年）建立了工厂。本地治里几经易手（荷兰，当然还有英国），最终成为法国的属地，而其他工厂则在18世纪逐渐丧失，当时英国的海上优势扼制了法国的帝国主义野心。在垄断马拉巴尔海岸贸易的尝试遭到挫败，并且在特拉凡哥尔（Travancore）的拉惹（Raja）手中遭遇军事失败之后，荷兰的影响力逐渐减弱。在第四次英荷战争结束时，荷兰东印度公司受到了致命的重创，实力被大大削弱，最终于1799年12月31日解散。

1616年，丹麦也成立了一个东印度公司，即丹麦东印度公司[Ostindisk Kompagni，1670年一度中断，20年后又重新成立，并于1730年以亚洲公司（Asiatic Company）的名义重组]，该公司于1620年在特兰奎巴（Tranquebar）建立了一个堡垒——丹斯堡（Dansborg）。丹麦人那里建立定居点只不过比丹斯堡的出现早了一年，而在1755年之后又在胡格利河畔的塞兰坡（由丹麦人命名为Fredriksnagore）建立了一个较小的殖民地。来自特兰奎巴的学者型博物学家在英国东印度公司的交流中发挥了重要作用，而1800年在塞兰坡建立的传教士出版社（Mission Press）在传播某些英国东印度公司博物学家的作品中发挥了作用。

图 15 《眺望河流的东印度公司官员》(An Officer of the East India Company Surveying a River)[图中的河流可能是西孟加拉邦的帕吉勒提河（Bhagirathi）]，佚名，约1765—1770年。这幅画的风格是莫卧儿时期的穆西达巴德（Murshidabad）风格，但已经显示出被欧洲绘画风格所影响的迹象，这种影响将在后来的混合型"公司画"（Company paintings）中占主导地位。

他们都是欧洲列强，英国东印度公司发现自己在印度境内和向东印度群岛扩张的过程中与他们在竞争。有时，竞争的源头不仅仅

绪　论　东印度公司：1600—1874

是贸易问题，因为这些来自遥远国度的移居群体从来都不能免受欧洲政治发展的影响。因此欧洲的政治气候可能会在印度地区掀起一场场风暴。西班牙王位继承战争导致了1746—1748年本地治里的法国人和马德拉斯的英国人在陆上和海上的小规模冲突（尽管似乎避免了公开战争），后来又导致罗伯特·克莱武上校（Robert Clive）为应对"七年战争"（Seven Years War）而攻占金登纳格尔。[28] 英国东印度公司的军队再次对英国和丹麦之间的敌对行动做出反应，比如在1801年和1807年，哥本哈根遭到英国皇家海军的轰炸，特兰奎巴遭到英国东印度公司军队的围攻。

公司权力的扩张

从沿海地区的小规模商业据点开始，公司的权力随着政治性和商业性的不断增强，逐渐扩展到南亚次大陆更多的地区。这个结果并非源于任何宏伟的帝国主义战略，而是在应对一系列当地的困难的过程中产生的，而这些困难的解决似乎总能收获一个又一个的领地。

如果采用当时流行的英格兰中心主义观点，人们认为这一成功的部分功劳可归功于公司自身日益专业化的部队，但同样重要的是，英国人发现自己在一个明显分裂的社会中进行活动——即将灭亡的莫卧儿帝国的各路残余势力。在这种情况下，与一个派别形成的联盟往往导致对另一个派别的统治，这对公司的利益起到关键作用。法国人也参与了这一战略，本地治里的总督约瑟夫-弗朗索瓦·杜布雷侯爵（Joseph-François Dupleix）通过巧妙地操纵海得拉巴（Hyderabad）的动乱，让自己获得了位于马德拉斯的英国定居点卡纳提克地区的控制权。当法国人也获得了对北萨尔卡尔（Northern Circars）的控制权时，英国人再也坐不住了，于是在1751—1754年发动了一场战役。年轻的罗伯特·克莱武（Robert Clive），最近才从英国东印度公司的行政部门应征入伍，在杜布雷被召回，及其继任者开始议和之前，克莱武因拿下阿尔乔特（Arcot）的重要城市而崭露头角。随后的讨价还价使卡纳提克地区处于英国的控制之下。

1756年，法国人在领土扩张方面的另一次错误尝试促使孟加

图16《普拉西之战后的罗伯特·克莱武和米尔·贾法尔》（*Robert Clive and Mir Jafar after the Battle of Plassey*），弗朗西斯·海曼（*Francis Hayman*）作，约1760年，布面油画。海曼（从未踏足过印度）创作这幅画是为了准备一系列展示大英帝国在全球范围内广结友谊的大型画作，在伦敦的沃克斯豪尔（Vauxhall）游乐园公开展出。他被看成是"第一个将帝国主题变成重要历史画的英国艺术家"。

拉的纳瓦布——西拉杰·乌德·道拉（Siraj ud-Daula）——围攻威廉堡。对加尔各答的攻击，以及英国囚犯在关押他们的"黑洞"（Black Hole）中所遭受的臭名昭著的待遇，最终导致从马德拉斯派出一支由克莱武（当时是受英国皇家而非公司委托任职）指挥的部队，使局势得以恢复。在克莱武的领导下，部队在普拉西（Plassey，1757年）取得辉煌战绩。公司的第一候选人米尔·贾法尔（Mir Jafar，分别于1757—1760年和1763—1765年执政）协助克莱武战胜纳瓦布，并取而代之坐上了纳瓦布的位置，英国东印度公司的影响力扩展到了整个孟加拉（图16）。这一殖民进程在英国人在伯格萨尔（Buxar）的军事胜利（1764年）中得到进一步保证，直到1765年孟加拉的管辖权最终被移交给英国。[29]

虽然克莱武的军事才能必须得到应有的肯定，但事实是，正是

由于英国东印度公司越来越多地参与到地区政治中，才有了它的大面积扩张。英国政府对这些未曾预料到的事态发展感到越来越不安，结果是政府采取措施对公司的活动实施更严格的政治控制。在1767年写给加尔各答总督的信中，公司董事会告诫不要继续冒险："如果我们越过这些（既定的）界限，我们就会被引着不断收购一块又一块领地，直到我们除了征服整个（南亚）次大陆找不到其他任何方法来维系安全感，而这会分散你们的力量让我们失去所有，最终使我们从印度被消灭。"[30] 尽管有这些限制（被反复地重申），英国东印度公司还是会继续被卷入领土争端，主要是由于意外而非故意为之，其影响力将会继续扩大。

自17世纪以来，公司便通过各个独立的总督府来管理它在印度的资产，这些总督府分别设立在马德拉斯（1640年）、孟买（1687年）和孟加拉（1690年），每个总督府都有自己的行政机构，由总督负责，并且有自己的军队，所有这些都要向伦敦的董事会负责。根据1773年议会在公司皇家特许状的一次定期更新中强制执行的《管理法令》（The Regulating Act）中，宣称英国东印度公司有权管理英国在印度的领土，但与此同时，它也明确地规定："王室臣民获得主权代表王室，而不代表其自身的权利。"在正式条款中，英国在印度的领土今后将由王室租借给公司，并由王室指派的总督来管理，总督负责英国在印度的所有属地；该机构不受公司控制（尽管总督的工资由公司负责派发的）。《管理法令》还进一步规定建立一个司法机构，该机构需根据英国法律而不是根据公司或地方法律来进行执法。在另一项立法文书，即1784年的《东印度公司法案》（East India Company Act）中，控制的模式更加严密，议会的权力由伦敦的控制委员会支持，该委员会则由财政大臣、国务大臣和四位枢密院议员组成。总而言之，他们对所有军事和政治事务有最终决定权。

沃伦·黑斯廷斯（Warren Hastings，图17）于1774年被任命为孟加拉及其附属地的总督，并成为英国在印度所有附属地的第一任总督。纵览历任总督，几乎找不到比他更能干的人了，此后英属印度的发展应归功于黑斯廷斯。正是他制定了许多改革措施，开始在一个更严格的管理体制下巩固英国的利益。在公司领地扩张的那

图17 《沃伦·黑斯廷斯》(Warren Hastings),约书亚·雷诺兹爵士(Sir Joshua Reynolds)作,1766—1768年,布面油画。黑斯廷斯是英国东印度公司最精明的总督,在他的主导下,公司完成了从贸易公司到殖民国家的转变。尽管黑斯廷斯比他的任何继任者都更加同情印度文化,他与某些印度本土王子结成的有利可图的联盟在英国招致了指责,最终导致他在议会遭到长达7年的弹劾,这一折磨在1795年以他被无罪释放而告终。

段时间,正是在这个制度下,使公司员工活动受到损害的地方性利己主义和腐败在一定程度上得到了控制。[31] 当时实行的治理形式更适合于一个公平的殖民管理机构,而不是一个自负盈亏的贸易公司。在这一过程中,有太多的私人利益受到损害,黑斯廷斯也难逃他的同胞(尤其是在加尔各答他自己的议会成员)的反对和谩骂,但尽管他本人没有逃脱腐败这一严重指控,[32] 他强加给行政部门的模式却在很大程度上得以延续。

在某种程度上,议会越发直接地参与英属印度的管理使事情变得更复杂，而不是更简单。彼时，印度这片土地上有两股军事力量：一是英国东印度公司自己的部队，一般包括英国军官和印度本地人——他们分别组成孟加拉军、马德拉斯军和孟买军；二是自1787年组建的4个英军正规团，他们直接效忠于王室而非公司。[33] 这些迅速扩大的机构的不同利益，以及它们之间关系的矛盾性质，会不时导致纠纷，特别是当国王的部队对于公司部队有优先权的时候。到1824年，据说在三个总辖区内有27个骑兵团和200多个步兵团。[34]

此时有两个司法系统在运作：公司经营着自己的辖区和税收法庭，由征收官管理，并遵守当地的习俗；而加尔各答的最高法院则代表王室并根据英国法律做出判决。这就导致个人之间的权力争斗和司法权纠纷屡见不鲜，直到1780年，黑斯廷斯任命以利亚·英培爵士（Sir Elijah Impey）为最高法院首席法官，并兼任东印度公司中央法院院长，问题才得以解决。[35]

黑斯廷斯于1784年辞职后，第一康沃利斯侯爵（Marquis Cornwallis）——查尔斯·康沃利斯上任，于1786年到1793年担任总督一职，接替黑斯廷斯执行新政。他被认为在合理的范围内成功地实现了政府的期望，即让印度政治"尽可能少受腐败的影响"，并将无私的公共服务精神强加给那些代表王室任职的人。[36] 1786年的一项新法案加强了他的地位：该法案禁止公司官员之间进行私人交易。它进一步授权总督可以在必要时推翻自己的议会，并可以让他同时担任辖区领土内所有部队的总司令。即使是像康沃利斯这样主张和平的人物，也无法避免被卷入已经在迈索尔（Mysore）开始的冲突中，他在那里成功地遏制了（但没有消灭）敌对势力（图18）。对蒂普苏丹——1782年接替其父海达尔·阿里（Haidar Ali）成为迈索尔的实际统治者——的最终胜利将由康沃利斯的继任总督理查德·韦尔斯利（Richard Wellesley）吹响号角。这位总督在1799年之前继承其父亲的头衔，被称为莫宁顿伯爵第二（2nd Earl of Mornington），此后被称为韦尔斯利侯爵（Marquess Wellesley，图19），这一年他的爵位因其军队［由大卫·贝尔德（David Baird）少将直接指挥］成功攻克塞林伽巴丹而得到晋升。蒂普在这次行动中

图 18 《康沃利斯侯爵接待迈索尔质子》(*The Reception of the Mysorean Hostage Princes by Marquis Cornwallis*),罗伯特·霍姆(Robert Home)作,约 1793 年,布面油画。1792 年,在初步围攻塞林伽巴丹(Seringapatam)之后,霍姆(他用左边的一群人物形象代表自己)陪同康沃利斯参加了蒂普(Tipu)苏丹的两个儿子的交接仪式。在接下来的一年里,霍姆在马德拉斯创作出了这幅多人物肖像画,两个印度王子在那里成了英国社交圈的宠儿,然后在 1794 年被送还给了他们的父亲。

图 19 《理查德·韦尔斯利,第一任韦尔斯利侯爵》(*Richard Wellesley, 1st Marquess Wellesley*),查尔斯·希雷夫(Charles Shireff)作,约 1804 年,象牙画。在韦尔斯利的领导下,韦尔斯利的兄弟亚瑟(后来的威灵顿公爵)在一系列军事行动中发挥了重要作用,最终遏制了法国在印度的利益,并击败了强大的迈索尔统治者蒂普苏丹。公司董事会对他的功绩所带来的政治和经济影响深感不安,因此他于 1805 年被召回伦敦。

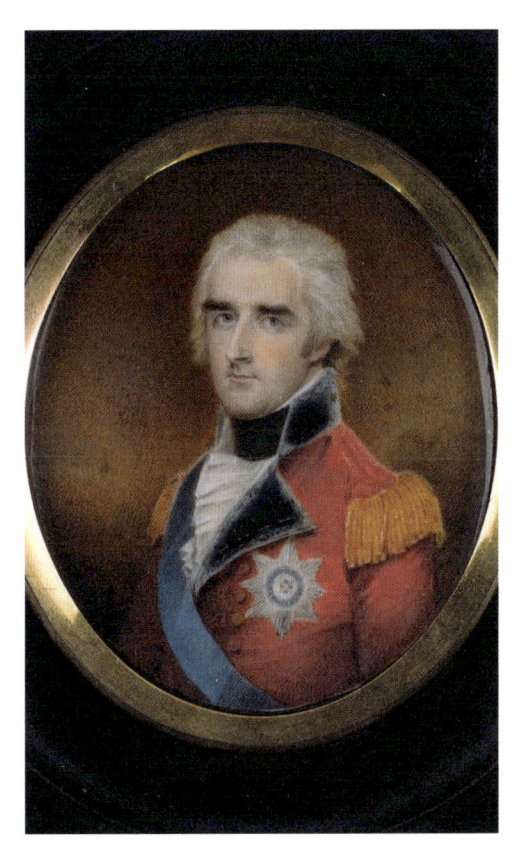

被杀,结束了自 1792 年康沃利斯提出《定居法》(Settlement Act)以来持续恶化的敌对状态,并使迈索尔成了(英国)王室的囊中之物。塞林伽巴丹遭到了一场空前的大规模掠夺,社会学界公认为,正是这场浩劫,永久地改变了人们敢于称之为英国人在印度的收藏文化的整个面貌。[37] 年轻的亚瑟·韦尔斯利上校(Arthur Wellesley),即后来的第一任威灵顿公爵(1st Duke of Wellington,图 20),向他的兄长——

总督大人——提交了一份关于围攻成果的报告：

> 4日晚上的行动堪称完美。城里所有的房子都被洗劫一空，几乎无一幸免。据我获悉，在部队营地里，那些缴获来的珠宝、金条等价值不菲之物，都被我们英国的士兵，以及我们军队里的印裔士兵和追随者放在军队的交易市场上出售。我是在5日上午来指挥局面的。通过绞刑、鞭刑等各种酷刑震慑，我以最大努力在此一天整顿并恢复了部队的秩序，希望我已获得了人民的信任。[38]

然而，韦尔斯利是不会承认"掠夺"这个词的：在塞林伽巴丹缴获的财富（当时估计总价值为160万英镑）成了"战利品"，这些战利品必须在整个部队中以谨慎的分级和可控的方式进行分配；[39] 自由买卖战利品可能被判处死刑，正如韦尔斯利说的那样。少数珍奇的宝物可能会留给公司或君主（图21、图22、图23）[40]，但除此之外，所有的东西都由正式成立的奖励委员会分配，虽然其中大部分会在尽可能早的时候被换成现金，但可能还有剩余的财宝最终进入英国的收藏。[41]

德干中部以前持不同政见的马拉地人联盟也被韦尔斯利领导的部队所控制，而在北部，杰拉德·莱克将军（Gerard Lake）领导的孟加拉军队赢得了德里和阿格拉。到1801年，来自尼泊尔的廓尔喀部落的人逐渐向东印度公司的领土逼近。大约14年后，大卫·奥克特洛尼少将（图1）——此人后来因其成功而被封为爵士——设法将他们逼退到距加德满都50英里①开外的地方，并促成了一项条约，建立了穆索里（Mussoorie）和西姆拉（Simla）等山地车站，并规定在加德满都驻扎英国驻军。后来被并入英国领土的包括1843年吞并

图20 《亚瑟·韦尔斯利，后来的威灵顿第一公爵》（*Arthur Wellesley, later 1st Duke of Wellington*），*Attrib*. 罗伯特·霍姆作，约1814年象牙水彩不透明颜料画。早在韦尔斯利在半岛战争（Peninsular Wars）中的杰出表现之前，他就以上校的身份在迈索尔战争中表现出色，最终攻克了塞林伽巴丹。1799年，他被任命为迈索尔总督，并晋升为少将（如图），之后他在1803年的阿萨耶战役中取得了对马拉地邦联的决定性胜利。

---

① 1英里=1.609 344千米。——编者注

图 21 极乐鸟,或称为呼玛(huma),约1787—1791年,用黄金、红宝石、绿宝石、钻石、珍珠和银镀金制作。这只极乐鸟以前盘旋在塞林伽巴丹的蒂普苏丹的华盖之上,据说它能给所有坐在它下面的人带来好运。在蒂普的宫殿被大肆掠夺后,这只鸟后来被莫宁顿勋爵送给了东印度公司董事会,董事会又将它送给了乔治三世(George III),而乔治三世又将它送给了夏洛特女王(Queen Charlotte)——正是她让保罗·斯托尔(Paul Storr)为它制作了礼物架。

图 22、图 23 赛义德·伊克巴尔(Sayid Iqbal)的燧发枪,在塞林伽巴丹缴获,约1793—1794年。蓝钢嵌有黄金和黄铜。蒂普的许多大炮的炮口上都铸有虎头,但这支由蒂普的一个军火制造商签名的燧发枪在这方面是独一无二的。

的印度河口的信德（Sind），而在印度西北部，在与阿富汗进行了若干次难分胜负的交锋之后——这个地方对外部干涉的敌意更加普遍，英国于1878年拟定了一项条约，得以负责该国（阿富汗）的外交事务（主要是针对俄罗斯的扩张）。

19世纪上半叶建立的政府模式似乎相对稳定（尽管在政治上，公司在1813年、1833年和1853年每次续约特许状时，其权利都会被逐步削弱），直到1857年叛乱产生的动荡暴露出东印度公司实际控制权的岌岌可危。一年后，根据1858年的《印度政府法》（Government of India Act），公司被收归国有，对此几乎无人提出抗议：其所有的印度属地、行政机构和军队都归于英国王室，所有英国属地都由一个新的部级部门——印度事务处直接统治，由其自己的国家大臣领导；同时，总督事务处（Office of Governor-General）被废除，其职能由代表国王管辖殖民地的总督（Viceroy）取代，并由一个地方执行委员会协助。1858年11月1日，维多利亚女王宣布，根据英国大臣们的建议，"（我们）自行管理曾经由尊敬的东印度公司为我们托管的印度领地"。公司的残余部门继续管理着茶叶贸易，直到1873年《东印度股票股利赎回法》（East India Stock Dividend Redemption Act）出台后，公司于1874年6月1日正式解散。三年后，维多利亚女王被宣布是印度女皇（Empress of India）。

与由大英帝国直接统治的更加专制的时代相比，东印度公司的时代具有更加务实的特点——至少在某种程度上，它的主要驱动力是商业贸易，而非帝国的野心。毫无疑问，它的成功是建立在军事联盟的基础上的，通过军事联盟，公司的权力扩展到了南亚次大陆的大部分地区，并与（有时是惩罚性的）财政制度相巩固，给部分生产性人口带来了困苦甚至毁灭性的打击。然而，当两种文化在更平等的条件下相遇时，人们会相互尊重，偶尔也会彼此钦慕，还有一些渴求文化的开明的英国人，他们将在本书中与我们相遇，带领我们理解印度文明的各个方面。本书下面的内容大部分都关乎他们努力的结果。

在19世纪，以盎格鲁-撒克逊人为主的行政机构开始发生变化，[42]越来越多的印度裔人员被招募到政府行政部门、教育部门和改变通信方式的新服务部门——铁路、邮政及电报局（均于1853年引入）中，不过进步的速度不太能满足受过教育的印度本土人口的愿望。如果印度本土的国民在下文中只是偶尔出现，那是因为他们在本书所讨论的领域中发挥重要作用（或者更准确地说，是他们在历史记录中的重要性）的机会非常有限。在本书所回顾的历史中，其大部分时间里，民政部门中的欧洲人只有几百人，军事部门的欧洲人则更多。即使到了20世纪，当他们的人数大大增加时，这些军政部门的人数仍然"太少，以至于在大多数行政和技术任务中都严重依赖本土的中间人"。[43] 因此，毫无疑问，英国人和印度人之间存在着大量的合作，但这些事实在下文中却因资料的缺乏而难以明确说明。毋庸置疑，我所查阅的许多材料证据都是纯粹的"印度制造"，尽管在本书中我主要是从它与英国东印度公司的关系入手对其进行应用的。即使东印度公司的统治已经结束，那些在历史上默默无闻的艺术家、学者、技术人员和制造商重新彰显自己历史作用的时代仍然遥遥无期。

东印度

从成立之初，英国东印度公司的视野就超越了南亚次大陆以外，想要寻找其他潜在的有利可图的原材料来源，以及潜在的市场。因为除了英国和印度之间越来越多的定期货物运输，公司还参与了大量的"国家贸易"，货船在远东的港口之间穿梭往来。公司在锡兰（Ceylon）、缅甸（由加尔各答管理）、马来亚、槟城［Penang，当时的威尔士亲王岛（Prince of Wales Island）］、"香料群岛"和中国等地的活动，在很大程度上超出了本书调查的范围，只有在讲述公司人员进行采集考察或完成外交任务时偶尔提到，或者在通过参照其他地区的常规操作能更好地对印度的贸易活动进行说明时才会提到，尽管所有这些地方与公司的贸易关系都很重要。公司的工作人员，从学员时代起就被灌输了相同的公司理念，根据情况需要，他们会立即从一个地区转移到另一个地区，他们共同的公司文化通过与伦敦总部的定期沟通而不断得到加强，因此，依照其他参照地区进行一定程度的推断一般不会出现误解。在任何情况下，与东南亚和远东的大部分贸易都是通过印度进行的，因此，在这里将这些地区排除在更广泛的考虑之外是必然做法。只有这样做，才有可能将这项研究保持在合理的范围之内。

教会和公司

东印度公司从开始对介入印度事务施加影响的时期开始，就强烈反对基督教传教士在土著居民中进行任何传教活动，担心这只会导致印度局势紧张。[44] 事实上，公司是如此渴望避免宗教动乱，以至于到了17世纪后期，官员出席主要的印度教节日并由印度步兵放礼炮已司空见惯，而本地宗教机构的免税地位不仅得到了确立，而且得到了官员的协助——这些做法最终导致国内的福音派基督徒指控公司对印度宗教的政策已经超出了容忍范围，认为此举近乎"偶像崇拜"。[45]

在此问题上和公司站对立面的人员当中，坚持时间最长，并且最终产生效果的挑战来自加尔各答贸易委员会（Board of Trade in Calcutta）的成员查尔斯·格兰特（Charles Grant）。1790年回到英国后，他继续要求公司改变对传教活动的态度。之后他进入议会，并很快担任了东印度公司的董事。[46]

格兰特的观点被印在他的小册子《大不列颠亚洲人的社会状况观察，道德之论，以及改善社会的方法》（*Observations of the state of society among the Asiatic subjects of Great Britain, particularly with respect to morals, and the means of improving it*），该书于1813年出版，当时的议会在更新公司特许状。[47] 格兰特最终达到了目的，不过，基督教传教士在印度的永久驻留要到1833年才被完全批准；虽然有许多竞争者，但最积极的是来自伦敦传道会（London Missionary Society）和英行教会（Church Missionary Society）的人。[48]

鉴于公司内部必须克服的抵触情绪，你也许会毫不惊讶地发现教会人士在我们要叙述的历史中只扮演了一个小角色——这种情况与个别传教士和英行教会在太平洋和其他地区的传教过程中的集体活动形成了鲜明的对比,他们的活动所带来的藏品在伦敦建立了一个完整的独立博物馆。[49] 由于在东印度公司的藏品中几乎看不到传教士在传教过程中得来的物品,这一因素可能在一定程度上鼓励了更加务实和不那么教条的做法,而这种做法的参与者正是那些试图从调查原材料的物品和标本中提炼出对印度文化复杂性的理解的人。

收藏情况简介

我在此概述了英国东印度公司在印度存在的两个半世纪里的命运,旨在建立一个背景,以确定要研究的主题。东印度公司从一个勉强被容忍的贸易权利请求者,发展到了对南亚次大陆大部分地区拥有掌控权的地步。外交礼物和赏赐物(*douceurs*)的交换逐渐让位于东印度公司通过征战获得战利品,并最终让位于下文所述的更加专业和有目的的调查和收集计划。这些计划的主要内容反映了行政当局日益增长的野心,他们想要获得并盘点公司获得的物质和文化资源。

本书的第一部分专门介绍了在南亚次大陆进行的各种收集活动。这些活动既包括私人活动,也包括公司活动,因为公司的许多官员——实际上还有他们的妻子和家族成员——都开展了自己设计的雄心勃勃的调查和研究计划,因此他们的贡献也将占据重要地位。本书的第二部分讨论了这些藏品在英国被用作代表印度的方式,无论是在博物馆或展览的正式环境中,还是在回国的公司官员家里的非正式环境。

需在此重申的是,关于公司在印度开展的工作,如果没有印度人的积极参与,书中所述的几乎所有活动都是不可能发生的。有一些重要的人我会特别讲述,但就每一个人而言,还有数以万计的代理人、艺术家、手艺人等,他们的身份已经不为我们所知。正如东印度公司档案中所记录的那样,大部分故事的展开无疑来自英国行政人员、士兵和其他公司人员的集体举措,但他们的成功几乎无一例外地依赖那些已经被冲没在历史洪流中的印度人的支持，他们人数庞大，很遗憾多数人却青史无名。不可避免的是，他们的贡献是在殖民占领者和臣民之间非常不平等的合作关系中做出的，但无论他们的参与情况如何，都不能仅仅因为本土居民的作用没有得到完善的记录而被低估。

英国东印度公司采取的这种特殊的收藏和展示方式没有先例，也没有为强化公司的商业功能而大规模动员这些藏品的先例。在1857年印度叛乱之后，以及公司解散之前，它不仅为英国公众提供了一个了解南亚次大陆生动场景的窗口，而且以更微妙的方式成为这个时代最有影响力的文化品位创造者之一。

第一部分
东印度公司的藏品

随着时间的推移，东印度公司将会给英国献上藏单清晰且数量惊人的财富。不过在其发展的早期，上贡物品相较后来就没那么多了，物品也很随意，纯粹是出于利益的驱使，其主要目的是包装成烜赫之礼，以奉承君主和东印度公司的其他贵族赞助人。1607年，有人以索尔兹伯里伯爵（Earl of Salisbury）的名义申请为他的一个手下找到门路，以便他能为伯爵带回"鹦鹉、猴子和狨猴"。公司尽管对这一特殊委托显得不情不愿，但还是向第三次航行的指挥官发出指示，要求他们带回任何"看起来让人赏心悦目的珍禽异兽"。这一举措有个记录在案的成果是引进了英国的第一只食火鸡，它同基林船长（Keeling）于1610年5月10日登上大不列颠，随后被索尔兹伯里献给了英国国王。[1] 随后的航行中，公司的官员们也收到了类似的命令，不过由于当时的困境，有人怀疑这些命令被修改过。例如，在公司进行的第六次航行（1610—1615年）中，指挥官劳伦斯·芬内尔（Lawrence Fennell）就被要求寻获：

> 任何稀奇之物，不论禽鸟还是走兽，抑或其他物品，只要适合献给陛下或与公司结有贵谊的贵族即可。芬内尔被委以重任，如果有哪位船员对这些宝物动了心思要据为己有，那么芬内尔就会通知委员会，以便采取相应措施。[2]

这一行程的另一个例子关系到托马斯·罗爵士在1615年代表公司出使贾汉吉尔皇帝的宫廷三年（图12）。出访结束，罗带回了一些羚羊（其中两只在航行中幸存下来），以及"一顶富丽的帐子、一些装饰伞和类似的饰物"，作为送给詹姆斯国王的礼物。[3]

随着皇家学会（The Royal Society，成立于1660年）作为一个有着明确动机的机构的崛起，它促进了广泛的实践和理论科学的兴趣，并在某种程度上起到协调、统筹的作用。东印度公司的董事（像其他特许公司的董事一样）发现自己时不时就被要求要为当时的研究人员所关注的问题提供帮助。[4] 1664年11月17日，亨利·奥尔登伯格（Henry Oldenburg）——这位学会的先驱、勤勤恳恳的秘书——给罗伯特·博伊尔（Robert Boyle）[5] 的一封信中提道：

除其他事项外，我们指定在下周一与东印度公司的一些商船人员举行会议。根据收到的信息，他们中的一些人曾在东印度地区待过，能够很好地回答我们为这些地区草拟的调查问题，并表示十分乐意就他们所知的细节为学会提供帮助……[6]

不到 4 年，即 1668 年 2 月 25 日，奥尔登伯格再次提道：

目前有 12 艘船被派往东印度群岛，其中有 8 艘已经前往海岸，另外 4 艘将 3 月去往苏拉特。你应该很容易就猜到，如果没有我们的学术委托，我们不会放他们去印度。[7]

虽然这些"委托"主要涉及的是传递描述性和统计性数据——包括天文、气象和航海观测数据[8]——但皇家学会很快也开始收到实物标本，其中一些标本会交给学会中合适的研究者用于实验目的，而其他标本则被陈列到格雷沙姆大厦的"储藏室"或博物馆里。

至 1800 年的开拓性实地考察

在观察、盘点和报告他们所遇到的自然资源的任务中，东印度公司的外科医生和内科医生——无论是在船上还是在主要贸易站点，这一民间团体演变成印度医务部队（Indian Medical Service）或公司自己的军事组织——将形成当时最活跃和最有效的团体。事实上，他们在履行"通用科学机构"的职能方面相当成功，以至于在植物研究领域，印度植物调查机构（Botanical Survey of India）的正式建立被推迟到了 19 世纪末。[9]

在汉斯·斯隆爵士（Sir Hans Sloane）一些珍贵的藏品中，一本记录了迄今为止最早的、由公司内科医生进行的研究的手稿，最近才被发现（图 24）。[10] 斯隆的目录简明扼要地写了"一些东印度植物的图画和它们的英文描述，供那里的一些工厂使用"，它记录了来自孟加拉、科罗曼德尔海岸、莫卧儿帝国其他地区、苏门答腊、爪哇和马六甲的植物的药用特性。[11] 据判断，该书的成书时

图24 《格尼草药》（*The Gurney Herbal*）。可能是最早的英文草药书，描述了从孟加拉到科罗曼德尔海岸，以及向东到苏门答腊和爪哇的植物。人们认为该书作者是在这两个地区工作过的东印度公司医生爱德华·怀廷格。该书现在藏于大英图书馆的斯隆藏品室，以前是东盎格鲁的羊毛商人约翰·格尼（John Gurney）的藏品，他的父亲曾在科罗曼德尔海岸待过一段时间。第一对开页里有弄蛇人的图像，还画有一条蛇和一只獴在对峙的场景，以及一只被拴着的猎豹。

间大概在 1640—1660 年，早于亨德里克·范·瑞德（Hendrik van Rheede）用荷兰语书写的重要文献《印度马拉巴尔植物志》（*Hortus Malabaricus*）。该书是业界的准绳，也是公司博物学家衡量自己的标准。但由于手稿汇编一直未出版，其作者迄今未能获得应得的认可。如今，萨维特丽·普雷莎·奈尔（Savithri Preetha Nair）注意到该手稿与约翰·帕金森（John Parkinson）此前几年（即 1640 年）出版的《植物学剧场》（*Theatrum botanicum*）的编排有许多对应之处。不过该手稿在对植物的分类、效用和药效的撰写方面明显更加严格，它甚至给出了八种语言（包括中文）的同义词，并且在引用本地和欧洲来源的知识方面相当引人注目。奈尔进一步做了研究：她利用文本中的内部证据，给出了确凿的证据证明该手稿作者是爱德华·怀廷格（Edward Whiteinge）。他是一名外科医生，先是在班达姆时最早有关于他的文字记录，后来，当东印度公司将基地迁至马德拉斯时，他在科罗曼德尔海滨住了几年。[12]

影响更为广泛的是一篇发表在 1700—1701 年《哲学汇刊》（*Philosophical Transactions*）上的文章，它提供了一份"东印度公司近期送给皇家学会的部分奇特植物及药物的说明"，材料则是由内科医生塞缪尔·布朗（Samuel Browne）收集的，此人在圣乔治堡为东印度公司效劳。[13] 文中对所采用的方法提供了一些有意思的见解，这些方法不仅仅是为了在皇家学会的储藏室中保存干燥的标本，也是为了建立和植物相关的知识花园。文章的序言也暗示了早先对礼物进行说明的承诺未能兑现：

> 对这些植物补充说明至今一直被推迟，因为一些种子被分发在英国最稀奇的花园里种植。比如在博福特（Beaufort）夫人在巴德明顿（Badminton）的花园，[14] 伦敦主教在富勒姆（Fulham）的花园，罗伯特·乌维代尔（Robert Uvedale）博士在恩菲尔德（Enfield）的花园，雅各布·博巴特（Jacob Bobart）先生在牛津的花园，杜·布瓦（Du-Bois）先生在米查姆（Mitcham）的花园，以及萨姆（Sam）先生的花园。杜迪（Doody）在切尔西（Chelsey）的药师花园（Apothecaries

Garden）。我们通过这种方式收到了一些额外的信息，并希望多多益善，这也是本报告延迟的原因。

该报告继续转载了布朗提供的全部调查资料，以及博物学家詹姆斯·佩蒂弗（James Petiver）的评论，这些观察结果是征得他的同意转载的。至于原始记录和被送入博物馆的植物标本，博物馆对细节的关注值得称赞：

> 它们的展出顺序与它们被收入的顺序相同……这些植物本身和布朗先生的原始论文都以同样的顺序保存在学会的储藏室中，并以同样的编号在这里陈列，供好奇的人们查看，希望他们能小心对待，防止这些植物受到损害。它们可以持续为所有好奇者提供信息和使用，并在所有可以使用的场合提供服务。

下面的例子说明这些植物可能会有哪些"用途"：有一种植物的根（以'Bengall'为名）作为藏品的一部分送到了学会，它被认为是一种已经证明了对"癫痫、痉挛或头部疾病"有效的根茎，但其来源至今不明。在一些药剂师的帮助下，佩蒂弗确定这种根茎不仅能和布朗的田野笔记联系起来，而且能确定它们就是同一种东西。布朗习惯于记录采集的季节和地点："现在人们更了解它了……而且数量更多，因此，即使是较贫穷的人也能以合理的价格购买，商人也能在新商品的交易中赚取利润。"这个标本一举满足了博物学家、园艺家、药剂师、业余爱好者和公众的利益，在接下来的几十年里，东印度公司的海外人员与英国顾客之间将多次以这种方式进行类似的合作。

这个例子只是布朗于1697年寄给东印度公司的七本植物学图书中的一部分，这些书由他自己编排了索引，并附有一份说明，请求佩蒂弗看看这些书。这次，公司迅速将这些书卷交给了皇家学会，但在平时，佩蒂弗显然更直接地受益于他的友人的研究。他在自己的《佩蒂维里亚尼博物馆》（*Musei Petiveriani*）中，提到了布朗：

对于这位令人尊敬且慷慨大方的人，我很感激他不遗余力的工作。他不仅自己参与收集，而且时常雇人帮我做收集工作，其中许多人有些日子一直待在乡间田野，从这些地方收集到我们以前从未见过的植物。他还为其中大多数人附上了他们的印度名字，并写下了他们个人的美德。除了以前的标本，今年我就收到了近20卷的对开本，里面装满了漂亮、完美的树木和草药的标本，其中有一些来自中国、锡兰等地。还有那些居住在遥远地区的有识之士，是他为我引荐这些充满创造力的人们并和他们通信。[15]

这些收集，不仅对佩蒂弗，而且对牛津和爱丁堡的植物园的收藏也意义重大——更不用提斯隆和东印度公司的财务主管查尔斯·杜布瓦（Charles Dubois）等私人收藏家了，这位查尔斯是布朗的同事，也是爱德华·巴克利（Edward Bulkley）的继任者。巴克利还注意将他所获得的标本名称翻译成泰米尔语（Tamil）和特拉古语（Telegu），为此他在1701年报告说："我最近与根图（Gentue）医生的负责人建立了友谊，说这位医生非常善于交流，并能对这些地区的已知植物提供大量的说明。"[16] 他还提供了由当地艺术家制作（或复制）的自然历史标本的图画（图25），并且雇用当地的收藏家进行长时间的实地考察，这让大量迄今未被记录的标本被运送到了英国。[17]

显然，塞缪尔·布朗和爱德华·巴克利本身就是令人敬佩的博物学家，他们是早期内科医生和外科医生的代表，在东印度公司接下来长达150年之久的支持下，这些人构成了研究和收集的骨干力量。[18] 自然科学的基础，特别是植物学，是17世纪和18世纪医学教育的一个重要组成部分——在苏格兰或许尤其如此，他们中的许多人就是在这里接受培训的。因此，这似乎很容易理解——在欧洲对印度产生影响的最初阶段，也就是在真正的专业自然科学家出现之前，这个特殊的官员群体就已经出现了，而且非常活跃，其工作也很有成效。事实上，当东印度公司发现自己需要招募第一批全职博物学家时，它总是把眼光投向医务人员。他们的任务是对逐渐落

图25 早期的鸟类学图像，由当地画家创作（或复制），但完全用欧洲的分类系统编排。由爱德华·巴克利博士从圣乔治堡寄给伦敦的詹姆斯·佩蒂弗。

入公司控制的领土中的自然资源进行清点、定性、量化和描述。

支持者们：孟加拉的亚洲学会和其他机构

如果认为所有这些对自然界的调查——或对印度文化和物质资源的任何方面的调查——都是由公司的政策指导的（或者认为这些调查事实上都依赖外科医生），那是一种误解。但对于那些没有经过一定程度的专业培训的人，他们需要特别主动认识并利用他们所面临的机会。例如，在1775年的一次航行中，有一位特殊的人物——亚历山大·达尔林普尔（Alexander Dalrymple），他在公司的职业生涯从作者开始，最后被任命为公司的第一位水文地理学家。他在此次航行中记录了近90次对鸟类和鱼类，以及自然现象的观察；而亨利·怀斯（Henry Wise）在1839年出版的一百次航行的船舶日志中，有的也不过是甲板上官员记的流水账，其中没有任何可与前者相媲美的内容。这两份日志形成了鲜明的对比。[19] 然而，那些正式从事调查和收集工作的人的成功往往取决于有见识的当地居民的支持，他们背景各异，但往往包括特定社区中一些最有影响力的成员，他们以私人身份分享他们的利益。

图26 威廉·琼斯爵士，由A.W.德维斯（A.W. Devis）在加尔各所画，威廉·埃文斯（William Evans）点绘，1798年9月1日在伦敦出版。

1784年1月15日，就有29名这种背景的印度公民在加尔各答举行了一次会议，讨论"关于成立一个调查亚洲历史、民事和自然，古物、艺术、科学和文学的学会"的提议。会议产生的亚洲学会（Asiatic Society）得到了公司高级军官、文官和律师的大力支持，其中最突出的是孟加拉最高法院的几位法官——他们是1773年《管理法》（Regulating Act）规定的第一批司法任命人员的骨干。新学会背后的推动者是其中之一——威廉·琼斯（William Jones，1793年受封为骑士；图26）——无论以何种标准衡量，都是一位令人印象深刻的饱学之士，尽管在他为学会期刊《亚洲研究》（*Asiatick Researches*）的第一期编写的社论中，曾试图将自己和他的合作者表现为当代殖民社会中典型的活跃分子："一个纯粹的文学家，"他写道,"退出这争名逐利的世界,将他的全部时间用于哲学或文学追求,这在居住在印度的欧洲人当中是一种未知的品性,要知道,在那里每个人都是民政部门或军事组织中的商人。"[20] 这些人(而且不可避免的是,根据当代的风俗习惯,只有男人)被吸引到亚洲学会,琼斯的兴趣范围被明确地描述为"自然的和人工的;无论是由人工生产的,还是自然产出的"。[21] 沃伦·黑斯廷斯谦虚地谢绝了创始主席一职,而由琼斯本人担任,他着手按照皇家学会(他最近被选为该学会成员)的模式创建一个组织,《亚洲研究》也是按照伦敦的《哲学汇刊》的模式创建的。[22]

虽然该学会的活动获得普遍看好,罗纳德·莱特鲍恩(Ronald Lightbown)甚至将《亚洲研究》中体现的统一知识概念描述为"启蒙运动科学精神的最崇高表达之一"[23],但它也招致一些人的批评,他们认为其缺陷和成就几乎相当。[24] 然而,我们应该记住,这个群体中许多人的活动在多大程度上没有扎根于客观的科学实践,而是受到当时英国社会仍然盛行的自然神学教义的严重制约。这一点从琼斯于1791年10月24日写给德文郡公爵夫人的信中就能看出:[25]

> 虽然我们读过博学雄辩的艾萨克·巴罗(Isaac Barrow)的作品和其他许多神学论述,但我们发现在每一朵花、每一片叶子和每一粒浆果中,都有关于上帝的存在和属性的精妙见解,它在这一方面超过了人的真知和雄辩。如果能对湖泊中和森林中的植物的不同部分和用途进行细致和认真的观察,终极缘由的崇高教义就能够得到最完美的证明和说明。

值得注意的一个特点是,从第一期开始,《亚洲研究》就介绍了印度学者和欧洲人的工作。毫无疑问的是,成员中出现了一些有天赋的语言学家(有些人对梵文写就的科学文献特别感兴趣),尽管这不是一个普遍现象,但也确保了公司对印度学术和从欧洲引进的学术给予了适当的关注。[26] 这里也可以提到查尔斯·威尔金斯(Charles Wilkins,1833年受封为爵士),他是东印度公司在马尔达(Malda)工厂的主管,也是一位语言学先驱。[27] 威尔金斯不仅是个理论家,他在建立印刷厂方面也发挥了主导作用，是孟加拉语和波斯语字体的"冶金师、雕刻师、创始人和印刷师"。[28] 他在加尔各答做了一项重要的工作——翻译古代碑文和文献［他应沃伦·黑斯廷斯的要求对《薄伽梵歌》（Bhagavadgita）进行了开创性的翻译，于 1785 年由东印度公司出版］，此人将会在伦敦东印度公司博物馆的故事中再次亮相。[29]

最高法院首席法官亨利·托马斯·科尔布鲁克（Henry Thomas Colebrooke，1765—1837）是另一个令人印象深刻的人物，他因出色的梵文水平被任命为威廉堡学院（College of Fort William）的印度法和梵文教授，将自己的法律职责与梵文研究结合了起来。他将这一兴趣与广泛的植物知识相结合，取得了良好的效果。[30] 科尔布鲁克深入研究了如何恰当地给那些第一次展现在欧洲人眼前的植物命名：他坚定地认为，梵文名称的罗马化版本应优于林奈（Linnaean）的拉丁文惯例，并认为，如果林奈本人知道以前存在的印度名称，也会遵循这种做法。[31] 这些请求在很大程度上是徒劳的，科尔布鲁克的劝告也是如此——他说植物学家应多钻研梵文文献，这对他们有益而无害，以便从琼斯本人向《亚洲研究》读者介绍的丰富的植物学和药物学研究中受益。他还于 1823 年在伦敦建立（皇家）亚洲学会方面发挥了主导作用，该学会致力于"调查和鼓励（发展）与亚洲有关的科学、文学和艺术"。

而伊利亚·英庇爵士（Sir Elijah Impey）与这一时期形成的最杰出的自然历史图画集之一有关，尽管其大部分功劳应归于他的妻子（图 27；另见图 42）。[32] 玛丽·英庇夫人（Mary Impey）绝不是加尔各答博物学家中唯一的女性，虽然被拒绝加入只有男性成员的亚洲学会，但她们中的一些人是相当有能力的博物学家、收藏家和艺术家。特别是安娜·玛丽亚（Anna Maria）——琼斯夫人（Lady Jones），在因病提前返回英国之前，她为绘画收藏做出了宝贵的贡献，是她丈夫在收藏方面的积极伙伴。[33] 她本身也是一位博物学家和艺术家：她有几幅被皇家亚洲学会收藏的画，上面都仔细地标注了标本的林纳分类、孟加拉语名称、观察地点和开花日期（图 28）；[34] 有些画还包括借助"一个镜头"绘制的细节。

在马德拉斯，高级法院法官的妻子伊丽莎白·格威利姆（Elizabeth Gwillim）女士扮演了与加尔各答的英庇女士有些类似的角色，她是马德拉斯总督府自然历史的重要赞助人。此外，她个人也是一位才华横溢的插画师，加拿大蒙特利尔（Montreal）的麦吉尔大学（McGill University）收藏了她 120 多幅栩栩如生的鸟类画作（图 29），每一幅都与真实的鸟儿同等大小。木兰花（Guillimia indica）就是模仿她的名字命名的。[35]

与欧洲的许多此类机构一样，加尔各答的亚洲学会于 1808 年有了自己的办公场所，[36] 6 年后在那里成立了一个博物馆，该博物馆是在纳撒尼尔·沃利克（Nathaniel Wallich）的建议下建立的，他本人也担任馆长一职，并且提供自己收藏的植物标本的复制品，在此基础上建立了这所博物馆。在此之后，一个接一个从当地招聘的馆长自发管理着这些藏品，直到 1839 年，压力开始显现出来。当时的馆

图 27 《伊利亚爵士和英庇夫人的群体画像》（*Group Portrait with Sir Elijah and Lady Impey*），约翰·约瑟夫·佐法尼（Johann Joseph Zoffany）作，约 1783—1784 年，布面油画。在 18 世纪的最后约 25 年的时间里，英庇夫妇是加尔各答欧洲社区文化生活的中心。

图28 琼斯夫人的花卉画（*Flower painting by Lady Jones*），1791年。签名为"amj"，并仔细注释了相关的收藏和特性数据：万带兰（Vandá），俗称 Persára。墨脱大苞鞘花（Loranthus loniceroides）。一种番荔枝属的寄生植物，1791年10月10日。

长约翰·麦克莱兰（John McClelland）是一位爱尔兰出生的外科医生，后来担任了东印度公司煤炭委员会的秘书和加尔各答植物园的园长，他被要求每天要按时到岗，并修改他的工作方法，而他对这两项要求都表示反对。他和博物馆委员会之间长期有分歧，双方最终达成了一项协议，即公司今后将同意"每月给一个合格的博物馆管理者支付200或250卢比，并且每月支付50卢比的准备和保存标本的费用：以前用于出版东方作品的津贴照旧发放"。1841年，爱德华·布莱斯（Edward Blyth）被正式任命为该博物馆的馆长，直接由英国发薪水，但他的22年任期似乎一直被博物馆几个老馆员持续

图29 《紫色的太阳鸟》(*Purple Sunbirds*)，伊丽莎白·格威利姆夫人作，1800—1806年，纸上水彩画。格威利姆夫人创作了大约200幅这样的印度鸟类图画（其中许多和真鸟一样大），还有鱼和花的图画。1924年，约120幅在伦敦的一个经销商手中被发现，并由凯西·A.伍德（Casey A. Wood）买了下来。

45

的怨恨和个人敌意所困扰,也许他们对公司将布莱斯强加给他们而感到不满。[37] 该博物馆在 1878 年之前一直独立存在,此后其主要藏品大部分被转移到该市最近重建的印度博物馆。[38]

公司的博物学家 I：植物学与帝国

在 18 世纪下半叶才开始有证据表明,东印度公司为了更有效地开发其境内的自然资源（其中大部分是近期才获得的）,首先需要对这些资源进行清点和记录。后来随着公司在南亚次大陆的不断扩张,对统治范围内土地的地理知识的准确把握,以及对其治下的不同人口的社会、经济和文化特征的更好理解,变得同样重要。在这一背景下,公司在调查土地、民族和资源方面所采取的早期措施无一例外都是出于商业和战略需要。按时间顺序来看,南亚次大陆丰富的植物资源是占第一位的,尤其是那些具有药用价值或作为香料、[39]染料和其他商业产品来源的植物,印度的矿产资源则次之。动物世界对这一进程的贡献并不那么明显,但随着时间的推移,它也受到了同样的关注。所有这些领域都需要招募全职官员,引人注目的是,公司的博物学家多来自外科医生群体,勘测人员则大多来自军队,但在每个阶段,随行的仆人和公司雇员的妻子也做出了卓有成效的贡献,他们被吸引到自然、语言或古董的研究中,只不过是出于对某类学术天然的热爱。

早期在马德拉斯总督府

在东印度公司参与植物学研究的过程中,最早出现的一个名字是约翰·格哈德·柯尼希（Johann Gerhard König）。他是一个出生在库尔兰（Courland）的德国人,曾经是林奈的学生,最初作为一名内科医生被派往马德拉斯以南约 170 英里处的特兰奎巴的丹麦人定居点。[40] 该地虽然在地理上与印度南部隔绝,但柯尼希很快就接触一些从事科罗曼德海岸自然历史研究的英国工作人员并取得有效成果；他还与丹尼尔·索兰德（Daniel Solander,林奈的另一位学生）建立了通信联系,索兰德当时正在对新近成立的大英博物馆的植物藏品进行分类,与伦敦的约瑟夫·班克斯(Joseph Banks)密切合作。[41] 柯尼希作为一名野外工作者,他那点微薄的薪水很快就满足不了他的野心了,因此他在1774年接受了阿尔乔特的纳瓦布的博物学家的职位,在这个位置上,他的实地研究远至锡兰,四年后,他被调到东印度公司服务。[42] 柯尼希的实地考察所带来的潜在经济效益很快就得到了公司的认可,他的英国同行也十分赞赏他的实践工作,但在记录方面似乎欠缺系统化:所有关于他应该为后世抄写他的记录(几乎无法辨认),并应向董事会提交详细图纸和调查结果说明的建议,都被无视了。当他最终死于痢疾时,他的朋友们最担心的事情还是发生了:因为记录难以辨认,不成体系,导致他的作品中只有一小部分可以出版。尽管如此,他的遗嘱受益人班克斯宣称,柯尼希"通过发现适合欧洲市场的药物和染色材料,给东印度公司带来了数以千倍的投资回报",他对柯尼希的支持将大大有助于说服董事们继续投资植物学研究。[43]

随着柯尼希的去世,其他一些有才华的博物学家也开始探索科罗曼德尔的财富。柯尼希的朋友帕特里克·拉塞尔(Patrick Russell),以前是阿勒颇(Aleppo)的黎凡特公司(Levant Company)的外科医生(图30),接替了柯尼希在马德拉斯的(东印度)公司博物学家的职位。[44] 拉塞尔作为一名训练有素的医生,也曾与柯尼希在博物学领域密切合作过,在友人去世后,他竭力挽救柯尼希的开创性工作。1786年3月12日,他写信给班克斯:

图30 帕特里克·拉塞尔,他的《印度蛇类说明》(Account of Indian Serpents)的扉页画像。该书的蛇类资料收集于科罗曼德海岸(1796—1809年),书中对这幅肖像的描述是"取自巴斯的瓦特莱(Vartlet)先生的一幅画,这位博士正值55岁"。

自我踏足此地,迄今一直有一宏愿,想要有计划地整理一个大型的植物标本集,以便为这个国家里与我志同道合的后辈提供帮助,同时也为了避免人们遗忘柯尼希在这个海岸的研究成果,也避免具有植物学研究精神的人被社会所遗弃,这种精神很容易被消磨,因为从事一项与欧洲的研究截然不同的新领域的研究困难重重。[45]

1786年，他向马德拉斯总督请愿，要求批准出版显然是同一本书——一本科罗曼德尔海岸的植物指南，供东印度公司的外科医生和其他人使用，人们对此有着强烈的需求。[46] 这一提议迅速得到了公司医疗董事会的支持，拉塞尔于是着手开始工作，努力向当地的外科医生同行宣传，以便全书内容更加理想。完稿之后，文稿被交到班克斯在伦敦的图书管理员乔纳斯·特赖安德（Jonas Dryander）的手中。时至今日，拉塞尔在植物研究界的声誉仍然很高，尽管他在蛇和鱼方面所做的工作比在植物方面的更多。[47]

1788年，威廉·罗克斯堡（William Roxburgh）成为拉塞尔的继任者，拉塞尔称其为"这个海岸上在各个方面都能担当此任的不二人选"。威廉·罗克斯堡（图31）出生于艾尔郡（Ayrshire），在

图31《威廉·罗克斯堡》，查尔斯·沃伦（Charles Warren）作，1815年出版，根据一位不知名的艺术家的微型画进行创作的线雕版画。

爱丁堡接受教育，他决定放弃正规的医学培训，在公司的舰队中担任外科医生的副手——这是还没毕业就希望在印度的东印度公司医疗服务中立足的外科医生常有的做法。[48] 在两年的航行中，他系统地收集了气象学数据，这些数据足以构成他在皇家学会上宣读的两篇论文的基础，其中一篇由他的赞助人约翰·普林格爵士（Sir John Pringle，当时的学会主席）撰写，另一篇由班克斯撰写。显然，当他于1776年5月28日被任命为圣乔治堡总医院的助理外科医生时，已经在自然科学方面有了扎实的基础，并为自己赢得了声誉，4年后他被提升为外科医生。

早年在马德拉斯医疗机构工作的时候，罗克斯堡大部分时间都在马德拉斯以北约200英里处的驻军城镇萨马尔科塔（Samalkot）度过，他在那里全身心地投入该地区的自然历史研究中。初期，他是1781年在海德尔·阿里（Haider Ali）发动进攻前被迫逃离纳戈尔（Nagore）的人之一，他对此感到遗憾："我失去了我的温度计和许多有价值的东西。"6年后，贡图尔地区的一场飓风摧毁了他的房子和所有财产（也差点让他失去了家人），他写道："我最遗憾的是，我有一个十分宝贵的植物学图书馆，里面有我所有的手稿、图画、保存的植物标本等，这些都是我来到印度后一直在收集的东西。"[49]

罗克斯堡在抵达萨马尔科塔后，就在公司的批准下建立了一个约50英亩的实验园，在那里种植咖啡、胡椒、肉桂和面包果树，以及靛蓝等经济植物。[50] 这一冒险被证明非常成功，因此公司批准将植物数量增加到了10万株之多。经过实地考察和园艺工作，一批又一批干枯的植物开始被送回英国的公司总部，班克斯负责对它们进行检查。罗克斯堡还征求了班克斯的意见，让后者培养的两位本土艺术家按照科学标准创作的大量植物图画。到1789年，这些插画师已经创作了四五百幅图画（到第二年这个数字已经增加到700幅），尽管被认为略显粗糙。实地考察、书面描述以及活体植物的详细图画的结合，构成了罗克斯堡收集和研究方法的基础（遵循柯尼希以前制定的做法——尽管并不完美），这将使他在余下的职业生涯中获益匪浅。

通过柯尼希，马德拉斯总督府的博物学家与特兰奎巴传教士站的博物学家建立了持久的联系。尤其是克里斯托夫·塞缪尔·约翰（Christoph Samuel John）和约翰·彼得·罗特勒（Johann Peter Rottler），罗克斯堡十分器重这两位人才。这种长期的关系使英国的博物学家在这个原本偏远的社区得以直接接触到欧洲在植物学和一般自然科学方面的最新思想，其重要性最近已得到了验证。[51] 1793年，罗克斯堡的能力得到了进一步认可，他被任命为加尔各答植物园的负责人。尽管对他和他的支持者来说，到主要权力机构任职是有利的，但董事会建议仔细考虑"这位先生的能力是否可以更有效地发挥在他所从事的几项值得称道的事业中，而不是担任加尔各答植物园的园长"。[52] 但当最近被任命为总督的康沃利斯勋爵与那些主张接受他的人站在一边儿时，罗克斯堡便下定了决心，他的人生也由此开启了新的决定性篇章。他在萨马尔科塔的位置将由特兰库巴（Tranqubar）社区的另一位前成员——本杰明·海恩（Benjamin Heyne）医生接任，关于他的情况请见下文。

加尔各答植物园

加尔各答的植物园是一个人的心血结晶，他就是罗伯特·基德中校（Robert Kyd）。基德以前是孟加拉工兵，后来是检查委员会的军事秘书，他的离世促使罗克斯堡被聘为植物园的第一位专业管理者。基德在1786年向董事会提出的最初建议，只是想有目的地进口可食用植物。当地居民经常遭受"饥荒和瘟疫"，他想以此减少这些"天灾"，不过公司在这一点上也不能推卸"人祸"之责。[53] 在两个月内，这些想法已经有了一具体的制度框架，在这个框架内，这一进程将被赋予一个正式的安排：

> 我借此机会向董事会提议，建立一个植物园是适宜之举。此举不是出于单纯的好奇心理或提供满足奢侈欲望的目的而收集珍稀植物（尽管它们也有其用途），而是为了建立储备，以传播可能证明对大不列颠的居民和本地人有益的物品，并最终可能有助于扩大国家的商业和财富。[54]

建立"驯化园"（Garden of Acclimatization）的计划很快就得到了董事会的批准，其优势是与班克斯对多个殖民地植物园的设想相吻合：邱园（Kew）发挥着"帝国伟大植物学交流中心"的作用，[55] 而班克斯的雄心是建立一个网络，使之既能扩大植物学知识，又能在英国的影响范围内促进经济作物的交换。[56] 基德兴致勃勃地接受了这项任务，并在自己位于西布尔村（Sibpur）附近的一块约350英亩的土地[57]上进行清理、排水和筑堤工作，该地块被胡格利河距离加尔各答下游几英里的一个弯道围住，孟加拉政府要求公司人员提供适当的标本。需要寻找的植物包括：阿魏①（Assa foetida）属的波斯海枣树；巴梭拉（Bussorah）的烟草和清漆；孟买的胡椒、小豆蔻和檀香木；马德拉斯的柚木；阿拉伯穆哈（Mocha）产的咖啡豆、西米、面包果和能产生弹性树胶的树；马来半岛的樟脑；摩鹿加群岛的肉豆蔻、丁香、漆树；暹罗的漆树；以及中国的茶叶、桑树和蚕。此外还要寻找合适的熟练园艺师来培养其中的一些物种。[58] 基德被任命为代理园长，并立即开始种植柚木——公司由于要建造船舶，所以对这种木头的需求量很大。虽然这两种植物都在那里得到了种植，但由于土壤的性质，柚木和茶叶都无法在植物园里生长，而许多从欧洲引进的物种也被证明同样不适应这里的环境，但从随后的其他投资中获得了很多好处。[59]

如果说是在基德的倡议下诞生了这座植物园，那么罗克斯堡可以宣称，在他担任园长的二十年里，凭借着坚实的专业基础让这座植物园发展成一个有价值的公共景点。[60] 罗克斯堡在植物园的边缘建了一座非常大的三层建筑，供自己和家人居住，可以俯瞰河流（图32）；后来在这栋楼上建立了一个标本馆。在继续履行其对公司的核心责任（班克斯称为"促进公共事业和科学"）的同时，这座花园也开始在记录整个印度和更广泛的东印度群岛的植物群方面发挥越来越重要的作用。

在孟加拉亚洲学会成员的支持下，他们的财富和影响力，加上他们作为业余博物学家的才华（有时可称得上才华横溢），创造了

---

① 阿魏：伞形科，阿魏属多年生草本。——编者注

图 32 《植物园河段》（*Garden Reach*），J. B. 弗雷泽（J. B. Fraser）作，手绘蚀刻版画。这座房子是 1795 年为威廉·罗克斯堡建造的，位于西布尔的植物园内，可以俯瞰胡格利河。

一个和谐的环境，使新机构能够扎根和蓬勃发展，罗克斯堡树立了一个开明工业的典范：他在植物园里种植了从整个东南亚收集的或从欧洲寄来的实验性植物，栽种了公司最感兴趣的经济物种的幼苗，并将它们分发给整个南亚次大陆的其他仓库和工厂，以及远东地区；药用和园艺植物也得到了同样的对待，并定期形成了将其运往英国和帝国其他前哨基地的基础。人们继续考虑种植可能有助于缓解南亚次大陆周期性饥荒的可食用植物：[61] 西米、椰枣和椰子树得到了实验性种植，尼科巴群岛的面包果树也被栽培起来；[62] 一份由罗克斯堡起草的愿望清单，详细列出了他迫切希望从埃及引进的植物，包括豆类、亚麻、小麦、大麦、小米、印度高粱、黄瓜，以及其他有用的药物或牛的饲料。[63] 对社会有益是罗克斯堡对植物园设想的一个主要考量因素——从他在萨马尔科塔的日子开始就是如此。1786 年 6 月 16 日的一份报告揭示了他早年在加尔各答的雄心：

> 为社会利益而建立一个植物园，栽植其他国家和气候条件下的植物，以及可能同样有利于促进这些省份商业和文化发展的植物，是我长期以来的心愿，而且我知道董事会完全愿意推动这一制度。已故总督（沃伦·黑斯廷斯）非常支持将新的经济作物和舶来产品引入这些省份；令我感到非常遗憾的是，公

司的财政状况使我们无法购买他的植物园，而这些植物正是在那里生长的。如果董事会同意，我将寻找一个合适的地方建造一座植物园，作为一般的种植园或苗圃，在那里可以尝试种植肉桂和基德上校提到的各种植物。[64]

桑树是从中国进口的，目的是养活蚕群，建立纺织业的基础。[65] 桑蚕蛾（Bombyx mori）——其卵或蚕——被认为是在公元前或公元初的几个世纪里首次传到了印度。到了17世纪，孟加拉已成为由东印度公司销往欧洲的丝绸的主要产地。此时印度的丝绸产业已有几千年历史，以本地（孟加拉）的柞蚕（Antheraea mylitta）、阿萨姆邦的琥珀蚕（Antheraea assamensis）和蓖麻蚕（Philosamia cynthia ricini）为基础，产出的丝更粗，更不规则，呈金色或褐色。到了17世纪50年代，公司为提高产品质量对此进行改良，工人们会在染色前对蚕丝做去胶处理，仅用了30年的时间，它就已经成为"一种可靠的纺织品"，人们很乐意拿它去做服装衬里。[66]

胡椒、肉豆蔻和丁香来自"香料群岛"，多香果来自牙买加。从中国引进茶叶仍然是一个重要的优先事项，加尔各答花园被认为是其成功的关键。我们发现班克斯在1788年12月22日寄给东印度公司副董事长的一份报告中提道：

> 广州人现在形成了一种风气，每当我们的商船需要人手时，他们都会上船赚点外快。因此，我们有把握地断定，他们的邻居可能会被宽松的劳动条件所吸引，效仿他们的做法；此外，还可以把他们的茶叶灌木和所有的种植和工艺工具运送到加尔各答，在那里会有植物园准备好接收这些东西，其中至少有20英亩可以分配给他们立即接收，那里已经在为同样的种植生产做好清理和准备；这里与广州的纬度几乎相同，各方面都很适合这初步的尝试；在才干出众的管理人的辛勤培育下，灌木的数量会增加；也可以教导当地人如何培植生产这种作物，当他们得到充分的指导后，就可以带着合适的工具和灌木被派往长期的生产基地。[67]

尽管加尔各答植物园被证明不适于某些物种（其中包括茶叶）的生长，但在罗克斯堡上任的第一年，就送出了大约2000株植物；在五年内，几千棵柚木树已经分发了（尽管如上所述，这个植物园的环境从根本上来说不适合种植柚木）。至此，加尔各答植物园作为英属印度的植物学研发企业和实用性研究的主要中心的地位，已经被牢固确立了下来。1803年，瓦伦西亚（Valentia）子爵乔治·安斯利（George Annesley）访问了这里，他认为这是"植物世界的一次精彩展示，大大超越了我以前所见的任何东西"；他指出，"它的广阔范围使试验台变得可有可无"，尽管在他看来，"没有为科学研究安排分配一个小隔间是一种遗憾"。[68]

大约五年后，似乎是在班克斯的授意下，园林种植工作之外出现了一个与之平行的科学研究工作，引入了一个更积极的收集计划，为欧洲的植物学家的研究提供资料。这种做法究竟有多成功，可以从罗克斯堡自己的作品中判断——首先是《科罗曼德尔海岸的植物》(*Plants of the Coromandel Coast*，图33)，在1795—1820年，由公司出资（在班克斯的支持下）分批出版；然后是1814年（正是罗克斯堡辞职后的第二年）在附近的塞兰坡（Serampore）出版的《孟加拉花园》(*Hortus Bengalensis*)。出版商——浸礼会传教士威廉·凯里（William Carey）牧师，塞兰坡出版社的创始人之一[69]——称赞罗克斯堡"不屈不挠和有鉴有别的研究"所带来的成就，令他任内物种的数量增加了十倍以上。[70]人们赋予他"印度的林奈"的称号看来名副其实。[71]

弗朗西斯·布坎南（Francis Buchanan）在罗克斯堡离开时短暂地接任了园长的职位，他最初作为助理外科医生加入孟加拉的亚洲学会，在这个职位上，他很快被派往当时的缅甸首都阿瓦（Ava）的一个使团，该使团由迈克尔·赛姆斯（Michael Symes）上尉领导。布坎南在当时收集的标本，以及他的描述和他委托绘制的53幅彩色图画，在使节返回印度时被转送到伦敦，立即就获得了董事会和班克斯的认可。

罗克斯堡在印度的早年似乎尽其所能地帮助这位显然很有天赋的年轻外科医生，作为回报，布坎南承认他亏欠这位年长者很

图33 苏木（*Caesalpinia sappan*）手绘版画，出自威廉姆·罗克斯堡的《科罗曼德尔海岸的植物》，第一卷，图16。罗克斯堡发现它生长在北四府（Northern Circars），并推荐它作为一种树篱植物和染料的原材料。

Caesalpinia Sappan

多，并承认"我很佩服他在印度植物方面渊博的知识"。从缅甸回来后，布坎南被安排在恒河三角洲一个偏远的办事处，那里的潮湿、霉菌和肆虐的虫子阻碍了他的植物学研究，[72] 但在办事处为他争取到了对吉大港（Chittagong）的三个月访问，以评估在那里种植香料的可能性后，罗克斯堡利用自己的影响力将布坎南派往离加尔各答更近的巴鲁伊普尔（Baruipur）。后来又建议他参加总督韦尔斯利侯爵委托的对迈索尔进行的调查，当时罗克斯堡无私地将布坎南描述为"他是我已知的印度最好的植物学家，在其他方面也最有资格提供……这些国家的蔬菜生产情况"。迈索尔的考察也为加尔各答植物园提供了一个机会，它将从未来的此类调查活动中受益。1802—1803年，布坎南陪同威廉·诺克斯（William Knox）船长抵达了加德满都，当时布坎南被指派到尼泊尔的第一个定居点：布坎南在那里的研究记录了大约1200个物种，包括800个西方学界从未见过的新物种（图34），这为他赢得了"尼泊尔植物学之父"的美誉。[73] 回到印度后，布坎南被任命为韦尔斯利在加尔各答的私人医生，韦尔斯利还让他负责在巴拉克普尔（Barrackpore）新建的动物园。

由于韦尔斯利运途衰败，并于1805年返回英国，在此期间布坎南一直忠诚地陪伴着他的赞助人，二人之间建立了深厚的感情。在布坎南刚刚入选皇家学会的一次会议上，偶遇了明托（Minto）勋爵——当时是政府任命的东印度公司管理董会主席，不久被任命为印度总督。明托显然对布坎南印象深刻，并劝说他再次返回印度。随后便是一段激烈的游说期，明托想要让布坎南做罗克斯堡在加尔各答的继任者（而后者则在争取让他的儿子被提名为园长）。然而，董事会在1806年2月决定，指派布坎南立即对孟加拉的自然和经济资源进行统计调查，其研究思路与早先在迈索尔成功完成的调查相同。[74] 事实证明，这项任务非常繁重，以至于当布坎南于1814年被召回加尔各答接替临时负责植物园的亨利·科尔布鲁克（Henry Colebrook）时，这项任务仍未完成，但此时布坎南本人已决定返回他的家乡苏格兰，在那里［为履行遗赠条款，他改名为汉密尔顿（Hamilton）］，他将剩余的时间用于对印度和尼泊尔的文化和自然史方面的撰写工作。[75]

图34 萍婆（Sterculia balanghas）的植物标本，出处不明，由弗朗西斯·布坎南收集，现存于伦敦林奈学会的史密斯标本馆（Smith Herbarium）。

第一部分　东印度公司的藏品

加尔各答植物园的责任于是落在了纳撒尼尔·沃立克（Nathaniel Wallich）的身上，他以前是丹麦在塞兰坡的殖民地的外科医生，在那里他作为一个博物学家的能力很快就显现出来。[76] 随着丹麦和英国之间爆发战争，以1807年第二次哥本哈根战役为标志，塞兰坡被英国东印度公司收入囊中，因此沃立克便不得不听命于公司的调遣。幸运的是，罗克斯堡一直在确保他的才能不被浪费，1809年2月10日，我们发现他写信给加尔各答的政府秘书，请他告诉总督：

> 现有一个能为此植物学研究机构和其他博物学研究部门都带来极大利益的机会，并且政府几乎无须增加任何额外的开支——我建议雇用纳撒尼尔·沃立克博士，他曾是丹麦在塞兰坡定居点的外科医生，现在是那个地方的战俘……如果政府认为合适，他在探索植物学，乃至动物学和矿物学未知产物方面都是极佳的人选，要知道，在公司光荣的领地上，还有丰富的资源需要挖掘。[77]

这封信立刻有人作了回复，并直接询问任命他需要公司花多少钱，罗克斯堡则答复说，沃立克会对政府可能给予他的任何东西感到荣幸，"因为他宣称'他的目标是知识，而不是金钱'"。[78] 沃立克在一年后被正式释放，进入罗克斯堡的机构，协助其在加尔各答植物园的工作，每年有200卢比的交通补贴。服务三年后，他向公司提出申请，要求在孟加拉设立一个助理外科医生的职位，结果沃立克在不知情的情况下被派往尼泊尔服役；正好，他被任命为植物园的园长，接替了布坎南。

在将近30年的发展中，加尔各答植物园有了相当大的发展：据德斯蒙德（Desmond）描述，在沃立克到达时，它总共有4个苗圃、一个菜园、一个果园、一个农场和一个按照林奈分类法布置的花园——显然弥补了瓦伦蒂亚勋爵早先指出的不足。几年内，根据伦敦药物公司向董事会的建议，植物园里又增加了一个草药园，在那里实验性地种植本土和欧洲的药用植物。与此同时，植物园有一大片区域处于休耕状态，这看起来也证实了罗克斯堡早先的估计，即植物园的面积比实际所需的面积要大。在沃立克（图35）到来的一年左右时间里，大约100名的劳动力又增加了一半。虽然有些人认为沃立克很严厉，而且性情多变，但他似乎对自己信任的雇员很是欣赏，而且会确保他们得到适当的奖励。[79] 1820年和1824年，罗克斯堡的《印度花卉》（*Flora Indica*）的前两卷问世。在这两卷书的出版上，沃立克可谓尽职尽责，他对该书进行了大量的补充，并在书中对东印度公司提供资金以使其研究得以实现的"无与伦比的慷慨"表示了感谢。[80] 他同时继续进行植物学研究，考察的地理范围扩大到比哈尔（Bihar）、尼泊尔、阿萨姆邦、缅甸，甚至远至威

图35 纳撒尼尔·沃立克，63岁，托马斯·赫伯特·马奎尔（Thomas Herbert Maguire）作，平面印刷，1849年。

尔士王子岛和新加坡等地，从而增加了迄今为止未被记录的植物的储备：[81] 1828 年，他请假访问伦敦，整理和分发东印度公司积累的标本，并准备 1830 年出版的《亚洲植物志》(*Plantæ Asiaticæ rariores*) 的文本时，生长在加尔各答的物种数量已经翻倍。五年后，他回到加尔各答，发现花园（就像东印度公司的许多其他地方一样）正在裁员，因为公司的财务开始出现令人震惊的赤字。

此时的一项发展似乎为公司的植物学家提供了一条经济生命线。随着东印度公司即将停止对中国茶叶贸易的垄断，人们开始关注在印度发展替代种植园的可能性。公司的茶叶委员会得到消息，1834 年在阿萨姆发现了茶树，该地区在第一次英缅战争（1824—1826 年）后归公司管理。因此，茶叶委员会（沃立克本人在英国长期休假期间曾在该委员会任职）立刻安排沃立克在植物学家威廉·格里菲斯（William Griffith）和地质学家约翰·麦克莱兰（John McClelland）的陪同下前往查明真相。这次考察确认了茶树的确是天然生长的，以及阿萨姆邦作为商业发展中心的适宜性，[82] 不过在此期间，沃立克和格里菲斯之间的关系破裂到令人震惊的程度——这种不幸在植物园中产生了不利（即使是间接的）影响。

在接下来的几年里，沃立克的健康状况明显恶化：尽管他的注意力已集中在退休一事上，但到了 1842 年，他发现不得不去海角疗养。在他缺席期间（最终延长至两年），格里菲斯被任命为代理园长，这一任命使他能够坚持自己的想法——与沃立克的想法截然相反，就像在阿萨姆远征结束时那样。虽然他的行为似乎只是出于科学信念，但格里菲斯对沃立克的反感意味着他肯定不会对前任留在这片土地上的遗产有任何敬意。他认为它"压根不是一个植物园，而是一个游乐场，而且也不太具有观赏性"，植物"毫无规划地胡乱在大片土地里生长"。[83] 在他到达后的几周内，便获得了孟加拉政府的同意，对花园进行了彻底的整顿，清理了许多已有的花坛和生长着柚木、桃花心木和棕榈树的树林，以及花园中的蜿蜒小路：[84] 现在布置了两个同心排列的系统花园，一个是按照自然分类系统布置的，另一个布满药用植物和其他有益的植物（图 36）。在新的安排中，科学方法压倒了所有其他的考虑因素，[85] 因此并没有那么受公

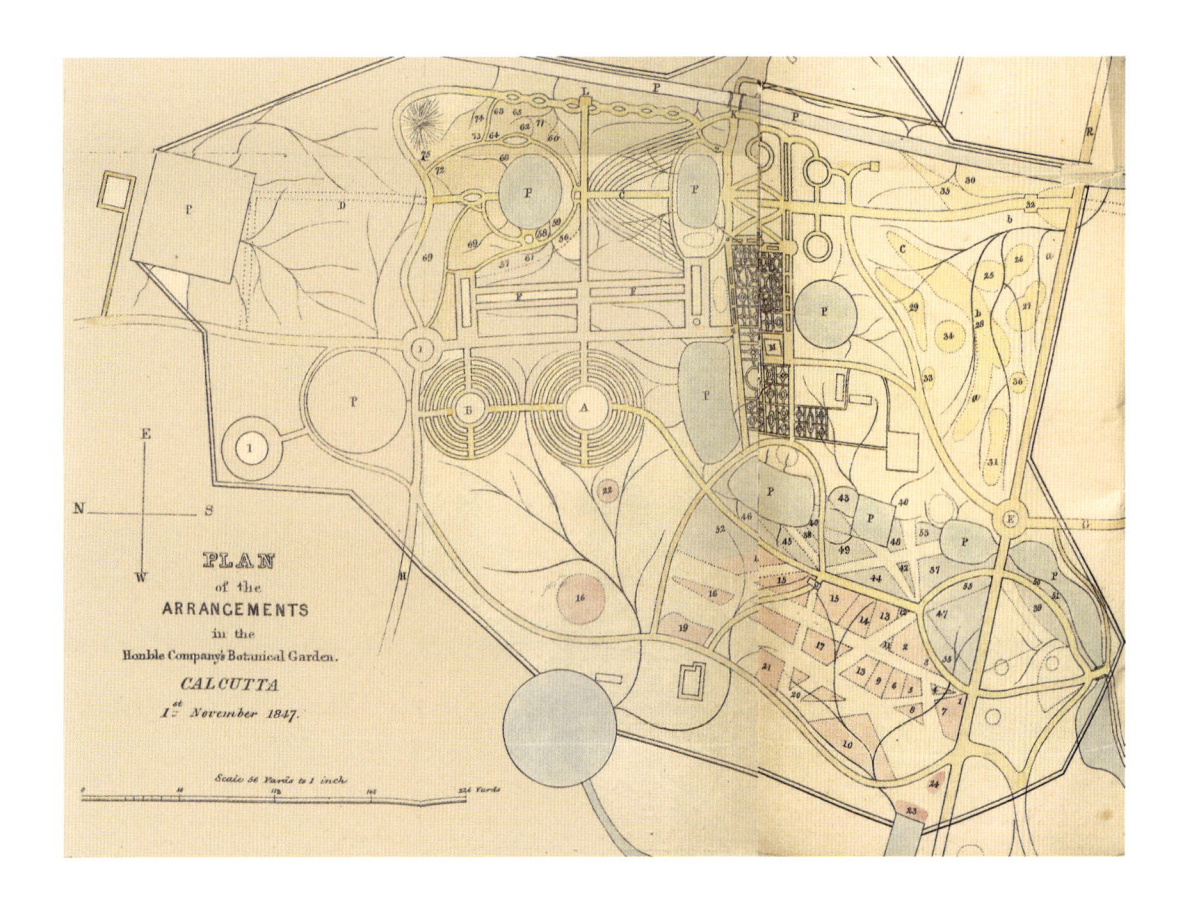

图 36 "加尔各答公司植物园的安排计划,1847 年 11 月 1 日"。格里菲斯的重新安排已经非常明显,特别是在同心的自然花园(A)和药用植物园(B)上。

众的欢迎:约瑟夫·胡克(Joseph Hooker)明确地将格里菲斯的改革描述为:

> 自沃立克博士以来所做的改建是非常缺乏判断力的……我发现……花园变成了一片难看的荒野,没有树荫……也没有其他美丽的东西。除了一些孤零零的大树,它们在不分青红皂白地破坏有用的和观赏的植物后幸存下来,而这些破坏实属善意,只是判断不当,其源头是为了遵循一本植物学教科书罢了。[86]

不用说,沃立克回到加尔各答后,看到的情况令他备受打击,直言不讳地说留在那里是简直是"他痛苦的源泉"。[87] 公司只好在他退休前最大限度地提高他的养老金,才让他留在了加尔各答。

同时,格里菲斯不失时机地表达了他对沃立克几乎将其近 8000

件标本和其他材料全部转移到英国的不满,此举虽然丰富了林奈学会、大英博物馆和一些大学的收藏,同时也使加尔各答植物园失去了宝贵的资源。在1843年的一份出版报告中,格里菲斯愤怒地指出:

> 多年来从印度各地收集累积下来的大量标本……被园长带回了英国,并在他的建议下,根据法院的命令分发给了欧洲的主要机构和植物学家(包括罗克斯堡和布坎南的标本室)。只有本机构没有收到。

他认为,未来的研究几乎是不可能的,因为"如果没有一个真实的标本馆可以参考,没有一个健全的印度植物学家会试图在印度发表大量的文章"。[88]

沃立克和格里菲斯之间的冲突无疑是由个人仇恨引起的:两人都是非常能干且个性强硬的人,但他们各自怀抱着不同的植物学理念,[89]这种差异被认为从根本上反映了:随着公司的角色从贸易到管理(殖民地)的转变,人们对于"植物学和帝国之间的关系,以及对于殖民地科学的本质(目标)的分歧",在态度上发生了更广泛的变化。[90]早期实地调查所秉持的那种务实精神以及相对开明的兴趣观念现在已经让位于一种意识形态,即科学的理性实践是欧洲优越性的象征,它能将统治者与被统治者区别开来。博物学家的任务更多地变成了要去征服自然、操纵自然和改进自然,目的当然是帮助大英帝国获取更大的利益。[91]格里菲斯在加尔各答植物园制定的措施确实令人信服,但他们对花园过度僵化的实践在当代博物学家群体中几乎得不到长久的支持,而他对沃利克制度随意的批评甚至冒犯了伦敦的董事会。

沃立克在加尔各答植物园园长一职的继任者休·福尔克纳(Hugh Falconer)发现自己面临着一项相当重的任务。现在,轮到格里菲斯的教条主义布局被一个新的方案抹去了。为了一定的视觉效果,科属相关的乔木和灌木被集中安排到在一起;并且重新种植了几英亩的棕榈树,其他的树木——尤其是花园里引人注目的榕树,在格里菲斯时期也没有逃脱被破坏的命运——也恢复了生机,此举重新确立了植物园在公众心目中的地位,确保了加尔各答社会对它的持续支持。园长的工资在公司努力平衡其账目时险些被削减一半,现在也恢复到了正常的水平。现在,除作为植物学和实用植物栽培中心之外,植物园还增添了教育功能。

1855年福尔克纳退休时,他的继任者托马斯·汤姆森(Thomas Thomson)将继承这一庄严的荣誉,成为最后一位由东印度公司任命的园长。汤姆森曾在格拉斯哥师从威廉·胡克爵士学习植物学,并曾陪同他的儿子约瑟夫·胡克——一位杰出的人才——前往印度东北部进行植物学考察。汤姆森来到植物园时,公司正处于低谷,他负责的植物园几乎没有任何研究价值。1856年,他报告说:"要防止植物园看起来像一个巨大的苗圃——实际上它确实是个大苗圃——一直是一件极其困难的事情。图书馆、标本馆和博物馆由于缺乏资金而陷入困境,导致该机构的科学性已经完全丧失,这让它在英国几乎不为人们所知。"[92] 两年后,随着统治印度的权力从东印度公司转移到英国政府,他负责的植物园被重新命名为女王植物园(Her Majesty's Botanic Garden)。[93]

公司的其他植物园

在东印度公司下,还有其他一些机构建立的植物园,其中一些具备与加尔各答相同的气质、共用同一批员工,另一些则作为苗圃或实验站执行更具体和互补性的任务,引进和培育印度、远东其他生态区、欧洲或英国在世界其他地方的属地的外来物种。前面已经提到了萨马尔科塔,它位于三角洲的北部,即戈达瓦里河流入孟加拉湾一带。罗克斯堡在印度的职业生涯早期,在被任命到加尔各答之前,已经从公司处获得了在该地建造植物园的批准,并担任了四年的园长。正是他首先被问及是否可以在胡椒种植园为本杰明·海恩(Benjamin Heyne,后来被任命为临时植物学家)找份工作。海恩忙于管理引进可能有助于缓解饥荒的新植物——其中包括面包果和土豆——并且取得了很好的效果,罗克斯堡因此推荐他成为负责花园的继任者。1800年,当萨马尔科塔的种植园因经济效益不好而被公司关闭时,[94] 海恩加入了由科林·麦肯齐(Colin Mackenzie)领导的迈索尔省调查，担任植物学家一职，然后于 1802 年以博物学家和植物学家的正式头衔回到了马德拉斯总督府。[95]

在迈索尔调查期间，海恩受克莱武勋爵的指示，在该省为公司一个新的植物园选址，这应该是为最近由他负责的萨马尔科塔植物园选址。海恩的选择落在了当时班加罗尔一个 40 英亩的植物园上。这个植物园以前是蒂普苏丹的财产，由于其土壤肥沃、水源充足、气候温和，他们希望在这样一个适宜的环境下，新植物园会比上一个更加繁荣。那些珍贵的外来物种将被转移到那里，人们都预料到，在麦肯锡的调查过程中新遇到的物种将扩充标本库的规模。海恩的精神和知识给所有人留下了深刻的印象，尤其是瓦伦西亚勋爵，1804 年他在班加罗尔遇到了海恩：

> 驻地的外科医生海恩先生在等待我。他期盼我的到来，并为我安排了在城内海德尔宫的住宿，那里有非常漂亮的亚洲风格的植物园。他向我赠送了几种植物的种子，以及一位本地人绘制的极具价值的植物图画。他的植物学知识和他不屈不挠的努力，将使他对迈索尔台地上的植物的收集变得有价值和有趣。[96]

海恩认为香料和药用植物可以在班加罗尔繁盛起来，但植物园的范围也扩大到生产更多的普通的蔬菜，诸如土豆等，以便养活军队和当地的居民。然而，这个植物园最终也没有完成预期的使命，公司于 1810 放弃了它，将其让给了迈索尔的拉贾（王侯）。[97]

萨哈兰普尔（Saharanpur）靠近喜马拉雅山，距离德里东北约 100 英里，并接近气候对温带和热带植物的限制，是将物种从高海拔地区移植到平原地区的理想中转站，同时也提供了一个驻地——"脆弱的南方居民可能会逐渐适应更寒冷的环境"。该植物园的起源可以追溯到乔治·戈万（George Govan）来到萨哈兰普尔的时候，他于 1815 年被派往该定居点担任外科医生。戈万在那里发现了一个占地 40 英亩的莫卧儿花园——法尔哈特巴克什宫（Farhatbaksh Palace）——的遗迹。该花园可追溯到 17 世纪 70 年代，自 1803 年英国人占领此地以来，花园一直荒废着，杂草丛生。现在围栏被打破，花坛被用来种植芒果树和一些蔬菜，但除此之外，它只为散养的牛群提供现成的牧草。戈万很容易就说服了当地东印度公司的代理人，为了公司的利益和当地居民的利益，让他来负责这个花园。在他们花了一年时间获得正式批准后，他就投入到初步清理灌木、疏伐树木和修复围栏的工作中。他还买了一艘小船，"用于从东南方向约800英里处的加尔各答植物园运送植物"。显然，戈万看到了将他的企业与植物园联系起来的好处，尽管这两者此时还没有正式联系起来。[98]

戈万的视野显然已经不再限于加尔各答。他谨慎地指出，萨哈兰普尔的海拔高度（略高于1000英尺①）使这里的自然环境条件"在许多方面与中国的几个省份相似"，这里可能是利于茶叶生长的好地方；他还认为这里的气候与"克什米尔、波斯的多数地区、地中海北岸、马德拉群岛、墨西哥的部分地区，以及好望角和新荷兰及南美洲部分地区"相仿。而且他很自信地预言，这将是把各种来源的大量物种成功引入印度的关键。他想到了引进各种药用植物的可能性，比如愈创树（guaiacum）、肉桂（cassia）、金鸡纳树（cinchona）、阿魏（asafoetida）、岩胶蔷薇（labdanum）、麝香（musk）、红没药（opoponax）、白松香（galbanum）、乳香（olibanum），"在加尔各答附近尝试培养这些植物是徒劳的"。[99]

1819年6月，戈万被黑斯廷斯勋爵正式任命为萨哈兰普尔植物园的园长。沃立克在信中对他在那里所取得的成就表示赞许，并建议萨哈兰普尔与加尔各答建立正式的植物交流计划。然而戈万享受到他的成果（图37）仅有两年时间，之后就因为反复发作的热病被迫离开此地，随后他又被派往喜马拉雅山脉的一个调查机构充当植物学家和地质学家。后来的园长（自此以后园长都向加尔各答植物园的负责人报告）包括另一位外科医生约翰·福布斯·罗伊尔（John Forbes Royle）和休·福尔克纳，休在不久之后也会成为加尔各答植物园的园长。

---

① 1英尺 = 0.3048米。——编者注

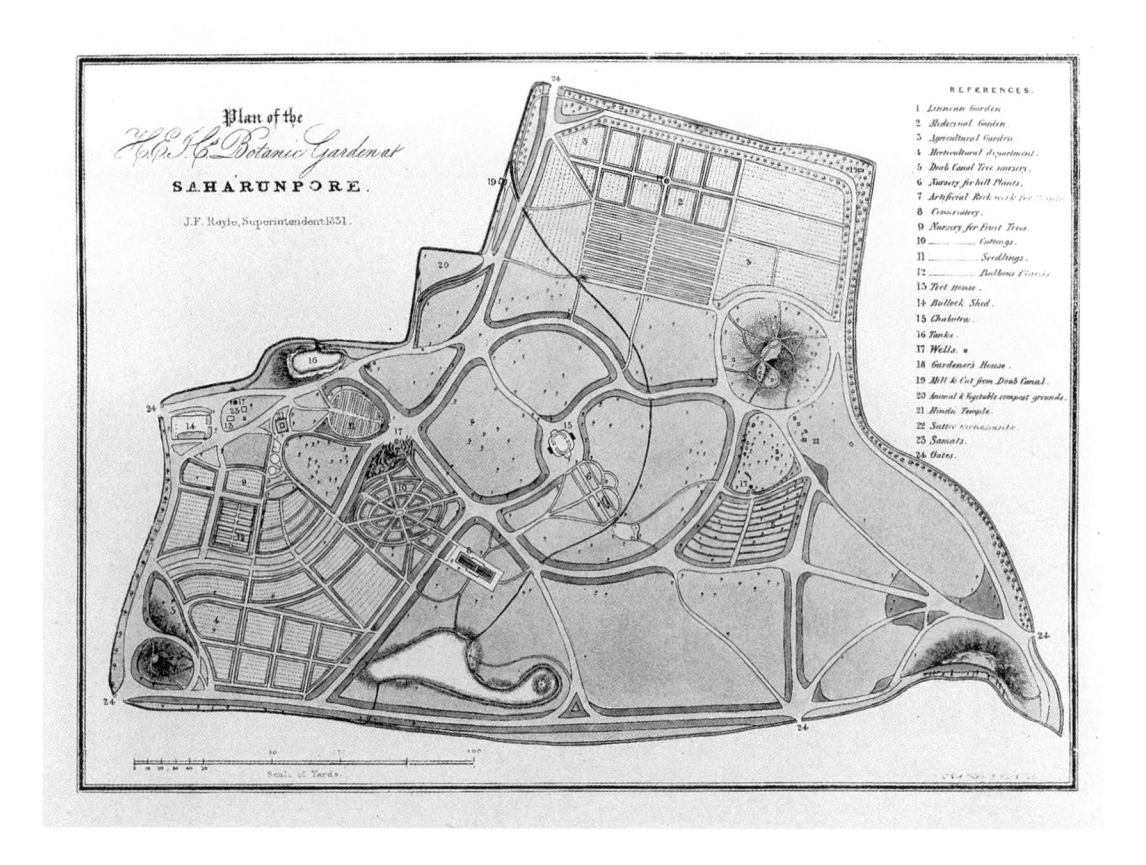

在这几位才华横溢的植物学家的相继管理下，萨哈兰普尔植物园被美化成一个有吸引力的公共绿化场所，同时也产出了大量药用植物和其他植物：到 1831 年罗伊尔从植物园退休时，大约有 30 000 种植物在这里被培育成功。尽管福尔科纳是在东印度公司缩减开支期间到任的，但他还是设法维护了植物园，并为英国的园艺师们源源不断地提供标本，不过有时他会被提醒花园的主要需求是生产"实用"的植物。他一度想引进啤酒花，以便为驻扎在阿富汗的英国军队在当地生产啤酒。喜马拉雅山脉更高处的穆索里也建立了一个小植物园，以加快来自中国、欧洲和美国等地的乔木和灌木的适应性过程。[100]

亨利·诺尔蒂（Henry Noltie）让我们注意到另一个真正有意义的植物园，它建立在浦那（Poona）北部的达普里（Dapuri），这座植物园的建立可以说几乎背离了公司的初衷。[101] 从 1827 年起，孟

图 37 东印度公司在萨哈兰普尔的植物园规划平面图（Plan of the heic's Botanic Garden at Saharanpore），J. F. 罗伊尔作，1831 年。

买总督约翰·马尔科姆爵士（Sir John Malcolm）不顾自己行政部门的反对（公司交代的任务是尽量减少不必要的开支），掌握了该植物园的主动权，表面上是为了帮助他在德干地区树立权威，但也是为了提供一个躲避季风的庇护所。当董事会听到这个消息时，这个机构已经成立了，虽然董事会向马尔科姆发函申斥他此举没有征求上级申请批准，但他们也同意在试验的基础上继续推进该项目。马尔科姆把推进"自由科学"作为他的主要抱负，在这个目标上，他得到了加尔各答植物园园长沃立克的支持。沃立克在马尔科姆的身上看到了自己的前辈——基德和罗克斯堡——的精神。在一批外科医生的领导下，咖啡、水果、蔬菜以及药用植物的试验性种植计划得以实施，其中最引人注目的是亚历山大·吉布森（Alexander Gibson），他是一个尽职尽责的洪堡人（Humboldtian），后来在印度的林业发展中发挥了重要作用。达普里植物园坚持了大约30年（在1857年的叛乱中被认为是重要的药品来源），但在此后该植物园很快就被卖给了私人，脱离了新印度政府的管辖。

最后，还要提及一座特别的植物园，它在公司外科医生和园艺师詹姆斯·安德森（James Anderson）的手里短暂地繁荣过一阵子，安德森后来被提拔为马德拉斯总督府的总医官。安德森1769年抵达印度，在之后的几年内就开始了植物学研究，并在马德拉斯附近的马尔马隆（Marmalon）建立了一个胭脂仙人掌（nopal）种植场，这种植物是一种树状仙人掌，又称霸王树（prickly pear），是胭脂虫的主要宿主。这种植物和昆虫都是从中美洲进口用于实验的。[102] 安德森围了一片土地，就是用一个土堤，在内部斜坡底部开一条沟，以提供排水。仙人掌就以6英尺的间隔种植在里面。[103]

仙人掌长势喜人，并有一系列其他植物也得到了栽种。1791年12月2日，马德拉斯医疗董事会秘书安德鲁·贝里（Andrew Berry）博士在给行政部门的一封信中自豪地提到，他本人"努力将这片土地上打造一个植物园，并且由于喜欢收集和饲养最稀有和最有价值的植物，（已经）能够从这个海岸的山脉中获得一些迄今为止还不为人知的东西，这些珍稀物种来自东方岛屿、中国、红海、孟买等地；此外还有来自西印度群岛、美洲、欧洲和好望角的种子"。公司管理部门对这一发展甚为不悦,并断然决定今后植物园的开支应限于最初的目的。贝里被这一回应刺痛了,他指出,到目前为止,所有的支出都是由董事会明确或默许批准过的,而且植物园正在成功地蓬勃发展。10英亩的土地已经规划好了,

> 我主要从邱园、中国和法国的几个岛屿购买了三种胭脂仙人掌,目前我有3000~4000株枝繁叶茂、生长良好的植物。为了保护这些胭脂仙人掌免遭偶然发生的狂风的侵袭,我种植了大约500棵橘子树作为庇护,因为它们不会掉叶子,并将其中的大部分进行了嫁接,以便它们同时也可以发挥果树的功能。
> 根据安德森博士的意愿,我种了相当多的桑树,目前我在丘斯里(Chouthry)有一个养蚕基地。
> 为了生产白漆,我还种了约6英亩的漆树(Odina),约瑟夫·班克斯爵士认为董事会送给他的标本是一种有价值的产品……

为了保护这些漆树,他还种植了两英亩的椰子树以提供庇荫,以及许多其他多产植物。贝里的信由马德拉斯转给了董事会,并请求"如果他们希望继续实施胭脂仙人掌的种植计划,希望一开始就采购并向这里输送胭脂虫,请他们传达他们关于这个问题的指示。"[104]

安德森和后来的继任者贝里在饲养胭脂虫方面的成功显然没能持续下去,尽管染料依然是东印度公司贸易的主要商品,但在1800年,胭脂仙人掌园还是被放弃了(连同萨马尔科塔植物园一起)。[105]

公司植物学家在偏远地区的田野工作

除了在植物园里的正式雇工,东印度公司有时也会留下一些博物学家负责记录自然资源,其工作的地理范围要么是在公司管控范围内的地区,要么就在某些公司管辖范围外,但是公司又急于在那里攫取具有潜在利用价值的物种资源的地区。当然,这两个群体之间很大程度上是重叠的,一些在公司中已经建立起声誉的人不时会

得到批准进行田野考察,以增加他们各自驻地的财产。柯尼希、拉塞尔、罗克斯堡和海恩相继在马德拉斯担任公司的博物学家时都进行了田野考察;布坎南在迈索尔和孟加拉进行了考察;沃立克在1822年对尼泊尔进行考察,在1835年对阿萨姆邦、缅甸、槟城和马六甲进行了植物学考察,同时还负责管理加尔各答植物园;[106] 同上述一样,戈万在萨哈兰普尔植物园任职后,也曾在喜马拉雅山脉一带进行过实地考察。[107]

在锡兰,第一任英国总督腓特烈·诺斯勋爵(Hon Federick North)来到这里时,似乎已经对确定该岛"天然产品"的范围和特点有了很好的想法,并负责任命法国人尤德林·德·容维尔(Eudelin de Jonville)承担这项任务,而这位法国人的早期生活细节至今仍然模糊不清。[108] 容维尔最紧迫的任务就是对锡兰最有价值的资源之一——肉桂园进行调查,他一方面出色地完成了这项任务,另一方面也显然对(公司)限制进一步研究该岛自然历史的更广泛背景的机会感到不满。他在给诺斯的信中这样写道:

> 承阁下之心愿,要求我调查和收集有关该岛的自然科学、自然史和气象学的一切信息……我尚未能将我的研究扩展到……那些位于岛内和岛屿周围的(肉桂园)……尽管如此,我还是收集了大量天然的珍奇物种,不过还没能对它们进行整理。当我向英国交付这些东西时才得知,尊敬的董事会打算为所有在印度得来的奇珍异物打造一个展示柜。这一消息令我备受煎熬,因为我目前无法证明我想要对这一伟大项目有所贡献的热切愿望。我甚至不敢冒险送上我已经收集到的东西,许多物品需要附带说明,而这些工作只能在收集物品的地方进行。例如,在压干植物标本(hortus-Siecus——原文如此)中由于构成其花朵的小部分被破坏,以及由于其颜色的褪色,始终无法避免对标本进行说明时出现错误。在收集昆虫的过程中,也有大量的昆虫随着生命的流逝,失去了身上漂亮的鳞片,这种情况导致它们的科属特征细节被抹去了,以至于博物学家完全搞不清楚它们究竟是什么虫子,或者将这些学者引入错误的陷阱。同

样的情况也不可避免地发生在爬行动物和鱼类上。所有这些都应附有说明，解释它们在死亡状态和活体状态下的情况。[109]

不久之后，诺斯便把德·容维尔的"一些备忘录"和"一些用来丰富你的博物馆的文章"转交给了董事会，在此之前，容维尔是访问康提（Kandy）宫廷使团的一名博物学家。诺斯总是以最赞赏的语气来描述容维尔的工作，他后来报告说："容维尔先生的研究对珍珠的估价方式有很大的启发，他发现了珍珠估价师进行交易的秘密，并在他的备忘录中详细地说明了这一点。"[110]

东印度公司辖区内较远的东部地区（如锡兰）不在此次调查范围内，但我们不得不提到与公司有关的伟大博物学家中最杰出的一位人物——斯坦福·莱佛士（Stamford Raffles，1817年受封为骑士）。他的职业生涯始于位于利德贺街（Leadenhall Street）的公司总部，最初只是初级的文员，他后来对公司贡献也因其最初的不起眼而备受瞩目。后来，在英国短暂统治爪哇的那段时间，他升任为当地的副总督，而后又接替明古连（Bencoolen）任副总督，在此期间因与董事会失和而被降职。莱佛士还在明托勋爵领导的针对荷兰人和法国人的军事胜利中发挥了作用。这场战役让英国在远东站稳了脚跟，并通过谈判达成协议，将新加坡纳入了公司的管辖范围。关于他在博物学方面的工作，本书会在其他章节说明。[111]

在19世纪初就开始在爪哇和邻近岛屿从事调查工作的还有托马斯·霍斯菲尔德（Thomas Horsfield），这位美国人最初受雇于荷兰东印度公司，后来受指派效力于英国东印度公司。当该领土落入英国人之手时，霍斯菲尔德受到莱佛士的鼓励，继续研究当地的植物群、动物群和地质情况，1816年爪哇再次归荷兰控制后（维也纳会议之后），霍斯菲尔德被允许继续在爪哇开展工作。[112] 1819年退休后，霍斯菲尔德将他的藏品存放在英国东印度公司博物馆，随后在1836年被任命为馆长，在那里他还能广泛利用容维尔的笔记和图画来编纂他的博物馆目录。

运送获得的物品

将标本从东印度群岛顺利运到欧洲并非易事,所出问题层出不穷,需要相关人士发挥所有的聪明才智解决一个又一个困难。此外,将欧洲植物(或来自大英帝国其他地区用以引种试验的植物)运往印度的困难也同样令人生畏,而制定高效的运输策略必须算作公司职员的成就之一。

以种子的形式运输有几个好处,一是可以大量运送,二是便于包装,三是在航行途中不需太多照料关注,然而并不是每个物种都适合以这种方式直接运输。1839 年,各类种子一共 50 包,被送到伦敦园艺协会(Horticultural Society of London)副秘书长约翰·林德利(John Lindley)手中,他收到后立即通知公司,由于这些种子是从炎热的平原地区采集的,在英国恐怕无法生长。因此他建议,公司在采集种子上的努力今后应限于在温带地区。所以董事会于 1839 年 5 月 1 日决定:

> 为了确保扩大传播有关印度蔬菜生产的知识,以及交换种子和植物的计划能够被充分利用,印度方面所采取的必要措施应该在一个有相关知识背景的人的监督下进行,只有得到相关领域专家信任的人才能胜任这一岗位。[113]

得到正式任命的人是约翰·福布斯·罗伊尔,此人天赋异禀,他以前在萨哈兰普尔植物园工作,1832 年后回到英国,出版了《喜马拉雅山区和克什米尔地区植物图鉴》(Illustrations of the Botany of the Himalayan Mountains, and of the Flora of Cashmere)。随着时间的推移,罗伊尔将改变公司参与印度所有自然资源的性质和规模,将其置于一个完整且有系统的基础之上。

为了防止种子腐烂、霉变,保护其免遭昆虫以及航行中海水的侵蚀,最初想到的办法是将种子放在密封的瓶子里,而这些瓶子又可能依次被存放在装满盐的容器里。罗伯特·基德在 1786 年写给康沃利斯勋爵的信中,提到了罗伯特·波义耳(Robert Boyle)证实的在密封瓶子之前排空空气的好处，不过他说由于印度没有必需的真空设备，唯一能做的就是隔绝外部空气了。[114] 还有几个替代方法，是理查德·布拉德利提出的，其中有一个办法是林奈曾喜欢的，即在密封之前将种子放在含有细沙的纸包中；还有一种方法是用各种保护物质涂抹种子，这是约翰·埃利斯（John Elis）提倡的；此外，基德建议种子应该被"松散地放在小号粗麻袋中，并放在开口的柳条筐中里；在航行过程中，放在轮船的通风处"，当然，必须好好防止盐雾对种子的侵蚀。公司运往印度的几批麻籽都以不同的方式进行了处理，收货人被要求报告特定方法的成效或其他情况。然而，这些方法中没有一种能很好地适应大宗运输，它们能否保护种子的稳妥性仍然值得怀疑。[115]

不论是从印度运往英国，还是从英国某地运往伦敦，种子都必须收集和运输，以便在适当的季节到达目的地。1794年1月20日，罗克斯堡在给加尔各答政府秘书爱德华·海伊（Edward Hay）的信中提到，他有"几箱盆栽植物"，准备通过一些指定的船只运往英国，要求向"诺森伯兰"号（*Northumberland*）的琼斯船长（Captain Jones）起草一份命令，"为爱丁堡的皇家植物园接收两箱较小的盆栽植物，这两个箱子长24英寸、宽20英寸、深7英寸"。[116] 约翰·埃利斯早些时候曾主张使用专门的木桶和各种铁线箱——有铁丝网形成隔挡的箱子（图38）来运输"种植状态"（活着）的植物（迄今为止，埃利斯在运送种子方面的经验似乎并不令人乐观，因为他补充说，"50颗种子里，几乎没有一个……能成活"）。[117]

上述引用的资料中还提到了另一种策略，即把那些品种不明的种子播种在箱子里，这样，它们在航行过程中就可能会发芽生长。通过这一方法，再加上途中的复苏期，一些多香果（Myrtus pimenta）样本及其他一些植物——主要是药用植物上，就能被转移到加尔各答花园：

> 这种珍贵树木的种子可以播种在装有西印度群岛土壤的箱子里，然后在合适的季节从那里寄到圣赫勒拿岛（St Helena）和英国。同样，这样的办法也可以将这两地生长的植物运送到印度。[118]

图38 "一个铁线木箱，用于运送来自东印度或南洋的面包果树、山竹或任何其他有用的植物"。摘自约翰·埃利斯的《对山竹和面包果的说明》(*Description of the Mangostan and the Bread-fruit*)：山竹被认为是最美味的水果之一，面包果是东印度群岛所有水果中最有用处的（1775）。侧面有百叶窗，"可以上下随意滑动，以保护植物不受天气影响"，而背板可以选用玻璃，以便在关闭百叶窗时也能受到阳光照射，以抵御寒冷。

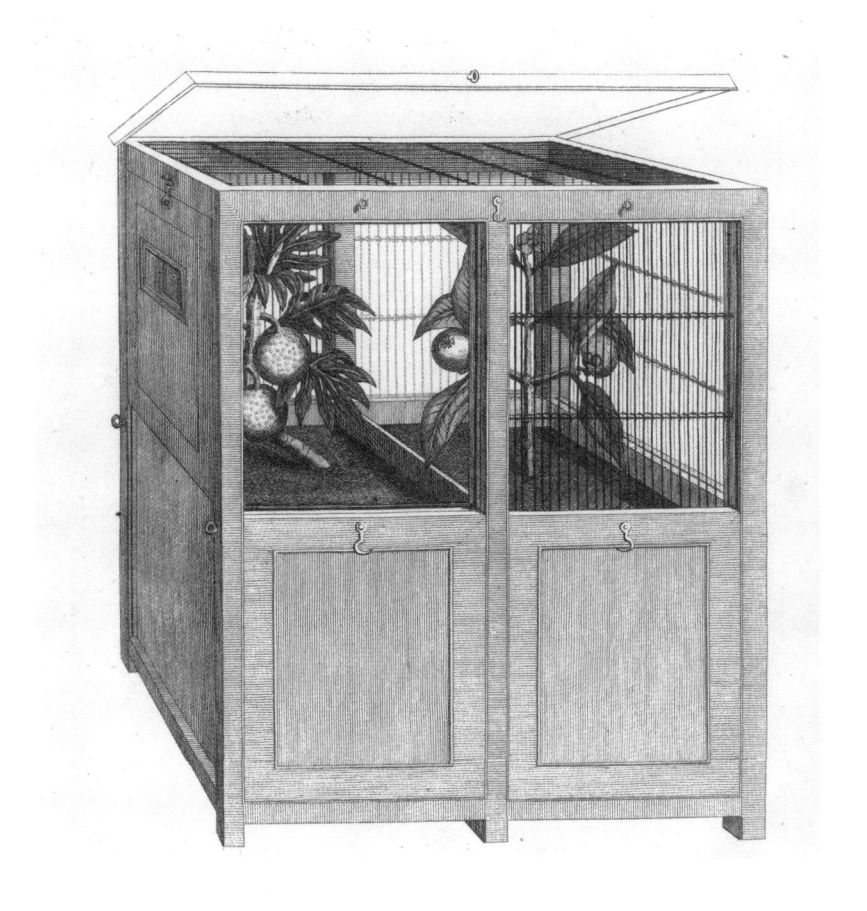

第二年的 4 月 13 日，罗克斯堡给董事会寄送了一封信，其中包括一份从加尔各答寄给英国皇家植物园——邱园——的 82 种植物的清单，以及一张便笺："古德先生得到了许多不同种类的种子，在前往英国的途中，可以在不同时间将其播种在箱子和花盆里，这一路他负责照顾这些植物。"[119]

然而，即便有专门的人照料它们，用淡水浇灌（在海上淡水总是十分珍贵），但事实证明，当天气变得恶劣时，比起种子，种植中的植物更容易受到海浪的影响。[120] 1791 年 6 月 25 日，在航行到英吉利海峡的"希尔斯堡"号（Hillsborough）上，外科医生乔治·基思（George Keith）给班克斯写了一封信，讲述了他在离开广州时，带了一盆要送给班克斯的坚果（中国人这么叫它），这些坚果发芽后生长得很好，然而：

几天来，由于贸易繁荣、海面高涨，同时伴随着炎热的天气，船舶港口不得不关闭。水有时从舷窗和船体其他部分渗进来，炮台和部分船舱几乎一直是湿的，尽管我的船尽可能保持干燥，但甲板仍然是潮湿的。这些植物最终被置于炎热、潮湿、封闭的环境，导致树枝产生了霉菌，树叶也逐渐失去明亮的色调，短时间内便死透了。

基思只能寄希望于，其他一些没有发芽的样本还有可能活着。[121]

植物样本在双向旅行中，死亡率仍然很高。为了解决这一问题，罗克斯堡在1796年向班克斯建议，在好望角建立一个花园，让这些植物在继续航行前休养一段时间。虽然这个建议没有落实，但在南大西洋的圣赫勒拿岛上还是临时建立了这样一个中转站。雷·德斯蒙德（Ray Desmond）在他的《欧洲人的发现——印度植物志》（*European Discovery of the Indian Flora*）中记载，早在1760年代，那里就在种植茶种，茶苗也被装在盆里，以便在最后阶段运往英国，尽管那里的中转苗圃在1789年才正式建立。[122] 在《圣赫勒拿岛植物志》（*Flora St Helenica*）一书中，罗克斯堡赞美了该岛的优点，认为它非常适合作为从一个……地区到另一个地区的植物的休养生息之地：在那里，生病的植物可以在适宜的气候中恢复自然的活力，而且几乎每一种植物都会因为其生长的地理位置的改变而改变株体的高度，并且由于气候的改变，最终获得适宜在目的地国家生长的习性。[123]

公司人员无疑在制定这些策略方面发挥了作用。1800年，罗克斯堡在他的《海上植物种植护理指南》（*Directions for taking care of growing plants at sea*）中正式确立了这些策略。[124] 后来，沃立克在某种程度上重申和发展了这些策略，他在伦敦时向园艺协会发表过关于这个问题的演讲。[125] 罗克斯堡显然非常清楚如何获得成功，只要植物在航行中得到适当的处理——尽管他的努力在最后时刻仍可能受挫。1796年，班克斯写信给他说：

> 您送回的植物，经由皇家海军上将之手，以良好的状态抵

达了英国。不幸的是，这艘船在布里斯托停靠，在那里用马车把它们运到了伦敦，不免有些损失……这是继布莱（Bligh）船长带回来的植物之后，邱园收到的有史以来数量最多的一批植物。[126]

同时，专门建造的植物箱——特别是由伦敦东区的内科医生兼业余植物学家纳撒尼尔·沃德开发的封闭式设计——的问世使盆栽在两地的运输几乎变成了例行事项（图39）。沃立克在1835年收到了他的第一个"沃德箱"，十年后，它们占了加尔各答植物园使用的陈列柜的三分之二。也许它们最重要的贡献是在1849年做出的，当时公司委托罗伯特·福钧（Robert Fortune）作为代表，将茶树从中国运到印度。福钧后来给沃德写信说："当我告诉你，近两万株茶树被安全、完好地从上海运到喜马拉雅山脉时，你会对我们的成功有所了解。"沃德箱此后一直在使用，直到航空运输发展起来，它才变成历史古董。[127]

图39　与铁线木箱齐名的沃德式玻璃罩箱子（Wardian case），该图出自纳撒尼尔·B.沃德（Nathaniel B. Ward）的《论玻璃箱子中植物的生长》（*On the Growth of Plants in Closely Glazed Cases*）第2版，1852年。它的设计是为了这些被种在潮湿土壤中的植物"在生长时整体都能晒到太阳"。在为这些箱子的航行做准备时，有必要使它"足够紧密，以防止水分的泄漏或盐雾的进入"，因此必须做好修补和上油漆的工作。

植物标本及其相关档案

虽然植物标本图在一定程度上解决了在野外遇到的收集、鉴别和分类新物种的困难，但依旧不如植物本身发挥的作用大，对于分类学家的目标而言，把它们晒干后裱在纸上往往更有用（图40）。以这种形式不仅可以无限期地保存它们（每种植物都有几种季节性的展示），还可以在整个欧洲的植物学家中传播它们，供学者们研究和分析。人们很少知道班克斯试图用这个理由来打动董事会支持标本的制作及收集工作。公司之前不止一次地提醒自己麾下的博物学家，他们的主要职责是作为野外采集者向英国权威的专家提供材料，而不是花大量时间从事自己的研究。事实上，在公司参与印度植物学研究的最初几年，他的意见总是被首先征询。在实践中，通过收集

2.
686.30
1. Daphne Papyrifera B
1.
Narain hetty 12th Jan.y 1802
1. Upper Nepal. Buchanan. 1806.
2. — — Chitlong Apr. 12. in fruit. do.
D. cannabina?

图 40 瑞香（Daphne sp.）的一页标本，收集于上尼泊尔，弗朗西斯·布坎南注解，1806 年。

两套标本，通常可以构建两套标本库。如此一来，特别是加尔各答植物园，就会保留一套标本用于自己研究，同时向伦敦总部转交一套同样的植物标本。

罗伯特·詹姆士在 1817 年发布的给博物收藏家的"说明"中，对植物只给予了短暂的关注，但包括以下制作植物标本的建议：

> 大部分植物夹在书页或纸张中就很容易变得干燥。如果有足够的纸张，植物通常会在不移位的情况下容易变干；但如果标本很拥挤，就必须经常将它们拿出来，在变干之前更换纸张。那些生命力非常顽强的植物，应该用热熨斗将其烫死，比如用来熨亚麻布的熨斗，这样它们就会容易变干。采集的植物要小心地包装在有樟脑的箱子里，并按照处理四足动物和鸟类的方式进行密封。[128]

在印度，干燥标本的保存还有更大的困难。罗伯特·怀特（Robert Wight）在 1831 年记录了加尔各答的标本馆为保护标本免受蚂蚁和甲虫的破坏所采取的一些措施：

> 为了确保它们免受虫子的攻击，唯一的补救措施是将柜子的脚放在水槽里，以达到隔热的目的。但在印度，强烈的日照让蒸发速度如此之快，以至于一个印度工作人员在早上进入博物馆并向沃立克博士问安后，要在房间里不停给这些水槽加水才能赶上蒸发的速度。直到傍晚的凉爽阴影出现，他才能从烦琐而单调的工作中解脱出来。[129]

早些时候，沃立克在向克莱武勋爵提出的存放标本的要求中强调了标本室对植物学家工作的主要重要性，结果是在马德拉斯的总督花园宅邸中提供了两个房间。沃立克认为，如果在调查工作中没有植物标本和其他自然标本提供这样的存放便利，除了绘图，没有什么能使自然科学家在印度的工作得以延续。而且，众所周知，在学者的眼中，仍然需要一些只有通过标本才能获得的直接证据。[130]

转交到伦敦的公司总部的数千份植物标本可能是东印度公司的自然科学家对博物学发展的主要贡献,当然也是最具系统性的积累。其中一些人在伦敦休长假时或在服务期满退休后回到英国时,利用这些藏品编纂了印度植物区系的重要出版物,但这一事业的发展并没有人们预想的那么一帆风顺,许多植物实物档案能留存下来要归功于后世有奉献精神的植物学家的进一步努力。

公司的博物学家II:早期英属印度的动物学

和其他地方一样,英属印度的动物学研究在系统方法的应用方面要远远落后于植物学。在伦敦,约翰·亨特(John Hunter)在他人生的后30年里,奠定了比较解剖学的基础。但在印度,当时没有人能够进行任何可与之相比的研究,当时的解剖学观察主要是根据外部特征进行的。事实上,令人吃惊的是,尽管参与该研究的人当中外科医生如此之多,但在19世纪之交以前,通过解剖获得的信息却极为罕见。[131] 帕特里克·拉塞尔(Patrick Russell)发表的关于某些蛇类的解剖学观察报告标志着这个时代的开始,不过值得注意的是,它们完全是伦敦的埃弗拉德·霍姆(Everard Home)的功劳,是在拉塞尔回到英国后编纂的。尽管林奈创造的双名法系统(binomial system of nomenclature)在18世纪中期被扩展到了动物学界,但生物学分类问题在很大程度上仍然超出了这个时代人们的能力。与东印度公司的自然学家在南亚次大陆植物资源的清点和分类方面取得的进展相比,17世纪时,公司人员对动物学的参与并不明显(除了试图提高当地牲畜的存量,特别是用于军事用途的马匹)。虽然如此,许多在我们在前文有关植物学的那部分已经遇到的人物也在早期的动物标本收集工作中脱颖而出。到19世纪初,他们已经是贡献动物学知识的最重要人物。下面将讨论出口到英国的活体标本。

动物园和博物馆的动物标本

黑斯廷斯在加尔各答总督府白金汉宫的庭院里建立了一个动物

园，在那里饲养了几种鹿，以及一些来自西藏的野驴，这就是东印度公司和印度丰富的动物物种打交道的早期尝试。[133] 黑斯廷斯早些时候曾委托乔治·博格尔（George Bogle）为他带回一些动物，当时是1774年，乔治作为前往西藏地区的出访团团长去见了班禅。黑斯廷斯的委托里说明所带回这些动物首先应该是有用的，如果不是，那也应当是非常稀奇的，此时可能已考虑到了建设动物园。出访团不负所托，带着班禅送的礼物踏上了归程，其中包括八只"产山羊绒的山羊"（图41）、八只绵羊、八头牦牛和八条狗，但跋涉途中损失太大，只有一只山羊幸存下来。[134]

这类私人动物园的建立，预计对形成印度动物学研究的连贯性只有有限的影响。在这方面，更令人钦佩的是基德上校于1787年11月20日提出的计划，即对锡尔赫特（Sylhet）的山区环境进行调查，包括"对公司领地内已知地区和未开发地区的动物和鸟类进行描述性记录，以及对国家的面积、土壤和化石产物的记录"，等等。他认为这样一项事业可以"在不增加费用的情况下，提供……一个自然历史物品展示柜，（这）定会引起公司普通员工对这种调查的关注"，他接着说，其中许多人已经拥有"应具备的天赋、知识和品格"。[135]

我们已经在前文提到过那些思想开明的业余博物学家，他们在

图41 来自不丹的披肩羊，由谢赫·扎因乌德丁（Shaikh Zain ud-Din）于1779年在加尔各答绘制，他是英庇夫人常用的画师之一。

增进加尔各答社会对博物学的兴趣方面发挥了相当重要的作用。英庇夫人（图42）雇用的画师们记录了大约200种动物物种，其中一些被她作为活体标本保存起来。据说她拥有的收藏中包括一些水鸟（图43）、一只穿山甲、一只大印度果蝠（图58）、一只飞鼠和几只鹿。然而，这个团体里的其他人对这个动物世界的态度仍然保持着令人惊讶的矛盾感，有些人表现出了与现代人所持一致的同理心。比如说，尽管威廉·琼斯爵士作为一名植物学家很出色，但他发现，将植物学的研究方法应用于动物学研究的想法是极其令人不适的：

> 我永远无法理解一个博物学家凭什么，也无法想象他抱着什么样的感情，让一只无辜的鸟儿遭受痛苦，让它的幼鸟可能

图42 玛丽·英庇夫人在加尔各答持家。斯图尔特·凯里·韦尔奇（Stuart Carey Welch）认为该幅作品为谢赫·扎因乌德丁所作。

图43 苍鹭（Ardea cinerea），谢赫·扎因乌德丁，1780年，纸上水粉画。这是英庇夫人委托她最好的画师绘制的杰出鸟类肖像之一。

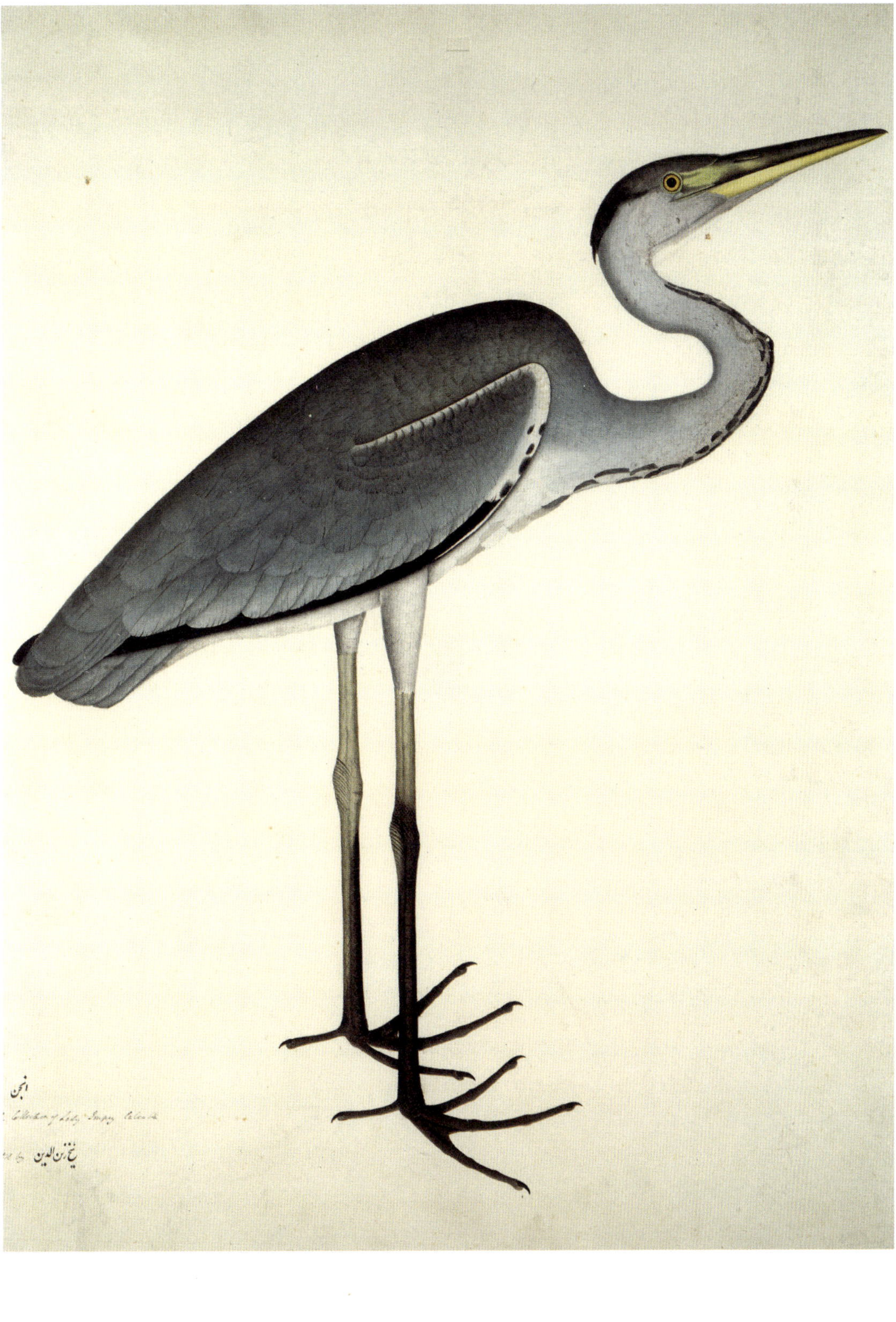
Collection of Lady Impey Calcutta

在冰冷的巢中丧失生命，就因为它的羽毛鲜艳，而且从未被准确地描绘下来供人欣赏？又或者剥夺一只蝴蝶与生俱来的享受生命的欢愉，只因为它的罕见或美丽造成了它的不幸？[136]

琼斯在加尔各答的同龄人，亨利·科尔布鲁克（Henry Colebrooke）也有这样的忧虑，他向父亲声明，他已经"放弃了自然史的那个分支学科"，并致力于植物学："我对鸟类学的主要厌恶来自它的残酷性，绘图师为了画下这些鸟儿，残忍地将它们固定住，一连几天都动弹不得。"[137]这些悲悯之心虽然令人敬仰，但并不适合推动生物学的研究，事实上，琼斯作为一个影响力较大的人物，他对这些动物的同情心被认为多年来限制了印度的动物学研究。[138]

对动物学更大的贡献来自公司在1700年代后期开始雇用的博物学家群体。1781年，帕特里克·拉塞尔来到马德拉斯总督府，他是一名训练有素的内科医生，对研究蛇类及其毒液产生了特别的兴趣，他广泛收集（标本）并记录了蛇的外部特征，"目的是让任何一个人，就算不是博物学家，也能区分出有毒和无毒的蛇"。在这些研究的基础上，他最早起草了"关于在毒蛇口中观察到的特殊器官的明确描述，并配以图画说明"，并在1787年由马德拉斯政府下令出版。[139]显然，这个小册子一经发表立即产生了影响，因为在1788年3月28日，我们发现拉塞尔在给班克斯的信中有如下表述：

> 由于那份关于蛇的记录，我收到了好几封来自不同地区充满好奇心的信件，而且我一直忙于实验。如果我能够促使其他人也这样做，那么我们就很可能在某个时候采用一些比现在更加可靠的补救措施。我打算带一些比较稀奇的蛇类标本回家。在我给你的公开信中，我已经介绍了一些关于博物馆的一般标本，并希望你能与董事会对此提出一些改进建议……[140]

拉塞尔发现当地居民抱有各种各样的迷信，于是开始客观地测试各个物种对一些"牲畜"的咬伤效果，并注意其致命性：这些实验主体多来自狗和鸡，偶尔是鸽子和猪，有一次是一匹已经被判处枪决的马。当他于1789回到英国后，这些标本起初被存放在"马德拉斯的公司博物馆"（可能是指前面提到的总督府的藏品），后来被运到伦敦，准备展出。他的成就是他那本华丽的对开本《印度蛇类说明，收集于科罗曼德尔海岸》（Account of Indian Serpents, Collected on the Coast of Coromandel），在1796年至1809年间由东印度公司分册发行，献给董事会，"主要是供公司在印度的机构使用和使其受益"。[141]

如前所述，这本书图文并茂，还包括他的朋友埃弗拉德·霍姆——他是约翰·亨特的妹夫和之前的学徒——所做的解剖学上的对"有毒器官描述"，拉塞尔说他要感谢"霍姆（以我不擅长的方式）解剖了特意从印度带来的几个蛇头"。根据拉塞尔的意愿，这些藏品在后来被送往英国并存放在公司的博物馆中（图44），在1801年献给董事会的分册的序言中，他劝说其他人继续"寻找并给印度馆发送科罗曼德尔藏品中未包含的所有蛇类的活体标本、描述和彩图"。[142]

拉塞尔很快认识到蛇类的收藏并不符合所有人的趣味，在斟酌是否要继续推进一个不合时宜的，甚至困难的项目后，他转向了另一个考察项目，即鱼类。比起毒蛇来，这些鱼没那么让人心生厌恶，而且更容易从拉塞尔在维沙卡帕特南（Vizagapatam）的基地的当地渔民那里获得。事实上，他写道："渔民们每天拖着大围网的画面，抑或是在浪间乘船垂钓的景象，最早激发了（我）利用如此有利于鱼类学研究的海洋形势的想法。"然而，鱼类有一个严重的缺点，那就是极难保存，几乎不可能让人从容地进行研究。此外，拉塞尔还受到缺乏参考书的困扰：1785年，他在给班克斯的信中提到，他目前一直完全依赖弗朗西斯·维鲁格比（Francis Willughby）的《鱼类溯源》（De historia piscium）和林奈的《自然系统》（Systema naturae），它们也许是有用的范本，但处理的是相当特殊的动物群，不过他还期待着班克斯寄送来的一些书卷。[143] 他也缺乏专业绘图师的帮助，但他决心充分利用手头的资源："我正在以这里的人能够做到的最好方式为许多（标本）绘图。按鱼本身描出的轮廓是准确的，鱼鳍的特征也得到了准确的表现……"这个过程中至少形成了一定

图44 金环蛇（Bungarum parma），来自北四府，约1790年收集。拉塞尔收集的蛇类一卷中的一页，其中的标本不是用图画而是真实的蛇皮艺术地装裱在页面上。

程度的相互理解，所以最终我们发现拉塞尔声称，他的印度画家在很短的时间内就学会了"准确地勾勒出让他画出的部分"，以至于他的鱼类图像，"且不论在艺术和审美方面有多大的缺陷"，但"总的来说，在真实和描画方面是可以信赖的"。

鱼类标本本身的颜色褪变带来了更多的问题。它们鲜艳的颜色不仅没能在前往英国的航行中保留下来（鱼被装在倒满酒精的罐子里），而且从它们被带出水面的那一刻起就开始褪色，人们需要重新考虑如何解决这个问题：

> 我原本打算让这些画像科罗曼德尔的蛇一样，展现出自然的颜色，但在多次尝试无果后，我不得不放弃我的绘制。在炎热的气候下，比起蛇类，鱼在死后褪色的速度更快。
>
> 这些鱼身上鲜艳的颜色在画家调整调色板时就迅速溜走了。在从最灿烂的色调到最柔和的黯淡色调的精细渐变中，自然界通过无边的变化，在她的过渡中永远保持着某种和谐和特有的简约，这需要在比我的画师更高明的指导下用细腻的铅笔来完成。然而，尽管我认为自己在色彩方面的每个小细节都做得很好，但在伦敦，不止一位画师在尝试绘制中发现，根据我的描述为图画上色总会出现难以克服的障碍。
>
> （我）凭借一个用数字标记的色度尺进行选色，我选择的颜色被相应的数字标记在图纸上，对鱼类的文字性描述也同时摆在画家面前。从返还的图纸来看，选用的主要颜色是相当准确的，但有许多空白的地方，无论是根据描述还是根据回忆，都无法填补；至于要填上哪种颜色，只能靠猜测。[144]

1787年9月6日，他坦言：

> 这些鱼的草图，我希望您私下翻阅，考虑到画师没有受过指导，您会对图画的不完美给予宽容的态度……我也许很快就会进行试验，向［皇家］学会提交一些附有图画的论文。图画的线条僵硬，轮廓模糊，鳍条的数量、眼睛的对等距离等都被严格地标示出来。我将带来更多的藏品，我已经有了近170幅图画，其中约有100幅是用不太规范的拉丁文描述的；其余描述不完善的地方，我正在努力纠正。[145]

尽管遇到以上种种困难，但拉塞尔的研究最终还是取得了成功——《200种收集于维沙卡帕特南的鱼类图文志》对开本，于

图 45 Bondaroo Kappa，也许是纹腹叉鼻鲀（Arothron hispidus），来自拉塞尔的《200种收集于维沙卡帕特南的鱼类图文志》(Descriptions and Figures of Two Hundred Fishes)，1803年，见图27。

1803年以两卷本的形式得以出版。这些插图是以单色重制的。据说，"根据国内画师的建议"，定稿插图（图45）"只做了一些细微的修改"。[146]

韦尔斯利侯爵和博物学的提倡

在韦尔斯利侯爵（1798—1805年担任总督）短暂的执政期内，公司的博物家们看到了动物学研究的黄金时代到来的希望，但由于董事会对韦尔斯利和他的计划的反感，这一希望被扼杀。考虑到他在这个动荡的时代要履行繁重的外交职责和行政职责，韦尔斯利能抽出时间来思考其他问题似乎已属不易，但他对科学知识的追求是以可靠的经济乃至政治需要为前提的，反映了他整合印度和欧洲学术资源的雄心壮志。

为了向新员工灌输他的思考方式，并在殖民管理最实际的方面对他们进行培训，韦尔斯利在加尔各答建立了一所具有前瞻性的学院——威廉堡学院。[147]许多印度本土学者和欧洲学者都与该学院及学院内的工作有关，这被认为是为了两个地区的利益而进行的印度文化及物质资源开放。韦尔斯利在这里采取的措施，在英国没有得到东印度公司董事会的批准，这让他成了公司上层的眼中钉，最终导致他辞去了职务。

从一份1804年7月26日带有韦尔斯利名字的备忘录中可以看出他对这一计划的科学层面的重视：

迄今为止,欧洲在针对南亚次大陆和印度岛屿的博物学的某些分支上所获得的知识是有缺陷的。尽管在过去20年里,在对亚洲这一地区的礼仪、物产和古物进行的科学调查方面取得了进展,但这个地区的许多最常见的四足动物和鸟类,要么完全不为欧洲的博物学家所知,要么缺乏完善和准确的描述。

对印度博物学的这一重要分支作图解和完善,包含了一个宏大的目标,即对当地动物王国的主要部分进行描述,这值得英国东印度公司对此慷慨解囊,并且必须证明这是对世界的一种可接受的服务。[148]

尽管韦尔斯利断言,追求这些目标是"英国政府在印度目前的崇高地位所强加给它的责任",但这位总督的支持者很少,他所取得的成就完全是他自己的性格使然,尽管没有他所希望的那么持久。备忘录中不仅指出需要"一些公务员……收集信息,并对他的研究成果要融会贯通,继而进行发布",而且已经明确指定了一个人,即弗朗西斯·布坎南博士。他建议布坎南应"受命收集材料,以正确记录英属印度所有省份及邻近地区和岛屿的所有最引人注目的四足动物和鸟类"。此外,为了推进这一计划,"总督在巴拉克普尔(Barrackpore)提供了一个储藏机构,布坎南博士收集到的四足动物和鸟类将会被保存在那里,直到描述并画出它们的细微区别,这对博物学家来说是非常必要的。动物园被安排在巴拉克普尔——韦尔斯利夏季居住的一个小营地,位于加尔各答以北约20英里处,这里将在一段时间内发展成印度博物景观中的一个重要纪念碑,也是伦敦的东印度公司博物馆的重要标本来源。现有的动物园得到了扩建和美化,为预计从印度各地流入的活的四足动物和鸟类建造了住所。

韦尔斯利并没有妄想着布坎南能够独自完成收集:最终的设想是,该项目要举公司之力完成。他建议"向他自己所在的总督府下属的每个固定地点的主要民政和军事官员发出通知",要求他们指示其下属的"医学绅士"与布坎南建立联系,并确保向他定期输送标本。韦尔斯利进一步提议,让所有其他英国属地的总督——远至锡兰和苏门答腊——也按照类似的方针指示他们的工作人员,邮政总局应下令,所有寄给布坎南或由他本人寄出的印有"印度博物学"字样的信件和包裹免收邮资。韦尔斯利期望布坎南的研究结果每年提交给董事会,"并请求……以他们认为最合适的方式指导研究成果的出版"。

当韦尔斯利于1804年正式提出建议的时候,这个项目的第一步已经迈出,1800年他在加尔各答的加登里奇(Garden Reach)收集了一些鸟类和四足动物,"为当时打算附设于威廉堡学院的拟议机构服务"。[149] 而这些动物现在被转移到巴拉克普尔,成了新藏品的基础。

该动物园和韦尔斯利联系紧密,有一荣俱荣之时,当然也躲不过一损俱损之期(尽管不那么彻底)。布坎南后来选择与他曾经的赞助人一起返回英国;1805年,康沃利斯勋爵带着严格的成本削减计划来到这里,动物园的预算被削减了60%,这标志着东印度公司时代印度动物学历史上可能最激动人心的一章开始走向了终点。其科学方面的工作几乎立即停滞下来,而动物园作为一个公共景点的作用在持续下降(图46),直到19世纪70年代被关停。只有韦尔斯利自己收藏的动物学图画(其中包括在动物园内绘制的大量图画的复制品)和布坎南、各路私人收藏家以及受雇于公司其他部门的职

图46 《巴拉克普尔的动物园之景》(View of the Menagerie at Barrackpore),查尔斯·杜艾利(Charles D'Oyly)爵士作,来自弗朗西斯·穆尔(Francis Moore),加尔各答及其市郊的景色(伦敦,1848)。

员所收集的图画（图 47），作为这一动物学史上最具雄心的创举的纪念物而得以保存。[150]

在其他人收集的动物图画中，最有趣的是科林·麦肯齐上校在

图 47　盲鱼（The Goody-Champa or Blind Fish），发现于霍格里河（Hoggree River）；水彩和铅笔画，1801 年。来自科林·麦肯锡在迈索尔调查期间收集的博物学图画。

调查迈索尔的过程中收集到的几幅图。尽管对于麦肯齐和他的团队所面临的艰巨任务来说,博物学研究项目毋庸置疑居于次要地位,但他的记录却呈现相当可喜的样例——勘测员所具备的精确性被应用到了公司雇用的画师们传统的"肖像"绘画类型上面(图48、图49)。[151]

图48 马拉巴松鼠[印度巨松鼠(Ratufa indica maxima)],签名为 E.巴顿所画(有)[E. Barton Pinxt(拉)],绘制于巴拉克普尔动物园,日期为1808年8月24日,水彩画。

图49 科林·麦肯齐收藏的《斑点鹿》(The Spotted Deer);水彩画,1805年7月4日在塞莫加(Seemogga)绘制。这种动物的学名并未确定。

韦尔斯利之后的动物学

随着巴拉克普尔动物园项目的失败，死体标本开始在动物学研究中发挥更主要的作用。1793年，爱丁堡大学（众多东印度公司外科医生的母校）的博物学教授约翰·沃克（John Walker，1731—1803）以"备忘录"的形式……"向即将前往印度的年轻绅士"，提供了关于收集此类材料的一些总体建议：

> 在孟买可以获得许多有趣的东西，它们是来自苏拉特和波斯湾的商品：……有最大的珍珠牡蛎，或珍珠母，龟壳……斑马皮、波斯羊皮、胡狼皮、花豹皮、黑豹皮和其他亚洲四足动物的皮毛；还有不同羚羊和瞪羚的角，有时候还能看到它们的头摆在市面上。
>
> ……可以在加尔各答收集从印度各地运来的贝壳、珊瑚、珊瑚藻、海绵和其他精美的海洋产物。
>
> ……收集所有精美的昆虫，无论它们出现在哪里。精美的藏品要以低廉的价格购买……
>
> ……至于各种四足动物的皮毛，尤其是那些因任何特殊性而出名的动物，只要能找到，就要收集起来；并要小心仔细地记下关于它们的尽可能多的细节，以及它们在经济或艺术上的用途。这些皮毛在晒干后，背靠背放置，在两张皮子之间撒上一些研磨过的胡椒粉，再加上几粒小樟脑，就可以轻松并安全地运送到欧洲。[152]

在此基础上的收集工作无疑能满足18世纪末刚到印度旅行的"年轻绅士"的需求，及至1817年，作为爱丁堡大学博物馆保管人，沃克的继任者罗伯特·詹姆士（Robert Jameson）编制了第二套指导手册，用更加前瞻的眼光构建起对收藏的指导。詹姆士首先解释说，他的文本是在向政府发起申请并获得批准后起草的，"可以向各个公使和海外公务人员发出指示，建议他们利用一切机会收集标本，并将它们转交给爱丁堡大学，以藏入其博物馆"。以下是詹姆士起草的建议中关于处理动物学标本的指示，反映了公司的博物家和其他从事有明确目标的动物学研究的人员在印度的实践：

> 四肢动物和鸟类标本的保存方法是剥下它们的皮——这点很容易操作——从肛门到喉咙划一条直线切口，然后用钝刀将皮剥掉。头骨和腿脚的骨头要留下；大脑、眼睛和舌头，也应该被提取出来。为了使皮肤免于腐烂，还应在外面涂抹以下物质中的某一种：第一种，晒干并捣碎的树皮，一份；烧过的明矾，一份；在炎热的气候下，再加一份硫黄；一起充分混合。第二种，晒干并捣碎的树皮，一份；完全晒干的烟草，一份；烧过的明矾，一份；在每盎司这些成分中加入一盎司的樟脑和半盎司的硫黄……这些成分要保存在有木塞的瓶子或罐子里以备不时之需。
>
> 按以上步骤准备好的、完全干燥的动物皮，必须小心翼翼地装在箱子里，并将箱盖贴封起来，在用来封闭箱子的糨糊里，必须放一点腐蚀性的升华物，以防封条纸被虫子吃透。[153]

从1824年起，加尔各答的亚洲学会博物馆一直受益于加德满都的助理特派（后来的特派代表）——布赖恩·霍顿·霍奇森（Brian Houghton Hodgson）送来的喜马拉雅动物群的标本。霍奇森是东印度学院和威廉堡学院的模范"产物"，他是一个特别能干的管理者，兴趣爱好广泛：霍奇森因其在动物学方面的研究而名声在外，而他在民俗学和语言学方面的研究也相当出色，可与他在动物学界的声誉齐名。他因发现了近40种哺乳动物和120多种鸟类而受到赞誉，由于他居住地的限制性条款禁止他走出加德满都谷地，否则他的成就会更加引人注目。[154] 他在印度和英国的学术期刊上总共发表了200多篇论文，其主题多种多样：他对鸟类学的贡献是最广为人知的，他针对鸟类的行为、鸟巢、鸟蛋进行了实地观察并准确描述，而且配上了精美的插图（图56）。[155] 尽管许多相关的标本是由霍奇森雇用的猎人代他收集的，但其他的标本则是由他亲手射杀、剥皮，并在某些情况下亲自进行填充的：当他在1843年和1858年两次向大英博物馆展示时,他收藏的标本数量已经达到了惊人的 10 500 个之多。[156]

霍奇森是他那个时代最多产的动物学收藏家,但从 19 世纪 30 年代中期开始,在印度的英国社区对动物世界的兴趣似乎变得更加普遍化了。人们注意到,《亚洲研究》的投稿者们一向不太关注动物界,但在这段漠不关心的时期之后,为了回应该学会主席的敦促,《亚洲研究》第十九卷第一部分(1836 年)的 16 篇文章中只有一篇涉及动物主题,而第二部分(1839 年)的所有文章都涉及动物主题。[157] 从 1841 年起,出现了一份更专业的期刊,专门为博物学家服务,即《加尔各答自然史志》(*Calcutta Journal of Natural History*),它于 1848 年停刊。[158]

亚洲学会的博物馆也收到了在南亚次大陆最初收集的贝壳,这些贝壳是由威廉·班森(William Benson)收集的,他被认为是"印度第一位正式的软体动物学家"。[159] 班森在公司服务了 20 年,从普通文员升到主审法官的职位,从锡兰到德里的一路上,他不断进行收集工作,尤其注重对陆地蜗牛的收集。即便是目标最坚定的收藏家,其所面临的困难也是相当明显的。因为缺乏进入专业图书馆和比较众多藏品的机会,这就意味着他在整个工作任期内也只能发表 4 篇论文——其中第一篇发表在学会最早的《科学汇编》(*Gleanings in Science*)中,[160] 但在他退休到英国后,终于有了准确描述和比较研究藏品的机会,他又发表了 57 篇(不包括水生软体动物)相关论文。遗憾的是,班森收集的贝壳在加尔各答博物馆早期同样未能保存下来。

然而,即使是最没有研究前景的工作机会,也可以被有心的博物学家利用。在前往阿萨姆邦寻找当地茶叶的艰难探险之后,威廉·格里菲斯一有机会就以外科医生的身份继续进行实地考察。1838 年,他曾被再次指派到不丹进行考察,为朝坎大哈(Kandahar)行军的军队提供帮助,但即便在那个时候和随后徒步返回基地时,他仍有足够的时间对他在当地河流中发现的鱼类进行研究(图 50)——而这项任务本身就充满了困难:

图50 一条鲤科属的鱼,可能是蒂莱低线鱥(Barilius tileo),绘制于阿富汗,可能是威廉·格里菲斯本人所绘,也有可能是他人为格里菲斯绘制的,该图由他注释。

我对各个地带的鱼类给予了极大的关注,但由于旅途和气候上的困难,收集工作受到了严重影响。在希卡尔波尔(Shikarpore),我广泛收集印度河的鱼类。我收集了印度河、波伦山口(Bolan Pass)、奎达溪流(Quettah)和坎大哈附近的乌尔古达布(Urghundab)的大部分鱼类,不幸的是,我太依赖酒精的防腐能力了。后来,我又采取了额外的预防措施,将鱼的表皮单独保存起来;这些鱼皮大约有150个标本……

这类收集特别有趣,因为它表明,虽然巴巴山脉(Kohi-Baba)——兴都库什山脉(Hindoo-koosh)的延续——南部和北部的植物、四足动物和鸟类都很相似,但它们的鱼类却完全不同。[161]

斯坦福·莱佛士在动物学领域表现尤为突出,他早年就在英国进行研究。例如,1818—1822年,莱佛士夫人记录了他在明古连的生活习惯:她写道,每天早餐后,他都会:

写作,阅读,研究博物学、化学和地质学,监督绘图师——他经常在雇用五六个绘图师在露台工作。当他从一个地方到另一个地方时,总是带着他的孩子们,参观他美丽宽敞的鸟舍，以及收藏在房子里的稀奇动物。[162]

他后来参与创建了"伦敦动物学会"（Zoological Society of London），这是相当关键的举措，他在摄政公园（Regent's Park）拥有自己的动物园，这些活动将动物学研究提高到了一个新的水平。

要将动物标本毫发无损地运往英国，需要倍加小心。莱佛士的一位马来西亚籍文员描述了他寄给公司博物馆的众多货物中的一件，从中可以看出它们所需的苦心准备：

> 这里有成千上万的动物标本，它们的尸体已经被取出，但填充后竟像活的一样。还有两三个箱子，里面装满了数以千计的各种鸟类，而且都是填充好的。还有几百个大小不一的瓶子，里面装满了不同种类的蛇、蝎子和虫子。瓶子里灌满了杜松子酒，以防止标本腐败。这些动物看起来就像活的一样。还有两个箱子，里面装满了一千多种珊瑚；还有不同种类的贝类、淡菜类和双壳类动物。他（莱佛士）将上面这些东西的价值看得比黄金还贵重，而且经常进来查看，以防任何东西受到损伤或破坏。[163]

1841年3月24日，沃立克给加尔各答政府的一封信进一步说明了在运送标本方面所采取的谨慎措施，该信涉及从阿萨姆邦运送滞留已久的昆虫和植物标本：

> 遵照所传达的命令……我将立即准备将前阿萨姆邦代表团在1835年9月至1836年3月间制作并由我保管的全部昆虫学和植物学藏品转交给尊敬的董事会。对于前者，请允许我在返航途中观察两个小盒子里装的昆虫，考虑到它们收集于五年前，至今仍保存完好。如获批准，我将把这两个箱子适当地固定在一个外箱中后，努力为它们争取到一个机会，在可靠人员的照看下，确保这些标本不会在返航途中或随后的登陆中受到任何损伤，该预防措施对于此等藏品来说是必不可缺的。包

裹的尺寸约为 5 立方英尺，因此，即便有运费的话，也是微不足道的。[164]

作为展现公司员工勤勉和工作积极性的最后一个例子，可能会提到艾伦·奥克塔维·休谟（Allan Octavian Hume）的工作，他在从东印度学院（East India College）毕业后于 1849 年来到孟加拉，当时只有 19 岁。[165] 虽然公司对当地的管理在被印度事务处接手之前只剩几年的时间（在印度事务处的领导下，休谟升任财政、农业和商务部秘书），但他从很小的时候就将闲暇时间投入印度鸟类的研究中，后来他还在自己位于西姆拉的避暑庄园罗斯尼城堡（Rothney Castle）建立了一个鸟类学博物馆，然而之后在神学运动的影响下于 1881 年放弃了狩猎和收藏。两年后，在发现他的大部分论文被盗或被毁后，休谟决定将剩余的藏品交给大英博物馆，而在此之前，他一直将各种狩猎纪念品送往该博物馆。仅仅是剩余藏品的规模就令人吃惊——有 63 000 只鸟、500 个鸟巢和 18 500 枚鸟蛋，全部装在 47 个箱子里，每个箱子估计有半吨重。他的文字成果同样惊人，包括《印度鸟类的巢穴和鸟卵》（*Nests and Eggs of Indian Birds*），与 C. H. T. 马歇尔（C. H. T. Marshall）合作的《印度、缅甸和锡兰的猎鸟》（*The Game Birds of India, Burmah and Ceylon*），以及在 1872—1888 年为《飞羽：印度及其附属国的鸟类学志》（*Stray Feathers: A Journal of Ornithology for India and Its Dependencies*）提供的大量文稿，他是该杂志的创刊编辑和主要撰稿人。应该说，完成所有这些工作的同时休谟不仅出色地完成了本职工作，而且还成为一名出类拔萃的社会和政治改革者：就像许多对学术贡献远远超出其职责范围的东印度公司员工一样，他的努力似乎不啻为一种英雄行为。[166]

当然，并不是所有的动物学采集都是在死体标本的基础上进行的。除了前面提到的在印度建立的几个动物园外，还有源源不断的外来活体由返航的东印度商船运送回欧洲，使英国的观众啧啧称奇。这些动物（包括羚羊和牛）有一部分被指定用于环境适应性训练和繁殖计划，但统统都没有结果。这些事件中最激动人心的事应当算发生在 1812 年，当时威廉·莫克罗夫特（William Moorcroft，）——一位兽医先驱，同时也是东印度公司在孟加拉的马场经理——进行了一次秘密的远征，到西藏去寻找优良的种马。这次高度危险的远行并没有带来新的坐骑，但莫克罗夫特却带回了不下 50 只披肩山羊，这是最好的"开司米"（cashmere）羊毛的来源，是英国人抵御寒冬的保障。正如在其他地方提到的，对于这种已经构成了该地区数个世纪的贸易基础的珍贵原毛，英国制造商过去从未能获得其可供贸易的数量。然而，这个可能是英属印度动物学史上最重要的事件却以失败告终，尽管贸易界人士一再交涉，公司似乎对可能发生的事情视而不见，只是一直向莫克罗夫特发出训斥，因为他没能拿出本应提供的良马。[167]

纸质博物馆：博物学插画师和插图

用准确的、通常是彩色的图画来记录博物学标本，与收集标本和进行书面描述的做法是并行不悖的，这项工作的执行者不仅是公司正式员工名单上的博物学家，还有殖民社会各行各业中忠诚的、通常是高度熟练的业余爱好者。虽然绘制插画主要是出于科学目的，但这些图画极具特色，达到了一种很高的审美标准，这确保了它们能被更多的收藏家——不论英国的还是印度的——欣赏，对他们来说，"纸上博物馆"可能意味着从此不再需要收集各类野生动物标本。韦尔斯利勋爵本人拥有一套这样的精美图纸（图 51），准确地反映了他作为印度博物学的赞助人所发挥的重要作用，并且这套图纸在规模上远远超过了他直接参与的实践：他收藏的 206 张对开图纸，涵盖了植物、哺乳动物、鸟类、鱼类和昆虫，存放于现在的印度事务处档案馆。[168]

第二位大人物克莱武勋爵（Edward Clive）——罗伯特·克莱武之子，后来成为波伊斯第一伯爵（1st Earl of Powis）——自 1798—1803 年担任马德拉斯总督，其收藏的风格是更典型的鉴赏收藏家的做派，而不是博物学家。他收藏的几幅插画不是在印度而是在马六甲绘制的，由几位中国画师在欧洲人的指导下完成。[169] 中国人的绘画技艺和专业能力都受到了高度评价，罗克斯堡试图将其中一些人送到加尔各答，我们在 1787 年 5 月 10 日他从自己管理的花园中发出的请求中得知：

> 在得知"恒河"号（Ship Ganges）私船即将离河前往中国后，我立即请求总督会同议会（Governor General in Council）在他们以前给中国工厂的命令中……也指派两名绘图师去练习

图51 罗望子（Tamarindus indica），出自一卷"印度植物群图解……最初由总督韦尔斯利侯爵下令编制"。

花草和水果绘图,确保他们享有丰厚的薪水,并支付其花销和旅费,尤其是在试用期发现他们水土不服,以及他们是初次被派来的情况下。

总督阁下已经同意建立一个植物基金会(Botanical Foundation),对已经拥有的植物进行描绘和安置,我以为阁下不会认为这项开支与推进这一计划的目的不一致。在这项工作中,我已经用自己的私人费用取得了一些进展,而且我专门向董事会提供了信息,但我只能找到一个合格的本地绘图师;当然,鉴于印度拥有无数的物产,这点进展是微不足道的。我无须再提及中国色彩的优越性,且中国的工匠近年来在这一科学领域所达到的技巧水平和优雅程度是有目共睹的。[170]

虽然有些博物学家本身就是有天赋的绘图师,但更多的时候,他们雇用印度本土画师来代替他们进行工作。重要的是,这使他们能够腾出时间来以专业研究人员的身份去处理大量的材料。例如,罗克斯堡在1789年便声称,在他接替柯尼希在马德拉斯任职后的一年内,他雇用的画师们已经绘制了四五百张植物图纸,到第二年已经上升到近七百张。这些插图中,其中约有三分之一是草类,这表明罗克斯堡采用了一种高度定向性和系统性的方法来编纂他的调查报告。同年晚些时候,这些图画(连同其描述性说明)被送往伦敦的公司总部,并附言请求班克斯爵士对其进行评鉴。所有的图画都是罗克斯堡当作科学插图师培训的两位本土画师的作品,他急切地希望得到这位大人物对他们所取得的成就的认可,以及对如何改进他们的工作的建议。班克斯(经过长时间的拖延)在审查了大约500幅图画之后,做出了答复,大意是:

我很高兴地指出,这些图画的制作技巧精湛细腻(虽然是印度画师的作品);对动植物性别系统的描述相当准确;并且对动植物特征的描述耐心细致,我相信,这对罗克斯堡博士的能力是极大的肯定。而且我相信这些画册会比《印度马拉巴尔植物志》或《大众本草》(*Herbarium Amboinense*)(这两本书已经出版，而且其设计与罗克斯堡博士所做的工作最相似）更能让欧洲的植物学家满意，而前者现在的售价是其原价的 5 倍以上。[171]

罗克斯堡从这些言辞中重拾了信心，他对他们作画技艺中的"某种程度的僵硬"表示不满，但仍在努力消除这种僵硬。尽管有些瑕疵，他显然还是对所达到的水平非常满意，并允许安德鲁·罗斯（Andrew Ross）在 1792 年向马德拉斯一个有影响力的社交圈子展示一批来自萨马尔科特的画作，然后再将它们运往班克斯所在地。[172] 在班克斯的劝说下，东印度公司决定将罗克斯堡的画作以分册的形式出版，最终编成了三卷《科罗曼德海岸的植物》（Plants of the Coast of Coromandel）。

虽然这一举措让这些图画进入了发行领域，并使其他植物学家从中受益，但留在加尔各答的这些原件在罗克斯堡去世时险遭遗失。罗克斯堡的临时继任者亨利·科尔布鲁克将它们交给了约翰·罗克斯堡（John Roxburgh），让他转交给他父亲的遗嘱执行人，这才勉强避免了遗失。科尔布鲁克显然认为这些插图是罗克斯堡的个人财产，但其中一些图画产权情况至少可以说是很不明晰的：在把这些插图送到公司手里之前，罗克斯堡起初是自掏腰包付费给画师。孟加拉政府之后又声称这些画作归他们所有，理由是现在已经无法区分哪些是罗克斯堡为之付费的少数画作。[173]

布坎南初到孟加拉之时以及在他的各种考察中，也曾雇用过印度画师来绘制鱼类标本（他在早期就对鱼类标本产生了特别的兴趣）、[174] 鸟类（图 53）和哺乳动物的图画，这些图画今天都保存在布坎南的收藏中。他后来的收藏中包括几幅署名为哈鲁达的画作，是他在巴拉克普尔动物园任职期间绘制的（图 52、图 54）。

孟加拉炮兵部队的托马斯·哈德威克（Thomas Hardwicke）上尉（后来的少将）就是一个例子，说明了东印度公司里知识渊博的军事和文职官员提供了十分重要的非正统性的博物学数据流。哈德威克是记录喜马拉雅山及其南部平原动物群的先驱人物，他在那里自发进行了广泛的探索，并由一名或多名画师（包括印度人和英国

图 52 印度灵猫，由哈鲁达（Haludar）绘制，约 1804—1807 年，水彩画。藏品中的一些图画（包括这幅）似乎结合了两种不同动物的元素：这里的不同元素来自印度小灵猫（Viverricula indica）和花面狸（Paguma larvata），这提醒人们在 19 世纪初实行的生物分类法仍处于初级阶段。该物种用波斯语、孟加拉语和特拉古语（Telegu）进行了记录。

图 53 铜翅水雉，插图上用铅笔写着"Metopidius indicus，成年，性别不明"，以及"我回国后完成"，约 1819 年，水彩画。背面写有"B 于 1819 年 6 月收到，第 73 幅"（B Recd June 1819/73），意味着这幅画是在布坎南于 1815 年退休后转交给他的。

人）陪同，他们"在现场作画，直接取材于活体标本"，并"在他本人的直接监督下，不断为此目的而工作"，之后哈德威克将提供书面描述。[175] 这些作品体量庞大，涉题广泛，在伦敦的档案中，从最初收集的 2000 多幅图画中流传下来约 1600 幅。[176] 印度事务处收藏的一本合订本包含 96 幅鸟类图画，代表了哈德威克在 18 和 19 世纪之交的探险成果，他深入一些地区（特别是斯利那加），彼时还没有其他欧洲博物学家在那里工作过。每张对开的插图都用乌尔都语写上了鸟的名称、大小、重量，以及发现它的地点。米尔德雷德·阿彻（Mildred Archer）指出，尽管这些作品具有特殊的价值，但其中某些画作运抵英国时却受到了某种程度的蔑视，因为它们的作者在科学并客观地描述其研究对象方面的训练还不完善，而这在当时已经成为欧洲博物学家的公认做法[177]。科学界不仅支持这一观点，而且宣布一些动物完全是捏造出来的（图 55）。

在这一领域，随后出现的是同样出色的霍奇森，他在随从人员中留用了几位当地的画师。他们的画作风格与欧洲科学规范更加匹配，而且其绘制的大幅图画在科学上是精确的，并经常伴随着与实

图 54 哈鲁达画的一对沙鼠，水彩画，1808 年。画上的注释反映了对这些动物的准确识别仍然存在不确定性。画上的签名为"哈鲁达作"，日期为 1808 年 8 月 24 日。

图 55　这幅画来自哈德威克收藏的一本图册，大英博物馆的博德尔·夏普（Bowdler Sharpe）在1894年的附注中将其描述为"一册奇怪的'荒唐'鸟类的图画。这位画师对某些物种有一种想法，他在此基础上作画，但他无法在鸟儿活着的时候完成图画，因而而总是添加一些过分的装饰，但这些装饰在任何活着的鸟类中都是不存在的。"这幅图被描述为"原形取自一只朱鹮，并异想天开地给它画了鹈鸟才有的囊袋"。在此需要提醒读者的是，即便像哈德威克这样经验丰富的博物学家也可能被一些喜欢画蛇添足的画师所误导。

物同等大小的解剖细节（以及相关的巢和蛋）的铅笔画，以"摄影般精确和细腻的笔触"执行自己的任务。为实现这些目标，霍奇森的画师们得到了相应的帮助，一则是来自他们的雇主[178]最密切的监督，二则是对投影描图器的使用，这点更为引人注目。[179]这些图画上通常都注有详细的测量数据和说明，包括颜色、食物、栖息地和其他信息，所有这些构成了"数百个物种的生命史资料，比如此前从未有一个鸟类学家收藏过的鸟类资料"（图 56）。[180]

本杰明·海恩（Benjamin Heyne）深入介绍了他在马德拉斯机构下进行实地植物学研究时的实践方法。他在 1798 年写道："由于每天都有植物送来，我命令画家只用印度墨水绘制轮廓，并只给一朵花、一个果实和一片叶子上色。用这种办法，我能绘制更多的植物。[181] 之后，这些草图将在回到基地后根据记下的概要记录进行完善。"

有相当多的证据表明，公司的员工为收藏家复制了原始图纸，这些收藏家可能参与了实地研究，也可能没有。一些复制品是由原画师绘制的，比如在加尔各答植物园为罗克斯堡工作的画师们。其他收藏家送来自己的画师，其绘画能力参差不齐：例如，米尔德雷德·阿彻对约翰·弗莱明（John Fleming）博士委托制作的存世的复制品进行了对比，认为这些复制品是由植物园自己的画师团队完成的，因为其质量与他们的作品水平相当；而为近代的孟加拉外科医生迈克尔·奇斯（Michael Cheese）制作的复制品则尽力模仿加尔各答的原作风格，但由一位技艺较差的人完成。[182]

大部分现存的图画无疑是由印度本土画师完成的，他们的赞助人大多提供了优质的英国画纸，这种情况在 19 世纪的大部分时间里都得以延续：J. D. 胡克（J. D. Hooker）评论说，到 1895 年，加尔各答植物园的图书馆里有大约 7000 幅插图，几乎全都是印度人的作品。最早几代受雇的画师，许多都会经历一个艰难的过渡期。例如，很多画师继承了莫卧儿王朝的微型绘画传统，这种传统的绘画风格是静态的、内容极其详细但高度形式化；而他们的新赞助人则追求科学上的客观性，并重点着眼于解剖学上的准确性。光线落在标本上产生的造型效果在传统绘画的艺术表现上没有用武之地。在颜料的应用技巧方面也存在明显的差异，莫卧儿的绘画传统倾向于厚涂颜料的技术，在连续的涂层之间进行打磨抛光，这样的过程能够产生一个高度光滑的表面，可以供画师用最细的画笔画出精巧的细节，但这些精致的技术在博物学家看来过于烦琐且耗时。

最近，亨利·诺尔蒂（Henry Noltie）注意到，将早期博物学插图的创作仅仅与莫卧儿王朝早期的作品等同起来是不够的。诺尔蒂

图 56 一个匿名的尼泊尔艺术家为霍奇森画的一系列画眉鸟（Timalinae）的素描，上面有他对其解剖方面、栖息地的大量注释，并用印地语、梵语和一种天城文（Devangari）标注了该鸟类的本土名称。

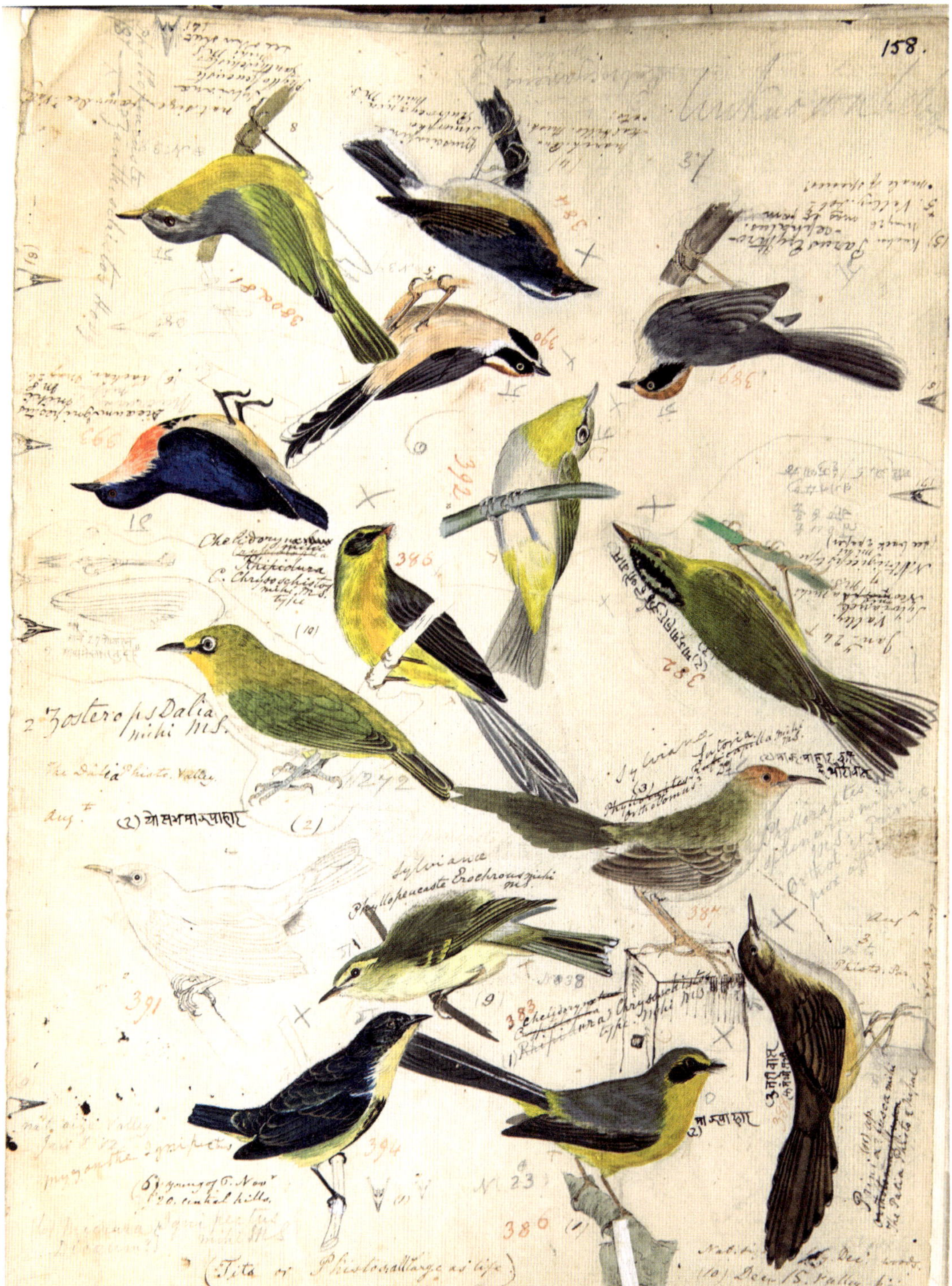
158.
2 Zosterops Dalia mihi MS.
Sylviance

将其与以罗伯特·怀特和休·克雷霍恩（Hugh Cleghorn）为代表的南印度植物学家所作的插图相关联，指出了以坦贾武尔（Tanjore）为中心的马拉塔学派所带来的影响，以及一所英印混合学派所带来的影响——他认为迄今为止这个学派得到的关注还太少。[183] 图57展示了坦贾武尔的塞尔福吉二世大君（Maharaja Serfoji Ⅱ）的一幅藏品。

一般认为，许多为加尔各答的欧洲赞助人工作的人主要来自德里和巴特纳这两个地方，其中并非所有人都是专业的博物学家。这样的画师，伊利亚爵士和英庞夫人雇用了至少三位，他们分别是宝瓦尼·达斯（图58）和拉姆·达斯（Ram Das）——两位都是印度教徒，以及齐恩·乌丁（Zain ud-Din）——一位穆斯林，他们受英庞

图57 南鹤鸵（Casuarius casuarius），来自塞尔福吉二世大君的绘画藏品中的坦贾武尔学派作品，约1802年，水彩画。画上（可能为画师所注）注释了它的尺寸大小和饮食细节，并附带了一则显然是大君亲自手写的附注："它来到我的宫殿后下了一枚蛋，其大小和颜色就像一个蜜瓜。"

图 58　宝瓦尼·达斯（Bhawani Das）的画作，大印度果蝠，或名飞狐，约 1777—1782 年，纸上水彩画。毫无疑问，这幅画是为伊利亚爵士和英庇夫人所绘制。另一个标本（与此处展示的雄性相反，是一只雌性果蝠，现由私人收藏）的视图，两只翅膀都伸展开来，画上题着"加尔各答的英庇夫人珍藏/巴特那（Patna）人宝瓦尼·达斯绘制（波斯文手迹）"。

夫妇委托，为其创作了约三百幅画作（包括前文中的图 41、图 42、图 43）；此外，在孟加拉的权力中心周围还有其他提供私人服务的画师。[184] 齐恩·乌丁还为威廉爵士和琼斯夫人工作，而米尔扎·桑吉·贝格（Mirza Sangi Beg）则为韦尔斯利侯爵提供服务。曼努·拉尔（Manu Lal），也有记录显示，他曾为英庇夫人工作，后来又服务于理查德·帕里（Richard Parry），最初是在加尔各答，之后帕里于 1807—1811 年在苏门答腊驻地担任职务，他也随行而去。所有这些画师，无论是印度教徒还是穆斯林，都以"巴特纳的艺术家"自居。[185] 此时早期的其他绘画作品（主要是鸟类和昆虫）要归功于春尼·拉尔（Chunni Lal），他曾受雇于孟加拉步兵团的詹姆斯·纳撒尼尔·林德（James Nathaniel Rind）少校，林德在 18 世纪 80 年代，在公司的领地上从事调查工作，从 1801 年起担任加尔各答的旅长（图 59）。[186] 另外值得一提的是加尔各答的一位匿名画家在韦尔斯利侯爵的雇用下所做的工作：他所绘制的恒河鱼类，包括其解剖细节，丝毫不输其他人的作品（图 60）。

毫无疑问，在巴特纳之外还有其他艺术中心：至少有五位来自南部腹地城市特里钦波利（Trichinopoly）的匿名画家——印度教徒和穆斯林兼而有之——被马德拉斯总督府的一位官员雇用。这位弗

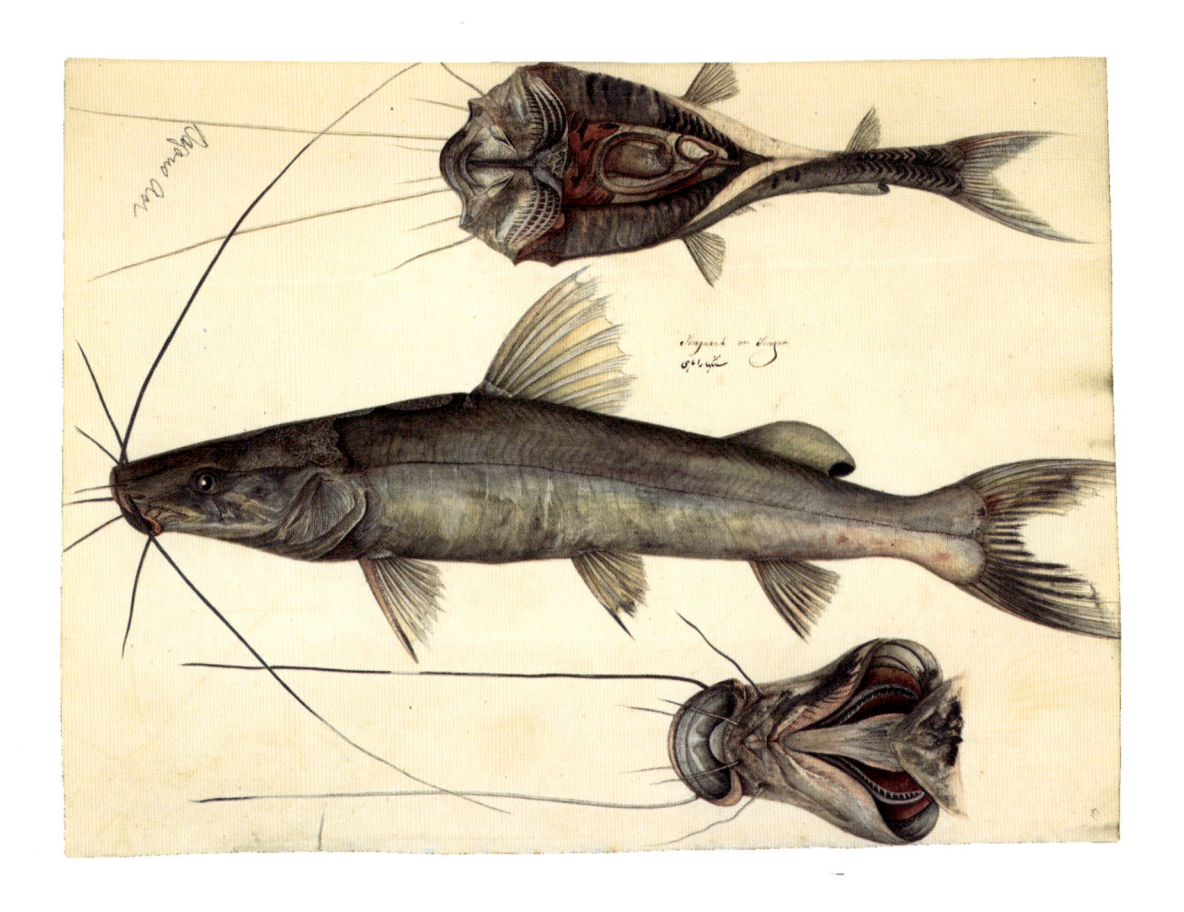

雷德里克·帕尔（Frederick Parr）上校热衷于植物学研究，他经常根据自己的计划进行长期的实地考察，并让这些画师陪同——他们对此项工作的投入和热情必然与他们的赞助人一样高：

> 他们不知疲倦、不屈不挠地随行于他几乎所有的旅程。与他们一起在帐篷下生活了数周甚至数月，在遥远而广阔的乡间寻找新奇事物的探险中，自然而然地会产生一种只有那些在追求自己的热爱之事——攀登荒凉山区、穿梭探寻平原、深入偏远丛林——远离一切耕种和人类居住地的人才能理解的热情……187

东印度公司自己也雇用了一些画师，尤其是在加尔各答植物园，那里有一整个团队在忙碌着。玛丽亚·格雷厄姆（Maria Graham）在

图59 布氏鲿，约1800年，由加尔各答的一位匿名艺术家为韦尔斯利侯爵创作的水彩画。

图60 《昆虫和幼虫的研究》（*Study of insects and larvae*），是由春尼·拉尔（或相关的加尔各答画师）为詹姆斯·纳撒尼尔·林德少校创作的作品，约1795年。

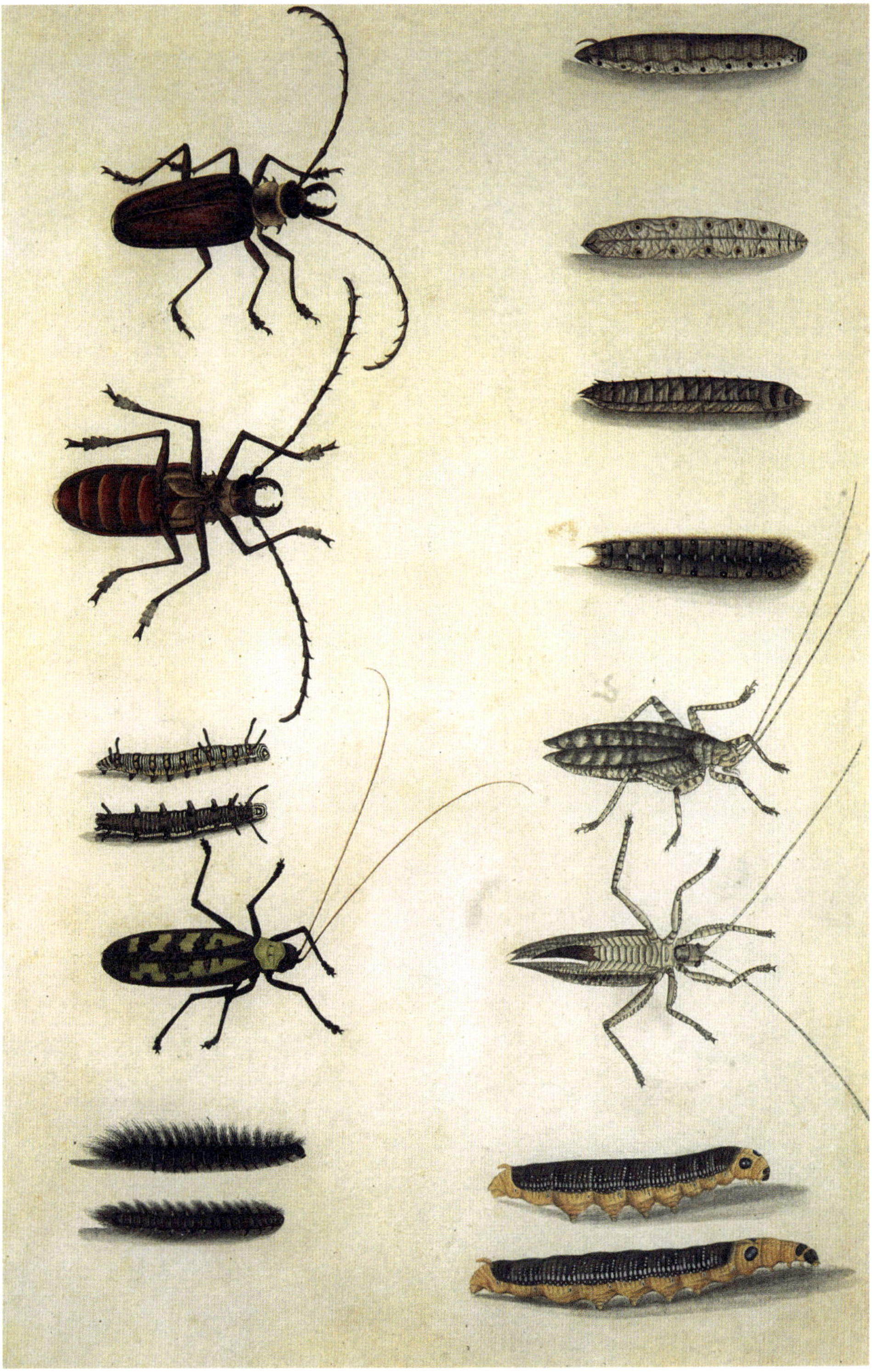

1810 年参观植物园时看到了他们的工作：

> 罗克斯堡博士亲切地允许我观看他的本地画师们的工作，看他们为一些相当稀有的珍贵植物绘制图稿。它们是我所见过的最美丽、最准确的花卉描绘图画。事实上，印度教徒十分擅长这类细致的工作。[188]

在罗克斯堡时代，这些画师的名字很少被记录在案，但除了上面提到的哈鲁达之外，阿彻还发现了马汉古·拉尔（Mahangu Lal）、古鲁达亚尔（Gurudayal）以及他们中最有才华的人——维什努普拉萨德（Vishnuprasad）的活动证据。后者随沃立克一起参加了他在尼泊尔和缅甸的探险，并在 1828 年被派往萨哈兰普尔为罗伊尔创作插图，他的这些画作最终将用于罗伊尔的《喜马拉雅山……植物图谱》[189]（图 61）——这意味着罗伊尔在其他方面可用的画师尚未接受过欧洲科学的培训。前文已经提到了托马斯·哈德威克在尼泊尔当地招募的一些画家的局限性（或者说随意性）。

图 61 紫花野决明（Thermopses barbata）和扁桃木（Edwardus mellus），J·福布斯·罗伊尔在他的《喜马拉雅山……植物图谱》（Illustrations of the Botany...of the Himalayan Mountains）（1839 年）中描述的两个新物种。

从巴拉克普尔动物园的现存记载中可以得知，雇用一位画师每年的费用总共是 100 卢比，此外还有 60 卢比用于购买颜料、画笔和绘图纸。[190]

并非只有印度本土的画师遭此待遇，在印度工作的英国（或英属印度）植物插图画师几乎同样难以确认名姓：米尔德雷德·阿彻记录了爱德华·里德（Edward Reid）曾为乔治·芬利森（George Finlayson）工作；有记录显示"E. 巴顿"是为巴拉克普尔动物园绘制标本图画的画师之一；孟加拉炮兵部队的炮兵勒维林·菲德勒（Llewelyn Fidlor）于 1824 年入伍前是英国一位画家，在两年后作为孟加拉政府的统计记者参加了 W. H. 赛克斯上尉（W. H. Sykes）的德干探险，并参与绘图工作（图 92）。[191]

作为一种备选记录形式，一组动物形象的涂蜡雕塑及其小稿（图 62、图 63）具有特别的研究价值。这些作品均由甘加拉姆·钦塔曼·坦巴特（Gangaram Chintaman Tambat）于约 1790 年在浦那为查尔斯·沃尔·马莱特爵士（Charles Warre Malet）创作。马莱特从

1. *Thermopsis barbata.* 2. *Edwardsia mollis.*

1786—1796年一直担任浦那的英国驻地代表,并在那里供养了一个相当庞大的动物园,一些被描绘下来的动物可能就来自那里(他自己养了三头大象、二十只骆驼和一只猎豹),而园内的其他一些动物则属于当地的执政者佩什瓦·马杜·拉奥·纳拉扬(Peshwa Madhu Rao Narayan)的财产。马莱特不仅雇用甘加拉姆(他曾是英国画家詹姆斯·威尔斯的助手,马莱特也曾赞助过威尔斯)为他工作,还鼓励佩什瓦和其他人也雇用一些艺术家。[192]

在东印度公司领地的东部,野外工作者更倾向于雇用华裔的当地画师。威廉·马斯登(William Marsden)——他是莱佛士的朋友,1771—1779年莱佛士驻扎在明古连——的收藏中包括一些由"W. 贝尔"(W. Bell)签名的绘画,显然指的是威廉·贝尔(William Bell)博士,他是东印度公司的一位外科医生,根据记录,他1792年在苏门答腊,并于当年去世。另外两幅画由德·容维尔创作,还有一些图画由中国画家创作(上面题有Sinensis delt. 字样)。[193] 后来,托马斯·霍斯菲尔德(Thomas Horsfield)在他对该岛进行博物学研究时雇用了一些画师(其中大部分是当地人,不过至少有两位是荷兰人)。这项研究中一个明显具有"系统性要素"的是霍斯菲尔德"下定决心"要记录毛虫群体的完整变态过程。鉴于此,他告诉我们他继续:

图62、图63 一尊涂蜡的骆驼形象雕塑,右侧图是其小稿。该雕塑是甘加拉姆·钦塔曼·坦巴特于约1790年在浦那(Poona)为查尔斯·沃尔·马莱特爵士创作的作品。据推测,所使用的蜡可能是沙拉树(Shorea robusta)的胶木(dhuna),通过与芥子油一同煮沸制成的。

以毫不懈怠的勤奋和热情，收集可能获得的所有鳞翅目昆虫的幼虫，并追踪它们在不同阶段的形态。为此，我在住所旁边的一个大房间里配备了育种笼和保存虫蛹的容器。当雨季开始时……我每天外出寻找毛虫……一旦毛虫接近完美状态，就赶紧命人画下来。同一只毛虫个体在交给画师后会得到单独管理，受到最细致的关注，一旦发现其进入蛹的状态，便立即将这个状态画出来。画稿和蛹笼上会被仔细地标注上一个确切的数字，当成虫展开翅膀时，它会被缚牢、固定、编号。在这段时间里，我竭尽所能地避免错误：通过这种方法获得的成虫和蛹的原始样本，以及编号的同时制作的绘画集，现已存放在尊贵的东印度公司的博物馆中，并提供了有关爪哇鳞翅目昆虫变态过程准确性的可靠档案……[194]

莱佛士于1810—1811年在马六甲的调查，以及十年后的明古连调查中，也雇用了中国画家，这在莱佛士夫人编写的关于她丈夫的传记中有所提及，前文已经说明。阿彻认为中国画家的作品比印度的要更柔和，在描画装饰性细节上要更胜一筹。[195] 这样的评价是否证明博物学家更偏爱中国风格尚不清楚；不过肯定的是，威尔弗雷德·布朗特（Wilfred Blunt）和威廉·斯特恩（William Stearn）赞扬了印度画家所展现的"耐心和精湛的工艺"，并认为"在同时期相同条件下工作的中国画家，在绘画技巧或纤妙程度上几乎难遇敌手。"[196]

对印度次大陆的记录和描述

当博物学家们勤奋地记录、分类、绘制并最终出口南亚次大陆的天然产物时，风景画家——特别是测量员和地形测绘师——向欧洲观众介绍了该地乡村、城镇景观和历史古迹的更广阔的层面。尽管公司在印度各地都有员工，其船只也在海上待命，但还需考虑到运输体积庞大的遗迹本身的物流问题。毫不奇怪，这种笨重的一手材料需要更长时间才能出现在英国土地上，而且即便如此，在运输规模上必然也会受到限制。

欧洲画师和印度景观

尽管东印度公司的董事会逐渐意识到对其领土的自然资源进行系统调查的实用性，包括对其控制下的土地地形和船队常去的海岸进行绘图（见下文），但从未有人以图像的方式对捕捉南亚次大陆的风景进行连续性的尝试，至少在19世纪后期才开始有了这样的打算。对于这一点，无论是在印度的欧洲社区还是在英国国内，都依赖于个别风景画家的努力，他们的水彩画和油画逐渐为（英国）国内观众所熟悉，不过他们的影响是通过从这些画作上印刷的版画广泛传播的，这些版画作为单独画作或装订成册的地理景观图而流通。所有这些艺术家都是私人执业，但他们在印度出现必须得到东印度公司的批准：在1930年由威廉·福斯特（William Foster）爵士发表的一项调查中，记录了1760—1820年60多位艺术家的名字，其间还添加了更多的名字。[197]

在18世纪早期，相关人员才首次出现并不令人意外，因为在此之前，英国本土并没有一个能被承认的地貌绘画学派或已确立的专业风景画家群体。[198] 如今，人们广泛承认了风景画在发展英国民族认同感方面的作用：可以说那些在东印度公司的派遣下前往印度的艺术家在重新创造南亚次大陆的视觉形象方面发挥了更为关键的作用——然而这种视觉形象是基于欧洲人视角的，带有一定的倾向性。在接下来的一个多世纪中，他们创造的印度风景画将领先于任何其他外国领土上的艺术家作品。[199]

尽管许多人满怀希望来到印度谋求财富，但事实证明，现实总是残酷的，在印度仅仅为了谋生都比预想的要难。在18世纪下半叶成功扩张军事力量的领导人名声大噪时，英国国内对地貌景观画的兴趣达到了高峰，然而在这之后，国内市场上对此类画作的需求便疲软了下来——印度对肖像画的需求也一样持续走低。[200] 吉尔斯·蒂洛森（Giles Tillotson）认为爱德华·利尔（Edward Lear）于1875年离开印度标志着英国艺术家在那里创作的重要时期结束，但在那个时候，其他艺术家早已停止创作，不再诞生任何重要作品。事实上，当时东印度公司本身已经被废除了。

风景画绘制工作的开端可追溯到董事会本身在1730年后不同寻常的举动,当时他们委托了风景和戏剧画家乔治·兰伯特(George Lambert)创作一系列描绘公司所有地的六幅画作(图64、图65、图66、图67),每幅画都以海上视角展示,并且每幅作品的前景由海洋画家塞缪尔·斯科特(Samuel Scott)加以润色,对航运做了整体性的表现。[201] 然而,需要指出的是,这两位艺术家都没有访问印度的记录,因此,这些展现公司土地财产的作品都是在工作室里完成的,显然是基于他人的草图和调查。它们一起被悬挂在新落成的东印度公司董事会的会议室内,满足了在展现当地风貌和"炫耀"方面的需求,但并没有明显的艺术功能(图68)。所选择的主题也反映了公司的首要愿望,即推广自身形象而不是表现其财富所依赖的领地:威廉堡(加尔各答)、孟买和圣乔治堡(马德拉斯)是可预见的选择,但其他作品描绘的地点是代利杰里——这是西海岸一个普通的贸易站,[202] 以及公司在圣赫勒拿岛和好望角的中途驿站。它

(从左上角开始,顺时针方向)图64、图65、图66、图67为乔治·兰伯特和塞缪尔·斯科特画的《威廉堡(加尔各答)》[*Fort William(Calcutta)*]、《代利杰里》(*Tellicherry*)、《孟买》(*Bombay*)和《圣乔治堡》(*Fort St George*)的景观画,约1730年,油彩画。

图 68 东印度公司总部的董事会的会议室，由 T. H. 谢泼德（T. H. Shepherd）所作，画中能看到一些风景绘画作品被装裱在画框里，挂在墙上；水彩画，约 1820 年。

们共同展示了公司在海上贸易中牢固的主导地位，而不是探讨印度本身的主题。[203]

当兰伯特和斯科特待在工作室里，在脑海中巡游了整个印度沿海地区后，第一个因其身在印度的风景画家身份而引起关注的艺术家是弗朗西斯·斯温·沃德（Francis Swain Ward）。虽然他在 1757 年是以东印度公司军校生的身份抵达印度，但他已经在英国接受过了绘画训练。由于他在公司的晋升之路遭受阻碍，沃德在任职六年后辞去了他在公司的职务，重新开始在英国的艺术家生涯，但旋即发现他在英国的事业也难以为继，于是他请求重新加入公司并成功入职（为了确保能被重新任命，他向董事会呈交了十幅画作，都是以印度素描为基础进行完善的）[204]。沃德随后以马德拉斯步兵团上尉的身份于 1773 年返回印度，在那里继续绘画，[205] 主要在卡纳提克，但至少有一次短暂的北方之行。他精确绘制的建筑研究作品（图 69）是以当时地质学者广泛使用的暗箱作为辅助来完成的。[206] 1786 年，沃德已升至中校军衔，他积累了 76 幅油画作品，计划将其运送到公司总部以供刻印，费用由公司来承担。但公司最终拒绝了他的提议，他的藏品随后被分发出去，不过他的部分作品最终于 1805 年以水彩铜版画形式得以出版。[207]

图69 弗朗西斯·斯温·沃德,《舍尔沙阿的陵墓》(*The Mausoleum of Sher Shah*,伊朗王),1772—1773年,作于比哈尔邦(Bihar)萨萨拉姆(Sasaram),油画。

威廉·霍奇斯(William Hodges)是一位技艺高超的画家,他在风景绘画方面产生了重大的影响。霍奇斯年轻时,在伦敦理查德·威尔逊(Richard Wilson)——当时领先的风景画家——的工作室做了七年的学徒。在来到印度之前,霍奇斯的主要任务是作为宫廷画师随着库克船长第二次航行(Resolution)前往南太平洋。此后,海军部雇用他并将他的草图改画为大幅作品和版画,作为对该次航行官方记录的补充。霍奇斯随后在1780—1783年在印度度过,在此期间[由于健康状况不佳和海德尔·阿里(Haider Ali)军队的包围,他在马德拉斯实际上被禁闭了一年],他终于得到了加尔各答的沃伦·黑斯廷斯的赞助。这位总督(事先写了推荐信[208])不仅以私人身份赞助霍奇斯,还把他介绍给其他赞助人,并给他安排了公司画师的职位,以此挣得薪水。霍奇斯凭借该身份随着孟加拉军队北上和西进,时常由总督提供军事护送。他所编制的大量画作展示了东印度公司在第一次马拉塔战争期间扩展势力时的地域风景(但不包括军事行动本身)。他的作品与军事测绘的严谨风格形成了互补:在呈现他的视图时,他认为这个过程类似于以视觉形式编写印度的历史,他称自己是"他们的肖像画家……必须将他的天赋和想象力囿于严格的真实性规则之下"。他还写道,"想象力必须受冷静判断的严格指导,否则我们得到的将会是幻想的呈现,而不是真相"。[209] 然而，为了增添历史叙述的戏剧效果，他并不排斥夸大一些建筑物遭到的破坏，或借鉴众所周知的欧洲传统艺术手法以引起人们的哀伤之情（图 70）。霍奇斯的工作任务比公司的测量员更加灵活，这是一个优势，主要归因于他与总督的密切关系。

通过这种方式，霍奇斯的视野得到了极大的扩展。他从加尔各答进行的第一次探险使他与比哈尔邦巴加尔布尔的地区治安官奥古斯都斯·克利夫兰（August Cleveland）有了接触，这位官员后来成为他最忠实的赞助者之一。[210] 他还参观了蒙格尔（Monghyr）、巴特那、贝纳雷斯（Benares）、阿格拉、勒克瑙（Lucknow）和瓜廖尔堡（Gwalior，该地后来在 1843 年发生了一场血腥的围攻事件）。霍奇斯原计划横穿德干前往苏拉特，但一直未能实现。

在霍奇斯带着一笔相当可观的财富回到伦敦后的几年里，他在英国皇家美术学院（Royal Academy of Arts）展出了 22 幅印度景观画（他于 1786 年当选为该学院会员）。然而，在 1788 年之后，他再也没有展出过其他作品，显然是因为在议会对沃伦·黑斯廷斯进行长时间攻击的过程中，他的作品也随之遭到了歪曲。此外，他还开

图 70 《拉杰马哈尔山的坟墓和远景》（*Tomb and Distant View of the Rajmahal Hills*），威廉·霍奇斯作，约 1782 年，油画。可能是为奥古斯都·克里夫兰绘制的，这幅作品是霍奇斯从加尔各答出发首次远征时所画。人们普遍认为，这幅画唤起了对"亚洲的阿卡狄亚"（Asiatic Arcadia，即亚洲的世外桃源）的联想，将田园风光与沉思的牧羊人、废墟和陵墓相结合，立即引起了欧洲人的共鸣。

始以蚀刻版画的形式公开发表他在印度长期写生旅行中的48幅景观画，收录在他的《印度精选景观》(*Select Views in India*)中，这本书是献给东印度公司的。尽管这些作品没有给霍奇斯带来利润，但它们却激励了托马斯和威廉·丹尼尔进行时间更长的旅行。随后在1793年，他出版了《我在印度之行，1780年、1781年、1782年和1783年》(*Travels in India in the Years 1780, 1781, 1782 & 1783*)。霍奇斯有关历史和地理景观的图像附有英文和法文的并行文本，他在书中呼吁除了英国人更为熟悉的欧洲流派外，适当地承认印度（以及埃及和摩尔）的艺术和建筑风格（奇怪的是，他对该国的雕塑或绘画似乎持矛盾的态度[211]）。

霍奇斯对战争所带来的毁灭性后果的哲学思考并不受欢迎，而他描绘的一些景观——印度的"完美的花园"变成了"一片荒芜死寂之地"——后来被反对黑斯廷斯的阵营利用。他在1794—1795年举办的最后一次画展以"和平的效果"(The Effects of Peace)和"战争的后果"(The Consequences of War)为主题，被威尔士亲王视为具有危险性的激进主义，画展被勒令叫停，这导致霍奇斯彻底放弃了他选择的职业，并拍卖了他剩下的全部画作。[212] 还有很大一部分由沃伦·黑斯廷斯保留在戴尔斯福德(Dales ford)的作品，后来在1853年的拍卖会上分散出售了。[213]

他那个时代还没有其他艺术家能像他一样如此广泛地游历，霍奇斯为英国带来了一种视觉上的认同感，而这种认同感在之后将成为英国全球霸权的关键，因此他的贡献是至关重要的。在霍奇斯去世后不久，他的昔日荣耀就被雄心勃勃且事业成功的丹尼尔叔侄所取代，以至于他几乎在英国绘画史中被完全遗忘了两个世纪：2004年在英国国家海事博物馆(National Maritime Museum)举办的一次展览是自他去世以来专门为他举办的第一次展览。[214]

霍奇斯在艺术史上的地位因他紧接下来的继承者托马斯·丹尼尔(Thomas Daniell)及其侄子威廉·丹尼尔(William Daniell)的成就而大大抹杀。这两位自1784年以来就被公认为印度最杰出的风景画家，在该领域风靡了数十年。虽然他们与霍奇斯不同，没有追求以历史叙事为目标，而更直接地表现现实，但与早期画家相比，他们具有一个优势，那就是他们的足迹遍布东印度公司的权威已经广泛扩展的大陆，因此他们的旅行从南部的迈索尔到喜马拉雅山，都是在一个相对安全的环境中进行的。他们在那里度过的最初两年时间里，为《加尔各答景观》（Views of Calcutta）做了充足的准备，该作品于1786—1788年在加尔各答以蚀刻版画［一种在伦敦由保罗·桑德（Paul Sand）引入的工艺，十年前刚刚诞生］的形式出版。在印度的欧洲人群体中，风景古迹的风景画市场已经确立了起来。接下来，在部分受到霍奇斯《印度精选景观》的启发下（他们希望超越他），丹尼尔叔侄跋山涉水，参观各处历史遗迹并画下它们的素描，有时还制作了非常准确的实景图纸。他们的水彩画《西坎德拉的阿克巴陵墓门》（The Gate of Akbar's Tomb at Sikandra）（图71），恰当地将艺术家们自己的军事护卫的帐篷画了进去，被认为是一种杰出的"视觉记录"，[215] 凸显了丹尼尔叔侄务实的视觉记录与霍奇斯的视觉记录之间的差距。他们深入西喜马拉雅山脉的加瓦尔（Garhwal），于1791年秋季返回加尔各答。他们在詹姆斯·威尔斯（James Wales）的陪同下探索了坎赫里（Kanheri）和象岛（Elephanta）的寺庙。1792年4月的旅程将他们带到了阿格拉，然后在1793年2月前往迈索尔和马德拉斯。他们于1794年带

图71 《西坎德拉的阿克巴陵墓门》（The Gate of Akbar's Tomb at Sikandra），托马斯和威廉·丹尼尔作，近阿格拉（Agra），1795年，彩色蚀刻版画。

着约 1400 幅素描作品回到英国，并在英国皇家美术学院和英国学院（British College）展出了他们的作品。随后，他们花了 13 年的时间将这些素描加工成蚀刻版画，以插图的形式展示他们典型的罗曼蒂克的东方风景，该系列作品在 1795—1815 年分 6 次出版，此外还有 1812—1816 年的缩减版，其中大部分是威廉的作品。[216] 他们还于 1801 年出版了《阿格拉的泰姬陵》（The Taj Mahal at Agra）和《途经中国的风景之旅》（A Picturesque Voyage to India by way of China），并创作了许多描绘印度乡村生活的水彩画和油画作品。丹尼尔叔侄取得了相当大的成功，他们的作品对英国建筑师和设计师产生了显著影响：据说汉弗莱·里普顿（Humphry Repton）对他们的作品赞不绝口，并从中得到启发，在对英王阁（Brighton Pavilion）的设计中融入了印度教元素，这是欧洲建筑中明显有印度影响的早期例证。[217]

也许东印度公司最接近考虑对其领地进行全面图示调查的时候是在 1804 年，当时董事会考虑了托马斯·希基（Thomas Hickey）提交的备忘录。希基试图获得"公司的历史和肖像画师"这一职位，虽然这个头衔几乎无法涵盖希基所设想的广泛绘画主题。[218] 他声称，这样的任命将：

> 使得公司的史学家能够完成一部关于英国在东印度的一般事务的历史著作……（包括）编年史、地理学、政体、法律、政治革命的内容，艺术、制造业和科学的进展，以及纯艺术，特别是内部和对外贸易的历史与现状的详细资料，这些资料可以根据他们所处的位置提供，或者不时收集起来。[219]

董事会将他的提议与公司的现有利益框架联系起来，并建议为了实施这些提议让他担此重任，"适合此职位，并支付该事业可能产生的费用"，得到这份工作后希基继续列出了"一系列与此目的相应的绘画和雕刻题材"：

> 1. 描绘印度原住民特征性形态的人物形象；

2. 描绘不同种姓印度人的人物形象；

3. 描绘穿着各个地区、省份和区域特有服装的印度人的人物形象；

4. 描绘印度神话中的人物形象——不是模仿他们寺庙里那些装饰繁复的雕塑作品，而是根据博学的婆罗门（祭司）在该方面提供的描述和信息，尽可能以图画展示他们的宗教体系……

5. 描绘印度古寺庙的景观；

6. 结合当地风情，描绘富有生机的乡村风景。

由于这项调查，希基将前往印度的每个省份，他提议素描和图画原稿将归公司所有，它们应该在他的监督下在伦敦被雕刻出来，而他要保留所有作品的公开展览权。可想而知，公司拒绝接受希基的提议，宣布这样一项雄心勃勃的事业"必须依靠志愿服务和私人资助来完成"。[220]

尽管肖像画和风景画从来不是对立的追求，但有些艺术家的主要通过为东印度公司管理层及印度统治阶级的人物来画肖像在印度谋生，而且后者所付的酬劳有时更加丰厚。乔治·威利森（George Willison）就是早期的一个例子：他所画的卡纳蒂克地区的纳瓦布——穆罕默德·阿里·瓦拉贾（一个由于境况所迫，不得不与公司官员保持密切关系，甚至放弃阿尔乔特的宫殿而在圣乔治堡的庇护下居住的统治者）的肖像，是第一幅悬挂在东印度公司总部（图4）的印度人形象，它传递了一种公司在南亚次大陆怀柔天下的形象。[221]

蒂利·凯特尔（Tilly Kettle）于1769—1776年在印度的逗留期间产生了更大的影响。他在马德拉斯的早年也为阿尔乔特的纳瓦布画了肖像画，画中包括纳瓦布的五个儿子。随着印度的王子们开始意识到英国人对肖像的重视，其他人也纷纷效仿：应奥德（Oudh）纳瓦卜舒贾·乌德道拉（Shuja ud-Daula）的要求，凯特尔后来在法扎巴德度过了一年时间（Faizabad），于1772年为纳瓦布和他的十个儿子画像。在加尔各答，他成了许多公司高层人员的座上宾，包括沃伦·黑斯廷斯和伊利亚·英庇爵士。与他的许多艺术家同行一样，凯特尔依靠他的印度素描本，在回到英国后的很长一段时间里继续创作更多印度题材的作品。

即使像约翰·佐法尼（Johan Zoffany）这样的知名艺术家，也可能被慷慨的资助所吸引而前往印度：前景充满了如此多的诱惑（他因招致夏洛特女王的不悦，公司的船拒绝搭载他），他甚至伪装成一名海军学校的学生在朴次茅斯（Portsmouth）偷偷登上了"马戛尔尼伯爵"号（Lord Macartney），并在加尔各答下了船。这种伪装对他在印度的生活显然没有造成伤害，因为很快他就开始为那些有名的王公贵族画正式的肖像画〔包括黑斯廷斯和英庇，以及埃尔科特（Sir Eyre Coote）爵士〕，并用画笔记录下了欧洲人和印度人在放松状态下的形象。其中最著名的作品之一是《莫丹特上校的斗鸡比赛》（Colonel Mordaunt's Cock Match），记录了在勒克瑙举行的一场比赛中，莫丹特上校的进口斗鸡与纳瓦布阿萨夫·乌德道拉（Asaf ud-Daula）的印度鸡对决时刻（图72）。佐法尼在勒克瑙也得到了大力的金钱支持，特别是得到了法国鉴赏家克劳德·马丁（Claud Martin）上校（坐在图片右边，穿着红色外套和白色马裤）的青睐。在许多其他肖像画中，他可能还在那里画了一组威廉·帕尔默（William Palmer）少校与他的（印度裔）妻子，以及其家人的作品，画面非常温馨。这幅作品目前放在大英图书馆（British Library）的印度事务处藏品中供人参观。[222]

乔治·钦纳里（George Chinnery）同样带着成为肖像画家的雄心来到印度，虽然他在肖像画方面也取得了一定的成功，但他更为人所称道的是在闲暇时刻创作的关于日常乡村生活的生活画作。在马德拉斯待了五年后，他受邀前往加尔各答，在那里成功完成了一幅超大尺寸的肖像画，画中人物是最高法院首席法官亨利·拉塞尔爵士（SiHenry Russell），这一极具威信的委托为他在那里建立了声誉。在加尔各答期间，他还结识了查尔斯·多伊利爵士（Charles D'Oyly），当后者于1808年被任命为达卡的执政官时，钦纳里陪同前往。这次搬迁可能部分是由于对达卡气候较温和（因为钦纳里一直身体不好）的期望——尽管他可能会对此感到失望——部分原因

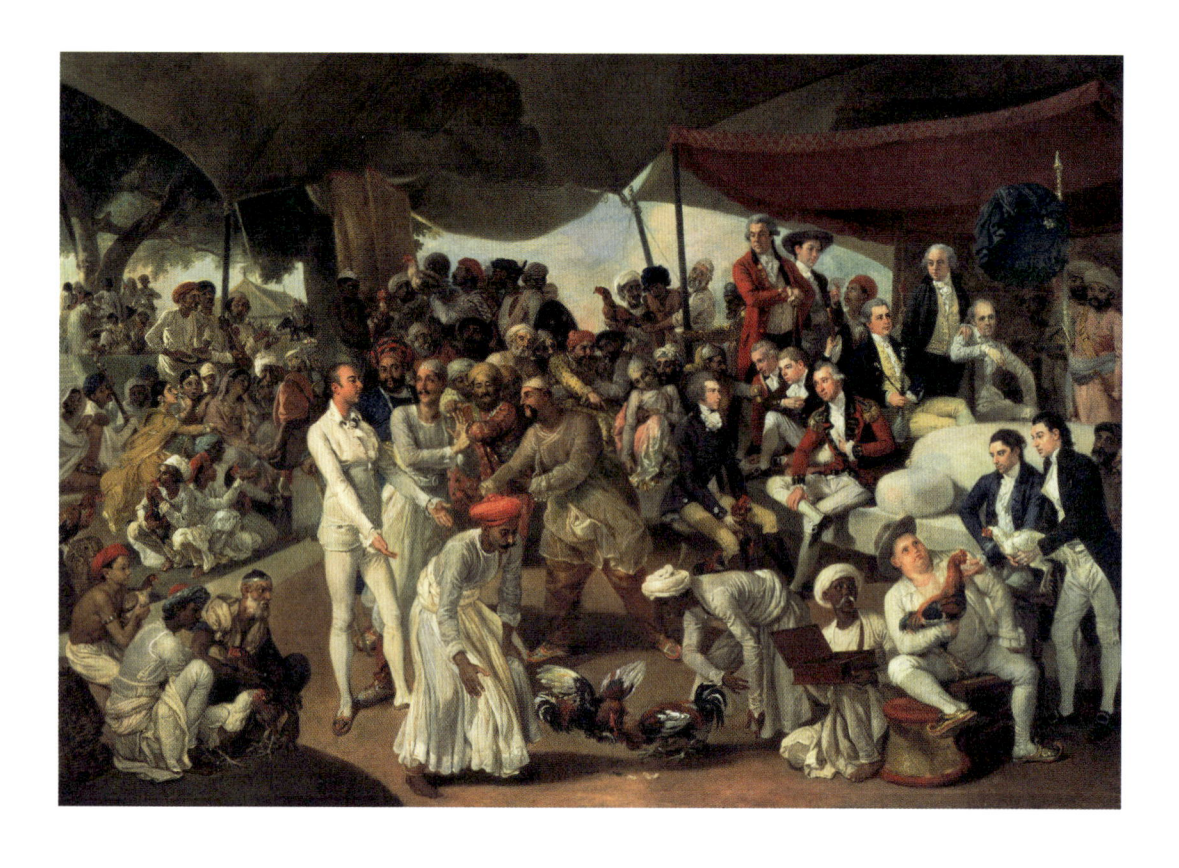

还在于贾汗吉尔统治时期达卡地区的中心地位逐渐下滑,而加尔各答则日益崛起,但此时还没有欧洲画家去捕捉达卡的地理景观。在达卡期间,钦纳里显然将时间分配给了素描、肖像画和给多伊利夫妇(他们被认为是当时英国社区中最有才华的业余艺术家[223])上课。后来,钦纳里返回加尔各答,在一段时间内成为欧洲社区中最重要的肖像画家,为包括总督黑斯廷斯勋爵在内的社会各界人士画像。[224] 尽管如此,他的财务状况却一直没有保障,虽然他收了更多的学生来努力维持生计,但最终因背负债务不得不逃离了印度。

许多关于印度生活更为日常方面的记录工作则留给了"公司画师",这些土著印度人以欧洲风格进行工作,但他们的种族身份使他们更容易渗入那个对英国人来说基本上仍然封闭的内部世界。很长一段时间里,"公司画作"这个术语并不能完全摆脱一种傲慢意味,[225] 但今天,印度画家以欧洲风格为英国客户所画的作品得到了他们应有的尊重,这在很大程度上要归功于米尔德里德·阿彻的不

图72 约瑟夫·佐法尼的画作《莫丹特上校的斗鸡比赛》,约创作于1784—1786年,布面油画。勒克瑙这个地方以其当地人的开放风俗而闻名,有着比其他城市更高的印欧社会融合度。莫丹特上校(站在左边并做手势)担任纳瓦卜阿萨夫·乌德道拉(站在中间)的卫队上校。此前,他曾是沃伦·黑斯廷斯的副官,黑斯廷斯在购买了这幅画并将其后挂在戴尔斯福德的寓所。

懈努力,她多年来一直管理着印度事务处图书馆的版画与素描。我们已经看到,在印度,业余和专业的博物学家群体与传统技法训练下的印度画家之间产生了重要的互动。米尔德里德·阿彻指出了这个艺术家群体的出现方式的重要性,他们在博物学家资助者的指导下,具有明确定义的表现目标,但对技术没有先入之见:印度画家并不只是接受那些受过专业训练的欧洲艺术家的教育,而是发展出了一种独特的混合风格,并将其成功应用于绘画中。加尔各答(在某种程度上还有马德拉斯和坦贾武尔)成为早期这一绘画风格的中心,然而,英国各个势力范围之间相距甚远,这导致让各地区的绘画学派有所发展,至少在铁路出现之前是这样。

一套非凡的藏品展现了这类绘画作品的特点,它们同样具有记录性质,但记录的是人物主题,而不是更常见的博物学标本。这套藏品是由米尔德里德·阿彻和托比·福克(Toby Falk)于1989年发现的,主要创作者是威廉·弗雷泽(William Fraser)的兄弟詹姆斯·贝利·弗雷泽(James Baillie Fraser)。[226] 詹姆斯于1814年来到印度,最终去往德里,在那里,他那威风赫赫的兄弟既担任驻军助理,又同样是引人注目的非正规骑兵团"斯金纳之马"(Skinner's Horse)的少校。詹姆斯已经在他的一批随员中雇用了一些印度画家[包括詹姆斯声称是佐法尼的学生的拉尔吉(Lallji)[227]],而詹姆斯本人是一位出色且勤奋的地理画师,甚至在加尔各答还接受过佐法尼的辅导。他显然熟悉他随行人员中的几位画师,尤其是他们来自同一个叫作古拉姆·阿里·汗(Ghulam Ali Khan)的家族。当他带着自己大量的素描离开德里时,詹姆斯给他的兄弟留下了一份"原住民绘画备忘录",结果形成了如今的弗雷泽藏品,其中包括90多幅绘画作品(图73)。这些作品主要以印度主题为主,涵盖了村民到王室人物,尤其具有特色的是东印度公司军队招募的新兵。这些作品是为特定的目的委托创作的:"现在,这些画作将展示我在印度所见到的一切;对我来说,这些画作作为服装研究的材料非常有价值,便于我在绘画中丰富人物的形象。"所有这些作品都非常出色,可以看作是欧洲规范与印度实践的成功结合。[228]

由艺术家西塔·拉姆(Sita Ram)画的十本近当代画册,(已被)

编辑出来以展示莫伊拉伯爵的旅行（从 1816 年起为黑斯廷斯侯爵），特别是他在 1814—1815 年从孟加拉到旁遮普邦的一次长途旅程。最近，这些画册经过杰里米亚·洛斯蒂（Jeremiah Losty）的修复，重新获得了它在绘画史上应有的重要地位。[229] 洛斯蒂观察到，此前人们普遍认为黑斯廷斯只赞助欧洲艺术家，这个档案的发现纠正了这一观点，并确认西塔·拉姆是为一位重要的插图画家。他的风格表明他曾在穆尔斯希达巴德接受过绘画训练（尽管不符合欧洲博物学家的科学要求），但他显然从当时在公司圈子中非常流行的风景画风格的铜版画中吸收了很多绘画技巧和构图方面的知识。[230]

少数欧洲艺术家也致力于记录印度日常生活的细微方面。例如，最具雄心并且相当有系统地调查印度服装和职业的尝试是由弗朗索瓦·巴尔塔萨尔·索尔文斯（François Baltazar Solvyns）进行的，他是来自安特卫普（Antwerp）的比利时人，最初作为海景画师接受训练。他选择在加尔各答发展职业生涯的原因尚不清楚，但抵达那里后，他发现很难与已经站稳脚跟的英国画师竞争。他得

图 73　一群贾特族人（Jat），显然是军队新兵，约 1815 年；其中一人所穿制服的具体细节尚未着墨，但他很可能是斯金纳骑兵团［绰号"黄衣兵"（Yellow Boys）］的成员。这是一系列非常有趣的肖像之一，描绘了不同的部落群体和詹姆斯·贝利·弗雷泽执行的任务，他的兄弟威廉在该团服役。

图 74 《演奏萨林达的音乐家》(Musician with a sarinda)，弗朗索瓦·巴尔塔萨尔·索尔文斯，选自他的《250幅描绘印度教徒的风俗、习惯、性格、服装和宗教仪式的彩色蚀刻版画》(1799年)。索尔文斯对这种乐器的音乐特质并不十分看重："它的音乐效果既不令人讨厌，也不令人陶醉；一般来说，它由那些音感较差或品位较低的人演奏，可以与乡村庆典上的盲人小提琴手相比。"

到了威廉·琼斯爵士的鼓励（不过没有收到直接的资助），虽然他从未加入过亚洲学会，但他始终尊重该学会在加尔各答文化生活中的关键地位。他的《250幅描绘印度教徒的风俗、习惯、性格、服装和宗教仪式的彩色蚀刻版画》(Collection of 250 coloured Etchings descriptive of Manners, Customs, Character, Dress and Religious Ceremonies of the Hindoos，图74）无疑是18世纪同类作品中最大的作品，也是他顽强精神的纪念碑。[231] 这似乎源于1795年12月的一项提议，即索尔文斯应该制作"一套由他自己蚀刻和上色的头像，展示印度的土著居民和其他居民的形象"；虽然这一提议未能实现，但失败并没有使他退缩，反而激励他开展更为雄心勃勃的项目，最终完成了这一系列作品。不幸的是，这部作品未能赢利，最终索尔文斯只好返回欧洲，在巴黎定居。在1804—1805年，爱德华·奥姆（Edward Orme）在伦敦出版了一版盗版画册，虽然质量较差但商业上更成功，某种程度上索尔文斯为了回应这一盗印行为，没有选择退缩，而是超越自己以更加精美的装帧、更大的开本出版了又一部作品：《印度教徒》(Les Hindoûs)，共有4卷，包含288幅插图，于1808—1812年分期出版，然而作者在商业上却再一次以失败告终。[232]

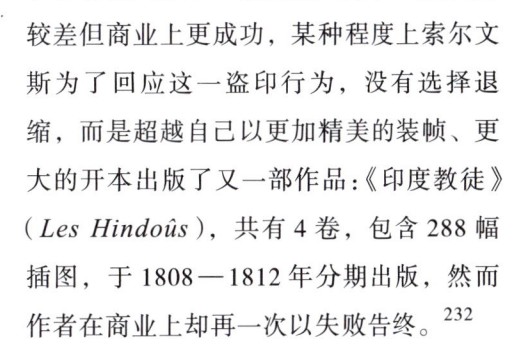

索尔文斯的作品在他的同代人看来有些"粗糙"，他的出版事业也未能获得大众的青睐，可能是因为公众当时更加倾心于丹尼尔斯和其他人采用的更精致的工艺和风景画风格。他的绘画无疑缺乏一定的优雅和才华，但索尔文斯明确表示，这些并不是他所追求的品质。他捕捉到的日常场景，正如他所写的，"只是客观地呈现了我眼中的事物，如果读者能突然被带入其中，这些事物将以我看到它们的那个时刻的样子呈现在读者眼中。"[233] 必须承认，

在他自己的标准下，索尔文斯获得的成功与他（低）声誉完全不匹配——或者说在接下来的一个半世纪里，他在艺术史中的地位基本被专家们给忽视了。

由公司人员记录的地貌和古迹

虽然前文讨论的组织和个人的成就往往归功于个人的努力，但对印度的地理、古代遗迹和文化进行学术研究的学术文集的发展——尤其是通过学会期刊的形式，开始为学术调查提供了一个共同的路径。这进而逐渐形成了一种集体意图，并就这类记录的惯例要求达成了一致，其核心是准确地呈现，而非艺术地解释。随着这些研究逐渐专业化，地形、地质、考古等正规调查机构的建立成为可能，这将在下面的讨论中进一步阐述。

由于对印度内地了解甚少，对印度的人民和自然资源的熟悉几乎是从零开始，但随着东印度公司日益增长的自信和不断扩大的政治影响力，它开始对识别和记录可供开发利用的资源产生了更积极的兴趣。公司职员肩负的外交和军事职责使他们越来越频繁地进行大规模的内地考察，[234] 在这些考察中，他们经常会遇到南亚次大陆上丰富的建筑和考古遗址，这些常常会促使他们用文字去记录，用画笔画下这些景观的草图，或者——特别是在许多受过测量绘图培训的军官中——精确绘制的图纸。这些来自中上阶层阶级的年轻人往往从小就接受过速写训练，因为在当时，绘画被视为一种标准的社交才能。东印度公司的军事和文职学院也聘请了绘画教师以及测绘教师：例如，从苏格兰军械局测量部离职的保罗·桑德比（Paul Sandby），后来在伍尔维奇（Woolwich）做过一段时间的绘画教师。在阿第斯康比学院，教授风景和人物绘画的老师每周上两天课；"军事绘画、测量和平版印刷系"的学生公共考试规定，"每位学员的绘画样本应该在各系展出；最好的样本将被送交军事学院委员会"。[235] 杰出的学员会获得彩色绘画盒或绘图工具箱作为奖励（图75）。[236] 罗伯特·史密斯（Robert Smith）是一个具有非凡才华的士兵，他在进入孟加拉工兵团之前似乎在马洛受过训练，最终以上校军衔退休。他的一些素描由威廉·丹尼尔进行了雕版并在伦敦

图 75　一个绘图员比例尺的盒子，盒子上镶有一块银牌，上面刻有"1853年12月9日，由东印度公司尊贵的董事会在公开考试中赠予弗朗西斯·拉特·坦迪（F. L. Tandy）先生，以表彰他在军事学院期间在民用绘画方面的成就。"附带的盖子来自另一个盒子，也是在同一场合上颁发给坦迪（1835—1857）以表彰他在军事绘画方面的才能。弗朗西斯·拉特·坦迪后来成为孟加拉工兵团的中尉：他的几幅绘画作品幸存下来，展示了他在1857年的起义期间在战场上的活动，而他也在那场战争中丧生。

出版，作品名为《威尔士亲王岛景观》（*Views of Prince of Wales Island*）——史密斯曾在该岛疗养和执勤期。他完成的油画作品中，有一些展示了他负责修复的莫卧儿建筑遗迹，它们与南亚次大陆上其他任何建筑景观相比都毫不逊色。[237]

在这些才干优长的民事和军事官员中，有些人的语言能力很强，能够翻译铭文，并能理解这些文字所蕴含的（书面和口头）上的文化传统，但只有相对较少的人具备这种天赋。因此雇用梵文学者（pandits）[①]来进行这些工作变得非常普遍，其中最著名的可能是科林·麦肯齐（Colin Mackenzie，图83）。詹姆斯·托德（James Tod）记录了他和他的随行人员在执行外交使命的归途中打断了行程，为的是记录贝乔利亚卡兰（Beejoliya Kalan，位于拉贾斯坦邦）的废墟，其中包括一座城堡和五座耆那教（Jain）寺庙：

> 我的一位文书，他有点儿设计才能，正在用芦苇（秆）勾勒这些巨大的建筑废墟，而我的老耆那教古鲁（Guru）则忙着复制着不同寻常的贝乔利亚古迹中的一部分——那是刻在岩石

---

① pandits 班智达，源自梵语，意为学识渊博的人。——译者注

上的两段铭文：一段来自乔汉（Chohan）王朝，另一段则是《梵志编》（Sankh Puran）——属于他自己信仰的耆那教。[238]

托德还偶尔使用军事制图师，他们的草图在被完善后用于出版：在他对伦敦的皇家亚洲学会所收藏的图片进行评论时，威廉·福斯特爵士提到了一个文件档，其中包含了其他绘画作品，以及"用于他（托德）的《拉贾斯坦邦年鉴》（Annals of Rajasthan）插图的素材。这些材料尤其有趣，其中包括原始草图（其中很多由沃少校制作），以及一些由专业艺术家根据这些草图制作的绘画作品，还有与之相应的钢版印刷的样本。"[239]

在缺乏制图术相关技能的情况下，科学也许能帮上忙。霍奇森对明箱①的使用热情也投向了对佛教建筑的记录上。例如，他记录了自己如何"让一位尼泊尔人在明箱的帮助下描绘了一系列尼泊尔建筑的插图"，他声称这些插图"在计划和测量之外具有独立的意义"[240]。明箱不仅能够用于详细记录雕塑浮雕和立面，还能够用于制作透视图，令人叹为观止（图76）。詹姆斯·弗格森（James Fergusson）在他的《印度石窟寺庙插图》（Illustrations of the Rock-cut Temples of India）中也自豪地描述该作品"根据在现场仔细制作的素描，借助明箱的帮助而完成"。

图76 《帕坦的坤贝斯瓦拉寺庙》（The Temple of Kumbheswara in Patan），尼泊尔，由霍奇森的明箱的帮助下绘制。

---

① 投影描绘器，是一种用于艺术家作画时作帮助用的光学仪器。——译者注

通过这些不同的方式，东印度公司的职员逐渐整理出了一个视觉作品汇编集，其中包括他们认为的南亚次大陆主要的古迹和建筑亮点。随着时间的推移，专业的地形学艺术家将会记录许多相同的古迹，并将它们置于其所在的景观环境中，这不仅满足了他们在印度的客户的审美需求，而且能在英国的展览中展示这些作品，并将其复制成印刷品，为英国公众介绍帝国最高前哨的视觉特色。

古迹调查

该领域的开端可以追溯到1780年，当时亚历山大·达尔林普尔（Alexander Dalrymple）在伦敦古物专家学会（Society of Antiquaries of London）的《考古学》（*Archaeologia*）[241] 杂志上发表了一篇关于象岛的洞窟的报道。这篇报道早在1712年就由军事制图师皮克上校（Pyke）编写，由贝克上校（Baker）提供插图[242]。这次调查可谓困难重重，一边要借助烛光才能工作，同时还要面临敌对的马拉塔人的持续威胁。但最终的成果除了呈现出洞窟雕塑装饰的绘画外（图77），还提供了庙宇的平面图、立面图以及支撑柱的细节。

这些早期的研究，尤其是在萨尔塞特（Salsette）地区，早在1785年就促成了理查德·高夫（Richard Gough）的《印度古代遗迹比较概览》（*Comparative View of the Antient Monuments of India*）的出版，需要指出的是，这本书完全是站在伦敦的角度叙述的。虽然市面上已经有足够多的出版物供高夫尝试对已经积累的知识进行综合，但他仍然对在印度没有取得多少成就而感到遗憾：

> 回想起来，我们的同胞身处东印度事务之中，而对于教授本国之识抑或学习他国文明的关注是如此之少，这令我倍感痛心。欧洲其他国家产生了在某些文学领域有所建树的人才，他们不是传教士便是私人绅士，都对东方人的风俗有一番研究。而在他们中间，从事和平事业的英国人却寥寥无几！或许我们终于可以庆幸的是，现在我们在所有的殖民地都已恢复了和平，我们的探索可以在某位建立了印刷厂的总督和某位在加尔各答创办了文学社团的法官的庇佑下以更温和的方式进行……[243]

图77 在《考古学》杂志中，亚历山大·达尔林普尔重新制作的象岛的雕塑细节图。我们可以相信，附带在报告中的一些较为朴素的插图是由英国测量员自己绘制的，显然他们在编制一个林伽（lingam）①的正交投影方面比描绘动物主题更熟悉，但这幅原始绘图则由一位未透露姓名的插画师完成。

① 林伽，印度教湿婆派和性力崇拜的男性生殖器像，象征湿婆神。——译者注

在沃伦·黑斯廷斯和威廉·琼斯爵士等具有相似想法的人的引领下（正如高夫所提到的），对印度地貌和古迹这些新兴的兴趣确实开始显现。事实证明象岛对那些钟爱古迹的人来说具有持久的吸引力：1784年，威廉·亨特（William Hunter）向伦敦古物专家学会宣读了一篇关于"孟买附近的人工洞窟"的论文，并在文中提供了更多来自象岛的测量数据，不过有证据表明他的观察受到了多个世纪堆积的土壤的阻碍。[244] 随后，J·戈尔丁厄姆（J. Goldingham）在1799年的《亚洲研究》中进一步提供了测量平面图，威廉·厄斯金（William Erskine）在《孟买文学社团会报》（Transactions of the Literary Society of Bombay）中给出了更详细的描述，后者由阿什伯纳夫人（Mrs. Ashburner）提供插图。[245]

随着在加尔各答成立了亚洲学会，对此感兴趣的人员发现自己有了一个更便捷的平台来分享他们的研究成果。在《亚洲研究》的第一期（1788年）中，威廉·钱伯斯（William Chambers）发表了一篇位于马哈巴拉布拉姆（Mahabalapuram）的古迹的文章，记录了早期两次访问结果：他在文中承认了当时他记录不足的问题，他表示："与那时在印度可能期望的准确性和精确性相比，我的记录远远不够，因为当时并不存在像这个学会的建立一样对勤奋探究和准确交流具有巨大激励的诱因。"[246]。约四十年后，B.G.巴宾顿（B.G. Babington）向伦敦皇家亚洲学会提交了一份更详尽的报告，其中包括马德拉斯行政服务部（Madras Civil Service）的安德鲁·哈德尔斯顿（Andrew Hudleston）准备的"优秀且准确"的绘画作品（图78）；有趣的是，巴宾顿还提到了弗朗西斯·怀特·埃利斯（Francis Whyte Ellis）、科林·麦肯齐和其他人"通过仔细测量近海水域来确认沉没建筑的存在"，但这些尝试都以失败告终[247]。该学会期刊的第一卷中出现的其他古迹包括布达尔（Buddal）的独石柱和菩提迦耶（Bodh Gaya）附近的纳迦朱尼（Nagarjuni）洞窟，分别由查尔斯·威尔金斯（Charles Wilkins）和约翰·赫伯特·哈灵顿（John Herbert Harrington）进行阐述。

1799年，查尔斯·沃尔·马莱特爵士选择《亚洲研究》来发表他在埃洛拉（Ellora）的研究成果。他对这个石窟庙宇遗址进行了广

泛的探索和测量，毫无疑问，他是 1795 年前往该遗址进行为期两个月的探险的发起人。此次探险由艺术家詹姆斯·威尔斯领导（带着三个助理制图员、一个木匠、十五个苦力和其他仆人）。威尔斯在印度度过了他后半生的大部分时间，在那里受益于他和马莱特的友谊。从 1792 年开始，威尔斯在他的赞助人的陪伴下在浦那的马拉塔宫廷（马莱特在此担任驻地代表）度过了五个月的时间；在那里，他建立了一个成功的肖像画业务，接受了超过四十个来自在印的各地欧洲客户、佩什瓦亲王本人以及马莱特的委托。如此多的订单需求让他雇用了三名助手（都有记录）——罗伯特·马邦（Robert Mabon），他曾是孟买军队的士兵[248]；以及浦那一位名叫甘加拉姆·钦塔曼·坦巴特（Gangaram Chintaman Tambat）的天才艺术家；[249] 还有一位来自果阿邦（Goan）名叫约西（Josi）的年轻画家。他们一起参观了许多石窟庙宇遗址，绘制了一系列景观，威尔斯打算借此出版一本关于东方古迹的书籍。然而，壮志未酬，他便因病去世了（据说是因为"在一年中某个不健康的季节里在石窟中吸入了……有害的空气"）。该计划留于马莱特善后，他后来于 1800 年在英国出版了《孟买岛及其周边地区的十二个景观》（*Twelve Views of the Islands of Bombay and its Vicinity*），根据威尔斯现成的图版编制而成。[250] 从威尔斯为计划中的出版物编制的提案中，我们可以对他

图 78 位于马哈巴卢布拉姆的浮雕作品"恒河下降"（The descent of the Ganges），马德拉斯文官安德鲁·哈德尔斯顿（Andrew Hudleston）创作，《亚洲皇家学会会刊》（1830 年）中，巴宾顿称其"优秀且准确"。摘自《亚洲皇家学会会刊》（*Transactions of the Royal Asiatic Society*）（1830）。

最初的宏图有一些了解：

> 将引入一些人物群组等，以描绘当地居民的礼仪习俗，并对插图前景中的树木、植物、灌木等进行特色刻画，以迎合植物学家的观赏需求。[251]

罗伯特·格林德雷（Robert Grindlay）上尉随后发表了一份关于埃洛拉的进一步描述，其中的插图被指"尽可能忠实地模仿了现场绘作的轮廓，非常注重形状和比例的准确性，但画家的手法太过生涩，无法为描绘的对象增添装饰或进行修正。"他还驳斥了马莱特关于该遗址的一些说法，同时根据埃洛拉的证据断言："印度的雕刻艺术在过去就达到了比人们普遍认为的更高的水准。"[252]

乔治·安斯利（George Annesley），瓦伦蒂亚（Valentia）子爵——后来的芒特诺里斯（Mountnorris）伯爵，以一种让人回想起欧洲大旅行（European Grand Tour，在拿破仑战争时期不可能实现）的方式，在亨利·索尔特（Henry Salt，后来成为东印度公司驻埃及副领事）的陪同下巡游了印度。索尔特对萨尔塞特岛进行了一次调查，绘制了精美的象岛洞窟的图纸，而阿特金斯（Atkins）少校则制作了精确的地面平面图和剖面图。这些图纸以及他对该岛洞穴比较准确和详细的描述被发表在1819年的《孟买文学社团会报》上。瓦伦蒂亚子爵后来发表了一篇关于他在印度、锡兰和东非旅行的记录，索尔特做了绘制插图的工作，并撰写了部分内容，他还因绘制了卡尔勒（Karle）佛寺内部的第一批准确图纸而受到赞誉。[253]

另一个令人赞赏的个人事业的主角是亚当·布拉卡德（Adam Blackader），他是一名驻扎马杜赖的外科医生，在那里他花了三年时间按照1：1和1：2比例，绘制了庙宇和其高162英尺的塔楼，同时还勾画并制作了邻近的赴宴所（Choultry，一种有柱子的集会厅）的比例模型（图79）。1789年，他将有关工作的描述提交给了约瑟夫·班克斯爵士，随后在伦敦古物专家学会上宣读。这份报告详细描述了建筑材料以及在寺庙中举行的仪式。[254]尽管布拉卡德确实翻译了一些关于建筑式样解释的记载，但布拉卡德无法确定建筑物的

图 79 这是一件来自马杜赖蒂鲁马拉·纳亚克（Tirumala Nayak）赴宴所的铜合金细节模型。据推测，这种模型制作于 17 世纪，用于供奉，而这件模型可能能够追溯到 18 世纪 80 年代。

年代，因为"婆罗门教徒刻意隐瞒了年代，因为他们认为悠久的历史可以增加人们的崇敬之情"。

1827 年，弗朗西斯·布坎南——现在以弗朗西斯·汉密尔顿（Francis Hamilton）的名字为人所熟知，他采用了母亲的姓氏以符合遗赠条件——向皇家亚洲学会提交了一份《佛陀伽耶遗址描述》（Description of the Ruins of Buddha Gáya）的报告，该报告于 1829 年刊登在学会的期刊上：其中多次提及的图纸当时已经存放在伦敦的东印度公司博物馆中。

帕塔·米特（Partha Mitter）认为，第一阶段的考古记录工作在这个时期以 A. 斯特林（A. Stirling）于 1825 年发表的关于奥里萨邦（Orissa）的调查论文得出的结论而告一段落。为了公正起见，斯特林在他冗长的论文中将古物学元素置于对各省份非常全面的描述之中，表现了东印度公司在测量方面的优秀传统。第一部分是"一般描述、古代和现代边界、土壤、产物、地质、河流、城镇、商业、人口、财政、政治制度和土地所有权"；第二部分是"年表和历史"；第三部分是"宗教、古迹、寺庙和民用建筑"。[255]

在这里还值得注意的是詹姆斯·托德上校在印度退休后于伦

敦出版的《拉贾斯坦邦的历史与古迹》(Annals and Antiquities of Rajasthan)。托德作为东印度公司的军事学员完成训练并在伍尔维奇皇家军事学院受训之后，获得了孟加拉步兵团的任命。他在印度中部和北部进行了密集的调查，特别是在1812—1817年驻扎在瓜廖尔的那段时期。据说，他在那段时间里的大部分收入都用于雇用印度探险家以扩大他的调查范围，这促成了该地区第一张地图的诞生。他的工作对黑斯廷斯侯爵来说非常有价值，黑斯廷斯将托德提升为他在对抗平达里人（Pindaris）的战役中的情报部门负责人。此后，托德于1818年被任命为拉贾斯坦邦西部的政治特使，他在这个职位上一直干到退休，仕途平顺，并与几个邦的拉奇普特（Rajput）统治者建立了友好关系。在他们的支持和印度学者的帮助下，他翻译了许多历史文献，补充了他个人所编纂的历史。他在渗透拉贾普特邦宫廷的内部圈子方面非常成功，以至于加尔各答的当局开始怀疑他有不端行为——这种怀疑是由对他事业迅速发展产生的嫉妒所引起的，尤其是他的上司戴维·奥特尔罗尼爵士（Sir David Ochterlony）。最终，他的权力受到了削弱，他在1822年辞去了职务。在次年返回英格兰后，他曾一度担任英国皇家亚洲学会图书馆馆长（他在印度收集的藏品，尤其是手稿，都被存放在那里），他还短暂地重新参与了（皇家）步兵团的工作，最后以中校军衔退役。[256]

《拉贾斯坦邦的历史和古迹》的序言向乔治四世致敬，生动地描述了托德对自己在拉贾斯坦地区代表皇室所担任的职责和所取得的成就的看法：

> 由于英军的胜利，拉奇普特王子们有幸摆脱了野蛮的压迫，现成为陛下广袤帝国中最遥远的臣属；作为他们的崇拜者和编年史家，我或许可以希望，这个古老而有趣的族群为恢复他们过去的独立所发出的叹息，如果这符合我们最明智的政策，或许能得到陛下的关注和关心……
>
> 在过去的十年中，我与一位博学的耆那教徒合作，费尽心力地搜寻一切能为拉奇普特族的历史提供事实依据，或为了解他们的风俗与特点能提供启示的著作……我为此花费了大量的

金钱，也度过了无数筋疲力尽的日子，这都需要非凡的热情来支撑。通过与他们的首领和吟游史编年者交往，并聆听他们的传统故事和寓言诗歌，我不仅了解了他们的历史，还了解了他们的宗教观念、传统思想和特有的风俗习惯。

托德的著作是一个文学奇迹——以他所依赖的史料为灵感，以吟游诗人的精神书写而成。他的著作弥漫着强烈的英雄的民族主义情感，对拉奇普特族人民表达出同情和钦佩之情，将他们塑造成古希腊（人）的形象："拉贾斯坦邦，那儿没有一个小国家没有经历过他们的'塞莫皮莱'（Thermopylæ）之战，几乎没有一个城市没有出现过他们的莱奥尼达斯（Leonidas）。"然而，更加严谨的历史学家逐渐削弱了它作为文献史的权威性，与此同时，托德自己的地图在后来的版本中被替换掉，因为专业测量员能够改进他的测量技术。

这个时期，人们首次遇到了可能是19世纪最重要的发现之一，即位于阿旃陀的31个以壁画装饰而著名的石窟。这些石窟最初是偶然被一位军官于1824年发现的，詹姆斯·亚历山大（James Alexander）在《皇家亚洲学会会报》中将其公之于众。[257] 尽管阿旃陀没有其他遗址那样的巨大雕塑，但却拥有大量壁画。亚历山大认为这些壁画"更加有趣"，因为它们展示了"大约2000~2500年前的服饰、生活习惯、追求，甚至是面容特征，而这些细节基本保存完好且色彩鲜艳。"事实上，这些壁画是在不同的时期创作的，主要是从公元5世纪开始，但亚历山大对其重要性的评价仍然准确：威廉·达尔林普尔将其描述为"也许是从古代幸存下来的对于文明生活最全面的绘画"。[258] 在许多年的时间里，马德拉斯步兵团的罗伯特·吉尔（Robert Gill）上尉以非凡的奉献精神进行了有关该壁画的记录工作。他从一开始获得了部队的延长休假，并受到总督府的委托，在1844—1846年期间对壁画进行了测量和记录。[259] 吉尔在1852年退役后仍然继续在现场工作了11年（图80）；他的辛勤努力让大约三十幅大型图画面世，上面准确记录了主要的壁画原尺寸（图81），以及建筑立面和平面图。工作时期，吉尔住在在附近的一座废弃宫殿里，还要面临来自敌对部落和野生动物的巨大危险。[260]

图80 《罗伯特·吉尔复制阿旃陀壁画》(Robert Gill copying the Ajanta Frescos),威廉·辛普森(William Simpson)作,1862年绘制。

1847年,吉尔开始将他的绘画作品运送回英国,在印度博物馆中展出了其中一部分。此后它们被送到水晶宫的印度宫廷展出,不幸的是,水晶宫在1866年的火灾中遭到部分损毁,吉尔的绘画作品除了四幅幸存,其他都毁于大火。[261]

地形测量

随着印度测量局的成立,对这些孤立的古迹的关注也走入正式程序,该测量局的绘图和测量工作至今仍在继续——可以追溯到18世纪60年代的东印度公司的测量工作。[262] 可以说,这在一定程度上受到了启蒙运动的影响,该运动在欧洲景观中引入了类似的统计调查,以提供更准确的信息。[263] 然而,更直接的影响可能来自军械局在1745年起义后绘制苏格兰地形图的工作,目的是通过对这片汉诺威军队从斯图亚特王朝势力中以相当大的代价夺回的领土进行更准确的情报分析,以巩固英国军事上的优势地位。[264] 卡皮尔·拉吉(Kapil Raj)致力于破除以往将绘图过程本身视为英国对南亚次大陆

图 81　阿旃陀石窟 1 号洞的壁画场景，由罗伯特·吉尔于 1850—1854 年绘制的全尺寸复制品（2.3 米 × 2.74 米）。

统治的表现的观念，他在这一方面做出了很多努力；他强调了在印度早期已经存在的（非图形的）地区调查形式，以及英国制图师在很大程度上乐于借鉴这一知识宝库——其中一部分可以追溯到阿克巴王朝的统治时期——尤其是在将早期印度人的工作成果应用于土地所有权、税收和社会统计方面。[265]

詹姆斯·雷内尔（James Rennell）在 1764 年被任命为孟加拉测量总监，标志着英国在南亚次大陆进行测绘的第一步。在退休 13 年后，雷内尔于 1779 年出版了《孟加拉地图集》（*Bengal Atlas*），4 年后又出版了《印度地图研究报告》（*A Memoir of a Map of Hindoostan*）——这是关于印度的第一份地理（和历史地理）著作（图 82）。雷内尔此前在皇家海军担任少尉期间，主要从事沿海和港口的测量工作。对于许多细节，他不得不依赖贸易路线和行军路线图中收集到的信息。而且重要的是，他依赖莫卧儿帝国的原始资料，这些资料可追溯到 1598 年阿克巴皇帝统治时期编纂的《阿克巴纪事》（*Ā'īn-i Akbarī*）。[266] 他通过自己的努力赢得了英国皇家学会颁发的科普利奖章（Copley Medal），学会主席约瑟夫·班克斯爵士承认，在当时，英国没有任何比雷内尔的地图集更好的地理作品。[267]

与此同时，在绘制印度地图的过程中，出现了一个更为重要的人物——科林·麦肯齐（Colin Mackenzie）。他于1783年抵达印度，并被任命为马德拉斯的步兵少尉，但很快转入工程兵部队，最终以上校的军衔结束了自己的军旅生涯（图83）。[268] 作为海得拉巴（Hyderabad）的工程师和测量员，麦肯齐在18世纪90年代的大部分时间里致力于绘制德干地区尼扎姆（Nizam）领地的地图，这张地图在促进海得拉巴军队与第33步兵团会合方面具有战略价值［在塞林伽巴丹的决定性战斗中，这些军队由亚瑟·韦尔斯利上校（后来的威灵顿公爵）指挥］。麦肯齐本人在那里表现出色，并成为威灵顿的兄弟——后来的总督——的亲密朋友，后者称他从未遇到过"比麦肯齐更为热心、勤勉和令人满意的军官"。[269]

图82　詹姆斯·雷内尔绘制的《印度斯坦地图》（*Map of Hindoostan*，1782年）的圆形饰版，承认当地知识对其著作的贡献，此处，意在表现印度学者向大不列颠（Britannia）呈递文献。

在蒂普苏丹的前领土——迈索尔地区，麦肯齐通过一项更具雄心的测量工作（1799—1808年）巩固了他的声誉。这项工作大大超越了记录该地区地形的任务量（原任务工作量已经相当庞大了），涵盖了大约40 000平方英里的领土，还记录了其复杂的政治和经济结构，及其自然资源，并概述了其多样化的社会、文化和宗教特征。该测量工作作为一项成就，并且作为一个将会被其他地方效仿的模范实践活动，因此显得更加不同寻常：因为它始终面临着"气候、疾病、地方条件不足、资金不足和反复无常的财政支持"的挑战。[270] 麦肯齐向董事会提交的地图和书面报告填满了七卷对开纸，还有许多材料留作未来分析之用。[271] 特别是他收集的3000多份与土地所有权相关的文件和碑铭副本，彻底改变了欧洲人对该地区社会结构的认识，[272] 而且他整理收集有关从史前墓葬到近代寺庙和宗教遗址的图纸及规划案等档案资料（图84），则是前所未有的功绩。

麦肯齐运用的方法中最值得一提的是，他雇用了土生土长的印度人来当助手，并且极度依赖他们。随着董事会下令紧缩预算，他

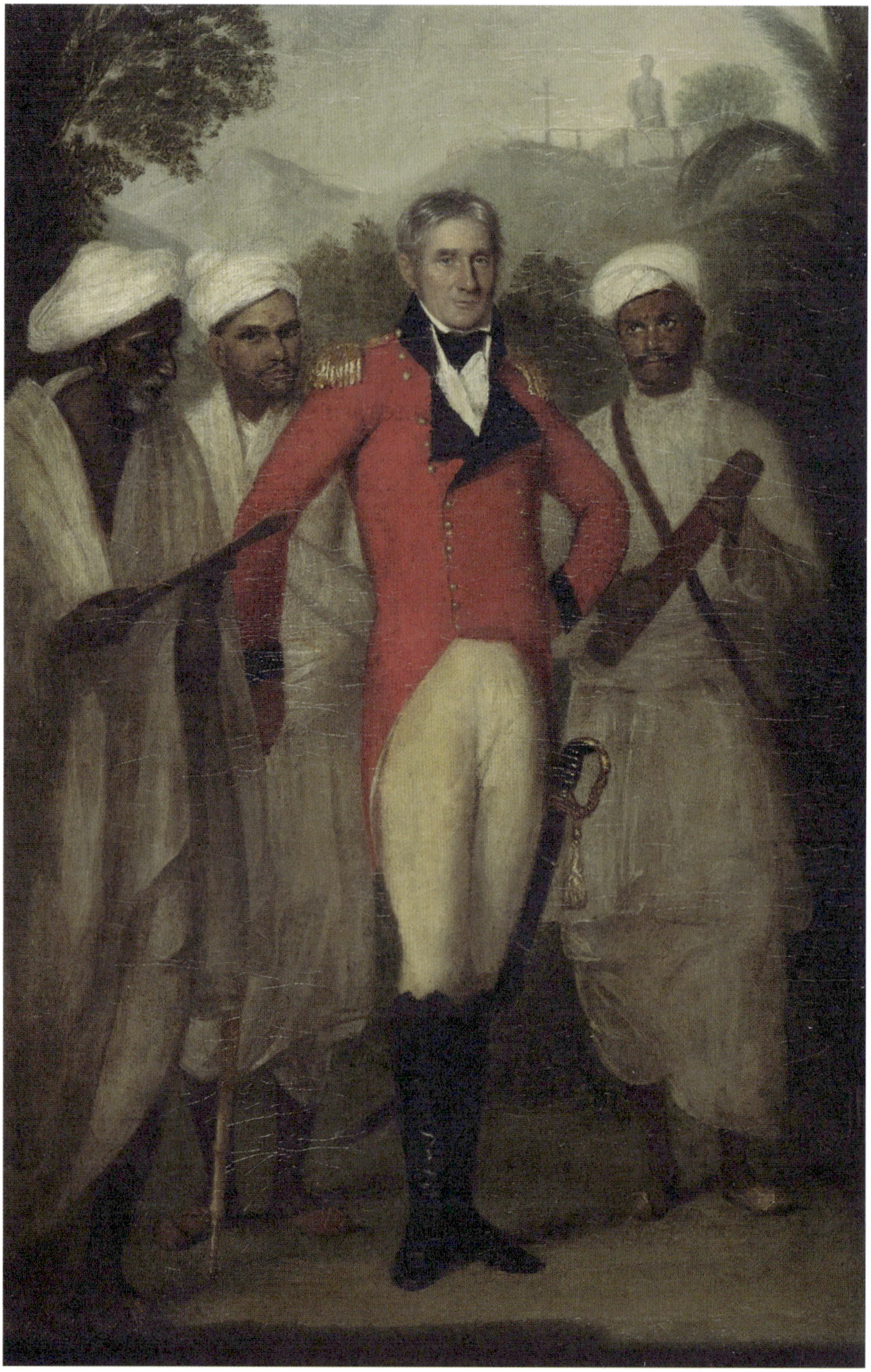

图83 《科林·麦肯齐上校》（Colonel Colin Mackenzie），托马斯·希基作，1816年，油画。作为东印度公司的杰出成员，麦肯齐将启蒙思想与他的勤奋相结合，以此晋升为首任印度总测量员。他在很大程度上依赖他的梵文学者和技术人员团队，他们也以巨大的忠诚予以回报。他们之间的密切关系在希基的这幅肖像画中得到了认可。在后面的山顶上是位于迈索尔的卡尔卡拉（Karkala）的巨大耆那教雕像——戈马特什瓦拉（Gomateshwara），团队人员正在对它进行测量。

的预算始终不足，因此他越来越多地依赖从印度人中招募的帮手，并将他们训练成合格的技术人员。与此形成鲜明对比的是，孟加拉总督府则明令禁止雇用他们。[273] 更为重要的是，他还雇用了一批印度语言学家作为干部（麦肯齐本人声称他自己不懂印度任何语言），他们的贡献极大地提升了测绘工作者对铭文和文件的利用能力，并为获取大量的行政、商业和宗教数据提供了途径，否则这些数据肯定难以得到。麦肯齐毫无疑问是一个严格的雇主，但他在薪资待遇方面对员工从不打折扣，经常因为在薪酬和为已经离职员工提供养老金方面过于慷慨而引起公司管理层的不满。特别是对于一位年轻的婆罗门学者卡瓦利·文卡塔·博里亚（Kavali Venkata Boriah），麦肯齐对他很器重也很喜爱，并公开承认博里亚在从当地来源获取文献和口头信息方面发挥了榜样作用。[274]

在麦肯齐和他的团队消化他们工作成果的两年后，他被任命为马德拉斯总督府的勘测总监，并被派遣去编写有关爪哇岛的报告（1811—1813年），这座岛之前是从荷兰人手中夺来的。接下来的两年，他在印度北部休假，按照常规方式收集手稿、硬币和铭文，并对喜马拉雅山脉的山麓地区进行观察。[275] 不久之后，麦肯齐便被任命为整个印度地区的勘测总监。他将三个总督府的各种测量单位重

图84 图片展示了一名东印度公司的官员和他的勘测团队，正准备开始勾画（显然在相当舒适的环境中）并勘测位于纳加拉普拉姆（Nagalapuram）的一座废弃寺庙——凯达雷斯瓦拉寺庙（Kedaresvara Temple）。这是科林·麦肯齐上校收藏的一幅水彩画，创作于1790—1810年。

新组织为一个统一协调的单位，最终取得了成功，这项任务的完成必定令他感到十分满意。然而，当他于1821年在加尔各答去世时，除了一些相当简短的论文外，并未留下任何值得留意的著作。詹姆斯·弗格森这样评价麦肯齐：

  一旦发现任何在建筑方面具有重要性的事物就会进行绘制，他是印度有史以来最勤奋、最成功的图纸和手稿收藏者，可惜他并不长于写作。他所写的少数几篇文章非常简单，因此他所掌握的知识中十有八九被他带进了坟墓。

  他的主要贡献被认为是"保护研究资料和将勘测工作发展为政府的重要常规工作"，尽管这个评价是中肯的，但似乎并未充分承认他对引导英国人将兴趣从仅仅关注占领领土转向当地人群体所产生的非凡影响。正如詹妮弗·豪斯（Jennifer Howes）所指出的那样，[276] 在麦肯齐委托托马斯·希基为自己绘制的肖像（图83）上就揭示了他的自我形象：既是一位身佩军刀的骄傲的东印度公司成员，也是一位手持拐杖的绅士、学者，得到了其忠实的土著勘测员和梵文翻译团队的支持（其中两人手持棕榈叶手稿），他的成功很大程度上都依靠这些人。

  麦肯齐的实地工作还具有一个显著特点——考察历史建筑和古迹。其中尤为显著的是在莫卧儿时期北方贡土尔地区（Guntur）的阿马拉瓦蒂佛塔遗址（Amaravati Stupa）。作为印度最伟大的佛教纪念碑之一，阿马拉瓦蒂佛塔（图85）的起源可追溯到公元前3世纪或4世纪。[277] 在公元后的几个世纪里，该佛塔经历了多次修复和装饰，许多雕塑从该遗址中被挖掘出来，并进行了一系列的整理工作，其中麦肯齐的整理是最早的一次。1797年，麦肯齐到访了该遗址（几年前才刚刚纳入马德拉斯总督府的管理）。当时，他发现这个遗址已经被风化为一个"底座不大的土丘，直径约90英尺，高约20英尺，覆盖着砖和石板"。1816年，他再次回到这个地方进行勘测工作，并进行挖掘。他挖掘出的一些雕刻石板被送往加尔各答的博物馆，但其中大部分最终被运往东印度公司自己的伦敦印度博物馆里。[278]

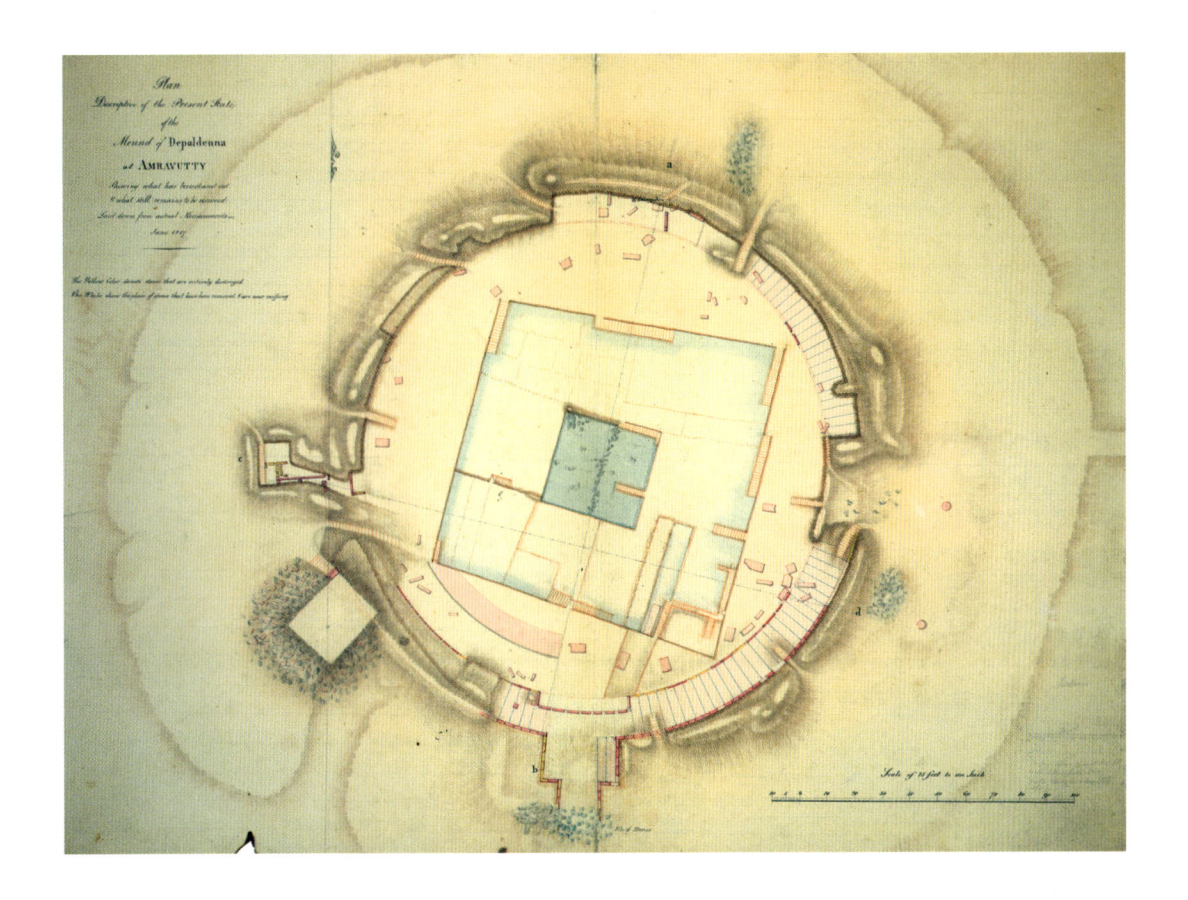

图85 阿玛拉瓦蒂的佛塔遗址平面图，日期为1817年6月。麦肯齐首次发现这个遗址是在1797年，19年后他带领团队回来时，发现许多结构已被挖掘并在其他地方重新利用。该平面图上注明："黄色表示完全破坏的石头。白色表示被移走且现已失踪的石头的位置。"

虽然麦肯齐在勘测工作已经成为公司常规工作的基础上将勘测任务规范化和形式化，但仍然存在其他个人对该事业做出贡献的空间，其贡献几乎不亚于麦肯齐的英勇事迹。其中最值得注意的是施拉金威特（Schlagintweit）兄弟所进行的工作，他们本来是著名的阿尔卑斯山探险家，后来构想了一个新项目——"印度科学考察团"（scientific mission to India），并通过普鲁士国王腓特烈·威廉四世（King Friedrich Wilhelm Ⅳ）、亚历山大·冯·洪堡（Alexander von Humboldt）和普鲁士驻伦敦大使宾森男爵（Sir Bunsen）的共同介入而引起了东印度公司的注意。在爱德华·萨宾将军（General Edward Sabine）和罗德里克·默奇森爵士（Sir Roderick Murchison）的进一步推荐下，赫尔曼、阿道夫和罗伯特这三兄弟（Hermann, Adolphe and Robert）获得了东印度公司（与皇家学会、皇家地理学会以及普鲁士国王合作）的委托，完成了1846年由C. M. 艾略特（C. M.

Elliot）上尉在东印度群岛启动的南亚次大陆磁测工作。[279] 令人难以置信的是，三兄弟的任务范围几乎涵盖了从锡兰到喀什噶尔（Kashgar）、从信德（Sind）到阿萨姆的地区，但他们的使命很快就显现出"更具普遍性的特征"，包含地质学、古生物学和植物学等领域，所有这些都以恰如其分地被描述为"以充分符合洪堡精神"（thoroughly Humboldtian manner）的方式进行着[280]。

在1855—1857年的三年间，三兄弟要么一起旅行，要么分别穿越印度中部，然后北上进入喜马拉雅山脉、喀喇昆仑山和昆仑山脉。[281] 阿道夫的使命以悲剧告终，他于1857年在喀什噶尔遭到敌对部落成员斩首，他被怀疑是中国间谍；与此同时，同年的叛乱结束了他的兄弟们的研究工作。他们的工作范围远远超出了对磁场变化的研究，还包括了大量的气象数据和观测结果，共留下有45卷手稿记录。他们计划在回国后将这些手稿整理成九卷本的著作并出版，但实际只印刷了四卷，还有一个包含全景、景观和地图的地图集。[282] 他们积累的大量的地质、植物、动物学和民俗学收藏中的一部分后来充实了印度博物馆。[283] 他们的成就令人惊叹：他们收集了2万个地质标本，[284] 此外还有大量博物和民俗学标本。

然而，从英国的角度来看，后世并不看好施拉金威特兄弟的成果。民族主义上的敌意、学术上的嫉妒和反英殖民情绪纠缠在一起，使他们本人和他们的作品在长达一个世纪的时间里几乎被遗忘在角落，直到最近才开始重新得到了重视。早在1861年，大英图书馆（The Athenaeum）在对施拉金威特兄弟的《印度及亚洲高地科学考察成果》（*Results of a Scientific Mission to India and High Asia*）的匿名评论中就树立了基调：

> 有一种怀疑论在外界流传，说（施拉金威特兄弟）的任命是科学史上最大的丑闻[285]之一……在以前的岁月里，我们已经证明了任命一个外来家庭的所有成员去执行一项一些印度官员既渴望又有能力完成的任务的不公正之处——派遣施拉金威特先生去勘测、记录我们已经熟悉的气候、河流和山脉，重新收集在利登霍尔街的地窖里正在腐烂的自然历史标本的荒谬行

为……好吧，现在《印度及亚洲高地科学考察成果》已经部分面世，德国人是最早意识到这些成果的一批人，并为获取它们投入了大量资金。286

显然评论者真正发泄怨气的目标并非施拉金威特兄弟本人，而是资助他们远征的财团，其中主要包括东印度公司。

专门化的考古调查任务最终成了印度考古调查局（Archaeological Survey of India）的职责，其主要领导人是亚历山大·坎宁安爵士（Alexander Cunningham），曾在孟加拉任工程师。坎宁安自己于1834—1835年在萨纳斯（Sarnath）的达梅克（Dhamek）佛塔进行的工作被公认为为他的考古学家同行树立了科学调查的模范。经过十多年的持续努力，他终于在1861年得到了正式任命——由印度总督卡宁（Canning）勋爵推动——担任印度政府的考古调查员。然而由于资金不足，仅仅四年后，这一职位便暂时搁浅。但是官方并没有失去对古迹的兴趣，因为在斯塔福德·诺斯科特（Stafford Northcote）爵士担任印度事务大臣后，他致信（印度）总督约翰·劳伦斯（Sir John Lawrence）爵士，提到了对印度古迹的忽视问题。在这个私人忠告的激励下，总督府于1867年8月29日发出了一封信函，向所有地方政府倡导"保护印度的古代建筑结构或遗迹，以及其他艺术品，并组织一个摄影团队来对它们进行记录"。虽然进展一直很缓慢，直到1870年，由新任总督梅奥（Mayo）勋爵决定重新启动印度考古调查局，并任命一位总干事。显而易见，这一职位的理想人选是坎宁安，他于1870年被重新任命，并继续出色地工作了十五年（图86）。287

图86 亚历山大·坎宁安少将与从他在贾迈尔加里（Jamalgarhi）等地发掘出的雕塑品（修复后的）一起被描绘在画中。除了他膝盖旁边的微型佛塔，其他古董的下落现已成谜：可能它们与他收藏中的其他物品一起，于1885年东印度公司商船"印度号"（Indus）在锡兰沉船事故中失踪了。

如此一来，记录和保护历史建筑的权限便从平日工作中积极探索、记录历史遗址和建筑的行政官员及军官手中转移到了其他机构。

多年来东印度公司成立了其他专门机构，

其中就包括地质调查局。公司早在1818年就开始对地质学产生了兴趣，并任命了亨利·韦斯利·沃伊齐（Henry Wesley Voysey）作为地质学家兼外科医生，参与威廉·兰姆顿（William Lambton）上校领导的大三角测量调查。[288] 这是公司首次在印度正式任命一名官员负责地质学研究。[289] 沃伊齐很快就发现自己置身于杰出的伙伴之中，因为在一年内，他与乔治·埃弗勒斯特（George Everest）上尉一同进行勘测——杰夫·摩尔（Geoff Moore）通过分析沃伊齐的地质笔记和依靠埃弗勒斯特所建立的三角测量点（图87），整理了沃伊齐的行程轨迹。这期间，沃伊齐积累了大量数据，为他开展有关"子午线弧"（an arc of the meridian）的大规模调查奠定了基础。在这次行程和接下来的几年中，两人都遭受了严重的热病的侵害，沃伊齐最终因此丧命。

摩尔在书中复制了一封沃伊齐的信，日期为1823年8月1日——可能是写给加尔各答的霍勒斯·哈伊曼·威尔逊（Horace Hayman Wilson），他在信中阐述了他的目标，并透露了他在地质考察上的成果和雄心抱负：

图87 1830年，在乔治·埃弗勒斯特的监督下，加尔各答基准线（The Calcutta baseline）被规划在巴拉克普尔干线公路上。詹姆斯·普林塞普（James Prinsep）的草图中包括了埃弗勒斯特设计的其中一个塔式观测站，塔顶配备了观测人员。摘自R. H. 菲利莫尔（R. H. Phillimore）所著的《印度测量历史记录》（Historical Records of the Survey）第四卷（1830—1843），图2。

我正在准备一份关于印度地质的素描图，为此，自1819年1月起我与兰姆顿上校合作以来，便一直在收集数据。我已完成了几个气压测量图和地质学勘测图，其中一幅图覆盖从阿格拉到马德拉斯近1000英里的距离，另一幅范围覆盖从孟买到马苏里巴特姆（Masulipatam），还有几个涉及范围横穿海德拉巴的图。预计在一个月内完成。

自1819年以来，尽管我的旅程因为在戈达瓦里森林患上热病而中断，但行程已超过六七千英里，并收集到了大量的矿物和岩石标本。我已向政府提交了两份报告，并向亚洲学会提交了一份关于印度钻石矿的论文。如果像我所希望的那样能亲自来加尔各答，要是您有兴趣的话，我会将所有标本都带过去与您分享。我明天就给您寄去一份印度地质的摘要，这将成为我绘制素描图的基础……

可惜时间并不怜惜沃伊齐对事业的热情，他所制作的地质图已经完全遗失，而在他所收集的"大量标本"中，只有大约138个标本存留至今，保存在伦敦自然历史博物馆里。[290] 除了野外调查，他还记录了班加纳帕勒（Banganapalle）的钻石矿，并给包括泰姬陵在内的许多建筑遗迹中使用的建筑石材做了注释。摩尔注意到，由于沃伊齐的工作是在岩石学显微镜面世之前进行的，所以他的岩石学研究以现代标准来看必然有所缺憾。孟加拉亚洲学会保存了沃伊齐的一些论文，并在他去世后的20年里以他的名义继续发表地质学成果，着实令人惊异，直到19世纪50年代才将他的一些标本送往伦敦的印度博物馆。

尽管印度有煤矿已经久为人知，但在19世纪30年代才确定了主要矿床的位置，这给印度主要煤田的测量和制图工作[291]以及更广泛的地质调查发展带来了新的推动力。[292] 早在1804年，公司的一位船东亚伯拉罕·休姆（Abraham Hume）就认为，"矿物学需要一个独立的机构，可以通过样本的展示和化学分析来研究矿物学和地质学的整个领域"，其他人则相信通过东印度公司的慷慨和智慧可以实现这一目标。[293] 英国科学促进协会地质部门的主席借此机会指出：

"虽然我们对印度作物进行了大量调查，并雇用了杰出的植物学家，但没有一位地质学家用规律和系统的方式去研究岩石层中对人类有用的各种矿物质之间的关系。"公司领会了这一点，在1846年任命D. H. 威廉姆斯（D. H. Williams）为地质勘测员。[294] 最后在1850年，原先负责爱尔兰勘测工作的托马斯·奥德姆（Thomas Oldham）被派往印度监督相关事务，他的任命被看成是印度地质调查的真正起点。[295] 奥德姆迅速扩大了调查的任务范围，其中包括了印度的整体地质结构。他认为，只有这样才能准确探测出具有经济价值的煤炭和石油储量，以便进行系统的开发。[296] 当时，对相关岩层的年代测定主要是通过参考其中的化石含量来进行，因此，古生物学成为重要的调查工具之一。

休·福尔克纳是孟加拉地区的助理外科医生，正如前面所提到的，他在二十多岁时成为公司在萨哈兰普尔的植物园的园长。[297] 由于他在调查萨哈兰普尔北部的西瓦利克山（Siwalik Hills）的动物群化石方面发挥了重要作用，他在古生物学领域赢得了更高的声誉。这些研究是与孟加拉炮兵队的普罗比·考特利上校（Proby Cautley）合作进行的，当时他正负责印度北部的运河建设（在施工过程中他首次遇到了动物群化石）。考特利是东印度公司培训体系下诞生的优秀人才，他于1819年以军校学员的身份从阿第斯康比军校毕业，并于次年得到了委任；1825年，他被任命协助多布运河（Doab Canal）的整治与改造工作，到1834年他已经成为西北省的运河总监。福尔克纳和考特利于1831年首次相遇，几年后，他们对古生物学的共同热情使两人在西瓦利克山发现了壮观的动物群化石——有哺乳动物、鸟类、爬行动物和鱼类（图88）——该研究最初发表的成果使他们摘得了地质学会的两枚沃拉斯顿奖章。经过八年的努力，这些藏品被提议捐赠给大英博物馆，条件是受托人需支付从萨哈兰普尔运送到伦敦的费用；最终，214箱化石运送到了大英博物馆，另外22箱则送往印度博物馆，福尔克纳在1834年休假期间继续在印度博物馆研究这些材料。他们最终定稿的出版物在1845—1849年发行，为他们的研究工作画上了圆满的句号。[298]

古文物收藏

虽然东印度公司对古物研究和收藏的推动并没有像促进植物学发展那样使其获得多少企业利益，但后来还是收集到了一些材料，尽管有些杂乱无章，最终也流向了伦敦的印度博物馆。这些收藏在很大程度上是东印度公司的雇员和其他在印度的个人努力的结果。因此，这些材料被带回英国时，多数仍然掌握在私人手中也就不足为奇。而东印度公司在这个领域的间接影响要远大于公司藏品实体所带来的影响。

与欧洲情况类似，硬币成为许多古物研究者热捧的东西，尽管有许多困难（特别是语言上的）严重限制了收藏者解读他们的发现，但人们还是趋之若鹜。最早被记录的一个硬币储藏（图89），[299] 展示了早期收藏者在解读他们发现的物品能力上的许多局限性。其历史的重要细节首次由公司员工威廉·马斯登（William Marsden）在他的收藏目录第二卷中记录下来：[300]

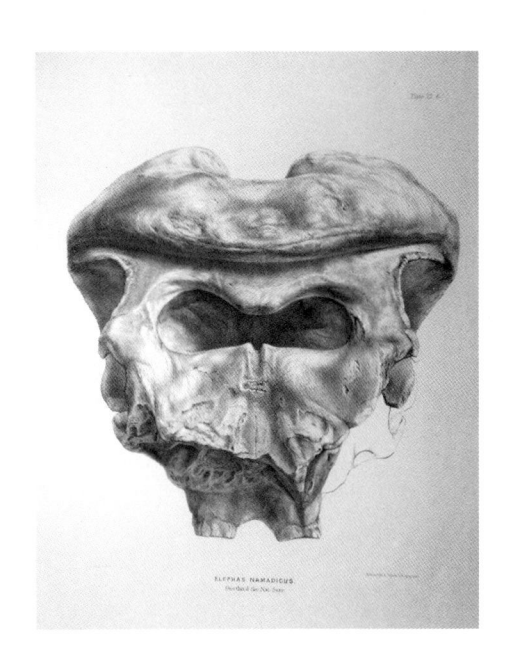

图88 《西瓦利克山脉的化石动物学：平额亚洲象》（Fossil Zoology of the Sewalik Hills: Elephas planifrons）来自休·福尔克纳和彼得·考特利的《西瓦利亚古老动物群》（Fauna Antiqua Sivalensis），第一部分：长鼻目动物，伦敦，1845年。

> 据称，在大约1783年，于恒河东岸加尔各答上游10英里处的一个名为卡利加特（Kâli-gât）的地方，偶然发现了一批带有图案的金币，数量超过200枚。这些金币被发现藏在一个严重腐蚀的黄铜罐中，雨水对土壤的冲刷让这个罐子重见天日。发现者纳布-基申（Nâb-Kishen）将它们交给了当时的孟加拉总督黑斯廷斯先生。黑斯廷斯将其中大部分转交给了东印度公司董事会，并请求将它们分发给最杰出的公共机构和私人分藏。其中24枚被送往大英博物馆，几乎相等数量的金币被送往已故的威廉·亨特博士的博物馆，还有一些送给了杰出的个人。然而，仍有一部分货币留在东印度公司总部，现在它们是丰富的东方藏品的一部分。

图89 公元380—415年钱德拉古普塔二世所铸造的金币,来自卡利加特遗址,发现于西孟加拉邦,约1783年。

甚至这最后一次提及也不能被视为东印度公司在这方面表现出浓厚兴趣的可靠指标,因为据说后来这些硬币"连同其他许多物品被贪婪的董事会熔掉了"。[301]

尽管马斯登无法确定这些硬币的出处,但他敏锐地将它们属于公元4—6世纪的文物。他还能辨认出一枚硬币上刻有钱德拉(Chandra)和维克拉马(Vikrama)的名字,现已确认为古普塔王朝的国王钱德拉古普塔二世(Chandragupta Ⅱ)。大部分赠送给威廉·亨特的硬币至今仍收藏在格拉斯哥亨特学院博物馆中,其他一些则由东印度公司转交给私人,其中包括理查德·佩恩(Richard Payne)骑士、查尔斯·汤利(Charles Townley)和索菲亚·班克斯(Sophia Banks)——约瑟夫爵士的妹妹——等人。这些硬币后来都流向了大英博物馆。

卡利加特的金币藏品在印度货币收藏历史上是一个奇特发现,虽然可能有许多私人藏品被组合到一起,但这些藏品往往是从市集上买来的,而不是从考古背景中重新出土的,只有少数几个藏品在重要性比较突出。即使是最为多产的收藏家,对于硬币的珍视可能更多是基于将其作为历史文物的价值,而非作为独立价值的艺术品。例如,詹姆斯·托德在"与拉其普特人和马拉地人"共同生活期间,积累了约两万枚硬币,但他不过将自己的这份收藏视为"历史的附属品"罢了——尤其是关于希腊化时期对印度文化产生影响的历史。[302]

詹姆斯·普林塞普（James Prinsep）的藏品也很引人注目，他是一位建筑师，曾经是东印度公司在加尔各答和班纳拉斯的铸币厂的铸币监察官。他在1835年引入了第一套统一的公司货币。[303] 此外，他还是一位熟练的碑文学家——他在这个领域的专业知识帮助他奠定了进行印度货币研究的基础。1847年，普林塞普的遗产执行人将大约2642枚硬币（以及其他古物）卖给了大英博物馆。

普林塞普的收藏规模相对较小，与查尔斯·马松（Charles Masson）所积累的大量硬币（以及其他物品）一比可谓相形见绌。马松是一位极富才华但略带流浪汉气质的人物，他与东印度公司的矛盾关系与大多数行政官员和士兵所追求的更传统的职业道路形成鲜明对比。他作为锡克地区和阿富汗方面有用情报的提供人（他曾作为一名一无所有的流浪者在那里漫游了几年），在19世纪30年代早期首次引起了关注。根据他自己的说法，他原本来自肯塔基州，经过欧洲、俄罗斯和波斯到了那里。当人们发现他实际上是真名叫詹姆斯·刘易斯（James Lewis）的英国人并且是东印度公司的孟加拉炮兵团的逃兵时，马松已经证明了自己是一个相当有价值的间谍，这令他侥幸逃过一劫（根据军令，逃兵会被处以死刑）。此时认可他的新身份对各方都有利，因此他又被派回喀布尔履行收集情报的任务。事实证明，信任他的能力是明智之举，但不幸的是，他对公司政策的失误所提出的建议基本上被忽略了：有人认为，如果能重视他的意见，随后的第一次英阿战争（1839年）可能会被避免。[304]

马松在喀布尔被叛乱分子逮捕并监禁了一年，因此结束了五年的任期。随后他自行返回英国，在接下来的十多年里致力于收藏货币和考古以及大量的存档工作。他是第一位探索印度河文明关键遗址——哈拉帕（Harappa）——的欧洲人。他调查了巴米扬的佛教洞窟圣地，勘测和挖掘了喀布尔和贾拉拉巴德周围的五十多座佛教古迹，并在喀布尔北部的贝格拉姆（Begram）平原发现了一座完整的古城（现已被确认为亚历山大港）。他通过给当地居民支付钱财来搜刮这座城市，借此积累了近69 000枚硬币和1600件青铜物品，以及其他材料，这些发现在对该遗址进行的后续研究中被证明是至关重要的。他在喀布尔居住期间发现的这些文物和其他许多文物都归东印度公司所有（公司曾为他的活动提供资金支持）；公司大部分藏品首先送往印度博物馆，后来又转移到大英博物馆，与之前从马松的藏品中捐赠的文物合并。直到今天，人们才开始充分见识到它们的全部规模，并通过由大英博物馆持续资助的马松项目进行研究。[305]

在与考古调查相关的内容中我们已经提到了坎宁安少将。也许正是他早年与詹姆斯·普林塞普的友谊唤起了坎宁安对硬币的特别兴趣。这个兴趣贯穿了他在印度的整个职业生涯，并且在他于1885年退休回到英国时，还为印度货币学提供了公认的第一个年代学框架的基础。[306] 坎宁安终身收藏了超过5650枚硬币和其他物品，其中许多在他的有生之年以成本价卖给了大英博物馆。

查尔斯·斯图尔特少将和他的博物馆

在18和19世纪之交的英属印度，查尔斯·斯图尔特（Charles Stuart）成为最吸引人的人物之一，但他的某些方面仍然令人难以捉摸。他的同代人称他为"印度教徒"，因为他对印度的一切事物表现出明显的喜爱，[307] 但他对印度教的依恋程度仍然是个谜。埃文·科顿（Evan Cotton）在1933年声称"在他的职业生涯中没有任何迹象表明他喜欢印度教"，尽管次年他又已回到出版界，文献记载："有传言说斯图尔特每天早上从他的房子出来……走到恒河去洗澡。"[308] 1985年，约尔格·菲什（Jörg Fisch）对这段记载同样持怀疑态度，他得出结论说"既没有证据也没有理由让人相信斯图尔特是一个秘密或公开信奉印度教的人"，并给出了原因（尤其是印度教本身不承认信奉者可能会彻底转变宗教信仰）。[309] 然而，2002年，威廉·达尔林普尔（William Dalrymple）提到斯图尔特的一位有军事背景的同辈人在1824年做出的相当明确的判断：

> 目前，东印度公司的人员中有一位英国将军，他遵循所有印度教的习俗：在寺庙里献祭，随身携带他们的偶像，并有苦行僧陪同给他布施食物。他没有被视为疯子，但如果他把他的偶像、苦行僧、贝达和沙斯塔（印度教经典）放在疯人院的某个角落，远离更理性和不幸的病人，或许也不会显得不

合适。[310]

据说斯图尔特在1804年去欧洲休假时还带走了一组神像藏品。鉴于他拥有当时最重要的印度雕塑收藏——大部分都是所谓的"偶像",带着神像到处跑这实在算不上什么惊世骇俗的事情。更别提他还在自己位于加尔各答乔林基(Chowringhee)伍德街(Wood Steeet)的宅子里建了一座博物馆,相较而言,这才是我们要关心的地方。

从斯图尔特的背景上看,几乎没有任何迹象表明他可能痴迷于这种宗教崇拜。他出生于都柏林,在相对默默无闻的环境中度过了童年。[311]他于1777年作为东印度公司的一名学员来到印度,并于次年被任命为少尉。后来,他升任孟加拉步兵的几个团的指挥官,且在1819—1822年担任索加尔野战部队(Saugor Field Force)的指挥官。令人惊讶的是,他似乎从未参与过任何重大战役,却在军队中稳步晋升,1803年晋升为中校,1811年晋升为上校,1814年晋升为少将。他独立思考的精神和迎合部队中的印度风俗的个人意愿使他多次受到严厉的训斥,而他在印刷品上的冒险言论——为印度教辩护并赞美印度式而非欧洲式的时尚,供前往南亚次大陆的英国女士阅读。这些都是引人入胜的材料,但超出了本书的阐述范围。[312]

目前还没有对斯图尔特打造的博物馆进行详细描述的文献记载。据说该博物馆对参观者开放,当斯图尔特在馆内时,他本人也会向访客介绍藏品;而在他不在时,他的家人会接待感兴趣的人,并对其进行讲解。[313]然而,参观者似乎不多,证据(虽然主要是负面的)表明,这个博物馆就像斯图尔特的宗教偏好一样,在他的欧洲同代人中并没有引起太大的热情。另外,这些雕塑在印度人群体中似乎也没有受到特别的重视——毕竟在那个时代,很少有印度当地人有参观博物馆的经历或念头。根据1828年8月28日斯图尔特去世后的清单,可以在此提供一些收藏内容的细节。[314]他的收藏主要由独立的印度教、佛教和耆那教神祇的石雕组成,这些雕像超过了130尊,清单上的很多雕像都有具体的名称,可能在博物馆中还会有标签来标识它们。[315]此外,还有19尊"缅甸神像",显然也是大型的石雕;[316] 50多尊未知尺寸的"黄铜塑像"(其中一尊来自爪哇);还有一尊木雕。博物馆中还有许多用于印度教礼拜的灯具,"用来供奉的小黄铜盘",一些放置这些盘子的支架,还有铃铛、大圆盘和用来装驱邪水的杯子。有几件物品与孟加拉和拉贾斯坦邦一年一度的查拉克普迦(Charak Puja)仪式有特殊关联,比如,有一项记录是:"在庆典中,有一根16英尺长、重34磅的铁棒从一个人的舌头中穿过,这在过去四年内已导致两人丧命,加尔各答,1826年。"[317]

他的收藏并不仅限于宗教题材,还包含了更普通的民俗学元素:有许多成对的脚戒、手镯、臂镯和脚镯(有些"叮当作响",其中还有一些具体标识着为奥里萨邦的挤奶女所佩戴的饰品);有响板和其他乐器;与"法基尔"(fackeers)相关的服装和装饰品;许多来自印度的武器、盾牌、箭等;带有铃铛的大象和水牛颈圈;一张来自尼泊尔的纸,尺寸为6英尺乘9英尺,等等。此外,还有一部分收藏来自南亚次大陆以外的地区,可能是斯图尔特在不同时间购买的,因为没有记录显示他去过任何相关地区。[318] 和缅甸相关的展品(除了前面提到的神像)包括一艘带有9支桨和22支矛的独木舟、胸饰、几条黄铜和木制的枪械、一个弹药袋、椭圆形弹药盒和装火药的角;还有一些展品(一顶农民的帽子、一个马鞍和一个"木制的12磅捣具")具体来自阿拉干(Arracan)地区。有几个展品来自爪哇(神像、带银装饰的马笼头),还有两把中国扫帚。更令人意外的是,收藏中还有一些与南太平洋的物品有关的条目:新几内亚的毒箭和新爱尔兰的木棍;来自雅加达北部的老虎群岛(Tiger Islands)的一条衬裙和三根战棍;三明治群岛(Sandwich Islands)的木棍以及来自新西兰的更多木棍和箭;还有一把枪——"模仿火铳制作,相信其具有类似的效果";还有两个舵和三个桨,以及一件"由亚麻和狗毛制成的披风"。

此外,还有一类看似随意的小型博物学标本藏品:水牛和犀牛的角、一块犀牛皮、两只短吻鳄的头和两只锯鳐的吻部。这些标本对于博物馆的科学研究则贡献甚微,实际上,在家庭的藏品清单中列出的其他自然标本要多于它们在博物馆中的数量[319]——包括众多贝壳和珊瑚标本、鸵鸟蛋和更多的水牛角。此外,清单还列出了斯图尔特的个人服装（包括一些印度服饰）及他的军事装备和武器，还有一些具有民族风格的武器和盔甲（包括缅甸的剑和矛），以及几尊神像和盛洗礼水的杯子，不过没有任何迹象表明他每天进行印度教仪式。[320]

斯图尔特在遗嘱中对博物馆的藏品作出了以下规定："我在印度的石雕像、雪花石膏像、铜像、铜制品等，印度长矛、剑、盾、匕首、图片，印度和其他古董应寄往英国，托付给帕克斯顿（Paxton）先生和公司……由我的遗嘱欧洲执行人处置。"[321] 这些藏品在航海回国途中被投保了3万卢比。[322] 关于它们在英国的命运，后文会有详细说明。最终，这些藏品见证了他的离世，本来决定要返回家乡，但他因为惦记那些藏品"推迟了最后一次寒冷天气的航行"，而"短短几天内，疾病将他带入了坟墓"。[323] 斯图尔特按基督教仪式被圣约翰大教堂的年轻牧师埋葬，但他的墓地，现仍保存在加尔各答的南公园墓地（South Park Cemetery，图90）明显是用从印度教寺庙运来的石块建造的，整个结构是"印度教风格"，并装饰有神像的头。[324] 斯图尔特身上的谜一直伴随着他，直到踏入坟墓。

图90 斯图尔特少将的墓地，位于加尔各答的南公园墓地，它粗略地模仿了（并部分融入了）一个印度教神殿的风格。

新兴的民族志研究

正如我们在孟加拉亚洲学会的例子中所看到的，东印度公司的人对当代和过去社会的语言、宗教和文化表现出了相当大的兴趣。尽管一些早期的评论可能在一定程度上抱有私心，[325] 例如，《亚洲研究》的第五卷包括了两篇关于苦行僧的文章（他们可能没有什么战略重要性），充满思想性的表述，并仿效科学学科规范精心配了插图（图91）。³²⁶ 公司官员进行的一系列调查，虽然主要涉及地形和经济问题，也为富有同情心的勘测员（如 W. H. 赛克斯上尉）提供了记录他们所见到的家庭、工业和农业实践的机会（图92）。

尽管前面提到了公司对文献资料的兴趣，但在19世纪中叶之前，很难找到人们对那些被视为民族志研究领域的材料做出过系统性回应的相关证据。即使是德国传教士——他们比英国同行更积极地接触当时的本土信仰和宗教实践，也很难在自己的欧洲人群体中获得支持。在1869年的巴托洛缪斯·齐根巴尔格（Bartholomäus

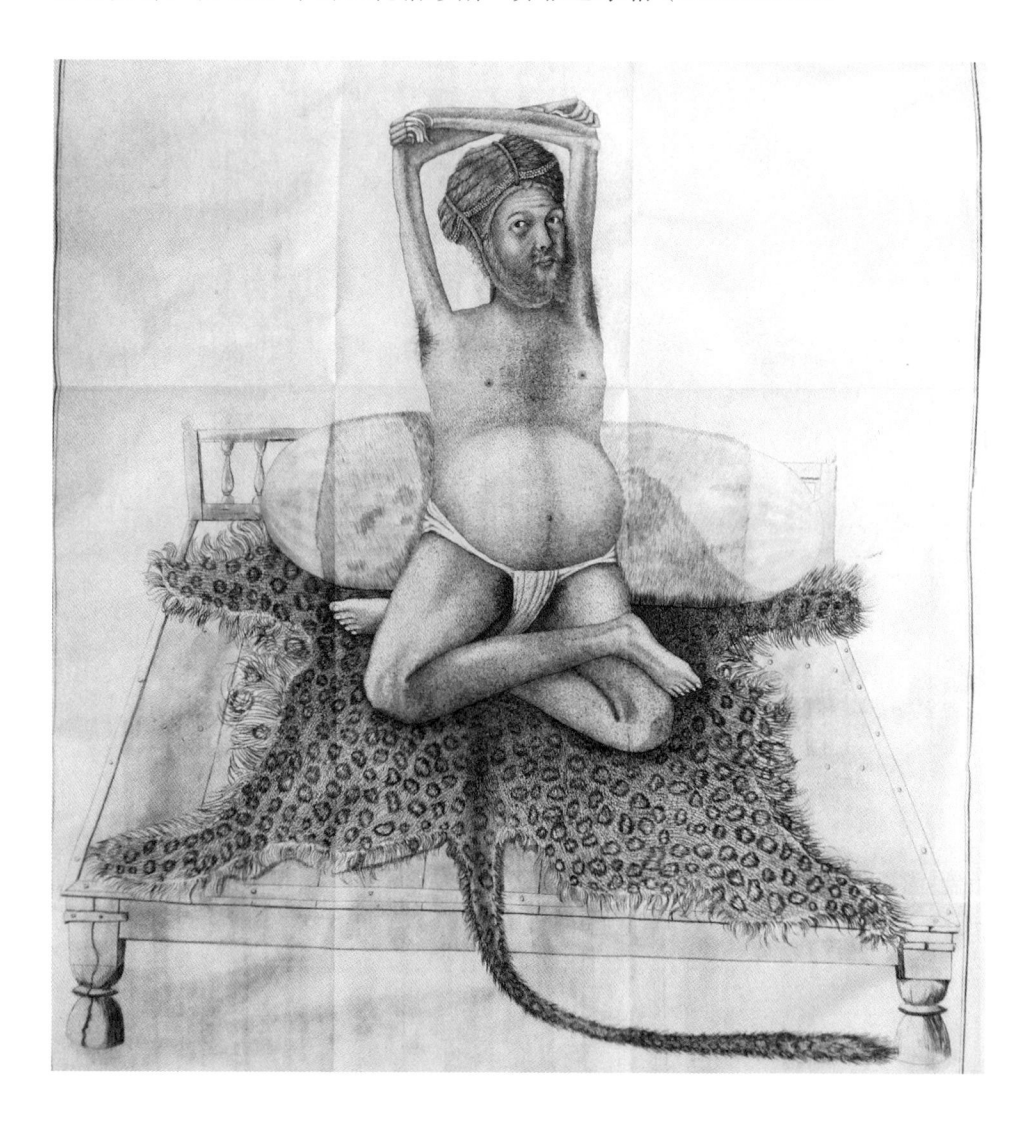

图91 普拉纳·普里（Purana Puri）——一位苦行僧（Fakir），本画由一位不知名的本纳勒斯（Benares）艺术家创作，约1790年，献给约翰·邓肯（Jonathan Duncan）——他是本纳勒斯的驻地代表。这幅画在《亚洲研究》第五卷（1798年）他的文章中曾再次出现。

图 92 《在德干地区耕种》(Ploughing in the Deccan)，来自卢埃林·菲德洛（Llewellyn Fidlor）的素描本中的一页，他是随同威廉·赛克斯（W. H. Sykes）上尉进行勘测的艺术家，1825—1830 年。在图片上方可以看到在季风季节（因为耕地的农民穿着保护斗篷）中对水田进行耕种，而在图片下方中，则展示了使用插秧机播种的过程。

Ziegenbalg）的《南印度神祇谱系》（Genealogy of the South-Indian Gods）的新译本中，W·格曼（W. Germann）牧师就这本书的规范性做出如下评论：

> 大约150年前，这部作品第一次被送到欧洲时，反响平平。A.H. Francke（A.H.弗兰克）……回信给特朗克巴尔（Tranquebar），表示不应该印刷《南印度神祇谱系》，因为传教士是被派去铲除异教的，而不是在欧洲传播异教的胡言乱语。现在，同样的作品第二次从印度被送回国……这种顾虑不太可能再次出现……我们当今的世纪见证了一门新的科学——印度学——的兴起并取得了巨大的成功……[327]

另一项受德国启发的举措，让印度博物馆取得了由施拉金威特兄弟代表公司长期收集的民族志资料。用他们兄弟自己的话来说：

> 为了说明这一科学分支，我们收集了各种本土服饰、工艺品和纺织品，其中有351件样品已交付给东印度公司。这样的东方帝国民族志藏品在欧洲可称得上是无与伦比的。然而，除了头骨和骨骼以及众多照片外，更重要的部分还包括275个面部铸像和38个头部和脚部铸像的收藏。这一完整系列自1859年5月起由莱比锡的J. A. 巴尔特（J. A. Barth）以金属铸像的形式公开展览，目前展示在东印度公司大厦的雕塑室中。[328]

制作这些铸像（由印度事务处以19英镑12先令6便士的价格购得）在提供材料供今天所称的人类物理学研究方面是一种新颖的举措（图93）；[329] 三兄弟还收集了人体测量数据和照片，以达到同样的目的。阿米蒂奇（Armitage）认为，金属铸像不仅复制了受测对象的特征，甚至还保留了一些色彩，表面覆盖有"电镀塑料沉积物，铜的色彩因本土部落不同的人种肤色而有所不同"。[330] 从许多方面来看，正如施拉金威特当时的人类学权威鲁道夫·弗尔克尔（Rudolf Virchow）解释的那样，这些栩栩如生的铸像是最客

图 93 "尼恩·辛格,博特-拉贾普特,加尔瓦尔,喜马拉雅"(Nain Singh, Bhot-Rajpút, Garhvál, Himálaya)的面部铸像,来自"施拉金威特的民族志学头像收藏(Schlagintweits Collection of Ethnographical Heads)1854—1858"。它是施拉金威特收藏的众多铸像之一,目前保存在爱尔兰国立博物馆。

观的记录,因为它们不受死亡面具那固有的昏睡感所影响,并且不需要铸造对象在强烈阳光下长时间静止不动(这是受当时缓慢的感光乳剂的限制);作为物理记录,它们比起语言和物质文化更不容易"变质"。[331] 虽然赫尔曼在《人类学协会期刊》(*Journal of the Anthropological Society*)上发表了一些有关铸像的笔记,但似乎很少有证据表明它们在英国很有影响力。[332] 它们很快就被视为多余的存在:1895 年,它们被南肯辛顿博物馆(South Kensington Museum)转移到其下属机构都柏林工业博物馆(Dublin Industrial Museum),直到现在,研究者需要再次将它们带回人们的视野,否则它们几乎被湮没在历史的故纸堆里。[333]

在霍奇森向大英博物馆捐赠的博物学材料中,还附带了大量的骨骼标本,包括不少于 95 个人类头骨,整个捐赠被描述为"任何个人提供的同类捐赠中最重要的"。[334] 在此之前,这类材料往往被送往皇家外科医生学院的博物馆，因此，这次捐赠代表人们的观念有所转变：开始重视藏品的人类学而非解剖学意义。

摄影的兴起（下文还会提到）为招募人类学爱好者提供了途径，即便他们可能缺乏正规的摄影知识或培训。其中一些人（包括再次提到的许多外科医生）确实具备了可称赞的系统性研究思路。其中之一是埃涅阿斯·麦克劳德·罗斯（Aeneas MacLeod Ross），他驻扎在特拉凡哥尔（Travancore）的科莫林角（Cape Comorin）：

> 应英国驻地代表的要求，我已经着手收集有关该国和科钦（Cochin）的民族志资料，并通过典型的人种、公共和宗教建筑、古迹、私人住宅、武器、乐器的照片加以说明。对于典型的人种，我计划拍摄男性和女性的全身照片，以及两张半身照片，一张正面照和一张侧面照，还会拍摄一张头顶的照片。当然，我还将拍摄所有农具的照片，并拍摄一些该地区的景物照，以便了解其整体轮廓，以及它改变种群差异的方式。[335]

迅速发展起来的摄影师群体往往对其他技术持轻视态度。福尔克纳引述了一条具有当代视野的言论，称从印度运输施拉金威特的铸像藏品存在相当大的问题，而"如果这些人被指导如何使用照相机，他们同样可以通过获取和保存他们旅行中遇到的人的照片来为人类学服务。"[336] 其他人，如福布斯·沃森（Forbes Watson），对此并没有表现得那么乐观，他观察到，在摄影中，"通过精确测量身体骨骼和头骨来为科学研究提供基础材料的操作目前还有很多缺陷"——只有通过在这些照片的背景中引入一个由细绳构成的框架或在平面上绘制测量网格的方法才得到部分解决。然而，尽管存在缺陷，对印度人类学的兴趣，尤其是对迅速消失的流动人口的兴趣，一直以这种方式进行，直到1901年印度人类学调查才正式开展。[337]

摄影术和东印度公司

尽管在摄影发展的早期阶段，对摄影实践来说印度是一个具有挑战性的环境，但它作为一种目的明确的记录形式，在印度迅速被采用的速度着实令人惊叹。当摄影的潜力首次在 1851 年的伦敦世界博览会上得到大规模公开展示时,距离人们发现如何冲洗底片只过去了短短 15 年时间,曝光时间大大缩短了,这为生产多张正片打开了道路。通过世博会,人们对摄影的成就有了初步了解(尤其是在法国和美国摄影师的成就),由于英国东印度公司密切参与到博览会组织的很多方面,其人员迅速抓住了摄影在地理和建筑勘测中的潜力,这或许并不令人意外。正好为鼓励这一举措,博览会的评审报告鼓励摄影师利用这项技术制作"古代铭文的复本……对热带或偏远风景进行记录……以及其他大量应用"。[338] 到 1852 年底,卡罗法摄影学会(Calotype Society)与艺术学会(Society of Arts)合作,在伦敦举办了第一次专门的摄影展览。[339] 该领域的先驱罗杰·费顿(Roger Fenton)在《化学家》(*The Chemist*)杂志上发表了一篇关于"法国摄影"的文章,称赞了法国在该技术方面的系统性进步;"法国摄影协会"(*Commission héliographique*)的成就也得到肯定,特别是他们在利用该媒介记录文化遗产和确定最需要保护的古迹方面的工作。[340] 所有这些举措的经验似乎很快被东印度公司的人员所吸取——事实上,连董事会也在 1855 年将摄影纳入了阿第斯康比军事学院的课程中,并由绘画教师亚伦·彭利(Aaron Penley)教授。[341]

摄影早期的拥护者之一是托马斯·比格斯(Thomas Biggs)上尉,他是孟买炮兵团的一名才华横溢的语言学家,对文物很感兴趣。19 世纪 50 年代初他因在病休假期间参加了关于卡罗法摄影过程的课程,很快就看到了摄影在记录铭文方面的潜力,而他之前一直是通过手工来抄写铭文的。[342] 比格斯向英东印度公司的董事们游说,详细阐述了摄影的优势,因此得到了一台适合拍摄大画幅的相机;到 1854 年,他已成为孟加拉总督的官方摄影师(图 94)。比格斯自称:

> 作为该计划的发起人和首位负责执行复制印度雕塑和铭文的官员,旨在恢复巴利语和印度遗失的历史,还有那些忠实且优美地刻绘在石头上的古代礼仪、习俗、职业和仪式。[343]

比格斯是孟买摄影学会于 1856 年举办的展览的重要贡献者，参观者认为他的照片"无与伦比"。十年后，他监督约翰·默里（John Murray）出版了三卷关于达尔瓦德县、迈索尔和比贾布尔（Bijapur）的照片集。[344]

亚历山大·亨特（Alexander Hunter）是一位在印度出生的苏格兰裔军医，他在推动这一新媒介的发展中也起到了重要的作用。他不仅于 1850 年在马德拉斯创办了印度第一所艺术学院，还于次年创立了工业艺术学院。这两所机构后来在政府的控制下合并为工业艺术学院（School of Industrial Arts）。[345] 勤奋的亨特还在 1857 年创

图 94 "穆哈菲兹·汗清真寺－北塔底部中心的壁龛"（Moohâfiz Khan's Mosque–Niches in centre of base of Northern Minaret），托马斯·比格斯摄，选自《艾哈迈达巴德的建筑》（Architecture of Ahmedabad）（1866 年），比格斯摄影，西奥多·霍普（Theodore Hope）和詹姆斯·弗格森撰写的文字。

办了马德拉斯摄影学会（Madras Photographic Society），那时印度东印度公司已正式宣布将摄影引入其测量计划，并开始鼓励其麾下的相关机构进行摄影指导：

> 作为一种获取场景和建筑物外观的手段，摄影具有完美的准确性，而且省时省钱。我们最近要求孟买政府停止使用绘图员来描述印度西部的古迹，改为使用摄影，并希望整个印度普遍采用这种方法……我们将准备好必要的设备，以供任何有需要的政府使用它们。[346]

1856年，东印度公司在摄影应用方面迈出了重要的一步，当时马德拉斯步兵团的林奈乌斯·特里佩（Linnaeus Tripe）上尉被借调为马德拉斯总督府的官方摄影师。与比格斯一样，特里佩接触摄影似乎是在1851年的休假期间，当时在伦敦世界博览会之后，他于1853年2月3日被选为伦敦摄影学会的创始人之一，这表明他在早期就参与到了这个领域之中，并且对它的热爱也持之以恒。他最早保存下来的作品是拍摄他的家乡德文港的造船厂的照片，显然他在相当短的时间内就掌握了这项技术，然后将其应用于印度。

归任后，特里佩的工作分为三个阶段，每个阶段都有其独特的特点。1854年归任后的最初五个月，他与助理外科医生安德鲁·尼尔（Andrew Neill）一同从他在班加罗尔的基地出发，进行了一次自费考察——拍摄位于贝卢尔（Belur）和胡拉贝德（Hullabede）寺庙，距离基地（向西）约130英里。他们运用军队测量技术与审美观点相结合的方法，从多个角度系统拍摄，呈现了令人满意的效果（图95）。有人认为，此次勘探可能是马德拉斯政府促成的——决定将摄影（作品）纳入计划于1855年2月举办的南印度原材料、艺术和制造品展览中。特里佩在此次展览中获得了一枚一等奖章，评审团建议将这一系列共68张照片以及两份准确的寺庙平面图提交伦敦的董事会审阅。

1855年，特里佩被借调至达尔豪西（Dalhousie）勋爵前往缅甸的使团，而评审团的这一倡议的成功无疑在这次借调任务里起到了

图95 林奈乌斯·特里佩,摄于迈索尔胡拉贝德的锡瓦庙(Siva Temple),1854年,蜡纸负片,并以正片形式呈现。

关键作用。尽管这个使团似乎很难在外交上取得太多成功,但因为使团要沿河上行前往(缅甸)首都亚瓦(Ava,这个地方到目前为止几乎都不为西方人所知),因此他们决定在途中尽一切努力收集有关该地区地形、文化、自然历史和战略维度的信息。一位地形艺术家科尔斯沃西·格兰特(Colesworthy Grant)被委托提供一般的图像记录,而特里佩的任务是利用摄影技术对个别建筑、古迹以及其他"值得呈现"的物体作详细补充。考虑到后勤问题,多日连绵的雨天对工作的阻碍,以及特里佩病情的反复发作,他从这次勘探中带回来的500多张底片——这是缅甸最早的照片——堪称一项非凡的成就;而达尔豪西要求在使团返回印度时提供的9000张照片更是令人瞩目。特里佩在使团中拍摄的照片证实了他出色的摄影技术,特里佩在缅甸(以及之前)拍摄的几张照片被雕刻并收录在随后出版的出版物中。在摄影作为一种记录媒介的发展过程中,尽管摄影作品的独立权威性被否认,但这是一个有趣的发展。[347]

特里佩的第三个摄影阶段发生在1857—1858年,彼时他正担任马德拉斯总督府的官方摄影师。在这段时间里,他致力于"在它们消失之前,记录总督府内古物学家、建筑师、雕塑家、神话学家和历史学家会感兴趣的物件",并记录总督府内所有种族的"习俗、服饰、职业……武器、工具和乐器等"。他准确地将这个项目定义为"通过摄影手段以完整系统的方式描绘一个国家状态的首次尝试"。[348] 这一新定义促使他订购了一台更大画幅的相机,并额外配备了三台适用于拍摄立体影像的相机。在此期间,他进行了重要的测绘活动——前往马杜赖记录了几座重要的印度教寺庙,并前往坦贾武尔的布里哈迪什瓦拉(Brihadishvara)寺庙进行了一项在精密程度上令人咋舌的测绘工作,该寺庙的基座上刻有一段雕刻文字,他通过合成21张照片,粘贴在一起形成一卷长约6米(19英尺)的画卷。他还花了3个月的时间编制了由沃尔特·埃利奥特(Walter Elliot)挖掘的阿玛拉瓦蒂(Amaravati)雕塑的记录,这些雕塑暂时存放在马德拉斯的政府中央博物馆(Government Central Museum,图96);特里佩后来将结果以《埃利奥特石雕及马德拉斯中央博物馆其他主题的摄影照片》(*Photographs of the Elliot Marbles, and other Subjects in the Central Museum, Madras*)为著作标题公开出版。[349]

就在特里佩有关摄影在东印度公司的文化管理中发挥重要作用的愿景即将实现之际,马德拉斯迎来了新任总督查尔斯·特雷维廉爵士(Sir Charles Trevelyan)。特雷维廉于1859年到任,实施了一项削减开支的政策,其中摄影业务很快叫停。由于神经衰竭,特里

图96 1858年在马德拉斯政府中央博物馆拍摄的《埃利奥特石雕》中的雕塑(卡罗法)。这些雕塑的来源不详,它们也并不在后来被送往大英博物馆的雕塑馆里的藏品之列。

佩休假养病一段时间后被调回部队，继续勤勉服役了 13 年，并以荣誉少将的军衔退休。尽管他继续将早期的工作冲印成照片，但我们可以想象，他可能永远都无法完全接受东印度公司历史上最具想象力和效果的项目被中止的事实。

不过，尽管特里佩重返军队服役，摄影在东印度公司领土上的应用并未终止。1854 年孟买成立的摄影协会以及三年后在加尔各答和马德拉斯成立的摄影协会也促进了专业知识的传播。罗伯特·吉尔曾在阿旃陀石窟中辛苦多年绘制壁画，但在 1857 年叛乱爆发后，他发现自己无法将这个项目进行下去，转而将注意力转向了摄影。1861 年，他写信给当局解释道：

> 在最近的动乱期间，我自学了摄影，并在光线允许的情况下，不时地拍摄洞穴各个部分的照片。我已经随此信邮寄了 45 张照片，还有几张底片尚未冲洗，但我很快会冲洗并寄出——在所有能够利用自然光的地方，我都已经拍摄完成了。[350]

到 1863 年，吉尔已经用东印度公司提供的一台相机向英国寄回近 200 张印度建筑（图 97），以及阿旃陀周围乡村生活风景的立体照片。孟买政府在这个时候也给了他一台 8×10 英寸的相机，配有一枚特制的广角镜头，使他能够首次在阿旃陀和埃洛拉洞窟的范围内拍摄照片。这些照片被寄给了摄影的积极支持者詹姆斯·弗格森，他选择了其中 74 张作为他《印度岩洞寺庙》(*Rock-cut Temples of India*) 的插图：他认为这些照片是"迄今为止向公众呈现的最完美、最令人满意的古代印度建筑插图"。[351] 吉尔还将这些图像用于《西印度建筑和自然历史的一百幅立体插图》(*One Hundred Stereoscopic Illustrations of Architecture and Natural History in Western India*)，该书的文字稿再次由弗格森进行撰写。[352]

在 1867 年 8 月 29 日致总督的一封信中，印度国务大臣强调了保护考古遗迹的重要性，他还强调了组织一个摄影团队的重要性；他建议招募业余和专业摄影师来实现这个目标。此后，印度事务处要求将所有相关照片的两份副本送往伦敦，并尽可能将原始底片作

图97 罗伯特·吉尔拍摄的阿旃陀洞窟第11庙殿的外廊立体照片（胶铁底片的纸质印刷品）。

为政府财产保存。由于大量考古学（以及人类学）主题的图像被送回总部，因此在19世纪60年代，印度博物馆内设立了一个摄影部门，由福布斯·沃森监督，其主要任务之一就是并将复印品分发给其他机构。

1868年9月，皇家工兵团的亨利·H.科尔（Henry H. Cole）中尉刚刚被任命为西北省考古勘测部的主管人。他带着两名印度勘测员和约翰·伯克（John Burke）——一位来自穆里和白沙瓦的专业摄影师，前往克什米尔进行勘测。他的《克什米尔古建筑图解》（*Illustrations of Ancient Buildings in Kashmir*）由印度博物馆于1869年出版，其标题页的底部声称该著作是一系列与印度考古勘测工作相关卷册中的第一册。这一声明受到了印度事务处的质疑，他们的抵制以及第一卷销售不佳导致接下来的（也是最后的）卷册最终出版时间被推迟了四年。

有一点值得注意的是，东印度公司人员在早期摄影应用中做出了巨大贡献，但他们几乎在整个过程的每个阶段都面临着棘手的困难，正如比格斯所记录的：

不管是干板还是湿板，所遇到的困难简直不胜枚举，这在国内是从未遇到过的。各种苍蝇和飞虫随处可见，它们似乎很喜欢停在刚刚倒在板子的胶膜上；空气中充满了灰尘，它们简直无孔不入，缝隙里到处都是；老鼠、松鼠和猫不断在暗房上方的帆布天花板上奔跑，大量的石灰和灰尘颗粒抖落，更别提强热和从地面反射的刺眼光线了。有一次，在经过长时间的高温后，我拍摄并处理完一个底片后却无法保留下来。我尝试创造湿润的环境，并在胶卷的表面涂上蛋清、树胶等东西，但都没有任何效果。整个胶片一个小时内就会剥离，底板变得干干净净。这种情况持续了两个星期，直到一场强烈的雷雨来临，一切才恢复正常。[353]

即使在摄影领域内，似乎东印度公司的人员也因其在面临巨大困难时还能做出非凡的贡献而备受尊重，而这些困难可能会让其他人心生胆怯。

尽管早期乳剂存在一些缺陷，但摄影在印度的广大英国社区中已被证明是一种有吸引力的媒介，尤其在早期得到了当时的印度总督坎宁勋爵及其妻子的推广（坎宁夫人本身是一位狂热的业余摄影师，并担任孟加拉和马德拉斯摄影协会的赞助人）。据说他们的个人规划是在退休回到英国之前，收集他们深爱的印度的图片记录——包括那里的人民、建筑和风景；坎宁夫人似乎还发起了一项更有目的性的研究，即记录南亚次大陆的主要族群。[354] 总督动员平民和军官随身携带相机旅行，并将所拍摄的照片副本交给他。毫无疑问，正是他的影响使得该项目在 1857 年后在政治和秘密部门获得了官方认可。[355]

最终的成果无疑超出了所有人的期望，照片以一系列未装订的大开本册子的形式出版，装帧精美：每张原始照片的印刷品被粘贴在带有标识的纸板上，与排版的文字页交错排列，并阐述了主题内容——偶尔还包括摘要性的文章，如《阿富汗边境部落的概况》(General sketch of the Frontier Afghan Tribes) 等。该系列名为《印度人》(The People of India)，由印度博物馆在 1868—1875 年出版了八卷，由福布斯·沃森和约翰·威廉·凯伊 (John William Kaye) 担任编辑（图 98）；它被认为是"19 世纪利用摄影为民族志文献服务的最重要的尝试之一"，被誉为"一次力图对概括和一个社会进行分类的艰巨尝试"。[356] 该系列中的大部分——480 张照片——主要按照民族群体和地理位置进行标识，但也有些按照行业、宗教或种姓来列举；地理覆盖范围不均衡，北方地区的记录比南方更为详细，这说明特定官员预先划定了调查区域，而非进行了系统和全国性调查。除了作为早期民族志调查的一部分，这些照片中的几张后来被福布斯·沃森重新利用，向英国制造商展示他们意图进入的

图 98　一张来自福布斯·沃森和凯伊的《印度人》（1868—1872 年）的页面，有贴上的照片和标签。

LODHAS.
LOW CASTE HINDOO TRIBE.
RAJPOOTANA.
352.

出口市场上人们所穿着的服装的形式和风格。

  同样在 1873 年，印度博物馆出版了《尼拉吉里斯的原始部落和历史遗迹述略》(*An Account of the Primitive Tribes and Monuments of the Nilagiris*)，该书由已故的尼拉吉里斯专员 J. W. 布里克斯（J. W. Breeks）撰写。编撰出版该书主要是为加尔各答的印度博物馆服务的，后者希望能记录土著部落的服装、武器、装饰品和器皿。

  在 19 世纪下半叶，我们确实看到了在东印度公司统治下进行的多个领域的开创性摄影工作已成功趋向成熟。如果说 1856 年的摄影师群体还因为缺乏目的性而受到批评，那么到了 19 世纪末，他们已经成功地编制了被视为"对欧洲和美洲大都市以外的所有国家的土地和人民，进行了最广泛且艺术上最卓越的记录"的作品。[357]

第二部分
英国视角下的印度

在东印度公司存在的前两个世纪中，它已经开始对英国的日常生活产生了明显的影响。与东方建立直接贸易联系的最初动力主要来自香料，然而这一贸易的重要性逐渐被各种廉价纺织品（从印花棉布到优质印花细棉布等）的进口所超越。这些纺织品与妇女对宽松服装的日益喜爱相辅相成。[1] 来自克什米尔的精美披肩（最初是男性服装）在妇女中非常受欢迎，以至于到了18世纪末，它们在英国的几个大规模生产中心被仿制出来，甚至乡村的劳动者也可能佩戴来自印度的印花围巾。[2] 而且，印度的影响力不仅局限于服装领域，在家居陈设中也反映了类似的品位。[3] 图案墙饰在当时已经非常时兴，约翰·伊夫林（John Evelyn）在1665年12月30日的日记中就有记录：

> 我前往伍德科特（Woodcott），在阿什利的莫登夫人（Lady Mordants）家里用晚餐；这里有一间屋子挂满了图案墙饰（Pintado），上面绘有各种大小的图案，生动地描绘了印度人的各种行业和职业，以及他们的服装，等等，相当精美。[4]

在这里，埃夫林更倾向于使用葡萄牙语 pintado，它指的是五颜六色的花纹织物，后来在英语中被称为 chintzes。这些织物并非都是 painted（绘制的），这些墙饰通常采用酸洗和抗蚀的染色技术，将图案染入棉布中，最后使用木槌进行处理，使其表面变得光滑。[5] 这些特色产品产自科罗曼德尔海岸，颜色鲜艳且耐久，在服装和室内装饰领域相当受欢迎，以至于在18世纪早期，除了那些即将重新出口到欧洲和北非的织物以外，英国甚至立法限制了这种印花棉布和其他棉织品的进口，该立法旨在保护不断发展的英国纺织工业。时髦的房间可能不仅会用到墙饰，还会用印度的室内装饰品、靠垫和床上用品，地板上也铺着印度地毯；甚至家具本身也可能是进口的，而印度主题的印刷品市场为室内装饰师提供了互补的视觉灵感。毋庸置疑，如今社会的各个层面都离不开茶，也许茶是东印度公司垄断领域内最有利可图的商品。

在本章，我们关注的不是印度商品和品位对整个社会的渗透，也不是贸易的增长,而是关于南亚次大陆本身在英国公众中正式的呈现,以及公司通过其自己的印度博物馆来形成和表达英国对印度的观点。

图 99 东印度大厦,位于利德贺街；J. C. 斯塔德勒（J. C. Stadler）根据 T.H. 谢泼德的素描制作的蚀刻版画,1817 年。该建筑最初建于 1729 年,正面在 1796—1800 年进行了扩建,并增加了古典风格的门廊。在气派的正门后,办公室（包括博物馆）主要占据了前方的厅室,而一系列较小的空间则容纳了众多的"文员",并沿着利德贺市场后方延伸,成为一个庞大的迷宫。

印度博物馆

从 19 世纪初开始,在伦敦利德贺街的东印度公司总部（图 99）的几个房间里便开始积累自然标本和人造奇物,这些将成为印度博物馆的组成部分——尽管直到 19 世纪中叶才正式被称为印度博物馆。[6] 公司的业务范围和活动的广泛性在东印度大厦通过一幅宏伟的天顶画向众人展示（图 100）,画中充满了严肃的象征意义,而拱形顶饰,由皇家学院的约翰·培根（John Bacon）设计并部分制作：[7]

壁画中有乔治三世、大不列颠女神和自由女神、墨丘利、

图 100 《东方向不列颠奉献财富》（*The East offering her Riches to Britannia*），斯皮里迪奥内·罗马（Spiridione Roma）作，1778年，布面油画。这幅公开表现帝国主义的作品无疑完美地概括了东印度公司对其与印度关系的看法。它曾经被装饰在东印度公司财政委员会会议室的天花板上。

海神特里同。商业、秩序和宗教，正义、诚信和勤劳融汇在一起。画的一侧描绘了第一条大不列颠河流——"高贵的泰晤士河"，而在另一侧则描绘了"神圣的恒河"；大不列颠女神则占据建筑物的最高处，欧洲和亚洲则稍低一些。[8]

正如我们所看到的，东印度公司自己很久以前就开始收集奇珍异宝，然而在任何关于19世纪博物馆成立的记载中都没有提到原有藏品的存在。因此，在这个阶段，这里的藏品在多大程度上确实是从无到有开始积攒的，仍然存在不确定性。我们目睹了马加洛蒂于1669年描述的在（旧）东印度公司堆积如山的收藏，之后再也没有任何文字提及。然而值得注意的是，1788年，帕特里克·拉塞尔向约瑟夫·班克斯爵士提到他将带回"普通的（蛇类）标本以供博物馆使用"——显然是指公司自己的博物馆而不是其他地方——而第二年，我们发现拉塞尔向班克斯宣布"我的蛇类标本在博物馆里相当出众"。[9] 显然，在正式建立印度博物馆之前，东印度公司的大厦里已经存一些基本展品，或者说是一些残存物。

尽管新博物馆确实成为伦敦展示印度的最负盛名之地，但它并不是唯一具有这一功能的机构，它还与其他一些公共景点存在竞争关系。此时，一些藏品已经进入了大英博物馆，而在附近的莱斯特广场，阿什顿·莱弗爵士（Sir Ashton Lever）的"全景物馆"（Holophusicon）中也可以找到其他藏品。[10] 不过它最重要的竞争对手应该是皇家亚洲学会的博物馆，该博物馆成立于1824年，只对"会员和其他经介绍的人开放"。1841年的一份描述性报告［当时学会的场所位于梅菲尔区（Mayfair）的格拉夫顿（Grafton）街］腾出了"四到五个房间"，其中几个房间挂满了东方武器和盔甲、服装、绘画、雕塑和模型，并展示了陈列"雕像"、乐器和博物标本的玻璃柜。[11] 还值得一提的是，今天的皇家联合服务学会（Royal United Services Institute）曾经设有的博物馆，该学会的起源可以追溯到（英国）对军事事务研究的"严格、科学和专业"方法的呼吁；威灵顿公爵的支持对于1831年海军和军事博物馆（Naval and Military Museum）的建立起到了关键作用，该机构在1839年更名为联合服务学会（United Services Institution），并在1860年获得皇家赞助。该博物馆位于白厅庭院（后来迁至宴会楼，现在已分散到国家陆军博物馆等地），只偶尔对公众开放。它拥有庞大的武器和盔甲收藏，以及能够展现英国军事历史的模型、装备和纪念品，此外还有其他一些更具一般性质的物品。其中一项重要收藏是蒂普苏丹在塞林伽巴丹所穿的服装。[12]

在其他地方，罗伯特·科尔·波特（Robert Ker Porter）展示的长达120英尺的《攻占塞林伽巴丹》（The Taking of Seringapatam）全景画在斯特兰德（Strand）的莱西姆剧院（Lyceum）吸引了众多观众。[13] 与此同时，来自印度的大量活体动物也在几个热门动物园里备受欢迎。

从一开始，公司内部对博物馆的态度就是矛盾的：一些股东基于成本原因对其持根本反对态度，并不时游说将其全部藏品转移至大英博物馆；而另一些人则宣称这一新机构的价值为：既作为公共资源，又作为让即将加入公司的候选员工了解即将面对的领土和文化的手段。[14] 一位现代评论家对博物馆的观点更具争议性，他站在两百年之后的立场上，认为它实际上是"宣扬公司权力的引人注目的广告"，并将其视为东印度公司"假装成一个征服者（国家）的举措之一"。[15] 虽然这些评论或许具有一定的合理性，但当时没有人表达过或者没有足够的时空距离来客观表达博物馆的使命具有如此深远的含义。从 19 世纪中叶开始，该博物馆通过参与当时的重要国际展览，开始发挥更加务实的作用。但随着东印度公司的权力和影响力的衰退，博物馆也陷入困境，最终也无法幸存下来，尽管它的影响力仍在多个分享其成果的机构中产生彰显。

从威尔金斯到霍斯菲尔德

或许可以理解的是，作为一个由庞大官僚机构支撑的组织，东印度公司最初的想法更倾向于建立一个图书馆，而不是一个博物馆。1798 年 5 月，董事会通知孟加拉政府，公司已决定在该地建立一个"收藏东方文献的公共存储库"，尽管当时没有提及相应的文物和标本收藏，但这类收藏的起源肯定与图书馆的建立同时进行，因为六个月后的 10 月 23 日，《泰晤士报》（The Times）注意到公司最近收到了两箱珠宝饰品和印度服装，这些物品"将被放置在东印度公司新楼里正在筹备的东方博物馆中"。三个月后，董事会收到了查尔斯·威尔金斯的来信（图 101），他最近从加尔各答返回英国，协助"对收集的书籍和自然艺术品进行分类和整理，并……负责博物馆，全力打造一个有品位的纪念性建筑，同时也是其创始人慷慨的象征"。这封信附上了一份关于"博物馆应主要包括哪些有用的和装饰性的内容"的草稿大纲，还提到了将图书馆的收藏范围从手稿和印刷书籍扩展到"地图、海图和视图，以及硬币、奖章、雕像和铭文"的愿望，这一建议强调了预期收藏的互补性质以及在机构形成过程中由实地调查产生的档案资料和实物标本所扮演的重要角色。

在博物馆的藏品构成和其主要目标

图 101 查尔斯·威尔金斯，约翰·萨坦（John Sartain）作，1830 年 1 月 1 日出版，金属板印刷图。威尔金斯于 1833 年被授予爵位。

方面，威尔金斯的文件并没有将其核心功能定位成能引起《泰晤士报》记者关注的高规格"礼物"，而是"一个自然产物柜"——包括动物、植物和矿物。威尔金斯与加尔各答亚洲学会的圈子密切相关，[16] 他对那里的业余和专业博物学家的活动非常熟悉，但他特别关注的并不是通过文字或绘画来记录和描述自然事物，也不是根据分类学进行分类。相反，他重视"那些作为商品的动物、动物的肢体或来自动物的产物，以及它们的自然状态"；"植物产物"包括"亚洲所有植物、种子和水果的标本"，并且特别关注"那些产出有商业价值的农产品的植物"；贵重和有一定价值的矿石将被放置在矿物收藏中，同样，"应特别关注那些可能对我们的制造业有用的矿石、土壤和黏土"。

在他的藏品分类中，占据第二位的"人工制品"以类似的方式被看待。它们包括：

> 亚洲各种制造品的样品，尤其是丝绸或棉花制品的每一个生产阶段的样品，从蚕茧和豆荚，到市场上的成品布料；印度制备的不同种类的染色物质；食糖和糖果；硝石和硼砂等。亚洲制造业中使用的各种机器和工具的模型也应该成为收藏的一部分；还应包括农业工具和在数学、天文学、音乐等科学中使用的仪器等。

虽然威尔金斯的计划中并不排斥那些"一般性奇珍"的自然标本，但他反复强调的是收藏的有用性、合理性和商业潜力。在人工制品之后，是一个标题为"杂项物品"的分类，显然被他认为是很次要的一类，包括"奇珍异玩，主要是作为礼物，通常是那些不便归类到前述任何一类的东西"。

威尔金斯对新博物馆的构想与17世纪短暂盛行的那种构想相去甚远，但非常符合当时的时代背景——实际上超越于他的时代，预见到了在1851年博览会及其后续活动中将达到巅峰的许多主题，下文我将对其进行阐述。有关新博物馆的灵感显然并不源自像大英博物馆、[17] 阿什顿·莱弗爵士那受欢迎的全景物馆，或者皇家学会的文物库所提供的例子。尽管在商业利益的驱动下不乏先见之明，但从博物学的角度来看，东印度公司博物馆的理念与"艺术、制造业和商业促进协会"（Society for the Encouragement of Arts, Manufactures and Commerce）的理念最为接近。艺术协会（Society of Arts，通常使用这个名称）成立于1754年，宣布其使命是"扶持企业，拓展科学，提升艺术，改进制造业和扩大商业"，为此首先设立了年度临时展览，后来又设立了一个永久性的模型和工业原料博物馆；到1783年，其目录中列出了165个这样的展品。[18] 威尔金斯的提案最终说服了东印度公司的董事会，尽管威尔金斯本人坚持了相当长的时间，并且他的老朋友沃伦·黑斯廷斯——在戴尔斯福德度过退休生活——积极为他游说。直到1801年2月18日，威尔金斯才得到"东方文物库馆图书馆员"委员会的正式任命，年薪200英镑。

巧合的是，就在同一天，锡兰总督诺斯勋爵向东印度公司通报，他打算送来"乔维尔先生关于该岛自然历史的一些纪念品，随之附送的还有一些用于充实您博物馆的物品"。在随后的6月的一天，3个装满昆虫、贝壳、矿物和其他标本的箱子如约抵达，成为新博物馆的首批藏品。

一旦决定建立博物馆，自然而然就期望从印度的雇员那里获取适当的展品。[19] 董事会在4年内发现有必要致信孟加拉政府来表达他们对博物馆缺乏展品的不满：

> 我们不禁对我们本应达成的期望未能实现而深感失望，很遗憾，这不得不将部分失败归因于孟加拉政府对此行动的冷漠态度，诸君似乎没有采取任何特别的努力来推进我们的计划，实在令人不悦。

在表达了希望（雇员）"以积极和热情的态度进行这项工作"后，董事们还详细阐述了他们特别希望涉足的一个领域：

> 作为博物馆的一部分，硬币系列是一个有价值的补充，你

要指导我们的造币厂和检验师,以及根据职位和工作情况来看最适合推动这一目标的官员,收集印度和周边国家的各种珍贵硬币样本,包括古代和现代的金币、银币、铜币,并且定期……将它们连同适当的(英文和波斯文)清单提交给我们,清单中应包含硬币的铭文、铸造或流通的国家名称、年份或日期,以及一般有助于解释其历史的相关信息……当然,还应包括来自我们自己铸币厂的优秀样本。[20] 但我们特别希望从加尔各答最新的货币中选取各种规格和面额的单个金币、银币和铜币样本。

1808 年,博物馆获得了最具标志性的展品之一,即威尔金斯所称的"杂项物品"之一——蒂普的老虎(图 102)。蒂普的老虎原本放置在该国(印度)君主蒂普的宫殿里一间音乐室中,但在 1799 年 5 月公司的军队攻占塞林伽巴丹时遭到掠夺,并于 1800 年被送往东印度公司董事会,附有一幅绘图和一份详述其历史的便函:

这件机械装置描绘了一只皇家饲养的老虎正在吞食一名被

图 102 "蒂普的老虎"(Tipu's Tiger),这可能是整个印度博物馆中最具标志性的展品,约制作于 1793 年。这张"背面"视图不仅展示了位于动物肩膀上的控制杆——用于移动受害者的四肢,在转动时发出骇人的咆哮声和呻吟声,还展示了可在特殊场合演奏音乐的琴键,虽然声音很不和谐。

扑倒的欧洲人。老虎的体内有一些模仿风琴的机桶,以及一排自然音调的琴键。该机械发出的声音模仿一个处于困境中的人的呼救声,夹杂着老虎的吼叫声。这个装置被设计成当风琴被演奏时,欧洲人的手经常会抬起,以表达他无助可悲的状况。整个设计是根据蒂普苏丹的命令执行的,他经常以这个象征性的胜利场面来娱乐自己,以显示他在(统治上)对英国(政府)的压制。[21]

董事会对总督莫宁顿(后来的韦尔斯利侯爵)的建议并未予以关注,他提出"这个反映了蒂普苏丹傲慢(和)野蛮残忍的纪念品可能值得在伦敦塔占有一席之地",出现这种观点,显然是因为长期以来伦敦塔被赋予了镇压叛变的意象,而不是出于任何博物学的考虑。[22] 相反,他们将它存在库里,或者用于某种装饰用途,直到七年后,他们才在自己的博物馆内找到了一个合适的展示空间。

顺便提一下,在进入博物馆之前的那段时期,有关埃及马木留克(Mameluke)使节埃尔菲·贝伊(Elfi Bey)于1803年参观东印度公司的一次访问记载留存至今。当时他在通信室(Correspondence Room)中看到了"著名的金色虎头"和"康沃利斯侯爵夺取的两门奇特的黄铜炮",并且还"欣赏了塞林伽巴丹宫中的音乐虎表演,它演奏了几首曲子,其中有两首当然不是那位凶残的主人所能想象到的,一首叫《天佑吾王》(God save the King),一首叫《统治吧!不列颠尼亚!》(Rule Britannia)"。[23] 这提醒人们,虎身侧面的键盘为这个机械装置提供了更广泛的曲目选择,而不仅是早期记载中提到的咆哮和尖叫声。

受害者身穿红色外套,上面装饰着白色和绿色的玫瑰花。这暗示他实际上是一位平民,而不是饱受诟病的东印度公司的军官(不过有很多与此相反的说法)。这件着色的木制动物形象无疑是印度制造的。[24] 音乐机械则被认为是受到了法国启发,有可能是法国人制造的。博物馆的参观者被怂恿操作这个机械,并因其制造的可怕声音而感到兴奋和震撼。然而根据后来写给《图书管理员》编辑的一封信,我们发现东印度公司图书馆的读者对此并不感兴趣:

谁没在旧公司总部见过它，谁没听过它的声音？哪个曾经忍受过那可怕声音的人有本事把它从记忆抹去？……这些尖叫声和咆哮声是那些在旧公司总部图书馆忙碌工作的学生们没完没了的噩梦。然而伦敦利德贺街上的人似乎很热衷于让这个野蛮的机器一直叫唤……感谢老天……仁慈的命运终于夺走了它的手柄，我们一想到它的一些内部装置被堵住了就很高兴；或者，如同一个无知的访客所说，它坏了！我们真诚地希望这玩意儿能保持这种状态，让人们来看看它，欣赏它，但千万别再出声儿了。[25]

此时在博物馆中还可以看到从塞林伽巴丹带来的其他文物，除了在攻占宫殿时缴获的旗帜之外，还有"一个真实大小的虎头，用大量黄金制成"（图103），正如埃尔菲·贝伊所见："它的眼睛是由一颗奇特的宝石制成的，牙齿是用极上等的水晶做的，舌头可以

图103 蒂普苏丹宝座上的虎头装饰，金制，配有水晶石牙。1831年，由东印度公司赠送给威廉四世，如今仍然由（英国）皇室收藏。

移动。这原本属于倒霉又愚蠢的蒂普,并且曾经放在他最喜欢的一个房间里。"[26]

在附录 II 中重新出版的博物馆记录的脚注里有一个详细的清单,列出了据说曾属于蒂普苏丹的个人物品,这些物品已经转交给了公司:

> 蒂普的衣橱被送到了董事会:里面包括 84 顶不同类型和颜色的包头巾,其中有两顶精致的粉色头巾,在末端刻有《古兰经》的题词……还有 50 条手帕;57 件不同种类的印度长袍(jamahs);14 件朴素的短上衣(angurkas);26 顶阿訇帽(kulahs);两双皮靴(busaks);54 件不同种类的外衣(asteems);36 条贴身长裤(pai jamahs);40 件非正式场合穿的衣服(duputtahs);20 条腰带(kummerbunds);10 条华贵的手帕(rumals),用于佩戴在全套装束中的短剑(khurjee)上作为装饰……它们是来自麦加的神圣礼物(tuburrucks)。还有一条披毯(rezai)。此外,还有一些外衣、头巾和带有虎纹标记的手帕。这是蒂普苏丹和他的家族特有的皇室标记,其他人在任何场合都不得使用。

根据当时传达给威灵顿公爵的情报(当时他还是韦尔斯利上校),这些藏品是代表公司购买下来的,随后被运至英国。又有情报称迈索尔的穆斯林打算购买这些财产,以将蒂普苏丹所穿戴的衣物作为他(被当作先知和圣人)的圣物进行分发。[27]

在博物馆早期的几年里,参观者们对博物馆还是兴致盎然的,与上面引用的一些评论者所展现出的疲惫态度形成了鲜明的对比,涌入博物馆参观的人络绎不绝。到了 1817 年,威尔金斯向图书馆委员会抱怨道,"各个阶层的大量人群,通过各种方式获准每周除了星期日以外的任何一天访问图书馆和博物馆",这让他的工作人员无法忍受。因此,之后入场的时间被限制在周一、周四和周六的上午 10 点至下午 3 点之间,需要由图书管理员发放门票。这一安排并没有让所有人都满意,E. P. 高文(E. P. Gowan)上校就是其中一位,他多次游说反对此安排，并在1834年声称图书馆和博物馆对公众的益处简直微乎其微，几乎可以忽略。他还散布了一则传言——甚至可能是他发起的：全部藏品可能要被转移到大英博物馆中，为了达到更好的效果。

威尔金斯于1836年在任期间去世，享年87岁。管理不断增长的藏品的责任重新有了分工：牛津大学的梵语教授霍勒斯·哈曼·威尔逊（Horace Hayman Wilson）负责图书馆，而博物馆的馆长职位则由托马斯·霍斯菲尔德担任（Thomas Horsfield，图104），每人年薪500英镑。威尔逊和霍斯菲尔德很快便感到他们的藏品需要额外的空间，到1839年，他们获得了由之前被公司勘测员占用的一个大房间和三个较小房间作为奖励。斯德蒙德描述了参观者要到展厅必须经过一长段楼梯和两个走廊：两个走廊都挂满了画作，第二个走廊还展示了不相称的船模、动物皮毛和竹子标本。在走廊末端才看到那几个房间，较大的房间完全用于自然博物展示，陈列着来自印度、爪哇和暹罗的哺乳动物以及鸟类标本，贝壳以及昆虫标本则"放置在难以查看的角落和过高的架子上"；[28] 较小的房间中还有更多的自然博物标本，与乐器、武器和盔甲（图105）以及许多模型共同展示。

这些模型将成为一种重要的手段，用于展示一系列难以通过其他方式（除了各自的机械和产品）在博物馆中表现的主题，例如建筑、农业实践、本地工业等。例如，棉纺工业这样一个大型主题，除了通过工具和原材料以及成品样品来展示，还通

图104 托马斯·霍斯菲尔德，印度博物馆馆长，1836—1859年任职；J·埃克勒本（J. Erxleben）的石版画，19世纪40年代。霍斯菲尔德出生于宾夕法尼亚州，在那里学习医学，并在担任船医期间首次接触东印度地区，之后便全身心投入博物学研究中。

图105 "虎爪"（Wagnakh），来自印度博物馆收藏，是一种刺客的抓取武器，隐藏在手中，直到交战的那一刻才暴露出来。也许这个物品是附录二中提到的"西瓦吉（Sivajee）用来谋杀阿卜杜拉·汗（Abdalla Khan）的工具"。

过模型展示了清洁和弹棉花等准备过程（图 129、图 130）。[29] 1790 年 1 月 7 日，海伦纳斯·斯科特（Helenus Scott）从孟买致信班克斯，内容如下：

> 根据您的要求，我尽可能了解了当地居民清洁棉花的方法。邓达斯（Dundas）船长将会带给您他们清洁棉花的唯一工具。
> ……当棉花需要更高纯度时，这里的人会有一个"弹棉花"的操作，这样可以将与棉花紧密附着的胶囊瓣分离。我已经给您送去了一个弓……这里的人们经常坐着使用这个工具……这个活儿需要经验丰富的人来干。少量的棉花被反复拉近弦，用木槌敲击使弦振动，将棉纤维和其他附着物分离开来。[30]

在博物馆主展厅的旁边（图 106），即相邻的图书馆里有一个巨大的中国灯笼[31]，灯笼下同样放着一座来自拉贾斯坦邦的巨大镶银象鞍，以及锡克帝国的创始人兰吉特·辛格大君（Ranjit Singh）的金色王座（图 107）——这些都是公司在印度军事和政治上取得成功的象征。还有来自公司收藏的更多绘画、雕塑、书法作品，以及书

图 106 在东印度大楼里，图书馆和博物馆的位置紧密相连。蒂普苏丹的老虎位于左侧。摘自 C. 奈特（C. Knight）的《伦敦》（London），第五卷（1843 年）。

图107 兰吉特·辛格大君的金色王座，表面覆盖着镀金的浮雕和雕刻，制于拉合尔（Lahore），约1820—1830年。1849年，该王座在东印度公司军队吞并旁遮普时遭到掠夺。

写和绘画工具。蒂普苏丹的老虎在这里之所以能成为关注焦点，不仅是由于它的外形，还因为它经常被操纵着发出刺耳的声音和动作，正如上面提到的那样。

自威尔金斯以来，图书馆还保管着东印度公司的硬币柜——显然它们在当时还没有太多实际价值，因为威尔金斯本人曾观察到，这些硬币：

> 数量众多，其中一些无疑具有极大的兴趣和价值……它们大多是被存放在最初被送来时的袋子或信封里的，如果进行详细检查的话，需要耗费大量的时间和精力。虽然有一些零散的清单，但没有完整的目录或详细描述。

据推测，该博物馆的货币收藏可以追溯到前面提到的黑斯廷斯从卡利加特带来的硬币藏品，根据资料，这个收藏中的一部分未被分散出去，并且自那以后一直逐渐增加。这些藏品很少有较大规模的补充，只有在1823年孟加拉医疗服务队的罗伯特·泰特勒

（Robert Tytler）医生赠送了 3502 枚铜币，以及 1837 年查尔斯·马松的大批货币和其他文物收藏送达时才有这样的情况。[32]

1843 年，有一份罕见的关于参观该博物馆的经历的记录被保存下来，显然对作者来说这趟参观并不令人满意：

> 参观者被迫匆忙地从一个展品赶到另一个展品前，时间短到只够快速地读出它们的名称，这样的做法非常令人不愉快，但对于馆内工作人员，这是无法避免的。唯一舒适的方式是不要跟随导游，随意漫游，停留在你喜欢的地方；这里的大多数珍品都有标签，因此这种参观方式几乎没有什么不便之处。[33]

在 1845 年，博物馆又获得了一个新的展厅（该展厅原是出纳室），位于东印度公司的一楼，用来展示来自西瓦利克山的大量化石、科林·麦肯齐收藏的雕塑（图 108）以及德尔詹·萨尔（Durjan Sal）的庞大象轿——它之前占据了图书馆一大片地方。在此期间，有一个大规模的拉合尔堡垒城市模型也得到了妥善安置。

在此之前，我们对博物馆详细内容的了解主要依赖于印度事务处图书馆丰富的档案资料——由德斯蒙德进行了深入细致的研究，以及在本书附录 II - III、V - VI 中再现的访客的描述，但从 1851 年开始，这些文献资料得到了第一份纸质博物馆指南的补充，由 H. G. 克拉克公司（H. G. Clarke & Co.）出版，题为《东印度博物馆：尊贵的东印度公司的博物馆和图书馆述略，利德贺街》（*The East India Museum: A Description of the Museum and Library of the Honourable East India Company, Leadenhall Street*）（见附录 IV）。至于博物馆本身，这本指南的匿名作者对其设施评价并不高，说它既不吸引人又不方便，散落在从三楼到"一个次等的，或几乎是地下的场所"。也就是说，最近新获得的场地，特别被指出是"小、昏暗和肮脏"的。藏品标签也受到了批评，人们认为馆长们为将所有这些异国情调呈现给欧洲观众所做的努力严重不足：

图 108　这是一尊用黑页岩或玄武岩雕刻的耆那教雕像——帕舍瓦纳塔（Parshvanatha），由查克拉瓦蒂·帕洛贾（Chakravarti Paloja）于 12 世纪末至 14 世纪初雕刻而成。帕舍瓦纳塔双臂垂下，呈现出禁欲的姿势，左右两侧有两尊小神，蛇神（Naga）的盘绕和七个蛇头保护着他。背面刻有"Parasa-naat"，这是帕舍瓦纳塔名字的英式拼写，还有"C.McK 1806"，表示它曾经是科林·麦肯齐上校的收藏。也许这就是附录 II 中所描述的"帕舍瓦纳塔的雕像"或"提尔塔（Tirtha）的塑像"。

帕舍瓦纳塔的雕像被标注为第二十三代提尔塔卡拉（Tirthakara），是耆那教徒（Jaines）的导师。但是关于提尔塔卡拉是什么，以及耆那教徒是什么人，贵公司并没有提供给我们足够的信息。非常遗憾的是，许多有趣的展品在官方名称中并没有使用欧洲人能理解的单词。如此一来，这些展品对大多数城市游客来说失去了一半的价值。

考虑到这些不便之处，1850年记录的18623名游客数量也算相当可观了。但一年后，在伦敦世界博览会的积极影响下，这个数字又增加了一倍，吸引了空前规模的人群来欣赏丰富的印度文化、制造业和材料。在这段时间里，东印度公司对于伦敦的外国游客还提供了额外的鼓励，只要出示他们大使馆的便函，就可以进入博物馆参观。

根据德斯蒙德的记录，在水晶宫的博览会结束后，其剩余物资引发了一场安置危机，即使是个别物品也可能引起策展困难。例如，一张产自尼泊尔的手工制作的纸张，尺寸为16码乘以7码，霍斯菲尔德希望将其完整地展示出来，但（也许并不令人意外地）被否决了。

《东印度公司博物馆哺乳动物目录》（*Catalogue of the Mammalia in the Museum of the Honourable East India Company*）是霍斯菲尔德于1851年出版的作品，它是该博物馆出版史上的力作。它的问世提醒我们，公司在印度的雇员早期付出了巨大努力，并且此时我们需要回顾一下他们寄回伦敦的植物、哺乳动物和鸟类标本的接收情况，这些标本都是忠实地寄回给东印度公司董事会的，但在我们之前的叙述中却没有提及。实际上，在霍斯菲尔德于1819年到达（印度）之前，尽管这个宝库已经在成为全英国最好的同类收藏之路上取得了很大进展，但几乎没有证据表明有人在努力整理它，或者进行任何意义上的策展活动。[34]

在东印度公司总部成立不久后，来自孟加拉驻地的J.科尔斯·斯科特（J. Corse Scott）医生寄送了三个大象头，这无疑对东印度公司总部产生了重大影响。在接下来的十年里，更加广泛和系统的动物和鸟类藏品开始陆续到达（英国）国内，其中尤其值得注意的是霍斯菲尔德自己在1813年的贡献，以及莱佛士在1813年和1817年以及沃立克在1823年的贡献。即使在博物馆的早期发展阶段，添加这些庞大而脆弱的自然标本也引发了储存危机，以至于霍斯菲尔德担任馆长后不久，他就开始实施一系列的标本捐赠计划，特别是植物标本，其中包括1823年将他个人收藏中多余的物品捐赠给了爱丁堡大学。

从一个现代博物馆馆长的角度来看，捐赠这些原始收藏物品，几乎可以说是奢侈的做法。但毫无疑问，最初的收藏家们对于广泛传播标本的过程是完全放心的（其中许多人自己早先也参与其中），将这些标本传递给志同道合的学者和表示支持的机构，这些机构不仅能够保存这些标本，还能够继续开展已经在印度开始的研究和分类工作。[35] 大量重复的普通品种标本必定是非常丰富的，随着时间的推移，再加上印度博物馆储存设施的不足，许多标本遭到损坏而流失，我们不得不做出决定，与其将它们保留在一起等待腐烂，不如让它们分散在其他地方，留存下来的机会也可能更高。

在霍斯菲尔德发起捐赠标本行动五年后，沃立克本人作为捐赠植物样本最多的贡献者之一，因工作过度劳累不得不前往伦敦休假（休假时间最终延长至四年）。[36] 沃立克携带着他精心收集的8000多个物种的植物标本——装了30个大容器回伦敦，董事会同意将其从加尔各答搬迁出来（并承担其运输费用），但前提是这些标本要赠予公司。[37] 现在，沃立克努力完成编制该收藏的系统目录的工作，为此他经常去索霍广场上的班克斯植物标本库——那里离沃立克在弗里斯（Frith）街租用的工作室很近——以验证他的发现。约瑟夫·胡克爵士后来评价沃立克的收藏是"对科学所做的最宝贵的贡献"，[38] 当它们被正式移交给印度博物馆时，已经高度有序，并附有"东印度公司博物馆植物干标本编号清单"。该文件经过石版印刷复制，以"避免公司在重新分发藏品时需要书写大量标签"。这些副本是从沃立克从加尔各答带回的标本，以及在东印度大厦已经积累的大约16 000个植物标本中挑选出来的，它们被整理成方便赠送给其他机构的一套一套的标本组合。

选择标本和处理捐赠藏品的工作被派给了沃立克，他的选择主要基于实用性上的考量，因此大多集中在一些最早和历史上最重要的藏品上，例如拉塞尔、海因、布坎南等人的藏品。这些藏品的标本被分发给大约 64 个机构和私人。1832 年，公司保留的最完整的一套植物标本被整体出售，这是一项更具决定性的举措。作为这一具有重要植物学意义的馈赠的主要接受方，伦敦林奈学会发表了一封回信，对"尊敬的公司董事会在其自然博物收藏方面出台开明政策，慷慨地在科学界分发标本，使科学研究大大获益"表示钦佩。[39]

动物和鸟类标本在此期间也得到了合理安排，其中一些藏品被送往大英博物馆、伦敦动物学会博物馆、牛津大学[40]和"日内瓦公共博物馆"。[41] 与此同时，其他藏品相继涌入：1839 年，沃立克的侄子——西奥多·爱德华·坎托（Theodor Edward Cantor）作为东印度公司医疗部门的一员，将首批在印度采集的鱼类标本送到了伦敦。随后，坎托还采集了中国和远东地区的标本，尤其是来自威尔士亲王岛（槟城）的约 12 000 个海洋生物标本，这些标本在 1842—1854 年以多批次的方式抵达伦敦。

博物馆被源源不断的藏品涌入，霍斯菲尔德却担心其他从印度转运的货物不能如期送达，这将令博物馆蒙受损失，失去应得物品，同时也使相关的藏品面临被损坏的危险。可以推测，正是在他的鼓动下，东印度公司的董事会在 1840 年发往孟加拉的指示中包含了以下警告：[42]

> 根据公开函件和孟加拉亚洲学会的期刊，根据我们上述调遣函件之前的时间（1839 年 9 月 15 日），由政府委派的几个代表团所收集的藏品曾临时托付给亚洲学会照料，现已滞留了近两年时间，而在此期间，我们的博物馆没有收到任何从孟加拉运来的动物学藏品。
>
> ……显然，将代表团匆忙带回的自然历史的样本滞留始发地，印度这样的气候势必会对它们造成严重的损害，甚至在很多情况下可能导致它们完全被毁。

……因此，为了防止以后出现类似的滞留情况，并确保政府委托的任何藏品都能够及时送达到我们博物馆，我们希望您要求每位陪同任何代表团的博物学家或官员……在代表团完成任务返回后立即就其收藏物性质和规模至少提供一份初步报告，并立即转交给我们。此外，只要有可能，我们希望同一位官员在其藏品到达时，从中挑选出最完整和最全面的一套藏品，寄往英国的公司博物馆……

……我们再次建议，每当任何代表团返回加尔各答时，应雇用博物学家……或由您指定的合适人员，准备一套保存完好的常见哺乳动物和鸟类标本，就如同那些众所周知且有具体描述的物种；对于罕见的物种，尤其是新发现的物种，应准备多个标本。为了在这方面给予博物学家一些帮助，我们将提供我们博物馆目前关于哺乳动物和鸟类的简单目录。通过该计划，我们将会了解新访问地区的动物产物，并获得编制"地方动物志"所需的材料，我们的博物馆已经有几个有指导意义的系列。对于昆虫学收藏，我们要求政府派遣的代表团将整个成果转交给我们的博物馆，因为在印度，这些藏品无法在简陋的柜子、潮湿和气候等具有普遍破坏性环境下进行保存，而且昆虫学藏品占用的空间较小，它们的运输成本也不高……

根据德斯蒙德的记载，信函送达后很短时间内便有了一连串的反应，促使一些藏品从印度被放出来，其中包括R.B.彭伯顿（R. B. Pemberton）少校于1837—1838年对不丹进行考察时带回的大约200种鸟类藏品，不过它们看起来并没有因为被扣留而受损。然而，不久之后还必须再次发出警告：到1842年年底，霍斯菲尔德抱怨三年前由威廉·格里菲斯在阿富汗收集的动物藏品一直未到达，并对它们在加尔各答所面临的环境威胁而感到担忧。然而，德斯蒙德也记录了一些让人满意的结果，正如1844年10月30日《泰晤士报》对印度博物馆的报道中所述：

上述机构最近经历了一些重要的变迁，并从加尔各答亚洲学会收到了一些有价值的补充藏品。不同动物的角被合理地排列起来，不再是鱼目混珠地堆放在一起，得到了比以前更好的展示。最近有两个新发现的鹿标本被引入了博物馆；其中一个是哈里斯（Harris）少校被委任在前往绍阿（Shoa，埃塞俄比亚中部省份）途中获得并赠送给董事会的……另一个是在曼尼普尔（Munnipore）谷地（Rai-Mal 地区）射杀的一只红鹿（雄性）……据说它极其凶猛并且很难对付。在鸟类学方面也有一些有趣的补充：我们收到了几种北印度特有的新物种，包括猎鹰、鹤和潜鸟。蝙蝠属（vespertilio）也有了相当大的增加。昆虫学收藏中最引人注目的特点是"活叶"（animated leaf）——动物和植物之间非常奇特的内在联系，最近由博物馆的馆长霍斯菲尔德博士从一位居住在孟加拉的朋友获得的。这种奇妙的自然产物在每一个细节上都像一片褪色的叶子，以至于最谨慎的观察者都很难确定它属于哪个物种。据说这种标本在英国仅有一种，它无疑在自然历史中形成了一个非常有趣且独有的特征。

在 1847 年，霍斯菲尔德还提出了进一步的指示，提醒西藏驻拉达克省边界委员会（Tibetan Boundary Commission to Ladakh）的科学人员，按照董事会的规定履行他们对博物馆的职责。他列出了 31 种特别感兴趣的哺乳动物，并特别请求"派遣本地一名熟练的动物标本制作师随同使团，专门负责收集和保存自然历史标本以供博物馆使用"。

与此同时，还有一批更为坚固的材料陆续抵达，包括 1844 年从福尔克纳和考特利在西瓦利克山的研究中收集的 22 箱化石标本。实际上，这些只是整个收藏的典型之选，因为在此之前，公司已经同意将考特利的全部材料交给大英博物馆。这些标本是公司董事会向西北省总督要求的结果，要求为公司自己的博物馆保留一部分具有代表性的标本。福尔克纳花了几年时间编纂了在大英博物馆和东印度公司图书馆中发现的标本目录（并继续享受公司助理外科医生的薪水），同时聘请了三名技术人员将化石从岩石中"解剖"出来，并制作铸模以供国际范围内的其他博物馆、大学和学院用于展示。用霍斯菲尔德的话来说，这再一次证明了"东印度公司尊贵的董事会的慷慨气度"，并为欧洲和美洲的地质学家"将他们的材料与在东印度公司亚洲领土上发现的遗迹进行比较"提供了方法。福尔克纳和考特利的《西瓦利克古代动物群》（*Fauna antiqua sivalensis*）于1846年开始进入写作、出版流程，计划分为十二个部分，但在1849年停止出版时只出版了九个部分。[43]

此外，同时抵达的还有一些重要的地质藏品，包括德干地区的材料，由赛克斯上尉（后晋升为上校）收集。他于1833年退休，1840年成为东印度公司的董事，并于1857年当选为阿伯丁的议员。这份藏品附带的36页目录题为"位于东经73°35′至74°49′、北纬18°24′至19°10′之间的岩石和矿物清单"，列出了约426个标本，公司于1848年3月15日确认收到了这些东西。[44]

如上所述，各种自然历史标本的图画定期由当地调查员和公司花园中的植物学家，以及对印度动物群有兴趣的人送往东印度公司总部（图109）。容维尔的鸟类绘画（共50幅）于1802年从锡兰送达，1807年又有来自W. L. 吉本斯（W. L. Gibbons）的鸟类绘画，1808年来自布坎南和弗莱明的鸟类绘画。理查德·帕里（Richard Parry）在1812年送来了来自苏门答腊的两百多幅植物和动物绘画。

在伦敦举办万国博览会之后，博物馆即将流入大量物品，此时大量自然藏品的转移（特别是植物标本的转移）正好平衡了物品流入的趋势。到了19世纪中叶，主要的接收机构变成了邱园中向公众开放的皇家植物园（Royal Botanic Gardens）。该植物园于1840年由乔治三世的私人花园改建而成，威廉·胡克成为第一任园长。[45] 此后，处理从印度博物馆流入的植物标本的繁重任务落到了威廉的

图109 来自印度博物馆的早期存世动物标本之一，拉塞尔在印度收集的波加丹蛇（Cerberus rynchops）标本——来自印度博物馆的早期存世动物标本之一。

儿子约瑟夫·胡克身上。约瑟夫·胡克于 1851 年从印度的一次考察之旅回到邱园，并计划与托马斯·汤姆森合作编写多卷本的《印度植物志》，但只有第一卷于 1855 年出版。胡克在持续进行研究的过程中发现，他需要查阅多年来公司博物学家们忠实寄往东印度大楼的大量植物标本，但这些标本大部分被储存在环境恶劣的地下室，存在严重的腐坏风险，并且学术界几乎无法接触到它们。1858 年 2 月，胡克获得授权检查这些标本，并考虑对其进行整理。他发现这些标本规模庞大，但保存状况极为糟糕：

> 我发现这些收藏物品数量庞大：有些还封闭在箱子里，另一些部分虽经过整理，但还是相当混乱，很多物品难以确定其采集地点或采集人员。标本也受到湿气和虫子的严重破坏，恐怕其中有许多已经无法挽救了。[46]

许多标本缺乏任何识别标签或标记，而在那些被打开的标本中，有许多被"暴露在城市的尘土、老鼠和其他害虫中，结果格里菲斯的一半收藏和福尔克纳的四分之三的收藏完全被毁坏了"。其他未经鉴定的藏品在东印度公司位于新街（New Street）的仓库中尚未被打开，它们的状况可能也好不到哪儿去。胡克最初的打算是专注于福尔克纳和格里菲斯送来的标本，但他发现情况如此混乱后，便提出要调查全部藏品，条件是东印度公司应该提供财政支持，并且藏品可以转移到邱园，他估计这个过程将耗费两年的时间，并希望"使这些内容对科学家们可见，不让东印度公司官员的贡献付诸东流，并为格里菲斯博士的遗作提供一把钥匙"。同时，他还要求转移植物绘画收藏，以便促进他的工作。董事会接受了胡克的提议，并提供 200 英镑用作装订纸的费用。因此，1858 年 7 月，11 辆车载的植物标本从东印度公司的地下室运往了邱园，胡克在那里完成清点和标记工作所花费的时间不是两年而是六年。

与此同时，霍斯菲尔德继续致力于收藏哺乳动物标本，他的工作在 1851 年出版的《博物馆哺乳动物目录》(*Catalogue of the Mammalia*) 中得到了展现。[47] 接着，在 1854 年和 1858 年，他又分别出版了两卷本的《博物馆鸟类目录》(*Catalogue of the Birds*)。他在 1858 年和 1860 年分别与弗雷德里克·摩尔合作编纂了《博物馆鳞翅目昆虫目录》(*Catalogue of the Lepidopterous Insects*)（同样是两卷本）。

在霍斯菲尔德努力处理博物学（尤其是动物学）收藏的同时，他的同事约翰·福布斯·罗伊尔不仅致力于推广对印度商品的兴趣和需求，还试图让公司相信博物馆在培训其员工方面的意义。

他要求前往印度的人员全面了解博物馆的内容，因为博物馆不仅能够为他们提供关于印度及其国民更全面、更准确的概念，甚至对那些从印度返回的人也是如此。这比那些局限于一个地区甚至一个总督府的人所能获得的知识要更加广泛。

在这种情况下，东印度公司董事会被说服，支持这一发展，并批准在东印度大楼进行必要的工作（图 110）。原先由秘书和助理秘书占用的场所以及海事部门的一部分被分配给新的博物馆，但其主体是由东印度公司的测量师马修·迪格比·怀亚特（Matthew Digby Wyatt）将原来的茶叶拍卖厅改造成的一座有柱廊的莫卧儿风格大厅（图 111）。尽管新博物馆宣称追求的目标是实用主义，但在 1858 年开放时，这个主要空间却被用来展示东印度公司多年来所继承的古代雕塑作品，而原材料和制成品，更不用说众多描绘印度农业、工业（以及印度人种）的模型，都被安置在较小的画廊中。

罗伊尔几乎没有机会享受他的劳动成果，因为他在博物馆开放的当年 1 月 2 日便去世了。此后，新博物馆成为霍斯菲尔德的职责范围之一，并很快在 1858 年夏季得到了来自施拉金威特兄弟的大量收藏：东印度公司的货运清单上记载了两百多个包裹、盒子、布料包裹的物品，以及十个箱子的手稿、计划和图纸，都是为博物馆添砖加瓦。[48] 三年后，还健在的施拉金威特兄弟本人这样描述他们的贡献：

> 地质学：大约 2000 件岩石和化石标本以及 1400 件土壤和沉积物标本，现被装在玻璃圆缸中。后者的建立已经基本完成，

图 110　印度博物馆的一些景观，选自《休闲时光》（*The Leisure Hour*）杂志第 7 期（1858 年）。

它们目前被陈列在公司博物馆里，而剩余部分的标示和整理工作正在积极进行中。[49]

植物标本：主要以展示植物的地理分布为目的，对于西藏地区的植物收集尤其完整。[50]

动物标本：收藏了动物的骨骼、皮毛，以及保存在酒精中的动物标本，其中许多已经陈列在印度馆博物馆中[51]

民族志藏品：收藏了各种本土服饰、制造物和编织物等物品，其中351件标本已经交付给印度馆博物馆用于展示。

霍斯菲尔德和罗伊尔一样，没有更多的机会来安心地享受他们新扩展的领域。随着1858年《印度政府法案》的通过，英国东印度公司及其控制委员会被印度事务处和印度理事会所取代，这些机构对印度的态度可能更加不宽容。图书馆和博物馆的新管理者迅速增设了一个新职位，即印度产品报告员（Reporter on the Products of

图111　东印度公司总部曾经的茶叶拍卖室，由M·迪比·怀亚特改建成一个新的博物馆展厅，选自《伦敦画报》（*Illustrated London News*），1858年3月6日。

India），该职位承担了罗伊尔早期的许多责任（见下文）。霍斯菲尔德被允许继续负责他钟爱的博物学收藏，不过他不得不监督藏品的继续散布（包括不少于 28 根象牙），并将自己的爪哇植物收藏转交给林奈学会。1859 年 7 月 14 日，年过 86 岁的霍斯菲尔德也去世了。

罗伊尔，"经济博物馆"与国际展览时代

1832 年，印度植物学界的重要人物之一，约翰·福布斯·罗伊尔回到了英国。他是萨哈兰普尔植物园园的园长，也是喜马拉雅山一带自然物品的先驱收藏者。怀着充沛的热情，罗伊尔着手整理他丰富的藏品，并从事写作工作。他的《喜马拉雅山脉植物学和其他自然历史，及克什米尔植物图鉴》（*Illustrations of the Botany and other branches of the Natural History of the Himalayan Mountains, and of the Flora of Cashmere*）的第一部分于 1833 年出版，之后又陆续出版了十个部分，直到 1840 年。罗伊尔的文本并不局限于分类学问题，而是全面介绍了"英属印度的巨大资源，无论是论述人们在农业、制造业和内部贸易所需的资源，还是论述扩大外贸供应的资源"。[52] 这种对印度植物资源经济价值的关注准确地反映了罗伊尔个人与南亚次大陆的密切联系：他在东印度公司总部重新露面的同时，公司内部也越来越意识到这种知识生产在印度经济发展的中心作用，而不仅是记录其资源。这种认知在接下来的几十年里越来越为人们所接受，罗伊尔成为有关该理念最有说服力和有效的代言人。

伦敦市金融区利德贺街也受到了伦敦世界博览会（下文详述）的推动效应的影响，据记载："与许多其他公共机构和私人个体一样，尊贵的东印度公司今年大开馆门，供公众参观……无需任何预先申请或手续。"尽管人们对这一举措没有异议，但 1851 年一本匿名出版的私人指南却对藏品的展示形式和很多描述性文字进行了批评，文本语气多是吹毛求疵的，估计是为了吸引尽可能广泛的读者而哗众取宠。印度神像被普遍贬低为"粗糙的作品或低廉劣质的漫画"，而大部分印度雕刻品则被描述为"有些令人厌恶"。[53] 只有鸟类和小型哺乳动物的藏品——"许多极为美丽"，以及蝴蝶——"非常吸引

人"，得到了似是而非的赞美（详见附录Ⅳ）。

游客并没有被导游手册所误导，1851年的参观人数在不断上升。虽说东印度公司的收藏在伦敦的博物馆界保持了体面的声誉，可它们对普通大众的影响远远不及该公司接下来举办的一系列贸易和工业产品展览——这些展览在19世纪中后期引起了公众的兴趣，并被认为永远改变了展览的形式和公众对艺术品和工业品展示的期望。罗伊尔作为印度产品报告员和公司董事会指定的1851年展览及其后续展览委员会的代表，在构思和实施印度展品方面发挥了关键作用。

近年来，人们开始关注这一时期的印度博物馆，将其视为一个象征性的纽带，一个都市中心。博物馆不仅汇集了艺术品，还有数据（以及由此延伸的权力）——这些数据是在帝国的边缘收集的，并通过公司的行政渠道进行输送，为一种日益技术化的帝国政府提供养分，而这种政府将超越东印度公司自身的存在。[54] 现在，人们认为收藏的动机不仅是受到了皇家学会或英国科学促进协会的影响，还受到了公司文化的影响。而日益增长的收藏则更多地受到"公司扩张和收缩的偶然性"的影响，并非科学界的研究需求。[55] 可以肯定的是，查尔斯·威尔金斯最初设想的博物馆的功利性在这个时期达到了巅峰，完全与引发19世纪后期的大型国际工业和艺术展览的运动相契合。

1851年的伦敦世界博览会

如果说东印度公司自己的博物馆只获得了部分掌声，那么公司在1851年水晶宫举办的伦敦世界博览会上的贡献却受到了一致的赞扬。来自印度的各种自然资源以及各类成品都被展示在那里（图112）。[56] 公司的展示品占据了最重要的展位，占据了南北横廊西侧的大部分空间，并围绕着与水晶喷泉相连的中心点集中展示。博览会的主要入口位于南侧，而女王的更衣室和休息区位于北侧；其中一个房间陈列着由特拉凡哥尔拉邦（Travancore）的拉贾为此次盛会特别赠送给女王的一张镶有黄金配有丝绒装饰的象牙宝座，亲王阿尔伯特（Albert）在博览会庆典的高潮时刻曾坐在上面（图113）。[57] 这位拉贾也许在同一时间还向印度博物馆赠送了镶有珠宝

图112 1851年伦敦世界博览会上的印度展厅是东印度公司展示的焦点,该图由约瑟夫·纳什(Joseph Nash)于1854年绘制,彩色平版印刷。

的金制剑和剑鞘:《海派》(Sea Pie)中发布的指南(附录Ⅱ)里特别在武器类别中提到它:

> 最华丽的展品……是特拉凡哥尔邦拉贾的剑,这把剑由他亲自赠送……剑柄由黄金制成,形状设计为一条龙的头部,镶嵌有大颗的钻石和红宝石,看起来珍贵异常。剑鞘同样是金制的,工艺精美。[58]

虽然水晶宫的展览本身具有博物馆的特点,并且公众参观的人数创下了空前的记录,但展览的目标受众主要是工商界的企业家阶层,其主要目的是扩大生产和贸易。[59] 因此,展品被分为四个主要类别:原材料、机械设备、制成品和(并不是最突出的)雕塑以及造型艺术。

在《官方说明和插图目录》(Official Descriptive and Illustrated Catalogue)中,罗伊尔记录道,"东印度公司董事会是英国最早

（虽然不是第一个）获准支持该展览的公共机构之一"，[60] 但毫无疑问，正是他自己的热情和主动性令公司能如此迅速地做出回应，并且他在确保展览成功方面发挥了至关重要的作用。在筹划的最初阶段，东印度公司明智地任命罗伊尔为其利益负责；他几乎立即回应了公司这一冒险举措，并撰写了一份名为《关于展示来自印度的原材料和制成品》(*On the Exhibition of Raw Products and Manufactured Articles from India*) 的评估报告，日期为1849年8月。[61] 印度可用资源的丰富性当然不言而喻，但罗伊尔认识到了展览所带来的好处，可以让欧洲工业家了解这些材料的性质、多样性和制造潜力。关于从印度收集展品更详细的提案在1849年年底前起草完成，董事会在1850年1月的公文中也对此极力推荐：

> 我们一直渴望鼓励开发那个庞大帝国的资源，并且我们非常重视建立一个能公开展示其产品的收藏，因为这不仅有利于欧洲制造商，且也可使我们在东方的领地受益。那里生产许多在英国民众眼里陌生但具有宝贵特性的物品，只要有需要，就能获得大量物产，而且价格低廉。

一份列出所需原材料和制成品的清单也被列入其中。[62] 印度政府安排在全部三个总督辖区的官方公报上发布该清单，并将其翻译成几种本土语言，以确保"为无名的艺术家提供机会，使其与最受欢迎的地区的产品或最成功的天才的作品竞争"。公司明确表示其希望：

> 已提议的展览目标应尽量在整个印度广泛传播，我们的各个政府和我们的公务员，无论他们的职位或职责是否旨在为实现该目标提供机会，都应努力促进印度原材料和制品的收藏，这些物品不仅在科学上具有趣味性，还可以为商业和艺术服务。[63]

为了满足这些要求，东印度公司的所有官僚机构迅速行动起来：

图113 特拉凡哥尔君主给印度博物馆赠送的剑和剑鞘。

每个总督府设立了一个"中央委员会"和几个专门小组委员会，其中不仅任命了印度本土成员，还有欧洲成员；在每个贡献地区内还设立了下级委员会，负责起草所需物品清单。这些清单随后提交给加尔各答的最高政府进行协商，对于要从孟加拉、马德拉斯和孟买分别获取什么形成了完整（并且经过全面成本核算的）综述。在中央委员会的批准下，立即下达了需要长时间准备的物品订单。为了鼓励大家广泛参与，所有物品的出口税均被免除（即使物品在展览后在英国出售），并承诺任何获奖展品的奖金将由公司转交给提供该物品的所有者。除东印度公司外，没有其他机构可以动用类似规模的资源来寻找和运送这些展品。

东印度公司的展品规模庞大、多样且华丽。其中最引人注目的是一座由孟加拉纳瓦布送给维多利亚女王的豪华象鞍，上面镶嵌着象牙。然而，尽管它壮丽非凡，但它的展示却缺少一个必不可少的元素。最终，展览的总监贝尔肖（Belshaw）先生挽救了这一局面，据《泰晤士报》1851年7月8日的报道：

> 大英博物馆不愿借出他们的大象……虽然可以从动物园借来一只活的，但它在水晶宫内出现可能会引起不便。一个篮子制造商挺身而出，愿意以4英镑的价格制作一个由柳条编织而成的象笼，但人们觉得这样的假象……不适合展览。最后，在一番调查之后，贝尔肖先生发现埃塞克斯郡有一头大象可供使用，是由一位勇敢的行政官员在邻近郡的荒野中捕获的。
>
> 它生前曾是伍姆韦尔动物园的一大亮点，它的皮被心怀感激的主人留了下来……它将在未来的一两天内被带入印度展区，毫无疑问，成千上万的观众将以骄傲和惊奇的情感来观看这一真正的英国制造。

许多印度设计和制造的产品在首次引入英国时受到了热烈的欢迎，这满足了东印度公司的愿望。在制成品中，公司展示的织绣披肩被评为杰出之作：

东印度公司为本次展览贡献了一批昂贵而华丽的制成品，这些制品来自他们的统治地区，是各类制品中最优秀的样品。每一件制品都经过精心挑选，它们完美无缺，具有独特的风格，为整个欧洲树立了榜样。作为最具卓越品质的参展商，我们不禁强烈建议，应该适当地给予该公司荣誉，以示女王陛下对他们展品的认可。[64]

披肩已经在时尚界流行开来。早在18世纪80年代，最早从克什米尔进口的公司产品就催生了几个生产中心，并模仿和采用印度设计，以至于其中最成功的佩斯利涡纹旋花呢（Paisley），已经成为最受欢迎的样式的代名词。[65]

在展览中，人们对"华丽的方形织锦披肩和绣有金线、珍珠的长红披肩，以及绣有金线和甲虫翅膀的纱巾"青眼有加。尽管人们通常对其他印度工艺品的设计持否定态度（"它们没有明显的缺陷，但也没有任何突出的美感"），挑剔的拉尔夫·沃纳姆（Ralph Wornum）却对印度纺织品心生好感：

> 东方织物……在装饰物类别中被展示出来。与欧洲类似的产品相比，它们似乎更加出色……印度织物简单而迷人的效果显示了即使是最简单的材料也能在工艺上取得很大成就。[66]

公司还提供了"一组价值不菲的印度纸张"、丝绸地毯、优雅的陶瓷制品、贝壳手镯和项链，以及坚硬石材和金属制成的容器和器皿。相关评委会对公司展出的装饰金属制品与本国的产品进行了积极比较："在英国，制造商普遍金属用量很大，但产品的艺术含量不高"，而印度商品则通过"精工细作，用精湛的镂空、珐琅和镶嵌技术"等加工处理，"以最少的材料展现最多的工艺技巧"。评委会还赞扬说，即使是他们的日常产品，"首先要考虑到美的形式，并以多样而美丽的细节装饰排列，因此值得装饰师的重视"。[67]大量富有装饰的拐杖也受到了极高的赞扬，其中许多是由几位拉贾赠送的；还有各种类型的普通拐杖，"由公司购买用于展览"。武器和盔甲在展览中同样引人注目。

公司因展示了"一系列在基什那古尔（Kishnaghur）制造的 60 多个黏土人物模型"而被授予奖章，"它们代表了印度人的各种职业"（图 129、130）。[68] 还有来自其他 20 个中心地区的模型，[69] 包括大约 40 个来自贝尔高姆（Belgaum）的戈卡克（Gokak）的模型。最有雄心的作品是来自普纳的一个 9 英尺见方的画面，展示了"一个集体搬迁中的官员的营地"，采用木材制作，有大约 300 个可识别的石膏人物。[70] 这类黏土人物模型在印度博物馆的展品中很常见，据说模型人物多到"数以千计"（见附录Ⅴ）。

其他更神秘的模型包括一个用象牙果雕刻的精美寺庙模型（图 114），当时的制造商中几乎没有人听说过的材料（该材料并非原产

图 114　在伦敦世界博览会上展出的精美寺庙模型是由象牙果（Phytelephas macrocarpa）雕刻而成的。该模型由本杰明·泰勒（Benjamin Taylor）展出，现已成为英国皇家植物园经济植物收藏的一部分。

于印度)。尽管象牙果不像其他一些天然材料(特别是马来乳胶)那样被大规模消耗,但后来还是受到一些制造商的偏爱,例如英国的纽扣制造商。而橡胶因具有较强的可塑性,利用方式多样,便形成了相当规模的产业基础。

尽管东印度公司本身因其创意而受到赞扬,但一组玩具展品得到了更高的评价:

> 一大批主要来自孟加拉和马德拉斯的玩具。展示的大部分内容都是色彩鲜艳但粗糙的鸟类模型;此外还有一些在英国很常见的玩具,比如陀螺、旋转木马、不倒翁……这些都是印度常见的玩具,在某种程度上它们对博览会是非常宝贵的贡献。但与欧洲的玩具相比,它们的制作水平要差得多。这些选择为东印度公司及其众多官员充分认可举办这些大型展览的目标提供了一个有力证据,也展示了官员们收集藏品——即使是最微不足道的有趣物品——方面付出的热情和努力。[71]

图115 一瓶指甲油标本,曾经属于印度博物馆,现存于邱园的经济植物展区。

在东印度公司展出的自然产品中,受到格外赞赏的有橡胶树胶、漆、淀粉、油类(图115)、鞣料和染料。其中,一大批生棉的展示被描述为"庞大而有趣",还有一些在试验农场上的改良品种也受到了赞誉。[72] 此外,得到特别赞赏的有东印度公司展出的几百个东印度木材样品,其中包括来自罗克斯堡和沃立克的藏品。据说,如果沃立克不是相关评委会的成员,他的大约450个展示样品可能会获得奖章。然而,由于东印度公司的展品"展示了印度的自然资源和制造业",评委会毫不犹豫地颁发了"评委会奖项"(Jury Awards)。

展品中的食品有很多种:水稻在展览上获得了奖章,东印度公司的新加坡委员会展示的珍珠西

206

米（the pearl sago）获得了荣誉提名；各种茶叶被展示出来，来自爪哇和阿萨姆的茶叶获得了奖章；展出的香料包括来自锡兰的肉桂和各种其他香料，如肉豆蔻、生姜、肉豆蔻花蕾、丁香、姜黄和辣椒——再次获得了一枚奖章。评审团还授予了东印度公司一枚理事会奖章（但由于技术原因未被主席委员会通过）：

> 东印度公司所展示的印度原产品收藏非常宝贵和重要，它以卓越的方式展示了印度丰富的自然资源，并向制造商展示了许多有价值的新材料或鲜为人知的物质，其中许多在未来有可能成为重要的进口商品。[73]

药品和医疗物资也是展示的内容，其中包括来自孟买、孟加拉和"东印度公司的加尔各答药房"的样品。

南亚次大陆的自然产品中，有"矿物和岩石，包括大约450个标本，其中大部分属于结晶形成"。这个收藏显然给人留下了深刻印象，尽管评审团在此处评奖时或许考虑到这些标本在东印度公司博物馆长期展示。他们对这组展品缺乏标签和位置地图表示遗憾，并表示，为了公众的利益，"东印度公司应该委托一个熟悉该标本采集地点的人管理这组展品，这样一来它将对研究亚洲这一地区的地质学非常有价值。"还有一批额外的藏品，是由约翰·福布斯·罗伊尔博士从印度的市场收集的"用作药物和艺术用途的矿物、植物和动物"（图116）。[74]

罗伊尔成为这次活动中的次重要角色之一，由于他个人的贡献，包括印度橡胶、乳胶和棉花等原材料的供应，他获得了多次嘉奖提名。他还负责整体展示，其中包括东印度公司，以及许多未能亲自参与该活动的印度私人捐助者提供的展品。[75] 然而，公众的认可主要集中在东印度公司高层领导人身上，这一点也

图116 约翰·福布斯·罗伊尔，根据G·H·洛德（G. H. Lord）于1850年的绘画制作的石版画。在一段跨越两个大陆的东印度公司职业生涯里，如本书所述，罗伊尔在收集和保护藏品的过程中做出了杰出贡献。

是必然的。维多利亚女王在她的日记（10月23日）中记录了展览结束后的情况：

> 我们接待了 J·谢泼德先生和东印度公司副主席詹姆斯·威尔·霍格（James Weir Hogg）爵士。他们受东印度公司董事会的委派，为我呈上东印度公司展出的每一件主要物品的标本，以表达对我支持万国博览会，尤其是印度分展的感激之情。附上一份我收到的美丽而有趣的物品清单，它们价值连城，稀奇独特且富有品位。我所收到的珠宝高贵华丽，它们曾属于兰吉特·辛格，在拉合尔的宝库中被发现：共有224颗硕大的珍珠串成四行，非常华丽，是一件相当美丽的饰品；由19颗祖母绿组成的腰带也令人惊叹，同样价值连城。这些祖母绿宝石呈正方形，非常大，交替刻有纹饰，美中不足的是它们都是平面切割的。它们周围镶嵌着钻石，并以珍珠为边饰。红宝石更加让人惊艳。它们是圆顶切割的，未经镶嵌，但已打孔。其中一颗是世界上最大的，比科伊诺尔钻石更加耀眼！我非常高兴英国皇冠将拥有这些珠宝，我敢肯定它们能够彰显皇家气派。[76]

在描述印度作为全世界自然资源最为丰富、劳动力廉价且充裕的地方时，评审团不得不总结道（预示着仅仅六年后英国与印度关系中所表现出的帝国主义的强硬态度）：

> 印度的繁荣发展一直有几个重大阻碍，这些障碍令其商业发展困难重重。尤其是当地居民与生俱来的惰性、漫不经心和冷漠，这些习性因宗教的特殊性和根深蒂固的偏见而得到了支持和延续……当人们真正认识到印度的自然产品的价值时，它们无疑将会成为对印度至关重要的贸易商品。这一结果对我们自己国家有利，同时也将极大地惠及印度，并促使修建良好的道路或其他运输设施，通过这些方式，可以实现内部交通网相连接，让商品能快速、廉价和安全地运输。欧洲技术和资本的投入和努力，无疑会在一定程度上消除或减少这些障碍，但与此同时，它们对印

度的自然优势所产生的恶劣影响也是巨大的。[77]

这种自满的判断完全没有对印度生产者已经遭受的巨大损害表现出任何同情，尤其是纺织业——在大英帝国的强权统治下通过操纵市场而导致出现这样的结果。即使是展览的《官方目录》也承认：

> 机械发明剥夺了许多印度人原有的优势地位，并且令其在很大程度上失去了自己创造的商业，尤其是他们的一些产品在关税上受到了歧视，这几乎与在英国禁止进口印度产品没什么区别。因此，他们的对外贸易并没有像预期的那样伴随着许多地区的长期和平而稳定发展起来。[78]

这场汇集了南亚次大陆所有财富的前所未有的博览会，总共花费了约 16 万英镑。当展览结束时，这些展品也迎来了它们的最终命运。罗伊尔提出将一套完整的原件作为参考藏品保留在东印度公司总部，这个请求于 1851 年 10 月 16 日得到了董事们的批准；复制品则分发给其他收藏机构，或赠送给可能能够充分利用这些资源的科学家和制造商。意识到其博物馆容量有限，馆长霍斯菲尔德将选择范围限制在"与目前博物馆主题相符的物品上，即印度本土的服装、船只、用黏土制成的描绘本土服饰和手工的人物、乐器，以及说明印度技术的各种杂项物品"，仅这些内容也足以让公司受益。其余物品分发给伦敦、伯明翰、斯托克、沃灵顿、朴次茅斯、伊普斯维奇、诺维奇、约克、爱丁堡、都柏林和科克等地的机构；最后剩余的物品也有了值得托付的个人收藏家或机构，这些收藏人来自欧洲大陆和北美，他们于 1852 年 6 月 28 日举行了剩余制成品的拍卖会，拍卖的东西有珠宝、服装、鞋子、各种材料制成的盒子等。南肯辛顿博物馆（The South Kensington Museum）和贸易委员会的马尔伯勒宫装饰艺术博物馆（Museum of Ornamental Art at Marlborough House）是这次拍卖会的买主。[79]

1851 年展览中出现的武器和盔甲被伦敦塔装甲馆（Tower Armouries）大量收购，这也是首次在伦敦塔中展出东方名物。两年后，东印度公司在白塔（White Tower）的新亚洲室内陈列馆中再次展出了近 200 件物品，并产生了广泛的影响（图 117）。[80] 据推测，公众的兴趣可能由第一次英锡克战争激起的，该战争于 1846 年以签订《拉合尔条约》(Treaty of Lahore) 画上句号。在兰吉特·辛格（Ranjit Singh）拉贾（逝世于 1839 年）的统治下，锡克部队（特别是炮兵）实力强大，赢得了英国人的尊重和钦佩。到 1849 年，孟加拉骑马炮兵的约翰·洛金（John Login，后来成为爵士）博士成了"拉合尔城堡的主人"，并被授权为公司列出战利品清单，特别是"勇士和将领所穿的盔甲，那上面沾满了他们的鲜血"。军械总监要求将优质的样品从印度送往"英国国家军械库"，并附上有关它们的原产国、日期和其他有趣的详细信息。及至 1857 年，这些物品被展示在陈列柜中，醒目地标刻着"印度北部边界的盔甲、武器和装备，由尊贵的东印度公司所赠，公元 1853 年"。《伦敦塔装甲馆官方目录》(Official Catalogue of the Tower Armouries) 如下所述：

> 东印度公司向英国捐赠了大量的印度盔甲和武器。这笔用于国家收藏目的的慷慨捐赠还附带一系列文件，它们被编制于印度的各个总督辖区，鉴定了所贡献之物，并详细说明了它们的制造地点和使用它们的族群。一个如此遥远的国家，一类在英国国内所知甚少的物品，这些信息的价值将会得到对此类话题稍有关注的人们的赏识。

图 117　来自拉贾斯坦邦的羽毛头盔，这是东印度公司于 1853 年赠送给伦敦塔装甲馆的武器装备之一。

许多展示的物品是以配套的形式展示的，包括剑、盾牌和盔甲，装配到具体的人物上进行展示；一些人物配备了火器和箭术装备。此外还展示了全套的步兵和骑兵装备（包括马具），其中一部分是当时的，有一部分则可以追溯到 17 世纪。

在丰富国家收藏之余，人们还注意到，这份了不起的礼物巩固了东印度公司作为印度合法政府的形象，它具备将抽象物体提取出来并出口用于教育英国公众的能力。[81] 在如此慷慨的赠礼面前，很少有人能预测到仅在五年之内，公司统治的脆弱性会因一场叛乱暴露无遗，公司对印度的统治最终也走向末路。

当水晶宫后来在锡德纳姆（Sydenham）重新建立起来时，自然少了最初在海德公园展示的众多展品。新的主人——水晶宫公司（Crystal Palace Company）发现自己难以为游客提供有吸引力的东西：展览空间过剩的尴尬促使他们向东印度公司借用某些因长年受制于展馆空间不足而无法展览的藏品，其中包括30幅记录阿旃陀石窟壁画的全尺寸绘画复制品。这些复制品由马德拉斯军队的罗伯特·吉尔代表东印度公司制作，但由于其规模庞大，无法在印度博物馆进行展示。公司最初同意借给锡德纳姆20幅画，为期一年，但当1866年水晶宫部分遭遇火灾后，这些绘画仍然在那里展出。[82]

1853年和1865年的都柏林皇家学会展览会

在19世纪30年代，都柏林皇家学会（Royal Dublin Society）组织了一系列专门展示爱尔兰制造业和产品的展览，随后于1853年举办了首届都柏林国际博览会。该博览会被誉为"整个19世纪在爱尔兰举办的同类活动中最伟大的盛事"。博览会在都柏林的伦斯特的草坪上搭建了一座特制的玻璃和钢铁建筑。[83] 尽管该展览总体以爱尔兰展品为主，但印度展品也占了相当大的一部分，其中就有东印度公司借出的约一百件藏品，包括雕塑、陶器、武器和盔甲、服饰、乐器、模型和象鞍。[84] 在1865年举办的第二届展览中，印度博物馆借出的最著名的藏品是兰吉特·辛格的金色王座、蒂普苏丹的深红地毯，以及一个由大理石制成、使用了镶嵌工艺的慕塔芝·玛哈（Mumtaz Mahal）的石棺模型（慕塔芝·玛哈是沙·贾汉的妻子）。[85]

1855年和1867年的巴黎世界博览会

四年后，一系列涉及范围几乎不亚于伦敦博览会的展品被转运到巴黎的世界博览中。这些展品来源广泛，在同年出版的名为《孟买政府领土以及马尔瓦、开普尔、克特区的物品表格和描述清单——由孟买中央委员会为1855年巴黎展览会向东印度大楼转运的展品》（*Tabular and Descriptive Lists of Articles, from the Territories under the Government of Bombay, also from Malwa,*

Khyrpoor, and Cutch, forwarded to the India House by the Central Committee at Bombay, for the Paris Exhibition of 1855）一书中详细列举了这些展品。这些展品的采集工作在印度进行，采用了类似伦敦大展式的供应计划，包括成立区域组织委员会，显然孟买总督发挥了主导作用。1855年5月18日，《泰晤士报》报道了巴黎世界博览会的印度展区：

> 虽然不及1851年展览的规模大，某些重要方面也没有那么辉煌，但其中包含的各种展品显然经过精挑细选，因此更符合欧洲人的品位，布置上也更加令人满意且更具艺术性。

詹姆斯·弗格森也认为，与1851年的展览相比，"本次收集的展品更加多样化，总而言之，更适合展示印度的风俗习惯。"[86]

在巴黎展览中展出的自然物质（东印度公司的展品占据了8000平方英尺，这个数量令人生畏）包括矿石、谷物、树胶、油、染料和药品，但更多的空间被用来展示各种制成品，包括机械、武器、模型、玩具（图118）、乐器和外科医疗器械、陶器、锡器、银器、黄铜制品、角制品以及漆器；也展示了大量棉织品和丝织品（图119）；另外还有70多具石膏人像，无疑展示了印度的各行各业。

图118 玩具老虎，木制，由印度迈索尔邦的尚纳帕特纳（Channapatna）制造——尚纳帕特纳至今仍以此类产品闻名，也许是蒂普苏丹老虎本身的起源。该玩具于1867年被印度博物馆收藏，可能直接来自巴黎世界博览会。

图119 这件织物是1855年东印度公司在巴黎世界博览会展出的产品，由阿萨姆邦的高哈蒂（Gauhati）产的蒙加丝制成。它的原始标签上写着："编号101 高哈蒂/一条用蒙加丝制成的腰布，带有红色镶边，价格1/4卢比，捐赠者为拉贯卢利特辛格（Luleetsingh）"。

在博览会结束时，弗格森试图说服水晶宫公司的秘书向英国东印度公司提议将整个展览搬迁到锡德纳姆，但董事会对这个建议无动于衷。相反，他们最初指示罗伊尔挑选他希望收入博物馆的物品，并清算其余物品，但罗伊尔却试图说服董事会相信这次展览可以作为一个有价值的、新的独立收藏项目的基础，他称之为印度原材料和制成品博物馆（Museum of Raw and Manufactured Products of India）。他认为这不仅展现了南亚次大陆的自然资源，还包括了"其人种及其风俗、艺术、文学、科学和工业"，旨在激发欧洲对印度一切事物的兴趣。[87] 董事会被成功说服，下令对展品进行选择（这个过程花费了罗伊尔一年多的时间），与此同时，印度委员会投票拨款2000英镑用于对公司大楼进行必要的改建。罗伊尔在1858年1月2日去世，就在预定开放的几周前，董事会委托制作了他的半身像，并将其放置在"新工业博物馆"（the new Industrial Museum）中，以表彰他"持之以恒的努力"。

在1866年秋季，亨利·科尔找上了詹姆斯·弗格森，这位《树与蛇的崇拜：图解桑奇和阿姆拉瓦蒂……的神话与艺术》（Tree and Serpent Worship: or Illustrations of Mythology and Art ... at Sanchi and Amravati）的作者，他负责从东印度公司的档案中挑选约五百张照片，用于1867年的巴黎世界博览会展出，其中还附带展

213

出了一些阿姆拉瓦蒂的雕塑作品。[88] 在 1867 年博览会结束时，印度博物馆再次从其他展览中收集了一些物品，特别是"代表印度木工领先水准的精美的印度家具和木箱（图 120）"。[89]

作为一个致力于发展贸易的机构，在其最后阶段，印度博物馆仍然是国际展览领域的重要参与者，毕竟这些展览主要是以商业和工业为导向的。在 1878 年的巴黎世界博览会上（此时印度博物馆已经解散，其中大部分相关物品已转移到南肯辛顿博物馆），英国展区的面积比 1867 年增加了三分之一。在这里，由 C. 珀登·克拉克（C. Purdon Clarke）设计和布置的印度馆包含了一系列相连的展馆、拱廊和画廊，最受公众欢迎的展品是威尔士亲王于 1875—1876 年对印度进行长期访问时所收到的礼物。《泰晤士报》在 5 月 1 日的报纸版面上引述了一份匿名报告，称其为"迄今为止在伦敦或巴黎举办的有关印度自然产品的最完整且布置安排最佳的专题展览。其奢华程度甚至超过了 1851 年伦敦举办的万国博览会中的印度展品。"该展览获得了荣誉证书、七枚金牌、十五枚银牌、二十一枚铜牌以及其他十项荣誉提名。乔治·伯德伍德博士（George Birdwood，后来成为爵士）编写了《印度馆手册》（*Handbook to the Indian Court*），与福布斯·沃森追求的野心截然相反，他因对印度政府急于实现工业化以谋取商业利益，进而危及"印度在过去几个世纪闻名遐迩的

图 120 黑木象牙镶嵌拼花游戏盒，制作于 1825—1850 年，产自迈索尔。这个盒子有三层铰链面板，展开后可形成各种游戏的棋盘，棋子存放在盒子里。该盒子于 1867 年在巴黎世界博览会上被印度博物馆收藏，被编录为"本土游戏的魔术盒"。

工艺产业——这些产业对西方艺术和历史教育的影响，被所有艺术和历史学者广泛认可"的行径进行"独立且勇敢的批评"，受到了知名机构评论家（包括威廉·莫里斯）的赞扬。[90] 这一主题将继续被讨论，但现在已经没有能够为这一辩论做出贡献的印度博物馆了。

1857 年的曼彻斯特艺术珍品展览会

当国家的注意力向北从伦敦转移到 1857 年的曼彻斯特艺术珍宝展时，罗伊尔在暮年再次被召唤担任职务。在展览空间的中央大厅，设立了一个特别组建的"装饰艺术博物馆"（Museum of Ornamental Art），而在北侧耳堂上端的 G 展厅，则陈列了"英国女王陛下、东印度公司和许多私人捐赠的印度和中国挂毯、家具和装饰艺术作品等收藏"，由"来自东印度公司的约翰·福布斯·罗伊尔"监督安排。罗伊尔还为展品目录提供了内容描述，并花费了一些时间来编写展品的背景信息，解释展出的理由和适当性：

> 在 1851 年伦敦大展之前，对于此次展览的大多数参观者，听到 1857 的曼彻斯特艺术珍宝展上会有一件东方藏品，他们会感到非常惊讶。但是，1855 年的巴黎世界博览会和 1851 年的伦敦万国博览会都表明，东方不仅拥有丰富多样的自然产品和精美的制造品，而且继承并实践了各种设计艺术以及色彩的协调。这些作品不仅能够经受住审视，而且在参观其他展览的艺术珍宝后，仍然值得细细品鉴和回味。[91]

事实上，东印度公司在这次展览上贡献的全部材料完全是此前在伦敦万国博览会上展览的缩影——香料、油类、染料和矿物质，以及应用艺术的典范——但在这里，罗伊尔被要求以不同的角度来呈现。

有多个文献记载了该次展览逐渐成形的过程。例如，1857 年 4 月 25 日，《晨报》（Morning Post）的一篇报道中提到了罗伊尔致力于整理交给他管理的大量物品，其目的不仅是展示多样的产品，还要展示亚洲艺术的演变过程：

在东方展区，罗伊尔博士取得了相当大的进展。该展区的目标不仅仅是呈现一个纯粹的东方主题博物馆，更是为了展示亚洲艺术的发展之路。带着这样的抱负，博物馆展示了中印度的纺织品样本，精心设计的各式各样的披肩、头巾、腰带和金布，它们样式奇特，古香古色；还有镶嵌工艺的盔甲、胸甲、手套、胸牌、盾牌和头盔，锻造精良、镶嵌黄金的剑、战斧、印度匕首和其他欧洲战争中从未出现过的奇怪武器。墙上悬挂着来自赫拉特（Herat）和切尔克西亚（Circassia）的地毯、鞍毯和小毯子，还有现在的印度富人住宅中使用的各式各样的地毯样本……印度的盔甲和个人装饰物上都镶嵌有大量的金银……罗伊尔博士从亚洲学会收到了一些珍贵的捐赠物品，现在唯一缺少的是合适的展柜，无法以最好的方式展示这些样品。

罗伊尔有时试图使展品呈现一定的连贯性，但这面临着巨大的困难。同一篇报道继续说道：

东方馆目前成了所有奇特和令人费解的展品的收容所。所有无法明确是否归属于欧洲的物品都被认为是东方的，因此，来自加拿大和世界各地的艺术珍宝都被带到罗伊尔博士那里进行分类，混在东方文明的珍宝中间，相映成趣。

罗伊尔通过一些方式克服了这些困难，并且（根据官方目录的页面来判断）成功地用不同主题打造了一个连贯的整体。他认为，幸运的是，有两个国家的展品占据了主导地位——印度和中国，因为他认为这两个国家代表了"东方文明的两种非常独特的类型"。在附录Ⅶ中，我们会跟随他的导览（虽然被大大缩减），从中可以对其展示的大量藏品有所了解。

福布斯·沃森的贸易博物馆时代

在1857年的叛乱之后，政府迅速通过1858年的《印度政府法案》剥夺了东印度公司仅存的权力，将管理南亚次大陆的责任转交给新成立的政府部门，即印度事务处。东印度公司根据1833年的议会法案，[92] 保护其股东的利益长达四十年，1858年之后，公司作为一个法律实体一直存在，直到1874年6月1日解散，但在解散之前，它实际上已经被剥夺了所有权力。

印度事务处作为新成立的机构，负责管理英属印度的事务，并承担了以往东印度公司的责任。印度博物馆也是其职责之一，不过其重要性相对较低。新管理机构必须首先解决的一个问题是，罗伊尔在1858年去世后是否需要派人补缺馆长一职。财政、内政和公共工程委员会都支持扩展该职位的职责，包括收集和分析有关印度植物和矿产资源的信息，并在博物馆中进行整理，同时将该职位的名称改为印度产品报告员（Reporter on the Products of India）。福布斯·沃森（图121），曾是孟买医疗服务的助理外科医生，在1858年11月13日霍斯菲尔德去世后担任报告员一职，而在接下来的一年中，福布斯·沃森掌管了旧馆藏和新馆藏。[93]

图121 约翰·福布斯·沃森是印度产品报告员，也是"便携式工业博物馆"（Portable industrial museum）的发明者。摘自《印度艺术杂志》（*Journal of Indian Art*），第四卷第25期（日期未知）。

虽然在福布斯·沃森的领导下保留了前印度博物馆的某种历史特色，但印度事务处博物馆的使命方向发生了显著的变化。一份1869年由副秘书M. E. 格兰特·达夫（M. E. Grant Duff）送交印度事务大臣的商务便函对其地位进行了简要描述，他认为：

> 它不仅是一个陈列着奇珍异宝的博物馆，甚至不仅仅是一个旨在推进科学发展的博物馆，而是一个为旨在开发印度资源、促进帝国内贸易的机械设备提供动力的宝库，能为女王治下的东西方两个国家带来巨大利益。[94]

为了追求这些目标，福布斯·沃森继续通过参与贸易博览会和展览来宣传公司的形象。皇家艺术学会、制造业和贸易学会在1862年赞助了一个展览，旨在超越十一年前水晶宫举办的大展规模。尽管在数量上取得了成功，拥有惊人的 28 000 名参展商，[95] 但它并没有以同样的方式吸引公众的眼球。展览场地位于现在的自然历史博物馆，是一个专门建造的巨大建筑（被一些人讥讽地称为"一个可怜的棚子"），该展览在阿尔伯特亲王去世后一年还在举办，由于维多利亚女王仍然在哀悼亲王，这次活动蒙上了一层阴影。尽管如此，《泰晤士报》在 6 月 2 日的报道中特别赞扬了印度部分的展览：

> 在上一次展览中，印度以华丽的方式呈现于世人眼中，博得众人眼球，但对那些期待能看到"充满铜臭味的黄金和宝石"以外的东西，想努力寻找更好地展示这个地区资源的人来说，该展览还是有很多不足的。传统的奢华象轿和华丽的马饰并不能很好地体现这里的丰富资源。

对于福布斯·沃森，一定非常高兴看到《泰晤士报》记者对展览上"披肩、刺绣和纺织品的丰富"给予高度赞赏，而整个展览的推动者——亨利·科尔，则对展出的印度武器表现出极大的热情。同样引人注目的是来自南亚次大陆的更多普通的展品："包括印度所有主要土壤类型的 54 个样本和分析"，以及许多矿石、黏土等；印度博物馆的谷物和豆子样品，由福布斯·沃森用作科学分析；还有弗雷德里克·摩尔准备的"一批亚洲产丝蛾，附带它们蜕变过程的插图和吐出的丝的样品"。至于无法找到展示空间的物品，则被"送往位于白厅菲夫楼的印度博物馆，成为其补充藏品"。[96]

此后，科尔热切渴望为这些年度展览寻求一个永久的展览场地，并于 1869 年在皇家园艺协会花园的东西两侧开始了画廊建设的一系列工作。他很高兴地看到，1871 年展览中最令人印象深刻的展品是桑奇佛塔石门的巨大复制品（图 122），由他的长子 H. H. 科尔（H. H. Cole）中尉以及三名经过特训的工兵制作了 112 块部件，使用明胶模具进行了组装，据说为了复制它就用掉了 28 吨材料来进行复制。

在接下来的一年，印度博物馆的"印度纺织品样本和图样收藏"得到了特别的重视，但在 1873 年，伦敦博览会的风头被维也纳举办

图 122 《英国画报》（The Graphic）于 1871 年 5 月 6 日刊登的图片，展示了在南肯辛顿的 1871 年国际博览会上展出的桑奇佛塔（位于印度西北省）的一个石门的复制品。

的国际博览会（Internationales Weltausstellung）所盖过——这是德语世界举办的第一次世界博览会。据《泰晤士报》6 月 2 日报道：

> 从学术价值的角度来看，展览中最好的东西可能是由约翰·福布斯·沃森博士从印度博物馆寄来的一套博物藏品。它包括两个系列——一个是昆虫，另一个则是种子。

此外还展出了一些吉尔少校在阿旃陀石窟壁画的绘画复制品，它们没有被送到水晶宫。这是印度博物馆最后一次特别展览。

在《泰晤士报》上的长篇文章和福布斯·沃森的《印度工业调查》(Industrial Survey of India)中，福布斯·沃森对这些展览为何最终会走向失败进行了分析，他认为主要原因在于过于注重视觉吸引力，因此没有用品选择展品和系统布置展馆；他还认为展出时间过于短暂，因此主张博物馆缩减功能，应聚焦于科学和艺术为工业和商业服务的方面，而这也正是他自任职以来一直倡导的理念。

福布斯·沃森在对他的部门职责的描述上非常强调其作为商业资源的职责，而不是作为物质文化和自然标本的储存库。他的工作人员编制的大批档案可以提供关于印度原材料和制造业的各种主题的信息。除了为印度事务处本身提供行政需求，报告员办公室还直接向制造商提供样品：在这方面最成功和最具创新性的是向制造商和设计师分发的纺织品图册，旨在刺激与印度的贸易（需要强调这些图样是作为工作样品或标本使用的）。[97] 在这个系列图册的第一本《印度纺织品》(The Textile Fabrics of India)中——由印度事务处出资出版，福布斯·沃森对其中包含的二十套样品（他令人疑惑地称之为"博物馆"）进行了分析，每套样品的图册包括十八卷，提供了每种织物的长度、宽度、重量和价格等详细信息（图123）。在一本与之配套的《印度人的纺织品和服饰》(The Textile Manufactures and Costumes of the People of India)中，有照片展示了各种织物的穿着方式；五百份印刷品中有一百份其插图经过了手工着色（图124）。福布斯·沃森坚持认为，英国制造商有必要清楚地了解印度市场的特点：

> 这700个样本……展示了印度人在纺织品方面钟爱并认为得体的款式，如果这些纺织品供应要来自英国，就必须是在英国仿制的。这些"博物馆"提供了可供研究的和要仿制的款式。[98]

出于此目的，福布斯·沃森对于这些服装还提供了补充信息，

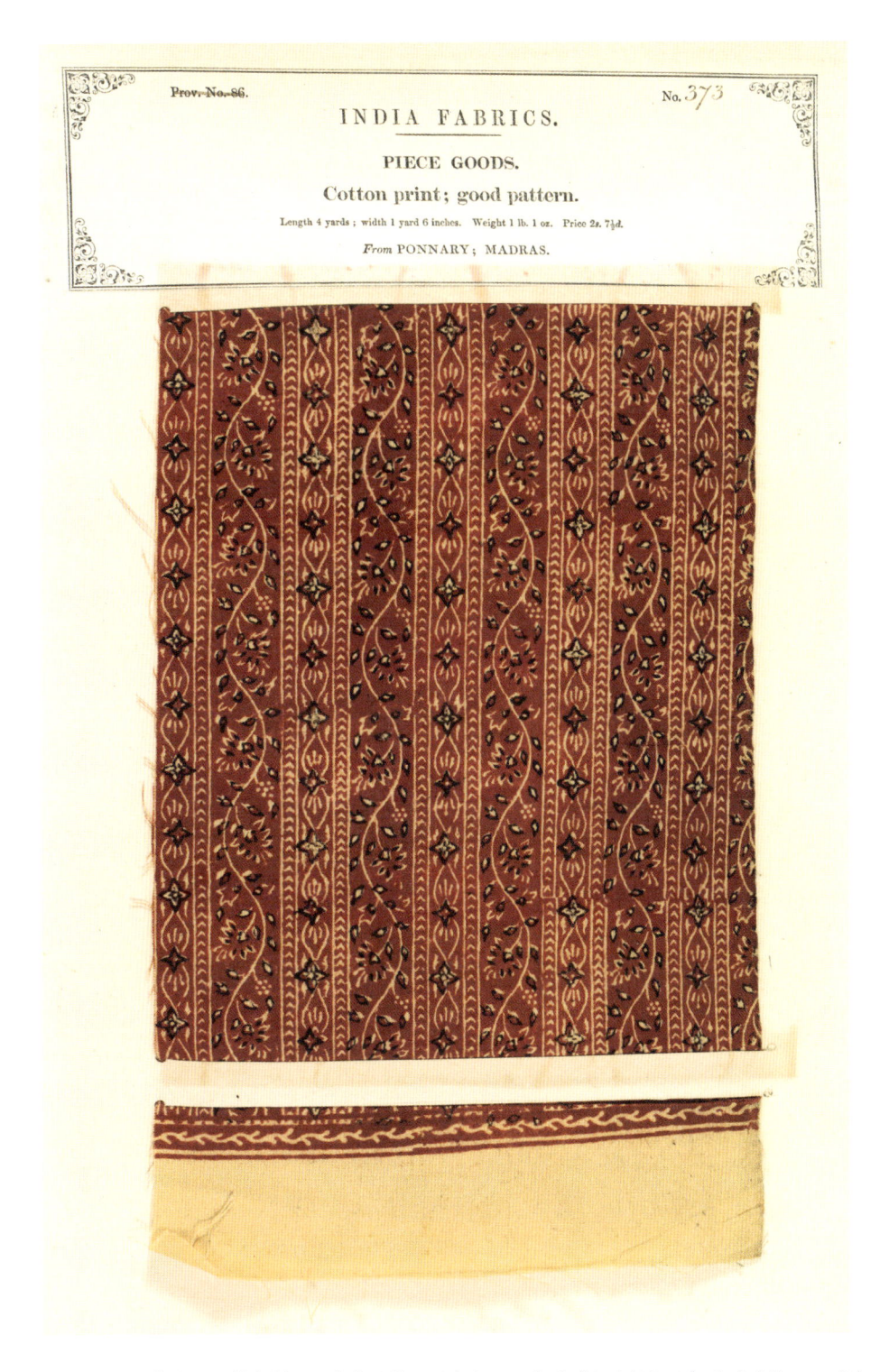

图 123　印刷物中展示的棉布样品，来自约翰·福布斯·沃森的《印度纺织品》系列（约 1866 年）。

图124 约翰·福布斯·沃森的《印度人的纺织品和服饰》,手工着色版的第四版插图。

包括它们是由什么材料制成的,如何穿戴,适合什么性别和用途,所有信息组成了一套独立的、有价值的印度服装综合手册。值得注意的是,福布斯·沃森的主要兴趣在于增加贸易量,他预见到这不是通过瞄准一个利基市场来实现的:"英国制造商不能把目光放在印度那一小部分富人身上,而是要面向亿万下层人群"。[99] 这些"博物馆"中展示的样品的主要来源是为1855年的巴黎世界博览会而准备的大量棉布、丝绸和羊毛织物的收藏,这是另一种令人瞩目的例子,展示了这些收藏并不是静态积累,而是一种动态的资源。[100]

第一个系列共有十二套样品册被分发给布拉德福德、哈利法克斯、利物浦、曼彻斯特、贝尔法斯特和格拉斯哥的商会；爱丁堡和都柏林的工业博物馆；萨尔福德的皇家皮尔公园博物馆（Royal Peel Park Museum）；哈德斯菲尔德的机械学会，以及麦克尔斯菲尔德和普雷斯顿等城镇。[101] 第十三套留在印度博物馆内部。以上各个地区的受捐方都同意不仅会将这些册子提供给本地居民，还会提供给来自其他地方对此感兴趣的人。他们还同意为这些册子提供保管服务，不外借出去。[102] 福布斯·沃森本人还在这些中心通过演讲来宣传"工业博物馆"的理念。

之后，为了满足1866年的巴黎世界博览会和其他机构的兴趣，又制作了更多的样品册。同年，还出版了一系列名为《印度纺织品收藏》(The Collections of the Textile Manufactures of India) 的册子，福布斯·沃森称其代表了"二十个工业博物馆，展示印度纺织品制造业，并促进东西方之间的贸易活动"。这些册子被分发到整个英国相关的博物馆，还被分发到印度，期望它们能用于向当地制造商普及其他地区的技术。然而，它们最重要的任务是"传授我们印度制造业的实用知识……并测定哪些产品可以通过机器以最节省成本的方式生产，哪些不能"。第二个系列的大部分册子被出售，少数被作为礼物送了出去。[103] 随后以印度博物馆的名义又出版了第二系列（1873—1880年），其中详细介绍了每个样本的重量、价格和制造地点，[104] 然而订阅者相对较少。福布斯·沃森的大部头著作《经济植物与产品……索引》(Index ... of Economic Plants and Products) 发行了250册。

作为这些书册的博物学延伸，福布斯·沃森开发了使用展示架的方法：将大量的样品和成品悬挂在带有玻璃框架的博物馆中央大厅柱子周围进行展示（图125，图126），这一融合了书籍和博物馆藏品双重功能的做法，引起了学界的兴趣。[105] 在一篇发表于1868年《皇家艺术学会杂志》(Journal of the Royal Society of Arts) 题为《论英国和印度之间贸易的扩展，以及通过贸易博物馆发展两国资源》(On the Extension of Commerce between the United Kingdom and India, and on the Development of Resources of both Countries by Means of Trade Museums) 的论文中，他阐述了他对

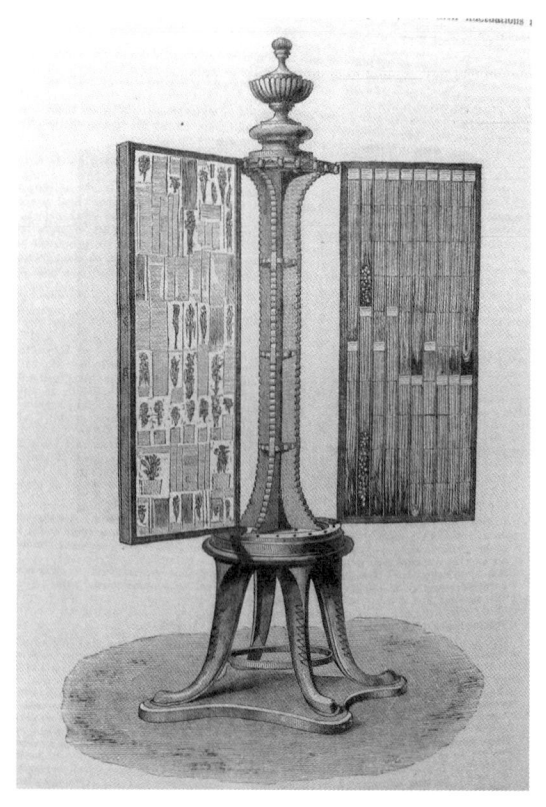

这些"贸易博物馆"的功能的看法。[106] 它们可以充当"交流站"被轻松复制——成为所要呈现的物品的小样（并能够与一些物品、模型和"以百科全书的形式排列的表格和描述"一起），在一个较小的房间内形成实时博物馆。通过这些"交流站"，印度的制成品和原材料（以及印度其他地区的商品）可以互惠互利地介绍给英国制造商和设计师。

图125、图126 是福布斯·沃森所设计的"贸易博物馆"示例，摘自他的著作《印度博物馆和图书馆高效运作所需的措施》(*Measures Required for the Efficient Working of the India Museum and Library*)。

这些小展示柜排列在竖直的框架上，每个框架上有60多个展示柜；中央的柱状支架周围安置了17个这样的框架，并且可以自由旋转……这样可以完整地查看每一个展示柜。通过这种方式，约有1000个样本可以在直径仅为5英尺的空间中进行有效展示。除了实际的样品外，这些展示柜还包含描述性的细节、插图等内容。附带的木刻印版对展品进行了解释。样品只在展示柜的一侧进行排列，而另一侧则提供与对面展示柜中物品相关的概括信息。在这两个展示面中,样品在右侧的展示柜中展示,而信息等内容则在左侧的展示柜中展示。[107]

这些展示方式背后蕴含的理念与"实用艺术系"(Department of Practical Art)和亨利·科尔在南肯辛顿博物馆所推崇的理念非常相似,[108] 即向全国各地的设计学院和其他教育机构派遣巡回展览,并由博物馆的流通部门管理。[109] 在伦敦世界博览会之后,商业界对在伦敦建立一个永久性的国际商业博物馆给予了相当大的支持。[110] 福布斯·沃森热情地促进了博物馆的这一功能的产生,并期待它们会在将贸易样品引入英国的制造城镇方面发挥重要作用,以便告知制造商们市场上可供选择的材料范围及其所需的用途。他统计出至少有1500种动物、植物和矿物值得立即以这种方式展览,并主张它们的呈现方式应该"不仅仅是作为样本,而是展示它们在世界市场上的贸易分类",这暗示着在博物馆中进行的传统分类学工作在这里也可以有所扩展。[111]

这一举措使福布斯·沃森远离了传统意义上保守的博物馆馆长的角色,但与其将此视为一个问题,他认为博物馆在促进直接的商业参与方面发挥作用是完全可取的发展,而且这样的发展不应仅限于他自己的机构。然而,如果以传统的标准来看,他对贸易样品的处理方式似乎不够谨慎,但这与他对博物学标本的态度完全一致,即将它们视为具有实际价值和可以替代的东西,因此它们在传播和研究过程中允许被有益地"消耗"掉。他的继任者则对此的态度则更为悲观:例如,乔治·伯德伍德写道:"对于这项工作来说,博物馆中一些最精美的历史性样品的毁灭确实是不幸的。它们被切割成小块,制造商称之为'指法碎片'(fingering pieces),就为了展示这些光芒闪闪和色彩绚丽的织物中每平方英寸的纬线和经线有多少根。"伯德伍德将这种处理方式比作按英寸切割透纳(Turner)或克劳德(Claude)的作品,以便向艺术学生展示"他们的刷子的涂抹痕迹"。[112]

在对福布斯·沃森的活动对于面向印度的出口贸易产生了何种影响进行分析时,由于缺乏准确的数据,黛博拉·斯沃洛(Deborah

Swallow）只得出了一个初步的结论，即福布斯·沃森的活动可能确实对英国纺织制造商打入印度市场产生了影响。然而，许多当地的手工织布产业在这场冲击中幸存下来，其中一个原因就是他们开拓了自己的新市场：他们的适应力受到"艺术与工艺"运动的赞扬，该运动谴责以牺牲手工劳动者的利益为代价推进（似乎不可阻挡的）机械化。尽管我们可以欣赏福布斯·沃森为自己所创造出来的博物馆功能所付出的极大热情，但我们也要感谢印度本土纺织工业的坚韧性，后来它对社会的重要性被圣雄甘地抓住，并在接下来一个世纪被应用到印度独立运动中。

超越贸易博物馆

尽管在福布斯·沃森的倡导下，印度博物馆戴上了商业偏见的面具，但它仍在一定程度上作为一个平台可以引发人们对印度的更广泛的兴趣。作为南肯辛顿博物馆举办的年度展览的一部分，1851年，委员会原本打算展示"各个地区和种族的民俗学和地理学相关物品的收藏，尤其是关于印度种族的藏品"，希望最终形成一个全面的"人类博物馆"。预计印度博物馆将为此借出施拉金威特的印度人面部铸像、印度民族群体的照片、印度土著部落的手工艺品和精选传统服饰。由于参观人数较少，最终导致该策展流产，并取消了建设人类学和地理学博物馆的计划。

虽然土壤样本的收集似乎没有太大回报，但即使对于这些样本，福布斯·沃森也能加以利用。他对其中的一些样本每一种都花费了42英镑进行分析，并在一封致财务部门的信中报告称，其中一些土壤样本非常适合种植棉花和亚麻：

> 这是一个重要的结果，特别是在当前时期，鉴于目前这个国家对于这些原材料还依赖于一些不太可靠和不确定的来源，它不仅提供了英国政府重视此事的证据，而且给那些似乎有意开办私人企业以开发印度原始纺织品的人们带来了新的鼓励。[113]

1867年巴黎展览会的一个特别吸引人的展品是古思特里（Guthrie）的宝石和珠宝收藏。孟加拉工兵团的查尔斯·塞顿·古思特里（Charles Seton Guthrie）上校生前用了25年的时间里收集了一系列令人称奇的印度玉石和水晶。他首次购买这些印度珍宝是在1846年在拉合尔举办的旁遮普邦财产拍卖会上，之后他又借类似机会从德里和勒克瑙的宝库中购得此类珠宝。1868年，古思特里以8000英镑的价格向印度事务处提议将他的整个藏品出售，或者可以选择出售其中的一部分；最终，一部分价值5000英镑的珠宝被选中供博物馆收藏。[114] 古思特里去世后，还有其他物品被供给博物馆展览，其中包括一套被认为是"世界第三大硬币藏品，即仅次于大英博物馆和柏林的收藏"；有人提议，如果无法收购该藏品，那将是货币学领域的重大损失，因为藏品可能会通过拍卖会分散出售，因此建议不仅要购买该藏品中的印度硬币，而是收购整套藏品。[115] 然而，印度事务处的新主人此时已经开始忽视印度博物馆的发展，便婉拒了这一提议。

四处碰壁

从建立的角度来看，印度博物馆从19世纪60年代初期直到最后被废除，一直处于一个不怎么令人羡慕的位置，因为在英国东印度公司失去权力和影响力后，它一直被裹挟在风雨飘摇的时政之中。走马上任的印度事务处仍在摸索自己的位置，并不同情这个应向自己负责的莫名其妙的机构的需求（甚至不在乎它是否能续存下去），更遑论同时还受到多个拥有政治和行政权力的重要人物完全相左的计划议程的影响。因此，福布斯·沃森在被任命的几年后就和他的藏品一起开始了一系列搬迁，并伴随着持续不断的政治纷争，因此耗费了大量的时间和精力，所行每一步都充斥着游说、抗议、提议和反提议，以及来自个人的敌意。这些发展的复杂性在雷·德斯蒙德（Ray Desmond）的著作《印度博物馆，1801—1879》（*The India Museum, 1801–1879*）中有详细的记录。在这里，我们可以把重点放在一些结果上，因为它们对博物馆衰落的岁月产生了影响，一个又一个光明前景倏然出现，继而却又消失得无影无踪。

印度博物馆的新主人在早期决定将合并后的藏品与印度事务处本身更紧密地结合起来，但当找不到合适的场所来容纳藏品时，他们选择在附近白厅的菲夫大厦给它们租赁了临时展馆。[116] 当庞大的藏品转移到新场所时，立即塞得满满当当。入口大厅里摆放着"惠灵顿、克莱武、黑斯廷斯、库特、威灵顿等军事家和政治家的大理石雕像"，与施拉金威特电铸的"北印度、喀布尔和西藏各部落人种的面部、脚部和手部"的铸像形成了不协调的景象，还有许多"曾经在东印度大厦雕塑展廊展示的印度雕塑杰作"；楼梯上挂着"曾经属于东印度公司的珍贵画作"；图书馆陈列着矿物产品，餐厅里陈列着原材料和制成品，客厅里陈列着纺织品和"东方的丝绸和珠宝服饰，显得极为华丽"；厨房里摆满了羚羊、鹿、豹子和其他大型标本动物；沙龙里陈列着象牙和贵金属的手工艺品（图127），而楼上的卧室则陈列着自然历史收藏的余物，特别是鸟类标本，它们"被布置得非常巧妙，以便最大限度利用小而不便的房间所透露的微弱光

图127　印度博物馆在白厅的菲夫大厦安家，《伦敦新闻画报》，1861年8月3日。

线"。[117] 对于展示空间的短缺，小径两旁和马车房中堆满的雕塑数量，充分说明了展览空间的不足，其中包括从阿马拉瓦蒂抢救出的杰作。尽管如此，新的工作流程还是被制定出来，以使馆藏品能够得到展示，博物馆开始相对正常地运作，每周一、三和五对公众免费开放，周四需要购票入场。

尽管外表看起来是一个发展完善且有能力恢复生机的机构，但菲夫大厦的印度博物馆仅存活了几年。[118] 甚至在安置完成之前，关于藏品在将来是否还能保持完整的传言就已经出现，这些传言在1861年6月得到了证实，当时大英博物馆的主要图书馆管理员安东尼奥·帕尼齐（Antonio Panizzi）应东印度公司的财务和内务委员会之邀，被问及他的受托人是否可以考虑接管整个印度事务处图书馆及其主要员工，他对此迅速做出了回应：

> 很高兴听到有关将现存于菲夫大厦的书籍、印刷品和手稿、奖章以及大理石雕塑等藏品转移至大英博物馆的计划。手稿和雕塑部分应整体被转移到这里；至于奖章和印刷书籍，只有那些不与大英博物馆所拥有的重复藏品才应该被转移。[119]

皇家亚洲学会也曾发起过一场运动，试图接管印度事务处图书馆，将其视为"英国真正的东方知识和文献的焦点"，同时表示对博物馆"可能被分配给那些独立机构或大型国家机构的独立部门（即大英博物馆）的前景感到乐观，每件藏品自然应归属于这些部门"。[120] 最初，委员会倾向于支持亚洲学会关于图书馆的建议，并考虑分割博物馆收藏：大英博物馆将被邀请挑选所需的藏品，其余藏品将被分配给南肯辛顿博物馆和其他博物馆，只保留"与印度原材料和制造业有关的部分"，这部分将继续隶属于印度产品报告员办公室。

虽然这一建议对委员会的思路具有一定指示作用，但他们并没有立即采取行动。到了1869年，博物馆的藏品（或其中的一部分）再次被搬迁至新建的白厅印度事务处的三楼，与图书馆合并，这纯粹是一次临时安排。也许这样的做法是明智的，因为当时有人描述要攀登 140 个台阶才能进入博物馆，它位于"一个有许多天窗室和各种通道的迷宫里，似乎最初某些部分是为了进行天文观测，某些部分是为了种植热带植物而设计的"。[121] 另一位访客抱怨道：

> 这里没有藏品目录，就算有也无法使用——因为没有明晰的布局，有机和无机产品、机械和制造品被混在一起，必然是一场令人绝望的混乱场景……整个博物馆就像一个只有专家才能理清的谜题。它藏在角落里，难以亲近，当你找到它时，你会发现这更像是一个保税仓库，而不是一个井然有序的博物馆。[122]

然而，到了 1871 年，有 42 545 名游客（一个非常可观的数字）费力地爬上了楼梯，博物馆还收到了工人俱乐部的请求，希望能够延长开馆时间。该请求得到了临时批准，以便监测工人俱乐部这个新的支持者群体的行为。

与此同时，一些阿马拉瓦蒂雕塑已经从菲夫大厦花园穿过白厅来到了印度事务处的庭院，再次被抛置在一边自生自灭。[123] 其他机构也表示愿意提供为其帮助进行妥善安置，皇家建筑博物馆自愿提供场地用于存放多余的雕塑。1860 年，皇家人类学研究所（Royal Anthropological Institute）提出（是否真的提出还需存疑），是否能够将自己的藏品寄托在印度博物馆。尽管这个提议不过是权宜之计，但该研究所展示了更加长久的融合前景，而这正是福布斯·沃森渴望探索的方向，因为（尤其是）皇家人类学研究所的藏品将极大地提升印度博物馆的收藏质量。

当时，印度博物馆的很大一部分藏品仍然被放置在包装箱中，尤其是庞大的考古、自然历史和地质材料，这让希望查阅它们的人感到非常沮丧。动物学会的 P. L. 斯克莱特（P. L. Sclater）曾试图查看某些动物标本，但由于它们的封装严实的藏身处只能败兴而返。他附议将这些材料转移到其他能够对其进行有效策展的机构。这个问题甚至在威斯敏斯特议会上得到了讨论，1871 年 3 月 14 日，W. H. 赛克斯上校在议会上抨击了博物馆的不足之处：对此，副国务大臣回答说，由于图书馆已经搬到查尔斯街（现在的查尔斯国王街），现在或许有一些机会可以展示它们，尽管他认为考虑到该博物馆主要为商业阶层服务，纯粹的科学研究者可能会倍感失望。

为了解决藏品拥挤问题，一个简单的即时解决方法就是将无法容纳的物品赠送出去。被认为多余的原材料（甚至包括1867年世界博览会的许多样品）被分配给国内外的学会和机构，包括许多印度鸟类标本在内的自然历史复制品被赠送给勒克瑙的博物馆（建于1863年），而邱园则收到了一批具有代表性的印度木材样本，这一点在以后的一段时间里引起了争议。斯克莱特在《自然》杂志上发表了一篇文章，坚持认为科学藏品可以在南肯辛顿博物馆展出，或者在专门建造的博物馆展览，或者再次转移到大英博物馆（当时大英博物馆仍然收藏自然历史藏品）。[124] 而哈克尼区（Hackney）的下议院议员查尔斯·里德（Charles Reed）则希望将印度博物馆的藏品搬到贝斯纳格林博物馆（Bethnal Green Museum）。对于后一项建议，副印度事务大臣 M. E. 格兰特·达夫（M. E. Grant Duff）相当傲慢地回应称，博物馆的主要职能不是向公众开放，它现在是印度产品报告员办公室的基本组成部分，是利用藏品提供的资源为制造商和商人解答疑惑的。当所有辩论结束时，最后决定博物馆应暂时留在原地。

十多年前，印度事务大臣首次提出将印度藏品全部交给科学与艺术部门，但当时该部门没有足够的空间来容纳这些藏品。时过境迁，亨利·科尔迅速提醒印度事务处重新考虑他们的提议，但得到的回复是（由福布斯·沃森起草），现在已经在印度事务处内部为此做了安排。然而，解决方案是建立在继续采取近年来相对狭隘的收藏政策的基础上的，同时结合了不再符合当前利益的馆藏部分转让的惯例：

> 目前的打算是尽可能将藏品限制在展示印度的产品、制造业和艺术方面的物品上，如果能坚持这个方案，那么将会有许多有价值和有趣的物品需要在其他地方找到安置之处。

事实上，印度事务处已经明确表示博物馆在其核心职能中的优先级非常低，并表示希望收回藏品所占用的场地。1868 年，其测量员马修·迪比·怀亚特制定了一份关于在查尔斯街建立全新的博物馆的计划，估计耗资 61 500 英镑，这座建筑还将容纳皇家亚洲学会。在接下来的五年或更长时间里，支持这一计划的人与继续支持将藏品送往南肯辛顿博物馆的人争执不休，但都普遍认为它们应当被保存在一起，并仍归印度事务大臣所有。

托马斯·厄斯金·佩里爵士（Thomas Erskine Perry）勇敢无畏，他提议将图书馆和博物馆都赠送给国家，条件是让它们"作为独立存在，在伦敦的一个合适的印度博物馆中保留在一起"。作为对 1874 年 4 月 16 日提交给印度理事会并随后通过的决议的回应，印度事务大臣致函第一财政大臣，内容如下：

> 事务处里已经积累了大量表现印度风情的艺术品、产品，以及展现当地人习俗的物品，还有一个图书馆，拥有约 5 万卷书籍以及世界上最珍贵的梵文手稿。这些藏品非常受欢迎，并且为各个阶层的英国国民提供了同等的教育和娱乐。然而，事务处的空间非常有限，并且急需更多严肃的官方用途，因此无法充分向英国公众展示这些藏品，除非建造额外的建筑物。我认为不应该将这样的开支转嫁给印度的财政收入，尤其是我们从这些藏品中所得的好处几乎完全得益于这些岛屿的居民。
>
> 不过我认为，在伦敦建立一个伟大的印度博物馆，作为我们在东方的重要依赖关系的纪念碑和纪念物，是非常值得的。因此，在议会考虑之后，我决定将这些珍贵的藏品无条件地赠送给国家，唯一的条件是它们必须完整地被保存在一个合适的建筑物中……[125]

直到 1874 年，这种展品无处安放的拥挤状态才看到缓解的希望，当时，展览委员会决定不再举办过去三年的年度国际展览会时，他们向印度办事处提供了使用南肯辛顿博物馆的东方画廊的机会（图 128）。但是当透露出为了达成交易所需支付的"合适"年租金为 2500 英镑时，印度事务处陷入了犹豫。由于财政部拒绝了将图

图 128　位于展览路西侧（Exhibition Road）的维多利亚和阿尔伯特博物馆（Victoria and Albert Museum）建筑物的场地规划图，1908年。印度博物馆展览于1875年6月在东方画廊（Eastern Galleries）开放，该博物馆还占据了与南方画廊相邻的建筑物。

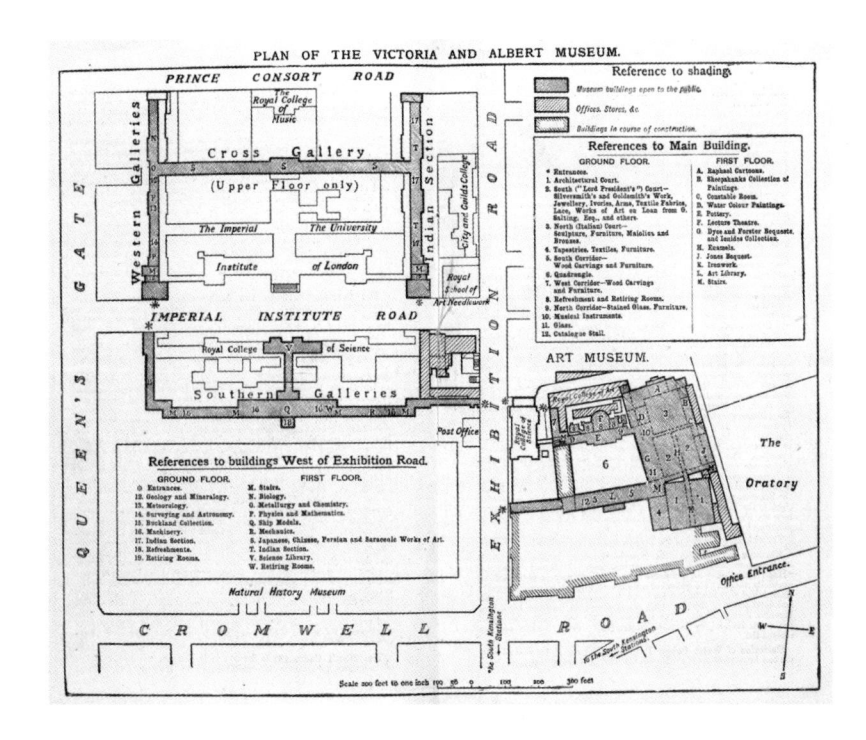

书馆和博物馆赠送给国家的提议，印度事务处必须决定东方画廊是否可以暂时甚至永久解决他们的问题，因为即使查尔斯街的预定建筑也不能解决他们最迫切的需求。因此，委员会被问及是否可以将租金降低到2000英镑，租期为三年。

就在这场争论进行之际，殖民博物馆委员会（Colonial Museum Committee）的一次会议通过了一项决议，带来一线转机。几年来，建立一个展示殖民地产品的博物馆一直在考虑之中，原本设想其作用是与年度国际展览形成互补关系。而现在由于这些国际展览业已终止，整个项目需要重新考虑，殖民地事务大臣卡纳文勋爵（Carnarvon）构想了将拟议建设的殖民地博物馆与现有的印度博物馆进行合并，其建馆场所不拘在白厅还是在南肯辛顿。虽然该提议在政府层面有所讨论，但还是没有实现。1874年10月31日，为了让藏品能够被打包运往南肯辛顿，印度博物馆最终对公众关闭了。

《自然》杂志代表那些"既没有体力也没有意愿去伦敦最高建筑物顶层朝圣的普通人"，对藏品即将搬迁至南肯辛顿的举措表示欢迎。印度理事会于1875年1月22日举行会议，讨论了博物馆的未来组织结构，提出了以下建议并进行辩论：

>博物馆的费用将由印度财政承担，（应该）将展品限制在体现印度原材料和制造业的物品上，这符合印度人民的利益；但如果帝国政府准备为一个综合性的印度博物馆提供资金，将来可以考虑进一步扩展。[126]

在讨论过程中有人建议："目前博物馆中不属于原材料和制成品的物品可以暂时在南肯辛顿博物馆的展厅中展示，直到对它们的最终展示区（在哪）做出决定为止。"这项提议得到了同意，并为此成立了一个常设委员会。

对该提案的进一步认可来自艺术协会（Society of Arts），这或许并不令人意外，因为艺术协会旗下的印度博物馆委员会于1875年4月成立，旨在"起草一份请愿书，请求政府在建立'一个充分且恰当地展示印度艺术、科学、考古、自然历史和工业产品的博物馆'方面提供帮助。"该协会的主席是亨利·科尔。在该协会的第一次会议上，委员会对正在南肯辛顿博物馆布置的"宽敞、明亮、通风良好，且易于进入的展厅"表示赞赏。

1875年6月，公众得以在印度博物馆位于东方画廊的新家欣赏这些藏品，阿马拉瓦蒂雕塑如今装饰在展览路上的主要入口处。一楼陈列农业机械和农产品、地质以及交通相关的展品。自从博物馆离开其位于利德贺街的最初场所以来，由布坎南、考特利、霍奇森、霍斯菲尔德、拉塞尔和赛克斯等人收集的自然标本首次得到了展示，[127]虽然陈列柜并不那么合适。一直让馆长们头疼的P. L. 斯克莱特抱怨说，当装有动物标本的箱子终于被打开时，却发现有些标本已遭到了虫蛀或损坏。楼上则展示了各种地毯（包括外借品）、纺织品、雕刻、漆器、黄金、白银、武器、民族志、照片、兰吉特·辛格的宝座和提普的老虎等藏品。

然而就在南肯辛顿博物馆拆封藏品的同时，人们还在（在福布斯·沃森的推动下）继续游说，希望在其他地方建立一个包括印度博物馆现有藏品的"殖民地和印度博物馆"（Colonial and Indian

Museum）。然而关于合适的建馆选址，则分成了两派，一些人支持伦敦南岸，而其他人则看好已经拆除的白厅菲夫大厦。似乎不管放在任何地方都比被流放到南肯辛顿博物馆要好，因为没有理由让工作人员跑那么远。甚至连威尔士亲王在参观南肯辛顿博物馆上层两个房间里展示的他在1875—1876年印度王室之旅中收到的礼物时，也说道："我们现在需要的是一个伟大的帝国博物馆，用以展示整个印度和殖民地的产业。"

这一时期留存下来的一份关于南肯辛顿博物馆展出的藏品报告由新任博物馆馆长兼印度产品助理报告员乔治·伯德伍德撰写。他在报告中估计，博物馆现在拥有2.1万件自然历史标本和1.5万件人造制品，此外还有硬币、照片、图纸和绘画作品。伯德伍德也认为（除了原材料之外），这些藏品应与伦敦的其他亚洲和印度藏品合并，形成一个东方艺术博物馆。

奇怪的是，次年二月，工程委员会（Board of Works）以一种异常专横的方式要求印度事务处立即腾空展览路上南侧画廊旁的建筑物——这给藏品带来了进一步的混乱。8个月后，《泰晤士报》在1879年10月22日发布公告称：印度博物馆将于10月25日（本周六）下午4点闭馆。既然决议已定，所有的策展和行政工作都集中在了转移藏品上（大部分转移到邻近的南肯辛顿博物馆），这个过程需要对整个博物馆的藏品编制清单，并根据房间、柜子或墙面进行编号。在随后产生的清单中，为了"同时允许两组博物馆工作人员开展工作，并且每天向印刷厂发送两倍数量的手稿"，使用了两个不同的编号系列，以便"制作标签"。显然，每个人都在巨大的压力下工作。这两个系列的藏品分别达到了9821件和9245件，总计19 066件藏品，数量相当可观。[128]

从这些详细的清单中，我们可以一览博物馆在其独立时期最后阶段的规模和特点。其中一个显著的特点是，这里展示的内容范围似乎很少受到印度产品报告员的影响，他们的藏品显然是分开保存的；实际上，虽然展示的规模显著增加，但这里很少有东西看起来与利德贺街的旧场格格不入。清单（按照装箱的顺序编制，而不是展示的顺序）以"10号房间"开始：这里的第100个展柜里有大量"描绘种姓、行业和习俗的模型",展示了印度社会的方方面面,包括士兵、托钵僧、骆驼骑手、妇女、婚礼队伍、运动员、洗衣工、音乐家、舞女、耍蛇人、陶工、理发师、纺织工人等(图129,图130)。也许此类模型中令人印象最深刻的是现存于邱园经济植物博物馆的那个模型:它展示了一个靛蓝燃料工厂,其中不仅有建筑物、燃料桶、机器等等,还有96个人物和一辆牛车。该模型是在1886年"殖民地与印度展览会"闭幕时由邱园经济植物博物馆收藏的,当时它是专门受委托制作而成的。[129] 其他8个展柜被用来展示各种媒介中的神灵、偶像和崇拜物,总计超过600个展品;第82号展柜里装有乐器;第95号展柜则展示了一些图文并茂的示例。这个房间有一个特点是在以前的博物馆中找不到的,它有三组以收集人名字命名的展品,被单独列为"民族志收藏":G. W. 莱特纳(G. W. Leitner)博士的收藏分布在7个展柜中(319个展品);R. B. 肖(R. B. Shaw)博士于1869年在中亚收集的藏品在4个展柜中展示(还有两个装箱),共计320个展品;而道格拉斯·福赛斯(Douglas Forsyth)爵士的藏品则是在1873—1874年在叶尔羌(Yarkand)收集的,分布在4个展柜中并延伸到相邻的房间(共661个展品)。在10号房间,还展示了一个"仿印度和中亚国家人种系列的头像",换句话说,就是施拉金威特的收藏,其中包括264个铸像、22个金属头像、5个金属脚底、8个金属手、1个金属脚和脚踝的铸像。此外,

图129 棉花工人,用脚操作滚筒清理纤维。

图130 棉花工人在弹棉花。

图131 四臂马首神明马头明王（Hayagriva）的青铜小雕像。该雕像以及类似的来自印度教神祇的"偶像"足以使大多数印度博物馆的参观者坚定他们对印度宗教的偏见，并迫切要求在殖民地进行基督教传教活动。出自科林·麦肯齐上校的收藏，他在19世纪末获得了这件作品。

这里还有91个相框，内有471张有关人物、雕塑和建筑的照片；其他几个区域也有照片（以及地图和绘画），为展品提供背景信息。

展品的范围涵盖了从最早时期以来积累的各种"古玩珍奇"：有蒂普苏丹的镶金手杖和他那"标志性的风琴——表现了一个欧洲军官在一只老虎的爪子下呻吟的场景"；服装、纺织品和装饰品；金属、陶瓷、木材和石材制成的器皿；家具和绘画作品；船只、车辆和其他交通工具的模型；工具；度量衡。武器藏品规模尤其庞大，足以被视为重要资源：仅一面墙上陈列的武器战利品就有大约640个展品（不仅有来自印度的，还包括来自从中国到阿比西尼亚其他地区的火器、刀剑和盔甲），此外还有许多其他陈列在展柜中的武器。[130] 皇家展览的开幕仪式于 1888 年 5 月 22 日被《英国画报》记录了下来（图 132）。[131]

即使在对印度博物馆资产进行最后清点之后，仍然有人试图建立一个独立于南肯辛顿博物馆的机构。比如，在 1910 年 6 月 13 日在卡克斯顿大厅（Caxton Hall）举行的东印度协会集会上，就有人发表了一篇题为《印度博物馆作为已故国王爱德华七世的纪念品》(*An Indian Museum as a Memorial of His Late Majesty King Edward vii*) 的文章。演讲者 C. E. D. 布莱克（C. E. D. Black）向听众传达了在当地仍然存在的观点，即需要一栋合适的建筑物，以便"在这四面墙内，看到来自印度的展品"。[132] 合适的地点是位于贝尔福德路（Belvedere Road）的以前英国东印度公司的仓库，它在泰晤士河南岸，毗邻正在兴建的郡议会大楼，罗伯特·奇索姆（Robert Chisholm，曾担任马德拉斯政府建筑师）已经设计了一份建筑图纸（图 133），融合了伊斯兰教和印度教的特色——一个浪漫但显然不切实际的项目，需斥资 80 万英镑。[133] 除了最初发起该项目的人，几

图 132 维多利亚女王偕同威尔士亲王和威尔士公主，出席维多利亚和阿尔伯特博物馆印度部分开幕式。《英国画报》，1888 年 5 月 22 日。

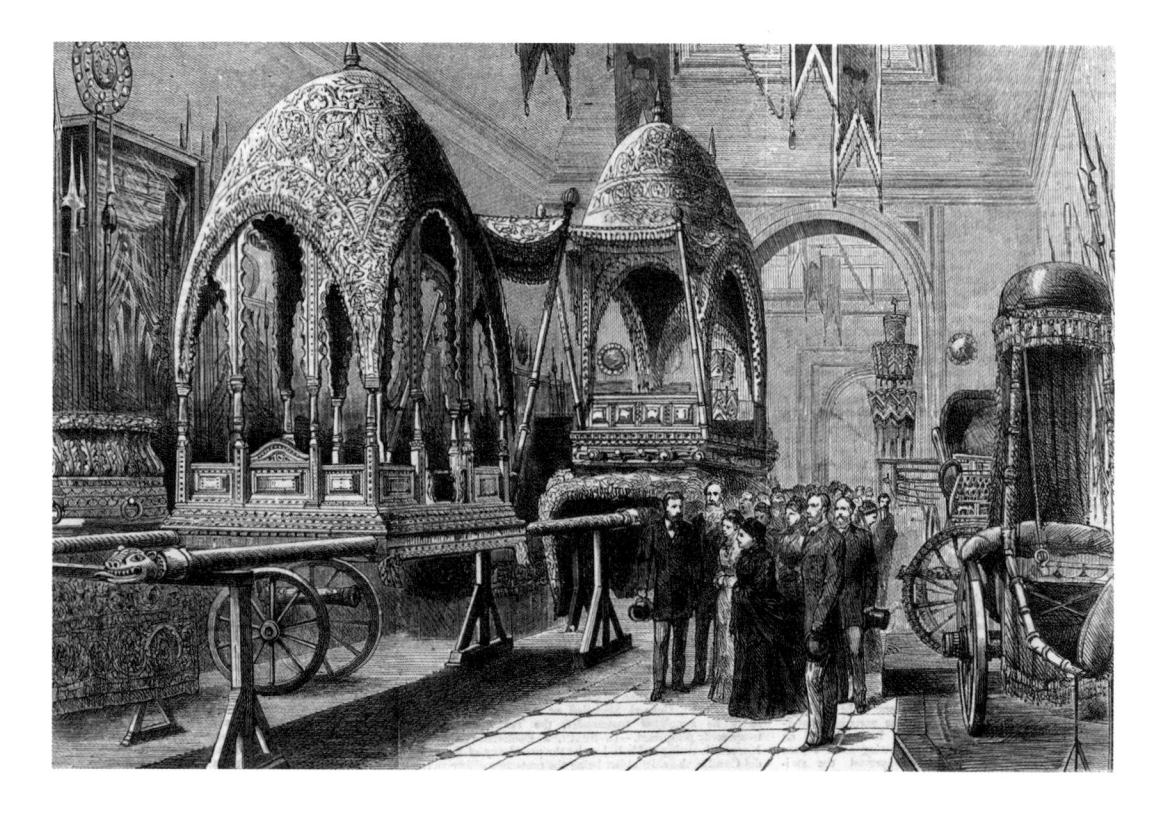

图 133 《建筑师》杂志于 1910 年 7 月 30 日刊登的由罗伯特·奇索姆设计的位于泰晤士河南岸郡议会大楼旁的印度博物馆规划图。

乎没人认为这个提议行得通，奇索姆设计中的多个圆顶和伊斯兰式拱门就像其侧面南部伦敦烟囱里冒出来的烟雾一样，还未成形就消失在虚空中了。

藏品分散

在处理过程中，植物收藏似乎是最不具挑战性的一部分。印度事务处建议将所有植物收藏（包括与博物馆后期使命密切相关的经济植物部分）送往邱园的皇家植物园，其管理人员在分配超出其需求的收藏部分方面享有完全自主权。它们的到达（以及随后的离开）在邱园的 1880 年年度报告中均有记载：

> 1878 年，印度政府赠送的植物收藏非常宝贵……尽管它的重要性不言而喻，但完全被转移至邱园的印度博物馆的经济植物收藏压过风头。这些收藏毫无保留地移交给了皇家植物园，印度事务处承担了全部搬迁费用，并在一号博物馆进行扩建，以提供足够的空间展示完整的印度植物产品标本集，其扩建费用不超过 2000 英镑。此外，印度事务处每年拨款 200 英镑用于有效维护印度收藏，并在接下来的五年内，每周三天由库克博

士提供服务,他是印度事务处博物馆的馆长之一。[134]

尽管采取了这些措施,但这些资源体量之大,对于邱园来说仍然是一个问题,尤其是那些"堆积的从印度寄来的过多藏品,这些藏品计划要系统地分发到省级博物馆"。然而,一旦决定解散印度博物馆,"许多机构都向印度事务处申请获取其收藏物,并将其需求转达给了邱园,并表示希望国务大臣尽可能予以满足"。在这种情况下,邱园负责处理仍留在南肯辛顿博物馆的藏品。

有一些机构似乎已经在某种程度上获得了印度事务处的承诺,尤其是格拉斯哥的城市工业博物馆(City Industrial Museum)。于是一些陈列在展柜中的安排好的藏品因与邱园的收藏计划和方法不符,便立即被打包交给了这个机构。一个类似的、装配昂贵的植物根须旋转展示柜被送往敦提博物馆(Dundee Museum),而一大批主要展示印度农村产业的藏品……则交给了位于牛津的印度研究所(India Institute)。[135] 大部分丝绸被送往伯斯纳尔格林(Bethnal Green)的科学与艺术部动物产品博物馆(Animal Products Museum of the Science and Art Department),而大量的小麦样品……则交给了教授丘奇(Church)负责的同一部门的食品博物馆。

此外还有大约十二辆大货车的植物收藏需要运往邱园,以及八辆货车的陈列柜。另外邱园还永久借用了经济部门的3359幅植物绘画。作为同一协议的一部分,超过3000件木材标本,总重量达36吨,从贝尔福德路的东印度公司仓库通过驳船送往了邱园。[136]

然而,这些庞大的后勤安排只是转移过程中的小场面。当详细检查标本时,才发现植物标本处于混乱状态,而且其中有许多已经受潮,遭到虫蛀。许多由国外引进的木材样本很难鉴定,但由于它们每个都有目录编号,似乎还可以通过相关的目录来解决这个问题。然而在印度博物馆找不到这样的目录(尽管贝尔福德路仓库所有已知的木材于 1869 年已由 J.R. 罗伊尔列出），[137] 植物园向印度事务处报告说，全部 2318 个没有名称或来源的样本都必须被销毁，只保留 51 个样本用于邱园的木材收藏。[138] 事实上，几百个样本被送往大英博物馆和哈佛大学，只剩下 557 个施拉金威特的收藏标本，用金属仔细固定并安装在三脚架上进行展示，约瑟夫·胡克不愿销毁它们："如果找不到施拉金威特收藏的目录，"威廉·提瑟顿·戴尔（William Thiselton Dyer）在给印度事务处的致函中说，"那真是一场公众和科学的丑闻。"最终，这些标本被送给了印度林业监察长。起初，由于鉴定它们的任务很繁重，他对此有些犹豫，但最终被作为礼物送往台拉登（Dehra Dun）的林业学院。[139] 这批壮观的收藏在最后迎来了悲剧性转折，结局令人唏嘘：1881 年 11 月，福布斯·沃森在他的私人文件中发现了丢失的罗伊尔目录，但为时已晚，此时这个目录同样毫无价值，因为样本已经失去了。

邱园面对仍剩余的众多藏品时显得力不从心。例如，来自印度各地的 2000 个稻米样本，总重量约 3 吨，每粒稻谷都经过形态、颜色和质地的检查和分类，以展示其变异情况。为了进行分类和必要时的分散工作，需要使用两个棚屋来容纳这批收藏。

在剩下的藏品中，伯德伍德坚称只有与经济相关的部分需要保留；动物学和民俗学藏品应该送往大英博物馆，地质学藏品送往杰尔明街的实用地质博物馆；大部分丝绸藏品被送往最新成立的贝斯纳尔格林博物馆的动物产品收藏部，小麦和其他样本送往科学与艺术部的食品博物馆（不久后也将迁至贝斯纳尔格林）；部分药材藏品送往药学会博物馆。其余部分，即人造物品的大部分藏品，送往南肯辛顿博物馆。

乔治·伯德伍德（1881 年封爵）被任命为南肯辛顿博物馆印度馆的观察员，不过直到第二次世界大战之前，人们仍然称之为印度博物馆。他的第一份报告记录了从开馆到 1881 年 12 月期间，博物馆共接待了超过 30 万人次的参观者；该博物馆还参加了约克、伯明翰、诺丁汉和柏林的展览，表明其延续了其先前的广泛职责。然而，南肯辛顿的管理机构对他们从印度事务处继承的藏品提出了很多批评："过去的印度博物馆并没有系统地收藏，"他们抱怨道："藏品在很大程度上是偶然汇集而来的。许多最好的展品都是捐赠的，而整个收藏的大部分是自1851年以来各种国际展览会上无法销售的残余品。"[140]

印度博物馆种类广泛的遗产

虽然邱园和南肯辛顿博物馆吸收了印度博物馆的大部分藏品（或作为将藏品分散给其他机构的媒介），但还有其他受益者，其中最大的受益者就是大英博物馆。在19世纪，国家收藏的性质发生了显著变化，因为古董开始在展览馆中占据越来越重要的地位。这个过程始于1772年威廉·汉密尔顿爵士（Sir William Hamilton）从大希腊（Magna Graecia）获得第一批彩绘花瓶，1801年从法国人手中夺得埃及文物，1805年购买查尔斯·汤利（Charles Townley）的古典雕塑收藏（其中的第一部分），1816年购买巴德农神庙的埃尔金大理石雕塑，以及19世纪中叶从亚述获得巨型雕塑。[141] 自然历史收藏在布鲁姆斯伯里的展览中继续占据重要地位，直到在南肯辛顿成立了大英博物馆（今天的自然历史博物馆）。当时，布鲁姆斯伯里的自然标本已经积累到了一定规模（尤其实在东印度公司的帮助下），也足够引人注目，使它们能够与其他展览一较高下，正如我们从1832年的《大英博物馆馆藏概览》（*Synopsis of the Contents of the British Museum*）中了解到的：

> （在大楼梯的）第一个展台上，展示了一头来自梅尔维尔岛（Melville Island）的麝牛和一只北极熊，它们是在近期的北极探险中被猎获的，是来自海军上将们的礼物。在这些动物之间放置了一株高达45英尺的树状蕨类植物（Alosophila Brunoniana of Wallich，来自孟加拉的锡尔赫特市以东的山地）。这株植物为东印度公司所赠。[142]

尽管他们负责的藏品的特点多种多样，主要是由汉斯·斯隆（Hans Sloane）收集的，他的收藏在他去世后为英国政府所获得，并且偏向于自然历史领域。[143] 然而，早期英国博物馆的受托人受过古典教育，习惯性地认为地中海以外的任何文明对英国文化的贡献可能有限，因此他们对印度艺术品表现出明显的抵制态度。一些雕塑作品确实进入了博物馆，特别是1786年的一件湿婆神灵迦的石膏像（年代并不久远）和一幅原属于理查德·佩恩骑士的狂欢场景图，与汤利的雕塑一同运达（图146），[144] 但皇家海军和东印度公司的官员们往往会带着少量的物品满怀期望来到布鲁姆斯伯里，却遭到了拒绝。到1825年以后，文物保管员爱德华·霍金斯称，他个人愿意在博物馆中看到更多的印度雕塑，并且在藏品中"缺少我们印度帝国的纪念物确实有些丢人"。[145]

最终，受托人被迫重新评估他们不成文的收藏措施，以扩展文物收藏范围，这促使博物馆首个"英国和中世纪文物以及民族志管理员"职位的诞生（Keeper of British and Mediaeval Antiquities and Ethnography）——由奥古斯塔斯·沃拉斯顿·弗兰克斯（Augustus Wollaston Franks，于1894年被封为骑士）担任。通过收购布里奇（Bridge）庞大的藏品（见下文），弗兰克斯很快发现自己面临着一个规模巨大的新项目，即解散印度博物馆。1880年，阿马拉瓦蒂雕塑（其中大部分自从菲夫楼关闭以来一直流落到兰贝斯存放）现在在博物馆中最负盛名的藏品之一——大楼梯（图134），取代了原本在那里的巨形植物和动物标本。用铜螺栓修复后，69件雕塑在那里展出，后面还加了防护玻璃板。弗兰克斯是一位杰出的博学家，一生从未

图134 大英博物馆的阿马拉瓦蒂雕塑，于1880年由A.W.弗兰克斯安装在大楼梯上，目前它们是博物馆重新展示的印度藏品中最瞩目的作品。

去过印度，但他以一种独特的精神投身于他的研究中。1881年6月23日，他在英国古物研究协会上发表了一篇论文，介绍了在该遗址上进行的各种发掘工作，并概述了浮雕上的传说，然后试图根据日期对浮雕板块进行分类，并标明它们可能属于建筑的哪些部分。根据记录，"弗兰克斯先生倾向于认为他更全面地阐明了一些所要表现的主题，尽管他不能完全同意弗格森先生的一些结论"。[146] 这些雕塑辗转腾挪，经历了从伦敦一个不令人满意的地方到另一个不令人满意的地方的漫长过程后，终于在大英博物馆迎来了辉煌时刻，正如《伦敦新闻画报》二十年前的报道："就算有许多作品在设计美感上可与埃尔金大理石雕塑相媲美，也没有哪个雕塑藏品可以同时在完美和精致程度上超过它们"。[147]

弗兰克斯为印度博物馆藏品的传播而制定的"完整而有区别性的"愿望清单中包含的其他类别的藏品包括各种石制和青铜制的印度神像、黄金工艺品、武器和盔甲等，换句话说，它们在很大程度上偏向于具有文物特色，尽管大英博物馆还在继续收集民族志标本。在印度博物馆最后几十年里，这些藏品中越来越具有经济和商业价值的部分流入南肯辛顿博物馆。尽管两个机构之间仍然存在重叠的领域（例如，阿旃陀石窟寺庙壁画最初是为大英博物馆准备的，但最终被移交给了南肯辛顿博物馆），这种区分方式在它们各自的藏品分类中仍然得到延续。

直到这一时期，大英博物馆在布鲁姆斯伯里也一直是国家自然历史物品的贮藏室，而到了1879年11月17日，印度博物馆的动物学收藏正式移交给了大英博物馆。能想象到员工面临的巨大压力，因为到了次年，南肯辛顿的新大英博物馆（自然历史博物馆）的工作基本上已经完成。尽管还需要两年的时间才能将藏品从布鲁姆斯伯里转移完毕，但在1881年，公众就被首次允许参观其展览。虽然如此，印度博物馆收藏的编目工作立即在阿尔伯特·冈瑟（Albert Gunther）的指导下展开，在3个月内，他制作完成了672个哺乳动物标本、6409个鸟类标本、125个鱼类标本和超过1250个其他标本的清单。与他那些负责植物学收藏的同事得出的结论相反，他报告说，这些标本的整体状况远远超出了预期。然而，根据25年后由

R. 鲍德勒·夏普（R. Bowdler Sharpe）撰写的一份令人心酸的报告，绝大多数鸟类标本的情况证明这种乐观态度是错误的：

> 不幸的是，霍斯菲尔德的鸟类标本几乎全部毁坏，保存不完整，在将藏品从利德贺街搬往菲夫楼期间，尽管被小心包装起来，但蛀虫还是几近将它们全部摧毁；它们现在被存放在大英博物馆（自然历史博物馆）中，但几乎都没有羽毛……在早期，并没有太过重视鸟类标本的保存，赛克斯上校和麦克莱兰（McClelland）医生获取的标本都是以草率的方式保存的，因此它们无法经受住时间的摧残。[148]

剩余标本的一部分被提供给加尔各答的印度博物馆、牛津的印度研究所、都柏林的科学与艺术博物馆、斯卡伯勒的哲学学会以及肯特的梅德斯通博物馆。动物标本则被送往南肯辛顿博物馆。

印度事务处图书馆的存续时间相当长。1947年，也就是印度独立的那一年，档案的所有权从印度事务处转移到外交和联邦事务部（Foreign and Commonwealth Office）。二十年后，图书馆和档案被迁至黑修士路（Blackfriars Road），形成一个自治机构。及至1982年，这两者都成为了英国国家图书馆收藏中的一部分机构，自1997年以来，英国国家图书馆在圣潘克拉斯有了自己的场所，印度事务处图书馆和档案现在成为亚洲、太平洋和非洲藏品的一部分。

由于所有藏品遭到遣散，如今搜索这里讨论的藏品可能要访问多个机构：例如，前文所概述的在公司收藏历史中起到重要作用的自然历史绘画和标本，现在分散在上述提到的所有国家机构，以及伦敦的皇家植物园和伦敦动物学会——只列举主要存储库。所以，印度博物馆作为展示印度风情的主要场所，尽管在一个半世纪前从博物馆景观中消失，但其遗产在英国一些最重要的收藏中得到了永久的展现。

荣归故里：回国的东印度公司人员和他们的遗产

前文试图概述英国东印度公司在丰富英国社会方面所做出的一

些贡献，特别是在机构层面上所做的贡献。然而，这些只代表了整体中的一小部分，与该公司有各种联系的人们还有许多其他路径让更多普通人能够接触到与印度相关的经验、知识或乐趣。

到了18世纪，一个常规程序被固定下来——在东印度商船抵达英国港口时，商人甚至私人收藏家会出面迎接它，并争相获取官员和船员可能携带的物品或材料（官方货物在抵达公司仓库之前都受到保护，不允许以任何方式扣押或削减）。所有这些货物交流并非都发生在伦敦，正如1748年在意外抵达利斯港的六艘船所引起的狂热欢迎：

> 过去几天停泊在峡弯的六艘东印度公司商船现已驶往伦敦……船长和首席副官在一家酒馆里接受了当地市政官员的招待，并被授予市民自由权（Freedom of the City）……在他们停留期间，船上挤满了想要从水手那里购买来自中国等地货物的买家，但其中很大一部分后来被海关官员查封……
>
> 据说有几位女士还被带到其中一艘船上……因为附近没有船只可以将她们送上岸。[149]

毫无疑问，伦敦享受了这些进口商品中的精品，零售"印度"（实际上只是指异国情调）商品的店铺在那里很早就出现了。然而，早期流入的一批重要物资是随着那些在东印度公司服役结束归国的人们带回来的，他们带着财物返回，并渴望让自己多年来积累的财富和地位在国内派上用场。

公司人员和商人的个人收藏

自东印度公司与印度接触的最早时期开始，股东、董事和雇员都通过私人渠道为印度藏品在英国创造了另一股潮流。这些藏品通过私人收藏或个人赠予的方式传播，越过了东印度公司官方活动的范畴。在英国踏入印度的最初一个半世纪中，东印度公司的人员在南亚次大陆获取财富的机会一直有限。当时公司雇员的薪酬确实非常低，个人致富的机会也很少。这种情况在1757年东印度公司接管孟加拉之后才发生重大变化，商人团体开始被越来越多野心勃勃的公司职员渗透，他们渴望利用一切机会来弥补薪水上的不足。[150] 从赤裸裸的交易以及与土著人口进行的各种交易中榨取尽可能多的财富，这新一代的人变得声名显赫。许多人在这个时期积累了原始财富，但往往是通过贪污和腐败，不论是以东印度公司为代价，还是以地方纳税人和贸易商为代价。[151] 虽然如此得来的财富还不至于让他们能够彻底融入英国的上流社会，但也足以令其在国内购置房产，供其在退休后安度晚年。这还不是他们认同印度文化任何方面的时刻：绝大多数人在回国时几乎未受到他们曾接触过的自然或文化瑰宝的影响；尽管经济上富有，但在文化上仍然像他们初次抵达南亚次大陆时一样贫乏。

回国后，18世纪英国等级根深蒂固、高度分层的社会敌视这些新贵们，将他们称为"印度土豪"（Nabobs），他们的财富使他们能够购买庄园并建造豪宅，模仿英国地主阶级传统的生活方式（后者通常鄙视这些暴发户，而不是赞赏，不过有时也会为了经济利益与他们联姻）。对于那些有财力和才能的人来说，议会席位和东印度公司董事会的位置是下一个适合收入囊中的目标，最好还能附带被授予一个封号。这些暴发户之间的人际关系似乎充斥着大量的敌意和嫉妒，每个人都拿自己的财富与其他人攀比。

Nabob（印度土豪）一词在英语中已经深入人心，甚至可以（虽带有傲慢的口吻）用来形容那些拥有财富和权力、但实际与东印度公司没有直接联系的人：海伦·克利福德（Helen Clifford）提供了一个这样的例子。苏格兰企业家劳伦斯·邓达斯爵士（Sir Lawrence Dundas）在争取成为男爵时，被谢尔本勋爵（Lord Shelburne）称为"北方的印度土豪"（the Nabob of the North）。[152] 虽然邓达斯是东印度公司的重要投资者，据说他的一处房产里塞满了"印度货"，但他与印度的联系比起我们在本书中讨论的大多数人都更为遥远，实际上他的物产完全是通过间接渠道获得的，这使得谢尔本勋爵给他的这个称号更加引人注目了。

新贵们的豪宅

早期这些前东印度公司职员在英国建造房屋的一个特点是这些

人几乎完全不会提及造房钱款的来源；大多数房屋都是根据狭隘的新古典主义风格设计的，这是该时期大多数乡村别墅的特征，实际上可以说，那些暴发户竭尽所能使他们的房子看起来与他们渴望加入的地主阶级的房子别无二致——这种情况让人想起了东印度公司总部的特征：乏善可陈。

早期采用印度风格的建筑很少，而且风格并不明显。有人说位于马盖特（Margate）的塞西尔广场（Cecil Square）的印度大楼（India House）算得一个，它建于1767年，由约翰·古尔德（John Gould）上尉建造，他是一位在加尔各答积累下财富的茶叶贸易商。据说这座建筑复制了他在加尔各答居住的房屋，然而最近的观点认为这种说法无法证实。[153] 与之相比，威廉·霍恩比（William Hornby），前孟买总督，在汉普郡的蒂奇菲尔德（Titchfield）的胡克公园（Hook Park）斥资超过12 000英镑建造了一座豪宅，这栋豪宅模仿了他曾经行使权力的政府大楼。[154] 然而这两栋建筑的模型本身在概念上完全是欧洲式的，并不能被视为印度风格的实践。

罗伯特·克莱武在克莱蒙特（Claremont，位于萨里郡）建造的房屋在许多方面都代表了回国人士的传统品味（实际上可能加强了这种品味），该房产原本属于他曾经的资助者——第一代纽卡斯尔公爵的遗孀（克莱武在1768年公爵遗孀逝世后将它买了下来）。它是一幢由威廉·范伯格（William Uanburgh）设计的豪宅，它的巴洛克风格在完全受帕拉第奥古典主义——这种风格潮流最初是由伯灵顿伯爵和科伦·坎贝尔引领潮流的——影响的英格兰显得过时了。范伯格在克莱蒙特的作品后来被夷平，取而代之的是一座更时尚的新古典主义建筑，由"能人"布朗（Capability Brown）设计（图135）。虽然根据广泛的咨询已经对装修计划进行详细设计，但克莱武从未搬进位于克莱蒙特的家庭住所，所以其内部装修并没有开始。[155]

其他与重要职员相关的显著新古典主义豪宅包括赫特福德郡的伍德霍尔公园（Woodhall Park），由前驻巴特那（Patna）的托马斯·朗伯德爵士（Sir Thomas Rumbold）建造，朗伯德去世后继而由保尔·本菲尔德（Paul Benfield）购得，后者同样通过不光彩的

图 135 "能人"布朗为位于萨里郡克莱蒙特的豪宅主立面设计的草图,该建筑原本是为罗伯特·克莱武爵士建造的,但他从未居住过。

手段——包括借贷给经济拮据的阿尔乔特(Arcot)纳瓦布并从中获利——致富;伯克郡的巴兹尔登公园(Basildon Park),1776 年由约翰·卡尔(John Carr)为弗朗西斯·赛克斯(Francis Sykes)设计,赛克斯因在穆尔希达巴德(Murshidabad)的驻地职位大捞了一笔;位于苏塞克斯(Sussex)的斯坦斯特德公园(Stansted Park)是理查德·巴威尔(Richard Barwell)的家,他是孟加拉理事会的成员,通过操纵公司在食盐贸易上的垄断权而获得了财富。许多房屋是直接购买的现房,例如伯克郡的斯沃洛菲尔德公园(Swallowfield Park),1717 年由前圣乔治堡(Fort St George)总督托马斯·皮特(Thomas Pitt)从克拉伦登伯爵(Earl of Clarendon)手中购得,1820 年起由曾任孟加拉首席大法官的亨利·拉塞尔爵士(Sir Henry Russell)及其后代所有。

1784 年颁布的《东印度公司法案》采取了一些重要举措来遏制公司职员在印度的越轨行为,尽管这些措施在沃伦·黑斯廷斯及其继任者的实施过程中遭遇了强大阻力。在这个更温和(并且薪水也较为令人满意）的体制下，英国逐渐显现出对印度文化更开放的态度，这种开放体现在由新一代归国的新贵们所建造的房屋中，主要发生在 18 世纪的最后 25 年里。黑斯廷斯本人就在沃斯特郡的戴尔斯福德提供了一个例子，即在他出生前大约 20 年前家族出售的房产，他花了多年时间追寻并最终收回了它。随后，建筑师塞缪尔·佩皮斯·科克雷尔（Samuel Pepys Cockerell，黑斯廷斯的私人秘书的姐夫）被委托改善和扩建这座房子，在原本是传统新古典主义建筑的花园主立面上，他添加了一个风格明显的莫卧儿式圆顶旋转楼作为主要入口（图 136）。在相对标准的内部空间中，也有一些异国情调的装饰，特别是由托马斯·班克斯（Thomas Banks）设计的两个壮丽的印度风格的大理石壁炉：其中一个描绘了象征幸运的拉克什米（Lakshmi）与大象；另一个则展现了印度宫廷生活的场景——一位吸着水袋烟的王子，观看舞乐表演。

约翰·科克雷尔上校（科克雷尔的兄弟）是孟加拉军队的前军官，也是东印度公司的总测量师，在 1794 年购得格洛斯特郡塞津科特庄园，打造了一座非常著名的印度式建筑。看起来他起初打算计划建造一座泰姬陵的复制品，但在一个由塞缪尔·佩皮斯·科克雷尔、汉弗莱·雷普顿（Humphry Repton，主要负责园林设计）和托马斯·丹尼尔（Thomas Daniell，一位地形学家，他向许多英国人介绍了南亚次大陆的乡村景色和历史遗迹）组成的"美学委员会"的影响下，对此计划进行了修改。在这些顾问的影响下，塞津科特庄

图 136 戴尔斯福德庄园，位于伍斯特郡，西立面；由塞缪尔·佩皮斯·科克雷尔为沃伦·黑斯廷斯设计。

园建筑最终形成了现在的样貌（图 137），内部布局基本保持古典风格，但外部设计吸引人的地方在于其球状的铜顶和对两种建筑风格兼收并蓄的外立面。底层采用了美妙浪漫的印度教派特色，一楼则采用了莫卧儿风格的设计细节，两者交相辉映，整体设计松散，以海德·阿里（Haider Ali）陵墓为参照，这座陵墓可在丹尼尔兄弟的绘画作品以及 R.H. 科尔布鲁克（R. H. Colebrook）的《迈索尔……十二景》（*Twelve Views ... of Mysore*）中看到。[156]

在科茨沃尔德（Cotswold）乡村中，这种对印度的幻想仍然令人难以抗拒。雷普顿对其概念非常热衷，他在 1806 年表示："我们即将在景观园艺和建筑方面迎来重大变革，因为我们最近对印度内陆省份的风景和建筑有了更好的了解。"[157] 还有，摄政亲王在 1807 年和 1808 年参观塞辛科特（Sezincote）庄园时发现了许多令人赞叹之处，之后雷普顿为位于布莱顿的皇家别墅提供的设计方案可能使他觉得

图 137　塞辛科特庄园，位于格洛斯特郡，由约翰·科克雷尔上校根据"美学委员会"的建议建成，该委员会包括塞缪尔·科克雷尔、汉弗莱·雷普顿和托马斯·丹尼尔。

太像格洛斯特郡（Gloucestershire）的别墅了，于是最终选择了纳什（Nash）的更宏伟壮观的建造计划。[158] 然而，主流建筑界并不认同这种风格，并立即否定了这种风格，因此并没有什么人追随这种风格。[159] 在乡村庄园的背景下，塞辛科特庄园既是高潮又是终点，它代表了英国乡村地区所接受的印度建筑风格。[160]

在德文郡的佩恩顿（Paignton），一个知名度较低但惹人注目的房子——红崖塔（Redcliffe Towers）——是罗伯特·史密斯上校在退休后的20年里设计而成，他于1831年从加尔各答退休回到德文郡。在接下来的10年里，这个"真正的兼收并蓄的幻想"逐渐成真（图138），前门有一个巨大的圆塔，装饰细节和两侧的翼楼在某种程度上呼应着史密斯在印度任职期间所熟悉的膨胀穹顶和孟加拉式拱门。[161]

到了19世纪早期，真正的印度建筑形象在公众中得到了更广泛的传播，尤其是通过丹尼尔（Daniells）和詹姆斯·威尔斯（James Wales）的出版作品。那个时候，从印度回来的新贵们所展现的最糟糕的方面可能已经成为过去，因此人们不禁想知道，为什么印度风格（即使有所改动）没有在英国牢固地扎根。即使像约书亚·雷诺

图138 位于德文郡佩恩顿的红崖塔（Redcliffe Towers），绘于1900年。该建筑由孟加拉工程师团的罗伯特·史密斯上校独立建造，如今是一家酒店，所在地已被城镇化。

兹爵士（Sir Joshua Reynolds）这样有影响力的人也曾建议英国建筑师从"亚洲建筑……的恢宏壮丽"中汲取灵感，[162] 但19世纪初的美学批评家们抵制其影响，他们对古典主义的偏爱根深蒂固（后来又热衷于哥特式风格）。1798年，詹姆斯·马尔顿（James Malton）警告说，从印度回国的人决心用"印度的粗糙装饰取代希腊装饰"，这种心态在未来几年将因埃尔金勋爵从巴特农神庙运回的大理石雕像而得到加强，这些大理石雕塑于1807年首次展出。在随后的古典主义风潮中，英国找不到一个适合的空间能让印度风格发展。[163]

花园

在18世纪末，来自亚洲的热带植物开始大量进入英国，这也是东印度公司的植物学家和园丁的贡献，但更普遍地反映了贸易量的大幅增加。温室（或称为"炉子"）至少在过去一个世纪里已经成为英国那些具有发展野心的花园的一部分，并促进了来自印度的娇弱植物的成功引进。根据1691年的调查，人们发现，伦敦花园里至少有22个温室。[164] 其中几个已经开始种植来自东印度的植物，最著名的可能是玛丽·萨默塞特（Mary Somerset）——博福尔（Beaufort）女公爵——在切尔西和巴德明顿的花园。后者至少有两个是名副其实的温室：据记载，"瓦茨先生的炉子"（女公爵如是称呼她的两个温室），在三月的温度更接近六月。[165] 1746年玻璃税的引入可能稍微抑制了人们的热情，而1845年对该税项的废除无疑鼓励了更多娇弱植物品种的广泛引入。

虽然很难在英国的花园中大规模种植来自印度平原的植物，但来自喜马拉雅山脉和其他地区的温带物种和高山植物更容易适应欧洲的气候，无须特殊照顾（图139）。有趣的是，乔治·博格尔在1780年采集了来自不丹的植物种子，准备将其寄给姐姐，以便在家庭花园种植，不过这项计划后来成功与否我们就不得而知了。[166] 1804年成立的皇家园艺学会和植物园数量的增多反映了公众对园艺的兴趣日益浓厚：格拉斯奈文（Glasnevin）的国家植物园于1795年开放；爱丁堡的植物园始建于1670年，起初是一座药用植物园，到1820年代初才变成现代形式并占据现在的位置；[167] 位于邱

图 139　树形杜鹃（Rhododendron arboreum）是由托马斯·哈德威克（Thomas Hardwicke）于 1796 年在西瓦利克山脉采集的，它可能是第一种在英国的温室和花园中广泛种植的印度杜鹃。

园的皇家植物园于 1841 年开始对公众开放，成了公共财产，之前是皇家花园。

鉴于印度在向公共和私人花园提供新物种方面的重要性——尽管这仅适用于在适应性更强的喜马拉雅山植物出现之前配备温室的花园——以及英国东印度公司在发展成功的植物运输方面的作用，令园艺历史学家感到惊讶的是，在英格兰很少有花园在布局和设计方面受到东方传统的影响。[168] 即使是沃伦·黑斯廷斯，他在自己位于戴尔斯福德的家族庄园上投入了大量金钱和精力来改造景观，似乎也没有对印度的设计模式给予太多关注。不过他确实回顾了自己在加尔各答所做的气象观测数据，开发了一个温室，用于繁殖脆弱的印度植物。[169]

塞辛科特的花园中，部分是由汉弗莱·雷普顿设计的，园中种植了大量竹子和其他异国植物，而沿着房子南侧的一个甜橙温室或过道暖房为非耐寒的引进植物提供了庇护所。由托马斯·丹尼尔设计的印度式纪念碑散布在整个景观中，其中包括一个肯定是在 19 世纪初唯一在英国公园中出现的灵迦形象，设置在一个状似约尼（yoni）①的池塘中（图 140），就在专门供奉太阳神苏利亚（Surya）的迷你寺庙前门。[170] 供水池的小溪也流经一座印度风格的桥梁，其护栏上装饰着梵牛的卧姿形象，[171] 接着流过一个名为"蛇池"（Serpent Pool）的中央岛屿，上面有一座三头蛇盘绕着树干的雕塑，设计巧妙，水能从蛇的牙齿中喷出。就算该花园没有准确复刻印度建筑风格的细节或炎热的印度气候，恐怕也没有其他英国花园能够如此成功地唤起人们对印度花园的异国情调了。

在没有具体提及东印度公司有所参与的情况下，我们在此假设它参与了每一次植物引进是不可靠的做法，同样，实际上并非所有被打上"印度"标签的植物都源自印度：许多植物可能来自东南亚其他地区（甚至来自非洲或美洲），有些可能经过荷兰和其他地方到达。另外，像东印度公司的财务主管查尔斯·杜波依（Charles Dubois）这样的职员，依靠其所处的位置直接受益于公司的设施和

---

① 约尼，印度教中象征性力女神而受教徒崇拜的女性外阴像。

图140 约翰·马丁，《塞辛科特的寺庙池塘》，1817年，水印版画。

专业知识：杜波依在米切姆（萨里郡）的住宅以通过这种方式获得的异国情调而闻名，不过考虑到他主要与马德拉斯有渊源，所有这些（非耐寒的）植物很可能在那里的温室中种植。[172]

约瑟夫·班克斯爵士，东印度公司在博物学方面权威人物，是那些种子的心怀感激的收受者之一（通过肯尼格、凯德、洛克斯伯格和约翰·穆雷爵士传递），据说他在米德尔塞克斯的斯普林格罗夫（Spring Grove）[173]种下了这些种子，而詹姆斯·福布斯在斯坦莫尔山（Stanmore Hill，也在米德尔塞克斯）修建的花园庙宇也被由那些种子种出来的印度植物环绕着。福布斯也建造了一个温室，让游客可以欣赏到：

> 罗望子树、番荔枝和棉花等植物，还有繁茂的生姜、姜黄和咖啡树；还有……成熟的番石榴……被红色的紫藤缠绕，那是美丽的印度玛达维藤（Mhadavi-creeper）、变色玫瑰（变色木槿）、诱人的绿朱草（alhinna）和神圣的乌斯里树（tulsee）环绕在人们身旁。[174]

随着时间的推移，这种私人交易被正式的东印度公司的运输（选种）所取代。例如，伦敦的森林和林地专员在1841年决定推广栽培喜马拉雅雪松（Cedrus deodara，已经成功地在英国用种子培植起来），董事会决定每年进口几百磅的种子。在20年内，仅萨哈兰普尔就分发了2000磅的种子，使这种外来植物在英国成为比较常见的植物。[175]

新贵豪宅的室内陈设

在家具方面，从回国的公司人员乃至英国的普通大众，都喜欢将印度风情引入自己家中。[176] 东印度商人积极地委托印度定制地毯，并指定个性化的元素加入设计中。罗伯特·贝尔（Robert Bell）是东印度公司的创始成员之一，1630年，他委托托马斯·拉斯特尔（Thomas Rastell）前往印度担任苏拉特分公司理事会主席，并要求订购一块地毯，上面要有他的徽标和腰带制造商公会的纹章，他打算将其作为礼物赠送给该公会。这块地毯最终于1634年到达，并保存在伦敦市的腰带制造商公会大厅中。[177] 维多利亚和阿尔伯特博物馆（Victoria and Albert Museum）还收藏有一块类似的早期地毯，上面镌刻有威廉·弗雷姆林（William Fremlin）的纹章，他也是一位东印度商人。在这个早期阶段，这两块地毯都是供桌子使用的，而非地板用品。

从这个时期开始，描漆柜子（最初是下拉式的，后来是常规开门式的）大量进口，为英国室内装饰增添了一丝异国情调。[178] 后来的一些柜子——有些还镶嵌着象牙——被从事印度贸易的家族所收藏并世代传承下去。[179]

到了18世纪中叶，归国的印度贸易商所能获得的家具范围扩大了——他们更加自信地展示自己财富的来源——这些家具主要从欧洲家具中汲取灵感，但又带有典型的印度风格。[180] 这种独特的家具制作学派是有背景起源的：当时公司的雇员和其他人最初只带了几个箱子去印度，但后来却带着越来越复杂的家具套装前往（其中许多装饰细节在印度没有相应的对应物）南亚次大陆，然后由熟练的当地工匠进行复制和改造，通常还有具备特殊技艺的工匠对其表面进行装饰，这些工艺在英国市场几乎没有代表性，特别是那些从事珍珠母、玳瑁和象牙工艺的工匠，以及有着独特地区风格的画家。同时代的人们对印度工匠的手艺赞叹不已，他们能够复制"你给他们的任何东西"，无论是现有的原型还是设计图，抑或是样品，客户都可以确信他们会"原样复制"。[181] 例如，图141展示了约1770年的一张靠背长椅，乔治三世在亚历山大·温奇（Alexander Wynch，1773—1775年任马德拉斯总督）去世后［该长椅原来放置于马洛附近的韦斯索普府（Westhorpe House）］买了下来，还有十把椅子和两个相同类型的小型书柜。[182] 图142中展示的三把椅子的历史在被约翰·琼斯赠送给南肯辛顿博物馆之前是不为人所知的，但它们（和一张相配的躺椅）是科罗曼德尔海岸上的维萨加帕特南（Vizagapatam）的典型产品，该地区在1700—1720年是在印度的欧洲社区的成品家具主要来源之一。到1800年，上述类型的设计可能已经达到了很高的复杂程度：例如，穆尔希达巴德的象牙工匠似乎已经熟悉1793年托马斯·舍拉顿（Thomas Sheraton）出版的《家具制造商和装饰商绘图手册》（*The Cabinet-maker and Upholsterer's Drawing Book*）中的设计。不久之后，画家罗伯特·霍姆（Robert Home）被安顿在勒克瑙的王宫，他为奥德的纳瓦布（后来的奥德国王）设计了家具（图143）和欧洲风格的权杖，这增加了说明这些印度制造品的难度。[183]

图141 靠背长椅（一对中的一张），约1770年，以檀香木饰面，镶嵌有象牙，曾属于夏洛特女王。在她去世后，拍卖目录中列出了五十件印度家具和盒子，被认为是"18世纪晚期英国最大规模的异国情调藏品的集中体现"。

图 142 成套的三把椅子（附带一张躺椅），用乌木制作，有象牙镶嵌，后来用红色天鹅绒进行重新装饰。它们被认为是在印度（维萨加帕特南）最早以英式风格制作的保存完好的家具之一。

图 143 这把镀金木制的宝座被认为是在 1820 年左右由罗伯特·霍姆在勒克瑙设计的。很可能是奥德的纳瓦布（后来的奥德国王）加齐乌丁·海达尔（Ghazi-ud-din Haidar）赠送给第一代阿默斯特伯爵（Amherst）的，他在 1823 年至 1828 年担任印度总督。

由于更加频繁的影响和交融，欧洲家具的形式和图案（除了阿拉伯、波斯和中国的元素）被吸收、修改和重新解释，有时是由印度工匠在欧洲人的监督下工作，[184] 因此很难确定一件作品的真正起源。早在 17 世纪，具有特色的黑檀木椅子和桌子上的大麦糖螺旋装饰已经从科罗曼德尔海岸传入英国，并且数量多到被两代人误认为是都铎时期的古董，这种误解在霍勒斯·沃波尔（Horace Walpole）和亨利·肖（Henry Shaw）的著作中得到认可（即使不是由他们发起的）。不仅沃波尔，威廉·贝克福德（William Beckford）也拥有这种类型的藏品，这让它们在其他收藏家眼中立即具有可信度和吸引力。[185]

尽管在 1853 年被分散拍卖，但戴尔斯福德拍卖目录（图 144）提供了对这个"已故权贵沃伦·黑斯廷斯爵士住所"的家具的概述，林赛·博因顿（Lindsay Boynton）在文章中补充了黑斯廷斯账目中的更多细节。[186] 拍卖中特别提到了"一套独特而昂贵的客厅套件，用实心象牙制成，雕刻精美、外表镀金，具有东方式的富丽堂皇"。[187] 其他地方有一张沙发和许多对"非常优雅的卡布里腿象牙椅"，其中一些"表面镀金，描绘精美，印花棉布靠背，里面用马毛填充"；"一张形制优雅的实心象牙桌子，雕刻精美、镀金"，抽屉上有银制锁和手柄；带有幔帐和丝绸内里、用印花布装饰的床铺，其中一张被描述为帐床；"印度精纺家具，用流苏球装饰"。尽管拍卖目录中没有提到，我们知道黑斯廷斯在图书馆里还有一个特别设计的书柜，里面收藏了威廉·霍奇斯绘制的 90 幅印度风景画，尽管其详细样式尚不清楚。[188] 毫无疑问，整个住所肯定是英格兰所有富有的印度商人中最华丽的，尽管博因顿确信，戴尔斯福德的许多家具，特别是完全欧洲风格的漆器和椴木家具，实际上是由家具商"因斯和梅休"（Ince & Mayhew）所提供的。[189]

据说在印度期间，托马斯·希基（Thomas Hickey）和他的妻子在加尔各答的家中花费了超过 12 000 卢比来购置家具。当希基以鳏夫身份返回英国时，带回了许多家具。对此类物品的转移开展进一步研究有可能改变我们对前殖民地工作人员家庭特点的理解，但这些物品逐渐被当地制造的材料所取代，又遭到磨损、毁坏，并且在

图 144　戴尔斯福德府内物品拍卖目录的封面。

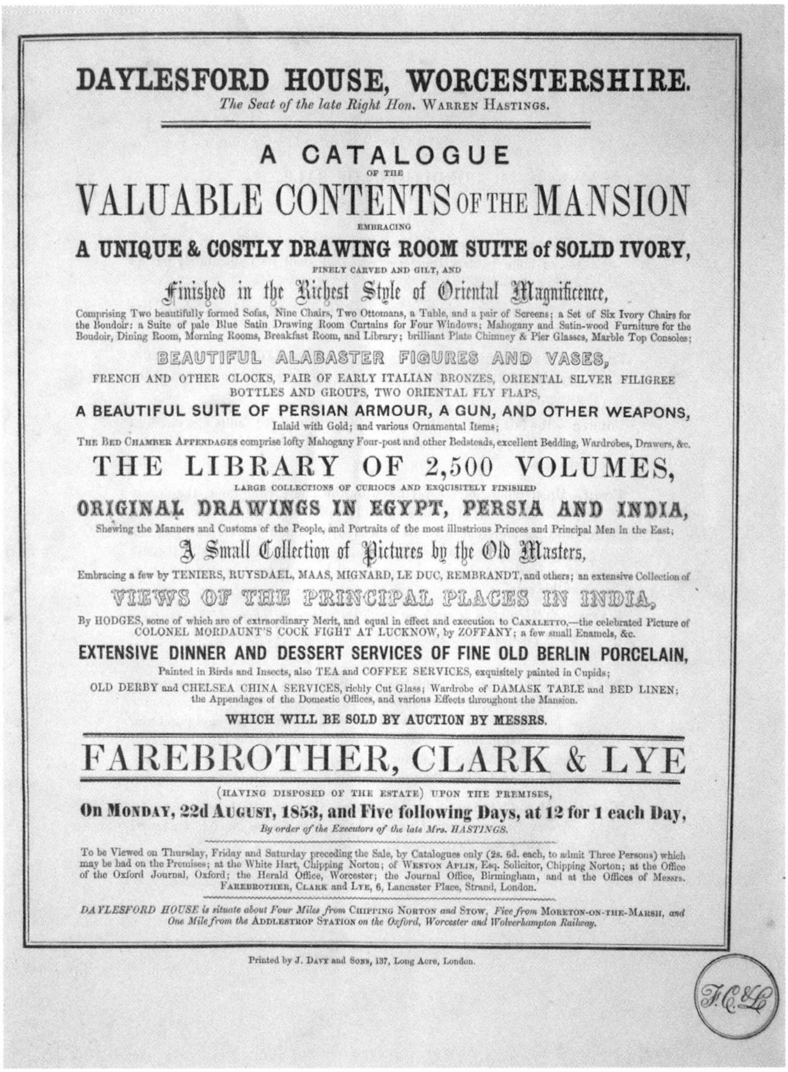
DAYLESFORD HOUSE, WORCESTERSHIRE.
The Seat of the late Right Hon. WARREN HASTINGS.

A CATALOGUE
OF THE
VALUABLE CONTENTS OF THE MANSION
EMBRACING
A UNIQUE & COSTLY DRAWING ROOM SUITE of SOLID IVORY,
FINELY CARVED AND GILT, AND
Finished in the Richest Style of Oriental Magnificence,
Comprising Two beautifully formed Sofas, Nine Chairs, Two Ottomans, a Table, and a pair of Screens; a Set of Six Ivory Chairs for the Boudoir: a Suite of pale Blue Satin Drawing Room Curtains for Four Windows; Mahogany and Satin-wood Furniture for the Boudoir, Dining Room, Morning Rooms, Breakfast Room, and Library; brilliant Plate Chimney & Pier Glasses, Marble Top Consoles;
BEAUTIFUL ALABASTER FIGURES AND VASES,
FRENCH AND OTHER CLOCKS, PAIR OF EARLY ITALIAN BRONZES, ORIENTAL SILVER FILIGREE BOTTLES AND GROUPS, TWO ORIENTAL FLY FLAPS,
A BEAUTIFUL SUITE OF PERSIAN ARMOUR, A GUN, AND OTHER WEAPONS,
Inlaid with Gold; and various Ornamental Items;
THE BED CHAMBER APPENDAGES comprise lofty Mahogany Four-post and other Bedsteads, excellent Bedding, Wardrobes, Drawers, &c.
THE LIBRARY OF 2,500 VOLUMES,
LARGE COLLECTIONS OF CURIOUS AND EXQUISITELY FINISHED
ORIGINAL DRAWINGS IN EGYPT, PERSIA AND INDIA,
Shewing the Manners and Customs of the People, and Portraits of the most illustrious Princes and Principal Men in the East;
A Small Collection of Pictures by the Old Masters,
Embracing a few by TENIERS, RUYSDAEL, MAAS, MIGNARD, LE DUC, REMBRANDT, and others; an extensive Collection of
VIEWS OF THE PRINCIPAL PLACES IN INDIA,
By HODGES, some of which are of extraordinary Merit, and equal in effect and execution to CANALETTO,—the celebrated Picture of COLONEL MORDAUNT'S COCK FIGHT AT LUCKNOW, by ZOFFANY; a few small Enamels, &c.
EXTENSIVE DINNER AND DESSERT SERVICES OF FINE OLD BERLIN PORCELAIN,
Painted in Birds and Insects, also TEA and COFFEE SERVICES, exquisitely painted in Cupids;
OLD DERBY and CHELSEA CHINA SERVICES, richly Cut Glass; Wardrobe of DAMASK TABLE and BED LINEN; the Appendages of the Domestic Offices, and various Effects throughout the Mansion.
WHICH WILL BE SOLD BY AUCTION BY MESSRS.
FAREBROTHER, CLARK & LYE
(HAVING DISPOSED OF THE ESTATE) UPON THE PREMISES,
On MONDAY, 22d AUGUST, 1853, and Five following Days, at 12 for 1 each Day,
By order of the Executors of the late Mrs. HASTINGS.

To be Viewed on Thursday, Friday and Saturday preceding the Sale, by Catalogues only (2s. 6d. each, to admit Three Persons) which may be had on the Premises; at the White Hart, Chipping Norton; of WESTON APLIN, Esq. Solicitor, Chipping Norton; at the Office of the Oxford Journal, Oxford; the Herald Office, Worcester; the Journal Office, Birmingham, and at the Offices of Messrs. FAREBROTHER, CLARK and LYE, 6, Lancaster Place, Strand, London.

DAYLESFORD HOUSE is situate about Four Miles from CHIPPING NORTON *and* STOW, *Five from* MORETON-ON-THE-MARSH, *and One Mile from the* ADDLESTROP STATION *on the Oxford, Worcester and Wolverhampton Railway.*

Printed by J. DAVY and SONS, 137, Long Acre, London.

连续几代家庭成员去世后有所散失，辨别这些物品变得极具挑战性。

大英帝国的印度雕塑

在早期的收藏中，平等对待印度艺术与西方艺术不过是徒劳之举，但显然在形成对其艺术史（或民族志）意义的系统认识之前，个别作品早已传至英国这些海岸。[190] 或许最早能对这些材料进行客观评估是在比较宗教学的研究范畴，在此范畴中有一股得到广泛关注的运动，它试图在来自中东和东亚的雕塑中找到共同的图像元素，这些元素指出，西方通过古典艺术更广泛地理解同源神崇拜。

在胡格利（Hooghly）居住一段时间后，威廉·海奇斯爵士（Sir William Hedges）代表东印度公司于1690年向阿什莫林博物馆（Ashmolean Museum）捐赠了一尊来自位于恒河入海口撒古尔岛（Sagur）上一座寺庙里一座宝塔的贡加（Gonga）神像（图145），这座寺庙的重要性仅次于贝纳勒斯（Benares）或真格纳（Juggernaut）的庙。[191] 这件作品（实际上是毗湿奴的雕像）似乎一直是一件孤立的藏品，直到理查德·佩恩在他的《普里阿波斯崇拜遗迹记》（*Account of the Remains of the Worship of Priapus*）中提到了一件色情雕塑的碎片（图146），这在18世纪的英国必定是极为罕见的珍品。[192] 当时的原件收在古物学家查尔斯·汤利（除罗马雕塑外，他的其他兴趣鲜有记录在案的）的藏品中[193]，据说来自象岛（不过这一点可能有争议）。即使与许多古典裸体作品一起展示，这件作品在汤利的藏品中还是与其余藏品格格不入。然而，佩恩在此问题上并不在意，正如人们看到的，他会得到他同时代的威廉·琼斯爵士的支持，琼斯爵士说印度的雕刻品"似乎从未被（欧洲）立法者或人民正视过，任何（在印度人看来很）自然的东西都可能被视为冒犯，这种特征贯穿他们（印度人）所有的作品，但并不证明他们道德堕落"。[194] 当时，人们对寻找欧洲和东方文明背后的共同因素的兴趣日益浓厚，其中对生育能力的关注尤为引人注目，因此不难理解这幅作品为何会被英国公认的雕塑准则所接受。这绝不是印度雕塑吸引汤利和他的缪斯——自称"男爵"的汉卡维尔（Hancarville）——的唯一原因，后者通过约翰·佐法尼与在勒克瑙定居的法国冒险家、军人及鉴赏家克洛德·马丁（Claude Martin）建立了联系，希望获得更多可与汤利的藏品一较高下的雕塑作品。[195] 18世纪下半叶人们对古物

图145 威廉·海奇斯爵士于1690年将来自孟加拉西部撒古尔岛的女神贡加（实际上是毗湿奴的形象）的神像赠送给阿什莫林博物馆。

图 146 一幅原始绘画，描绘了一组残缺的雕塑作品，据说来自象岛的寺庙浮雕。佩恩拒绝对其进行详细描述，但他认为这些人物象征着"滋润和振奋……生殖的阴阳之力，相辅相成"。该雕塑曾一度由阿瑟尔（Astle）先生收藏中，后来被查尔斯·汤利收购，然后转移到大英博物馆。

的兴趣日益广泛，英国古物研究协会的早期期刊《考古学》上发表了许多关于印度古物的论文，之后孟加拉亚洲学会（后来的伦敦皇家亚洲学会）开始将这些论文转载到更专业的期刊上。

在英国，异域（包括情色）雕塑首次受到重视是一件好事，因为欧洲的古物学家们当时不得不应对从赫库兰尼姆（Herculaneum）和庞贝古城涌现出来的前所未有的大量性意象，包括壁画、雕塑、陶瓷和男性生殖器护身符。此前人们对古典世界中关于丰饶、繁衍和多产主题的意象所表现出的突出功能找不到没有任何线索。因此，就在古典学家们开始寻找这种新的图像学先例和进行类比时，相应的印度艺术表现形式闯入了欧洲人的视野。佩恩骑士的出版物与业余爱好者学会（Society of Dilettanti）自由的背景相吻合，正好与帕尔萨·米特（Partha Mitter）所描述的"一个标志性的间歇期"同时出现，这个时期对古代印度雕塑表现出了一种"令人耳目一新的开放态度"，[196] 但这个窗口很快被社会大众所关闭。尽管佩恩后来对自己参与普里阿普斯（Priapus）崇拜感到后悔，但米特观察到，他确实关注印度艺术，当时很少有人能深入理解其含义。[197] 这件印度藏品在伦敦帕克街的汤利住所短暂停留后，于 1808 年与汤利的古典大理石雕塑收藏被一同收入大英博物馆。

用佩恩所绘的彩绘雪花石膏制作的庙宇模型则让人感觉平平，据其他地方所述，这座模型寺庙曾是汤利遗赠的一部分，但实际上在汤利的大理石雕塑抵达大英博物馆之前就已经成了博物馆收藏的一部分（图147）。博物馆的记录显示，它是"在舒贾·阿尔·道拉（Shuja'al-Daula）对罗希拉人（Rohillas）的战争期间，即在恒河上游山谷地区被带走的，由加尔各答的托马斯·诺斯（Thomas North）送给舰队街（Fleet Street）的查尔斯·巴瑟斯特（Charles Bathurst），他将其赠送给了大英博物馆，日期为1786年"。虽然那些万事通对灵迦和约尼的象征意义已经非常了解，但在这里它们的抽象象征意义无疑会被漫不经心的观察者所忽略。

汤利的印度雕塑似乎是在艾伦船长的指挥下搭载英国皇家海军舰船"坎伯兰郡"号（Cumberland）抵达英国的，当时船上的货物还包括其他几件雕刻作品，据说它们都来自孟买地区，其中一些作品的图画被交给了英国古物研究协会（图77），并于1780年在《考古学》杂志上刊登。[198]

与此同时，在伦敦还可以看到一些雕刻的石头头像，它们存放在阿什顿·莱弗（Ashton Lever）爵士位于莱斯特广场的博物馆中（图148~图151）。据达尔林普尔称，这些头像都是"在孟买附近的

图147 小型印度教寺庙模型，中央是一个林迦，周围是坐着的梵天、南迪、象头神和吉祥天女的雕像；雪花石膏雕塑带有青铜喷口，制作于18世纪。

图 148、图 149、图 150、图 151 这些石头雕刻头像在 18 世纪 80 年代展示在阿什顿·莱弗爵士的博物馆中，据称它们都是"在孟买附近的一个洞穴中发现的"。

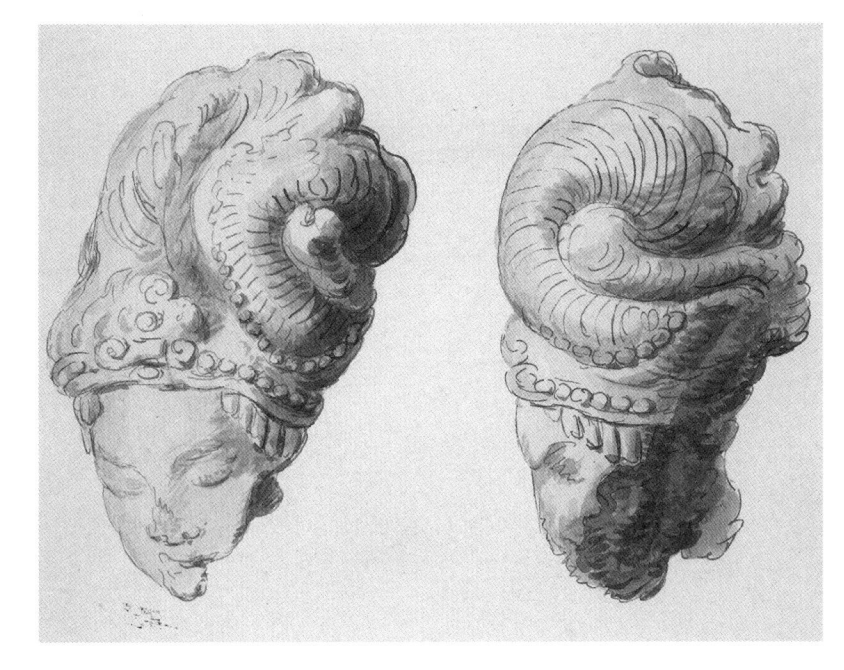

一个洞穴中发现的"。[199] 与莱弗的"全景物馆"中的物品相关的萨拉·斯通（Sarah Stone）在同时代绘制的图画中还有两个更明确地标明为"来自象岛的洞穴"的雕刻头像。[200] 莱弗的博物馆在 1806 年的拍卖目录中（那时收藏已经由詹姆斯·帕金森接手，并被转移到黑衣修士）列出了一批物品，其中包括"一个小型雕刻头像"，"一个大型且极其奇特的女性头像，由玄武岩雕刻而成"，以及一个"大而奇特的雕刻头像"，它们都来自孟买附近的"著名的象岛洞穴"。[201] 其中有三件作品被帕金森保留，并于 1815 年在伦敦的另一次拍卖中重新出现，此后便消失在公众的视野中。[202]

规格较小的雕塑群具有一个优势，那就是可以按照不同的相关主题形成各种藏品系列。当大卫·辛普森的藏品于 1792 年在伦敦的佳士得（CHRISTIES）拍卖行上拍卖时，其中就包括 42 个相当可观的"印度偶像"的拍品，那是他在印度"长期居住……为公司服务期间"收集的。[203] 这个收藏在当时是非常全面的系列，包括了"一组婆罗门的偶像或斯瓦米（Swaamie），它们实际上是婆罗门和印度教徒在庙宇和私人家庭中供奉的神灵"。拍卖目录中展示了大量详细的知识，这些内容被认为来自辛普森自己的文章。

265

整套藏品被宣传成了一个"非常完整的印度教神话体系"。其中许多藏品确实是辛普森直接从私人手中购买的，这些人由于陷入经济困境不得不出售他们的家庭神灵。印度南部科罗曼德尔海岸地区的切利姆布拉姆（Chelimbaram）、西林甘（Syringham）、坦贾武尔（Tanjore）和特里钦奴伯利（Trichinopoly）[204] 作为购买来源都被文献提到。由于这些雕像主要是家庭神灵，它们的规格不会像斯图尔特收集的雕像那样庞大。然而，这套收藏包含了80多个雕像，实际上代表了一个非常完整立体的"印度教神话体系"，与穆尔的《印度众神》（*Hindu Pantheon*）处于同时代，比詹姆斯·弗格森于1868年出版的《树与蛇崇拜——图解印度神话和艺术》早了大约两代人的时间。此外，大多数雕像的材料没有具体说明，但其中一尊名为"TandahvaarMoortie Swaamie,[205] 在奇尔罕布鲁姆（Chilhambrum）供奉的湿婆神的破坏形象"，被雕刻在一块象牙上，周围有着十分引人注目的象征性图案。

在詹姆斯·弗格森对印度象征图像的调查研究出版之前，欧洲的参考标准是爱德华·穆尔（Edward Moor）于1810年出版的《印度众神》。这是最早尝试按照指南手册的方式对这些神明进行调查研究的作品，就像已经开始出现的介绍古典和近东世界神祇的指南一样。除了对印度众神的复杂等级进行分类外，穆尔的作品还首次以英文向读者介绍普通印度教徒日常仪式和实践活动。[206]

1782年，穆尔作为一位非常年轻的学员抵达加尔各答，在那里度过了他漫长的职业生涯，并在马拉塔战役期间多次受伤，还成为加尔各答亚洲学会和孟买文学学会的坚定支持者。他积累的大部分知识和他在返回英国后准备的书中插图，都基于他在职期间收集的大量拉杰普特（Rajput）神祇小画和供奉用的青铜像（图152）。他从总勤务长的职位上因伤退役时只有35岁，这些作品也与他一同返回英国，定居在萨福克郡伍德布里奇附近的比灵斯豪宅（Bealings Hall）。1806年，穆尔当选为皇家学会院士，又1818年当选为英国考古学会院士，并成为（皇家）亚洲学会积极的创始会员。看来穆尔带回的收藏中可能包括一些石雕作品，因为在萨福克郡比灵斯豪宅的花园中有一个石砌金字塔结构，其中嵌入了残破的雕像

图152 供奉用的青铜像，18世纪，曾属于《印度众神》的作者爱德华·穆尔。他广泛的个人收藏构成了他书中很多内容的基础。

（图153）。当地有传闻说这座金字塔"里面藏着他的异教偶像收藏，以免它们受到伤害"，[207] 但似乎大部分收藏都可以在1940年由他的一位后裔捐赠给大英博物馆的各种材料的绘画和小型雕像中找到（共计650多件）。

稍早于穆尔，詹姆斯·福布斯（James Forbes）于1765年作为东印度公司的文员首次前往印度，并在1777年康复后再次返回印度，在马拉塔战争结束后被任命为古吉拉特邦达布霍伊（Dabhoi）的收集工作人员。他因修复寺庙和堡垒废墟所采取的举措而在印度赢得了声誉，得到了当地居民的赞赏和尊敬。[208] 在他退休时，居民们希望表达他们的感激之情，想让他接受一些离别礼物，他的回应如下：

> 由于达布霍伊保存着许多古代印度的遗迹，如残破的柱子、毁坏的雕像和散落在城市破败建筑物中的浮雕，我请求他们允许我从这些外部碎片中选择一些最小的样本带回欧洲，在自己

图 153　比灵斯豪宅位于萨福克郡大比灵斯（Great Bealings），其花园中的金字塔融合了一些印度雕塑的碎片，很可能来自爱德华·穆尔少校的收藏。穆尔于 1806 年返回英国并居住在这所房子里，直到 1848 年去世。

的花园中建造一个陈列它们的寺庙……

　　我发现很难让他们相信欧洲人普遍对东方雕塑充满好奇心，以及展示这些东方雕塑样本给我们带来的喜悦之情。而对我个人来说，当我在自己的国家看到这些珍贵的文物时，会唤起我在印度的无数美好回忆，令我心生愉悦。[209]

拥有了在印度积累的可观财富后，福布斯在退休时购买了位于米德尔塞克斯郡的大斯坦莫尔庄园，并在花园中建造了一座寺庙，将雕塑品摆放其中，以浪漫的方式再现他生命中的重要场景：

　　这些雕塑现在装饰着斯坦莫尔山上的一个八边形建筑（寺庙）。在一片临湖的菩提树林荫下，湖水上开满了盛开的莲花，当南风轻轻拂动它们的雪白花瓣和茂盛的叶片时，不禁唤起我对古吉拉特邦圣水池的回忆。

然而遗憾的是，这些雕塑已经不存在了，据说它们曾是"英国唯一的印度雕塑样本"，而这座寺庙的痕迹也不复存在。[210]

　　在威尔特郡的梅尔切特公园上，约翰·奥斯本少校建造了另一座庙宇，采用"最纯洁的印度建筑模式"。建筑师是托马斯·丹尼尔，他将自己在印度的亲身经历融入了设计中。这座庙宇的外貌很快被威廉·丹尼尔用水铜版画复刻了下来（图154），据观察，这幅画"可能是《东方风景》中的一幅"。[211] 这座庙宇高约20英尺，建造材料为人造石，其墙壁上装饰着代表毗湿奴主要化身的神像，两头梵牛则坐在门廊上。庙内的雕塑体现了其帝国主义的特征，供奉的并不是一个神明，而是黑斯廷斯的半身像，被镶嵌在莲花底座上。铭文中将他归为"印度的天使，不时以物质的形式保护印度的民族和法律。"[212]

还一座稍有不同的建筑复制品，至今仍保存完好，那就是被称为"纳加帕蒂南之门"（Gates of Negapatam）的装饰建筑，赫克托·芒罗爵士（Hector Munro）——诺瓦尔（Novar）领主——在罗斯和克伦马蒂（Ross and Cromarty）的庄园上建造的。芒罗在1764年的伯格萨尔战役（Battle of Buxar）中表现出色，但这座纪念碑纪念的是他后来在1781年的一次的战斗，他在遭受四面楚歌后，在马德拉斯南部将荷兰人从纳加帕蒂南的据点驱逐出去。这座装饰性建筑位于菲里希尔（Fyrish）山上，俯瞰着诺瓦尔庄园（本身没有受到印度影响），据说这座寺庙是由因失去土地而陷入困境的当地劳工建造的，芒罗支付他们每天一便士的工资。[213]

虽然直到1872年英国博物馆才收到第一批大规模的印度雕塑，但这个特殊收藏的早期历史说明了，即使没有东印度公司的直接参

图154 《威尔特郡梅尔切特公园中的印度寺庙》（An Hindoo Temple erected in Melchet Park in the County of Wilts），威廉·丹尼尔为《欧洲杂志》创作的水彩板画，1802年。

与，通过它有进取心的雇员也可以实现收购和转运藏品到英国的过程。这批藏品的起源可以追溯到加尔各答的查尔斯·斯图尔特，不过该批藏品在他 1828 年去世的两年后在伦敦被出售。尽管此次拍卖非常重要，但大部分雕塑都被一个竞标人买下，他就是著名金匠公司"布里奇和伦德尔"（Bridge & Rundell）的合伙人——约翰·布里奇（John Bridge），[214] 他甚至建造了一个博物馆来展示收藏的雕塑以及其他古物（该博物馆在他位于伯德斯布什的庄园上）。在建筑物内部，使用了具有摩尔式的尖角细节装饰，一些雕塑被嵌入了深红色的墙壁中，一些则被涂上黑色靴油以保持原貌。它们上面还涂有大号的数字，可能是为了配合附带的清单、手册对其进行标识和识别，不过迄今为止还没有找到这样的清单（要么它们仅仅是拍卖的批次编号）。关于这座建筑物的所有视觉记录人们一度认为已经丢失，但最近发现了其外部的一张早期照片（图 155），建筑物内含有的一些雕塑出现在詹姆斯·斯蒂芬诺夫（James Stephanoff,）的幻想画中，这些雕塑看起来与画面不协调，也是不合时宜的，斯蒂芬诺夫的家族租用了相邻的一处房屋。[215]

从 19 世纪 40 年代中期开始，人们再也没有听到有关布里奇收藏的消息，直到 19 世纪 70 年代初，布里奇家族考虑将藏品赠给大

图 155 约翰·布里奇在"牧羊人丛林"（Shepherd's Bush）的私人庄园里建造的博物馆，1831—1834 年落成。可以看到查尔斯·斯图尔特收藏中的一块浮雕被嵌入墙体中。这座建筑唯一的记录在 20 世纪 90 年代中期才被马丁·威廉姆斯发现，而建筑本身在 19 世纪末就已被拆除。

英博物馆，但同时也在着手准备拍卖事宜。拍卖定于 1872 年 6 月 20 日举行，并印制了拍卖目录，但在最后一刻，奥古斯都斯·沃拉斯顿·弗兰克斯（Augustus Wollaston Franks）代表大英博物馆接受了这一馈赠。直到今天，布里奇收藏仍然是大英博物馆中最大的一批印度雕塑礼物，构成了雕塑展区的主体（图 156）。[216]

图 156　石碑刻绘了湿婆神和雪山神女帕尔瓦蒂的婚礼，属于 12 或 13 世纪的作品，曾属于查尔斯·斯图尔特上将的收藏。1872 年，该石碑随布里奇收藏被大英博物馆接收。

杂珍奇物

在英属东印度公司运营期间,各种自然和人工的奇异物品定期流入英国,尽管其中一些被捐赠给了印度博物馆(图157),但许多其他物品最终进入了颇有名气的私人收藏中。例如,霍雷斯·沃尔波尔(Horace Walpole)拥有的许多有金饰刺绣的印度被子和"印度弯刀和匕首"[后者是来自东印度公司司法委员会成员莫顿·皮特(Morton Pitt)的礼物]。[217] 还有威廉·贝克福德收藏中的提普玉制水烟袋等。然而,只有在少数情况下,它们才能构成实质性的藏品。在这方面,克莱武的收藏异常突出,其部分藏品现存于鲍伊斯城堡(Powis Castle),这是爱德华(1754—1839年),即克莱武勋爵和后来的鲍伊斯伯爵特别努力的结果(图159)。爱德华是罗伯特·克莱武爵士的儿子,他曾参与在塞林加巴丹击败蒂普苏丹的最后一战,在城里敛获许多精美的物品作为战利品:其中包括蒂普的彩绘印花帐篷,他宝座上的金老虎头顶饰,金饰红丝绒拖鞋和两门被缴获的大炮。这批收藏还包括罗伯特·克莱武爵士镶嵌宝石的镀金银水烟袋和瓶子(图158),以及现在位于皇家军械博物馆的壮观的大象盔甲(图160)——最初是为克莱武的别墅准备的——还有来自印度的约300件其他物品,包括武器和盔甲、小型印度神像的青铜像、纺织品、银器和金饰品,以及象牙制游戏棋子。[218]

克莱武的藏品必定是优异杰出的,但毫无疑问,在我们已经看到的收藏中还有许多更为普通的藏品。例如查尔斯·斯图尔特在加尔各答的住所中的藏品。个别一些藏品(图161、图162)暗示了可能已经失去的财富,尽管似乎只有相对较少的完整藏品幸存下来,并完好无损地来到了英

图157 这把匕首的柄和配套的鞘都用软玉制作,上面嵌有绿松石、红宝石,以及无色水晶。它属于莫卧儿王朝时期,大约制于17世纪末或18世纪初。1850年,黑斯廷斯侯爵将其赠送给东印度公司,并于1879年从印度博物馆转移到南肯辛顿博物馆。

图158 这是一件由银和金制成的珠宝镶嵌瓶,镶有翡翠、红宝石和玉石。据说它是在普拉西战役(1757年)后赠送给上校(后来的罗伯特·克莱武爵士)的,属于17世纪的作品。

图 159 鲍伊斯城堡的克莱武博物馆，于 1987 年重新开馆。展柜采用了设计师亚力克·科布（Alec Cobbe）的"印度教"风格。

图 160 象甲（bargustawan），由金属板和锁子甲（原本由近 8500 块金属板）组成，制作于 1600 年。由爱德华·克莱武（第二代克莱武勋爵）的妻子克莱武夫人于 1798—1800 年间在印度获得，并于 1801 年带回英国。最初展示在鲍伊斯城堡的象房，现在借给位于利兹的皇家军械博物馆展出。军械博物馆还从克莱武博物馆购买了一对插在战象短割獠牙上的插柄剑，这是最近几年才购买的。

图161 象牙制的棋子（黑皇后），可能是在加尔各答南部的博兰普尔（Berhampur）驻守要塞雕刻的，约1820年。这些所谓的"约翰公司棋盘"一侧代表孟加拉军队，另一侧代表一位印度统治者的军队。

图 162 白镴水烟瓶，制作于 17 世纪下半叶。这件藏品具有典型的白镴器（其名称来源于北印度或德干地区）风格——有银和黄铜嵌饰的氧化锌合金。该藏品曾收藏于印度博物馆。

国。沙贾汗的白色软玉酒杯就是其中一例，它曾经属于查尔斯·塞顿·古瑟里上校（Charles Seton Guthrie）——一位著名的莫卧儿王朝硬石雕刻的收藏家（图 163）。该作品代表了莫卧儿时期硬石雕刻的巅峰作品。

辛普森藏品的拍卖目录暴露了一些收藏家的野心。这批收藏包括"印度偶像、印度绘画、素描等"，是在"在印度长期居住，服务于公司"期间收集的，其中前面提到的"偶像"也在其中。[219] 辛普森的藏品并不局限于如这些神像般的小尺寸作品，这一点可以从大英博物馆在拍卖中所购得的第 43 号拍品（图 164）看出：

一个完整的拉塔（Rhudum）、泰拉普（Tehrup），或可移

图 163 沙贾汉的白色玉酒杯，产于阿格拉，1657 年。这件硬石雕刻的杰作上刻有沙贾汉的封号"第二位合相领主"（Second Lord of the Conjunction），并标有伊斯兰历 1067 年和皇帝即位第 31 年，对应公元 1657 年。

图 164 一座印度寺庙战车或拉塔（印度轻便四轮马车）的模型，由彩绘木材、纺织品和金属制成，高度为 2.20 米（7.2 英尺）。附属人物雕像围绕在柱子四周，但在真正的战车中占据中央位置的仪式形象却不见了。这件藏品来自辛普森的收藏，制作于西林甘，1792 年被查尔斯·马什（Charles Marsh）在伦敦的辛普森拍卖会上购得，并在 1793 年 5 月 11 日亲自赠送给大英博物馆。

动的寺庙、佛塔的模型，按每英尺比两英寸的比例复制。当这个模型被搭建起来时，大约有八英尺高，能够完美地展示婆罗门教徒的风俗、习惯、服饰等，以及他们进行宗教仪式时的尊敬和庄严。

该模型是在西林甘（Srirangam）的一些婆罗门的直接指导下根据其佛塔原型制作而成，在各个方面都完美地还原了原佛塔。在完成后，现在的模型所有者将其与原型进行了详细比较，并附有一份手稿对其进行解释和描述。

然而这件壮观的藏品在辛普森的目录中并没有被突显出来，这也侧面说明了他的收藏是多么非同寻常。其中还包括一件"完整的佛塔模型，一个赴宴所或寺庙，用于供奉兰加纳塔（Ranganatha），即毗湿奴的一种形象，供他在公众游行中使用"，以及西林甘寺庙里的赴宴所的一根柱子的模型。这些作品还配有一系列绘画和绘图，"由特里切诺波利（Trichenopoly）和坦贾武尔的婆罗门绘制"，内容涵盖各种各样的手工艺、军事和宗教人物、乡村景色、职业、仪式、遗迹等。此外，还有"一本大型绘画书，展示了印度行脚者表演的各种姿势、技巧、力量、翻滚等"。整个目录证明了辛普森的勇气和企业精神，然而它的最终命运却充满了讽刺意味，就像许多类似的藏品一样。如今，它的大部分内容未被认可，目录本身也变成稀有之物，仅有一本复印件，分别在爱尔兰和英国有所记录。[220]

或许这类藏品最全面的图像可能是由一名长期在东印度公司任职的雇员汇集的，其销售目录呈现了另一批藏品的情况，该藏品的主人在孟加拉军队服役了30年后携家带口地准备回国，当然还带着他的财富，但天不假年，他在返航途中去世，那些财物也在人去后几乎消散殆尽。[221] 上校托马斯·亚历山大·钱皮恩·科布（Thomas Alexander Champion Cobbe）1805年抵达威廉堡时还只是一个17岁的学员。5年后，他与一位有克什米尔血统的穆斯林女士结婚，并育有10个孩子。他曾担任莫伊拉勋爵（后来的黑斯廷斯侯爵）——是亲戚，也是家族的朋友——的副官，并在莫伊拉回到英国后接替詹姆斯·托德上校驻扎在乌代浦（Udaipur），詹姆斯·托德是《拉贾斯坦的年鉴和古迹》(The Annals and Antiquities of Rajasthan)的作者。[222]

1831年，他成为孟加拉总督的政治代理，在穆尔希达巴德担任职务，而他的职业生涯也在1836年返回英国时结束，当时他的健康状况已经开始下滑。仅仅两周后，他在离开朴次茅斯的途中去世。克里斯蒂与曼森（Christie & Manson）拍卖行在此后为他的遗产举行了拍卖活动，其中有大量物品，特别是服装、饰品和家居用品，这些都算不上珍奇物品，其中一些物品即使在当时被展览出来也并不显眼：诸如许多扇子、围巾（一些上面还绣有甲虫的翅膀）和"克什米尔绣花披肩"，毫无疑问其中包括了一些打算塞进科布夫人（她在丈夫去世后决定直接返回印度）衣橱的行头，或者送给朋友和家人的时尚礼物。另一方面，如今收藏中保存的一些丝绸服装可以与上校的小儿子——亚历山大·休·科布（Alexander Hugh Cobbe）——3年前在穆尔希达巴德的一幅画像中穿着的服装相对应。拍卖中还有大量的刀剑（分为21批次出售）、棍棒、火器、射箭装备、盾牌和护体甲。有几种水烟壶被他的家人买下并保留在藏品中（图165）。科布的遗嘱提到了他在拉贾斯坦边界的内埃穆奇（Neemuch）为他特别收集的"两套由印度神祇及其化身组成的饰品"。这些神祇似乎与科布家族的部分收藏中的两三套相对应，它们都有"崇拜克利须纳（Krishna）和毗湿奴的强烈倾向"，并且有红色颜料的痕迹，表明它们在转移到英国之前曾经被日常使用过（图166）。[223]

图165 水烟（Huqqa），一种由雪花石膏制成的钟形物，上面绘有一幅描绘猎虎场景的图案，镀金以饰，19世纪制作于拉贾斯坦。

图166 青铜雕像，描绘了印度教一位神明，是23件存世的系列藏品之一。该系列作品于1836年左右由托马斯·亚历山大·钱皮恩·科布上校在内埃穆奇委托制作。

象牙在拍卖中是一种相当引人注目的藏品，其中最显著的存世物品之一是一艘王室船的模型，船首为孔雀形状，上面装饰有船员和王子（图167）——这是一种与穆尔希达巴德尤其相关的纪念品。各种各样的标本和手工艺品，如杯子、刀柄和硬石雕刻，证明当时的人对矿物学的浓厚兴趣。其他的自然标本包括珊瑚、贝壳、各种动物的头骨、角和皮毛，以及约500个鸟类标本（分为70个批次），其中一些被动物学协会博物馆的馆长和制作人约翰·古尔德购买，他是一位备受赞誉的鸟类学作者。

在拍卖中还有其他竞标者，包括建筑师和古物研究者约翰·戈尔迪卡特（John Goldicutt），他购买了一套"非常精细美丽的印度陵墓绘画"；以及设计师弗雷德里克·格雷斯（Frederick Grace），他获得了12幅用于"阿格拉寺庙"（即泰姬陵）的画作，这证明了英

图167 一座象牙制的典礼船模型，船头装饰有孔雀形状的船首像，船尾装饰有鳄鱼形状的船尾像，船上有一个帐篷下的王子和他的随从的雕像。可能制作于乌代浦，19世纪早期作品。

国审美趣味在这个时期对印度研究图像的接受程度。卢克·哈里斯（Luke Harris）确认在拍卖中至少有13家具名的经销商参与了物品竞标——这是19世纪30年代伦敦对印度珍品表现出浓厚兴趣的显著证明。[224]

动物珍品

除了有目的和系统地记录印度动植物以启发欧洲受众之外，东印度公司的员工在动物收藏上还起到了关键作用，他们需确保一系列活体和死体标本源源不断地流回英国，以供无法出远门旅行的人们欣赏，满足国人对奇特事物的好奇心。

自接触印度的最早时期开始，活体动物和鸟类一直是最独特且备受追捧的礼物之一。早在查理一世时期，就有一只雄鹿和两只雌鹿从苏拉特被送往英国作为礼物，而公司董事会在1631年4月25日至29日的会议记录中提到，从印度来的船长韦德尔（Weddell）带来了"一只豹和一笼鸟，分别是送给国王和王后的礼物"。[225] 这样的委托在整个17世纪都持续存在：查理二世对斑鹿这种礼物非常满意，他甚至下令每艘返航的公司商船都应带上一对最漂亮的斑鹿。[226]

随着与印度的贸易增加，珍稀的鸟类和哺乳动物品种迅速被更多人拥有（并进入科学文献）。卡罗琳·格里格森（Caroline Grigson）最近的著作《动物园：1100—1837年英国外来动物引进史》（*Menagerie: The History of Exotic Animals in England, 1100-1837*）的相关章节详细描述了这一情况。皇家学会的秘书亨利·奥尔登堡（Henry Oldenburgh）在1674年告知约翰·雷（John Ray）：

> 最近我看到了两三种东印度的鸟，它们是随最后一批回航船只一起带来的，真是相当美丽的生物。它们分别是：①一只奇特的有斑点的印度母鸡；②几只东印度鸽子，它们样貌精致；③一些非常小的鸟，嘴短而鲜红，羽毛上有奇特的斑点等。如果我们能了解它们的名称、特性和品质，我认为非常值得将它们记入您的书中。我听说它们不久将从沃平（Wapping）运到塔山（Tower-Hill），如果确实如此，且您认为合适的话，我们可以为版画师提供它们的草图，如果运送人能够对其做出合理描述的话。[227]

在这个时期，更令人印象深刻的当数在1675年从班丹（Bantam）引进的一头年轻大象，为东印度公司的董事伯克利勋爵所拥有。伯克利此举似乎纯粹出于利益考虑，因为仅仅在几个月后，这头大象就在东印度公司以拍卖的方式被出售，起拍价为1000英镑，每次加价20英镑。关于最终成交价的报道则言人人殊，有的说是1600英镑，有的说是2000英镑。此后，这头可怜的动物似乎成了公开展览的对象（图168）。同一时期至少还有另外两只大象也被引进，而且

图168 《伯克利勋爵的大象的真实完美描述》（*A True and Perfect Description of Lord Berkeley's elephant*）小册子的目录页，该大象于1675年被带到伦敦，供伯克利（东印度公司的董事）使用，后来在东印度公司出售，并成为公众展示的旅行物品。

面临着同样的命运。同样考验海员的智慧和能力的还有一头雌犀牛（图169），它于1684年从科罗曼德尔搭乘东印度公司的"赫伯特"号（Herbert）商船抵达。在这种情况下，所有者未能以2000英镑的估价找到买家，于是将它放在伦敦卢德盖特山（Ludgate Hill）的一家旅馆公开展示，据说它每天能带来约15英镑的收入。[228]

东印度公司中更加开明的董事之一是查尔斯·杜布瓦（Charles Dubois），他是皇家学会的会士和该公司的财务主管。在米切姆（Mitcham）的家中，除了有异国情调的植物外，他还在花园里饲养着来自东印度的珍奇鸟类以及一种从阿拉伯穆哈（Mocha）的咖啡船上带来的鸨鸟。杜布瓦是汉斯·斯隆和詹姆斯·佩蒂弗的朋友，也是一群定期在庙宇咖啡馆（Temple Coffee House）聚会的博物学家小组的成员。杜布瓦非常慷慨地展示他的收藏，并渴望与志同道合的爱好者分享。他送给斯隆的"来自孟加拉的红头鹤"在斯隆的花园

图169 详细描绘那头著名的犀牛的雕版画，这是纪念英国人首次见到这种动物的雕版作品，日期为1684年。

里生活了几年，直到它因为吞下一个铜袖扣而死亡。[229] 另一位开明的董事是马修·德克尔爵士（Sir Matthew Decker），一位出生荷兰的商人、作家，曾任议员，在里士满格林（Richmond Green）拥有一座令人瞩目的花园，花园的池塘中养殖了（并繁育了）英格兰第一批中国鸳鸯以及一些最早期的金鱼。

> 这些鸳鸯直到1728年在英国还不为人所知，当时有一大批被送上了"霍顿"号（Houghton）商船，由菲利普·沃思船长指挥运送，并由他和曼宁·勒西利尔（Manning Lethieullier）先生赠送给马修·德克尔爵士。自那时起，这些鸳鸯就在伦敦附近的几位珍奇动物爱好者的池塘中繁殖。[230]

有时候，赠予礼物和追求科学的实践可能会相互重叠，就像1759年一篇关于猞猁的论文在皇家学会上宣读时一样。在这种域外生物抵达伦敦时，伦敦塔的狮子管理员：

> 受命前往圣詹姆斯宫，接收这只最近从东印度运来的非常美丽的罕见动物。它是孟加拉纳瓦布贾法尔·阿里·汗（Jaffier Ally Kawn，即Jaffar Ali Khan）赠送给克莱武将军的，克莱武将军又将其送给了威廉·皮特（William Pitt）阁下，后者曾有幸得到了陛下的接见。它在印地语中被称为"沙阁斯"（Shah Goest）……现在它在伦敦塔，有一位来自纳瓦布的家仆负责将其带到英国并照顾它。[231]

詹姆斯·帕森斯（James Parsons）向皇家学会的会士报告说，他去了伦敦塔"观察这只动物，以确定它属于哪个种类"，并绘制了一幅图画（图170、图171）在会议上展示。同年，《伦敦杂志》（London Magazine）上出现了一张更完整的图像。帕森斯仅仅对这只动物的外观和习性做了一般性描述，并辅以瓦尔特·查尔顿（Walter Charleton）用拉丁文撰写的早期描述的翻译，而该描述的基础源于一个标本：

图 170、图 171 罗伯特·克莱武爵士从印度送来的猞猁。左图是在《哲学会报》（*Philosophical Transactions*）第 51 卷（1760 年）中的插图，右图则是在《伦敦杂志》第 28 期（1759 年）中呈现的"沙阁斯"的插图。

这个标本现在保存在我们的国王查尔斯二世（King Charles Ⅱ）的园林中。它是由一位英国绅士送给国王的，该绅士曾担任苏拉特领地商业事务的总督。在波斯语中，它被称为斯雅－古什（Siyah-ghush），意思是黑耳，这个名字在科罗曼德尔海岸以及整个印度都广为人知。

根据霍勒斯·沃尔波尔的证据，这个新来的动物"无法承受当地寒冷的气候，尽管它在离火源不远的地方……但几周后就去世了"。[232]

这些不同报告内容的杂乱性，准确地反映了标本的收集和运送方式的混乱性。英国东印度公司从未达到荷兰东印度公司的组织水平（或者是动物运送量），后者在好望角建立了一个在运输途中用于临时安置动物的小动物园，并在阿姆斯特丹建造了专门的仓库和马厩来存放活体标本。[233] 然而，在其他领域，英国东印度公司的活动已经开始呈现出更有目的性的特点。

在这些引进计划中最具雄心的一部分是运送大型哺乳动物，而它们必然会成为公司的船只上令人不适的旅行伴侣。在 18 世纪 30 年代，有两只印度犀牛抵达英国，这既证明了船员们的执着和毅力，也展示了动物的适应能力。[234] 引进这些动物都没有明确得到公司的正式支持，这说明各个船长在从事此类活动时具有令人惊讶的自由度。第一只犀牛于 1737 年 10 月 1 日通过马修·布基（Matthew

Bookey）船长掌舵的"沙夫茨伯里"号（Shaftesbury）抵达欧洲，这是一头雌犀牛，与它一起登船的雄性伴侣在9个月的航行中死亡。[235] 显然，这两只犀牛都不是为科学目的而被收集的，因为在伦敦的一系列场馆向公众展示了几年之后，存活的雌性动物被送往全国巡回演出，甚至到达了爱丁堡，然后返回伦敦，并再次前往中部地区，在1754年春季的曼斯菲尔德和诺丁汉之间的路上死去，死在了让人始料不及的舍伍德森林中。与此同时，一头两岁的雄性犀牛于1739年从孟加拉成功抵达伦敦，他乘坐了约翰·阿克顿船长的"莱尔"号（Lyle）商船，航行时间近一年。两周内，这只动物也进入了公众的视野，以2先令6便士的不菲价格在红狮广场附近的鹰街（Eagle Street）展出。在它到达的那一年出版的小册子中写道："据说它是在巴特那被捕获的，并被带到我们东印度公司在孟加拉的定居点，那里有一张托马斯·格雷戈里-沃伦（Thomas Gregory-Warren）于1738年在威廉堡炮台绘制的墨水画，我们见过。"这只动物至少成为对其所属物种的自然历史做学术讨论的基础，詹姆斯·帕森斯博士在它抵达英国的那一年还为其绘制了画像。[236] 最后一次听到有关这头犀牛的消息是它正在巡回演出，它在历史记录中最后出现于1742年的林肯郡，之后便再无消息。

公司的代理身份可以通过后来半个世纪出现的两头犀牛的到来得到证实。第一头犀牛于1790年从勒克瑙（Lucknow）乘坐"梅尔维尔城堡"号（Melville Castle）抵达，由展览商托马斯·克拉克（Thomas Clark）以高达700英镑的巨额价格购得。[237] 它的大部分时间都在伦敦斯特兰德（Strand）的利西姆剧院（Lyceum）展出，被宾利（Bingley）牧师载入了他的《动物传记》（Animal Biography）[238] 并进行详细描述，还被画到了一些传单册页上。后来，它被卖给了展览商吉尔伯特·皮德科克（Gilbert Pidcock）——斯特兰德的艾克塞特交易所（Exeter Exchange）的所有者。这头犀牛职业生涯的亮点是，当它被送到温莎向乔治三世陛下展示时，"皇室非常高兴，并对这个奇特物种很满意"。但此后它在巡回演出时在汉普郡科莎姆（Cosham）附近的波斯特集市（Post Down）上去世并被埋葬。后来它的尸体又被挖出来制作成标本，并在艾克塞特交易所进行了后续展示。[239]

皮德科克在1799年又收购了第二头犀牛，可能是从一艘东印度公司船只上购得的。它也在艾克塞特交易所展出一段时间，轮流在艾克塞特省内巡回展出，然后被卖给维也纳的舒恩布鲁恩（Schönbrunn）动物园的所有者安东尼奥·阿尔皮（Antonio Alpi），不久后便去世了。[240]

在接下来的几年里，更多的犀牛和其他动物从印度和非洲涌入英国：

> 1810年7月23日星期一晚上，一匹漂亮的斑马从好望角的"萨利"号登陆；第二天，一头大象从"韦尔斯利侯爵"号下船；同时，一头犀牛也从"梅特卡夫"（Metcalfe）入英；另外，两只皇家老虎也乘坐"梅尔维尔"号抵达英国。[241]

在这种情况下，这头犀牛被斯蒂芬·波利托（Stephen Polito）获得，他是皮德科克在艾克塞特交易所的继任者。经过几个季节的巡回展出后，它也在1814年被卖给了阿尔皮并由其重新出口。

正如我们所见，早在那之前，已经有几头大象通过"韦尔斯利侯爵"号被运送到了英国。早在1762年，罗伯特·克莱武就写信给孟加拉总督亨利·范西塔特（Henry Vansittart），表示"如果可行的话，为陛下运送一头大象"。在第二年的8月，一头大象准时登上了"哈德威克"号，不过它还只是一头幼象。令克莱武感到气恼和委屈的是，它是以公司的名义被进献给国王和夏洛特皇后的，而不是他自己的名义。[242] 乔治三世统治期间，已知还有6头大象抵达了英国。最后一头大象［由东印度公司军队即将退休的指挥官罗伯特·巴克尔爵士（Sir Robert Barker）赠送］去世时，它的尸体在威廉·亨特的指导下被解剖，其他大部分大象在死后也被如此处理。其中一只最终成为阿什顿·莱弗爵士的倍受欢迎的博物馆中的标本，由萨拉·斯通于1786年绘制了图纸（图172）。十年后，一头年轻的雄性大象被当作礼物送给了吉尔伯特·皮德科克，搭载"罗金厄姆"号在布莱克沃尔登陆。[243] 第二年春天，又有一头大象

借"皇家海军"号进入英国。此后,大象的运输似乎变成了例行公事,因此需要额外的价值来增加它们的吸引力。在1827年,波利托在艾克塞特交易所的继任者爱德华·克罗斯(Edward Cross)在码头购买了一头"非常漂亮"的大象,"从'泰晤士号'(Thames)上下来……(它)成为米尔王,阿丹·阿里·辛格(Rajah Meer, Achand Ali Sing')殿下的宫廷里最招人喜欢的动物,几乎是宫廷的常客"。[244]

尽管这些远道而来的大象注定展现在公众眼前,但我们了解到有一头"非常漂亮的雌性"大象被第六代德文郡公爵私人拥有,他

图172《阿什顿·莱弗爵士的博物馆透视图》(*Perspective view of Sir Ashton Lever's museum*),根据萨拉·斯通原始绘画所制,水彩画,原作于1786年展出,1835年的副本带有水印。在前景(右侧)是被装裱的"完整大象皮肤",正如它在1784年的清单中所列的那样。

将其放养在奇斯威克庄园（Chiswick House，他于1811年继承），"在特别有利于其健康和温顺性格的环境下"生活。然而，在后来的日子里，她变得越来越难以驾驭，并在1828年9月因肺结核去世，尸体被赠送给新成立的动物学会博物馆。[245]

运送大型猫科动物作为活体货物或展示对象同样具有挑战性。据记载，1762年2月，马尔伯勒（Marlborough）公爵前往克莱武勋爵在伯克利广场的住所，在那"接收了勋爵允诺送给他的漂亮的老虎，并下令将这只野兽送到他在牛津郡的庄园"。后来，乔治·斯塔布斯（Geoge Stubbs）为之绘制了一幅画，题为《一只母老虎：马尔伯勒公爵的财产》（*A Tigress: In the Possession of His Grace the Duke of Marlborough*，图173），这幅画被认为是"英国有关真老虎（也称孟加拉皇家老虎）的最早的可靠记录"。[246] 或许对于公爵来说，这只猛兽也是难以驾驭的。到了1772年，这只老虎在牛津的约翰·平奇贝克（John Pinchbeck）动物园展出，最后听到关于它的消息是在1774年的爱丁堡。[247] 当时有报道称，从印度来到英国的是"一只非常漂亮的老虎、一只奇特的鬣狗和一只麝猫"，[248] 尽管当时那不可靠的命名足以让我们怀疑那只"老虎"实际上可能是一

图173 雌虎，铜板雕刻画，由约翰·迪克森（John Dixon）于1772年制作，根据乔治·斯塔布斯1767—1768年间的实物绘图进行绘制。这只老虎是罗伯特·克莱武送给第四代马尔伯勒公爵的，在布伦海姆宫的动物园中饲养。

只豹。1785年，马卡特尼（Macartney）勋爵将一只"来自孟加拉的皇家老虎"赠送给了威尔士亲王。在被送到伦敦塔的动物园后，它被吉尔伯特·皮德科克购买了下来，用于他的巡回动物园，在纽卡斯尔被托马斯·比维克（Thomas Bewick）记录了下来，并在他的《兽类总史》（*General History of Quadrupeds*）中亮相。[249] 1785年，第二只老虎，是一只雄性老虎，像前一只一样，由艾尔斯伯里（Aylesbury）勋爵作为送给威尔士亲王的礼物通过"希尔斯伯勒号"运送回英国。

尽管这些老虎的真实身份已得到确认，但许多其他以此描述的动物实际上属于美洲豹或印度豹。乔治·斯塔布斯记录了一场（高度做作的）猎豹与一头红牡鹿的相遇［这只猎豹是马德拉斯总督乔治·皮戈特（George Pigot）于前一年（1764年）送给国王的弟弟坎伯兰公爵的两只猎豹之一］。[250] 这只猎豹，刚刚解开头套，由两个印度侍从驱赶着在一个与温莎公园（实际发生相遇的地方）相距甚远的地方同一只同样奇特的牡鹿对峙（图174）。在这篇描述中，有关结果的真实细节出于外交目的被省略了。事实上，这只猎豹被两次抛到雄鹿的鹿角上后，突破了困住这两只动物的陷阱，并在公园的其他地方追捕并杀死了不太具有威胁性的鹿（可能是梅花鹿），直到它被重新捕获、蒙上眼睛带回圈养地。

图174 《猎豹和鹿，以及两个印度侍从》（*A Cheetah and a Stag with two Indian Attendants*），乔治·斯塔布斯作，约1765年，油画。最初在标题中被称为"猎虎"，这只动物是由乔治·皮戈特（前马德拉斯总督）在1764年送给坎伯兰公爵的。这幅画是皮戈特委托制作的，记录了在1765年在温莎发生的这次实验性相遇；这里展示的鹿和景观完全是虚构的。

1785年，沃伦·黑斯廷斯返回英国时带回了一只被描述为"通体黑色的虎"的动物，将其作为对国王的礼物，现在被认定为黑豹，这只猛兽在伦敦塔度过了它的一生。[251] 一些猎豹在被送到表演者手中之前，曾是"属于绅士个人或东印度公司的雇员"。1799年之后，据说大量的猎豹——通常被称为"虎"或"猎虎"——是在扫荡蒂普苏丹宫殿后从塞林伽巴丹捕获的，而蒂普在自己的宫殿里养了300只猎豹。可能1800年的4只猎豹的来源确实如此：它们是由领导1799年攻占蒂普苏丹城市的哈里斯将军赠送给乔治三世的，与三名印度看护一起到达，其中一人还曾是蒂普苏丹的猎手。1805年，又有4只被证实来源于蒂普苏丹宫廷的猎豹到达伦敦塔（韦尔斯利侯爵带来）。[252]

除了猎豹外，公司还进口了其他一些猫科动物，包括由雷尼尔（Reynier）海军上将带来的"来自孟加拉的环尾虎"——这可能是英国首次记录到云豹。[253] 这些猛兽以及其他食肉动物——比如由萨尔塞特岛上的"卡姆登伯爵"号（Lord Camden）上的大副古奇（Gooch）赠送给威尔士亲王的条纹鬣狗[254]——需要配备牢固、保险的住所来保护公众安全，不过更多温顺的动物开始出现在归国退休的贵族和商人的乡村庄园中。

克莱武在印度期间曾送给他的妻子一些礼物，其中包括印度羚和一头"不比猫大多少的小鹿"，有可能是豚鹿。在1760年的一次回国途中，克莱武带来了更多的动物，里面包括一条大蛇，"带有大量家禽充当其航行期间的食物，但这条蛇无法适应我们的气候，在第一个冬天就死了"。[255] 在1767年他最终离开印度之后，还有更多的动物随同他一起离开，而他的其他动物则跟随另一艘船而来。同年，克莱武收到了退休的孟买总督查尔斯·克伦梅林（Charles Crommelin）送给他的一对大蓝羚；它们成功在英国繁殖，可能最初是在沃尔科特（Walcot）繁殖的。"羚羊、豚鹿、尼尔高羚或猞猁"都是克莱武在1762年向范西塔特（Vansittart）列出的请求清单中的物种。包括尼尔高羚在内的各种"外国动物"被运送到克莱蒙特（克莱武于1769年购置），并发出了严格的指示要保持它们的温暖。克莱武于1774年去世后不久，克莱蒙特的动物清单中包括两只斑纹鹿、两只羚羊和六只豚鹿,它们可能来自印度,尽管其他动物(包括一头"非洲公牛")的来源显然更宽泛。[256] 克莱武的一只印度羚可能成为斯塔布斯的油画速写的主题,最初被命名为《羚羊》(*Antelope*),后来被威廉·亨特收藏。[257]

关于1769年左右,劳伦斯·沙利文(Laurence Sullivan,东印度公司的董事之一,也是克莱武的敌人)送给女王另外两只尼尔高羚;女王安排将其中一只借给威廉·亨特,以便他可以在磨坊街(Windmill Street)的马厩中对其进行详细研究,同时斯塔布斯还绘制了它的画像(图175)。亨特在向皇家学会发表关于这些动物潜在价值的演讲时使用了这幅画作为视觉辅助。他写道:

> 在近年来从印度引进的动物中,尼尔高羚这种美丽的动物可算代表。希望它能在这个国家繁殖,成为乡野间中最有用,或者至少是最华丽的动物之一。它的体型比除牛之外的任何反刍动物都要大,它的肉也可能美味可口。如果它被证明温顺且容易驯化,那么被训练为劳动力是轻而易举之事,如此一来,

图175 《尼尔高羚》,乔治·斯塔布斯于1769年绘,同年献给女王。

它的迅疾的速度和不容小觑的力量或许可以应用在有价值的目的上。[258]

在1773年，克莱武收到通知："班克斯先生非常渴望能繁殖尼尔高羚，因此希望阁下要么亲自采取行动，让您在沃尔科特和克莱蒙特拥有的两只尼尔高羚交配，要么将它们都交给班克斯，他会在自己的园子里饲养繁殖。"[259]

国王也继续通过东印度公司收到这类礼物。班克斯收到了约翰·伊恩斯于1801年12月3日写的一封信，信中提道：

> 几天前，我收到了一封来自东印度公司前主席大卫·斯科特（David Scott）先生的信件……他告知我，韦尔斯利勋爵通过雷特船长的"斯宾塞伯爵"号送给他两头大额牛（Gayal），一公一母，并请求我通过您向陛下呈递这份礼物。
>
> 经过询问，我很遗憾地得知，母牛在好望角附近遭遇了一次严重的风暴后不幸去世。雷特船长从圣赫勒拿写信给韦尔斯利侯爵，我相信侯爵大人将会在下个季度的首批船只中补偿这一损失。公牛目前在斯宾塞伯爵号上，身体状况良好，待您方便时，我将欣然接收您对它的指示。[260]

仅仅五天之后，这种动物的真实身份在斯科特的一封信中就被贝克斯提出了质疑，他在信中将所谓的gayal（一种牛科动物）称为nylghai（一种羚羊），[261]而这种物种在英国已经足够为人所知，国王对它的兴趣并不大：

> 我收到了伯尼（Burney）先生的来信，信中要求我以您的名义向国王陛下进献一种叫作Nil Gaw或Blue Bull的动物……然而，（我）认为有必要告诉您，这种动物对这个国家来说并不新鲜，也没有特别的吸引力。我不知道目前英国本土是否有这种动物，但我曾见过几次，有的是属于个人财产，有的则是作为展销物给公众观看的，不过也归做这种生意的人所有……由

于国王并没有一个正式的动物园，因此我对向他呈献的任何动物的适当性表示怀疑，除非这个物种是全新的或非常罕见且十分有趣。长期以来，我一直试图激发一些显赫的贵族引进新动物的兴趣，因此我毫不怀疑他们将非常感激地接受它，尤其是这种动物已经在这个国家繁殖过。[262]

尼尔高羚在班克斯（Banks）看来不仅是养在公园里的物种，而且有潜力被培育成食物来源。然而这一角色更直接地赋予了牛类，主要是瘤牛（或婆罗门牛）品种，但偶尔也包括牦牛——这种牛让英国田园风景变得更有异国情调。[263] 沃伦·黑斯廷斯是这一运动的先驱：在他回国后，黑斯廷斯的表兄塞缪尔·特纳在1783—1784年的一次到访西藏的任务中经过不丹，送给黑斯廷斯一头"不丹牛，属于琼萝（Chowry）物种"。这是牦牛首次传入英国的最早记录，[264] 但并非最后一次。黑斯廷斯的秘书乔治·汤普森（George Thompson）被要求送来更多的牦牛："请为我带几头牦牛，每艘能携带它们的船只寄送一头或最多两头，但不要超过这个数量，同时为它们预订好封闭的船舱，否则它们会因照顾不周而死亡。"这些新迁移过来的动物的第一个家可能是博蒙特别墅（Beaumont Lodge），这是黑斯廷斯在等待接管戴尔斯福德庄园时购买的一处位于旧温莎的庄园，在那里已经养了几只印度动物。后来，他出售了博蒙特别墅并租下了位于雷丁附近的珀利庄园（Purley Hall）作为临时住所，在那里一位未知画家创作了一幅相当朴素的画作（图176），记录了一头牦牛、一匹阿拉伯马、[265] 一头肩披山羊和一对瘤牛的形态。在黑斯廷斯搬到戴尔斯福德（带着他的动物藏品）之后，斯塔布斯为这头牦牛（即"不丹牛"）画了一幅画（图177），它并没有出现在科茨沃尔德的乡村风光中，而是身处一个摘自《驻藏大使随行记》（*Account of an Embassy to the Court of the Teshoo Lama in Tibet*）插图的西藏风景中。[266]

瘤牛在英国显然非常受欢迎。1754年，德兰尼（Delaney）夫人与波特兰公爵夫人一同前往布尔斯特罗德参观"印度公牛和他美丽的伴侣，人们希望她能给他带来一个子嗣"。次年，她绘制了同一

图176 珀利庄园的朴素画作，伯克郡，油画。珀利庄园曾一度作为沃伦·黑斯廷斯的临时住所。画中展示了前总督的异国动物在公园中吃草：一头藏牛（在围栏内）、一匹阿拉伯马、一只披肩山羊以及一对瘤牛。这些动物的形象可能是在1790年左右叠加在该庄园的早期画作之上的。

头动物的素描，并注明这头牛的来源地为圣大卫堡（Fort St David），位于马德拉斯以南约100英里的库达洛尔（Cuddalore）（图178）。第三代里士满公爵在古德伍德成功地繁殖了瘤牛这一品种。植物学家彼得·科林森（Peter Collinson）在1764年参观后告诉法国博物学家乔治·布丰（Georges Buffon），里士满公爵的和波特兰公爵的庄园中有"大量这些动物（瘤牛），它们每年都会生出非常漂亮的小牛。这些牛犊的父母被是从东印度群岛带来的。"在1811年威尔士亲王成为摄政王时，总督明托勋爵赠送给他一头真正的孟加拉品种的母瘤牛作为礼物，这头牛的生活方式相当都市化：它被养在卡尔顿宫（Carlton House），无疑会在附近的圣詹姆斯庄园（St James's Park）放牧。其他瘤牛则过着不那么优越的生活，包括一头被尊称为"蒂普苏丹的王子们在塞林加帕坦骑乘"的迷你瘤公牛，它于1803年被娱乐经理人吉尔伯特·皮德科克收购。[267]

披肩山羊因其美丽的绒毛而备受追捧（图41），它们的羊毛被视

图 177 沃伦·黑斯廷斯的牦牛，由乔治·斯塔布斯绘制，威廉·德拉莫特（William Delamotte）做了铜板印刷。这幅画作出版于塞缪尔·特纳的《驻藏大使随行记》（1800年）。事实上，这头动物是在戴尔斯福德绘制的，背景是陪同使团的塞缪尔·戴维斯（Samuel Davis）绘制的不丹景观（包括普纳卡夏宫殿）。

为珍品。1808年，改良农学家罗伯特·贝克韦尔（Robert Bakewell）表达了这样的观点："为了我们的制造业，获取这些动物将比获得黄金羊毛更有价值。因为英国的工业很快就能将这些羊毛转化为比等重的纯金更有价值的纺织品。"[268] 威廉·穆尔克罗夫特（William Moorcroft）获得了一群披肩山羊，这个举动对英国的重要性可能不亚于约瑟夫·班克斯爵士从西班牙引进美利奴羊（Merino）。[269] 穆尔克罗夫特本人清楚地意识到引入这些山羊可能带来的社会和经济效益，他建议：

> 这些山羊将代表着一种新的家畜品种，通过几年的培育，可以使那些目前贫瘠的土地产出价值不亚于从林肯郡或莱斯特郡的高价值土地上所获得的羊毛。通过此举，它们不仅有助于改善农业，还可以为那些老弱病残以致不能从事户外劳动的贫困阶层提供一份正当营生，他们可以在家中以分离山羊的细毛为生……当拥有充足的羊毛时，英国的资本、创造力和创业精神可以将羊绒织物的制造推向何种程度，这是不可想象的。[270]

遗憾的是，从1813年开始，穆尔克罗夫特运送到英国的山羊结

图178 《圣大卫堡的公牛》（*The Fort St David's Bull*），德兰尼夫人作，"1755年在布尔斯特罗德（Bulstrode）绘制"。这头公牛是罗伯特·克莱武爵士赠送给波特兰公爵夫人的礼物。

局并不美好（同时也给东印度公司带来了困扰）：装载穆尔克罗夫特的母山羊的船只在航行中沉没，所有货物全部损失。雄性山羊大多在另一艘船上幸存并被送往阿索尔公爵（Duke Atholl）的苏格兰佩斯郡庄园，然而它们都疲弱而亡。其他人引进的少量山羊也没有好到哪里去。

此外，鹿类是作为最受欢迎的动物之一被引入英国乡村的。1765年，柯林森写信给布丰，提到里士满公爵拥有几头来自印度的斑鹿，它们"与梅花鹿友好相处，没有形成独立的群体，甚至彼此进行繁殖，由此产生了美丽的新品种"。1823年，从东印度公司的一艘船上卸下了大批动物，其中包括两头白斑鹿和一头高贵的桑巴鹿（Samboo deer），这些动物都被爱德华·克罗斯（Edward Cross）买了下来，用于展览。[271]

鸟类在东印度公司的船上似乎更容易管理。查尔斯·杜波伊是汉斯·斯隆爵士和理查德·米德医生等收藏家的宝贵标本（不一定都是活体）来源，据说米德医生通过这种途径获得了"大量自然珍品"。最近对乔治·爱德华兹（George Edwards）在伦敦出版的《罕见鸟类的自然历史》(*Natural History of Uncommon Birds*)和《自然历史摘录》(*Gleanings of Natural History*)进行的分析揭示了他对杜波伊的依赖程度,以及对东印度商船"霍顿"号的船长艾萨克·沃斯(Isaac Worth)和沃斯的第一副手亚历山大·梅(Alexander May)的依赖程度,这些人提供了来自马达加斯加的鸟类和蝙蝠,以及来自中国的动物——甚至包括金鱼。[272] 在印度时,罗伯特·克莱武花了相当多的精力为妻子玛格丽特准备这类礼物,包括一只戴胜鸟和一只"金鸟"。后来,蓝鹤和珍珠鹤被从印度运到了克莱蒙特;他还特别嘱咐要让它们保持温暖。

到了19世纪,大批货物搭乘东印度公司商船抵达英国,便被立即供应给商业娱乐经纪人,最终充实了更具目的性的动物园。伦敦动物学会于1828年4月27日在摄政公园里将其动物园向公众开放,到翌年1月已经拥有约430个动物标本。

伦敦动物学会动物园的主要创办人斯坦福德·莱佛士爵士在1824年离开他在明古连的东印度公司职位时,捐赠了一批或许是有史以来最为引人注目的动物收藏——不论是活体,还是被制作成标本,抑或是被记录在绘画中。在离开港口的第一天夜晚,他的"荣耀"号(Fame)起火并沉没:所有的乘客和船员都得救了,但他那上万幅绘画和大规模的档案(总价值2万英镑)却葬身海底,还有"第二个挪亚方舟"(a second Noah's Ark)的"老虎、熊、猴等"。伦敦动物学会的收藏最初被安置在梅费尔区的布鲁顿街(Bruton Street),后来接收了大约600种哺乳动物、4000种鸟、1000种爬行动物、30 000种昆虫以及其他许多物种,其中许多都归功于莱佛士爵士。"荣耀"号海难中那些动物收藏的丧失——也许是自然历史收藏史上最大的一次灾难——或许能够纪念那些在大海上或在欧洲严寒的冬季中无声无息且无法记录的成千上万其他生物的死去。

除灾难之外,活体动物的运输手段已经完善到了一定程度,以至于它们已经成为在全国流动的众多旅行动物园中常见的景象。[273] 虽然它们仍然具有异国情调,但对欧洲人来说已经相对熟悉。在动物收藏领域,就像在其他情境中一样,已经不能再用"印度"这个词含混地指代某个大陆上的遥远和模糊的土地了。

尾 声

当东印度公司的活动最终走向没落时,整个英国已经对印度的自然财富、人民、工业产品和地形(至少以地图记录的地形)不再陌生。也许,就像在其他领域一样,公司的董事们会对他们在引发如此深远的变化方面承担的责任感到惊讶,即使有时是无意识的行为所带来的影响。然而,当上述各种历史进程向前推进时,无论是董事们还是他们那非同寻常的组织,都已被形势所压倒,或者更确切地说,它们发现自己被超出了他们控制范围的力量所左右。东印度公司的解散代表着英国与印度关系的转折点:在政治和经济地图开始明确改变之前,将近一个世纪的殖民统治由白厅把持,但在英国政府全面统治印度时期的编年史家笔下(事实上是在管理者手中),很少能找到对他们的商业前辈在更为艰难的情况下所奠定的基础表达出同情或赞赏的言辞。他们所经历的困难便如此轻易地被抛诸脑后了。在1857年革命惨败之前的几十年里,蒸汽的引入已将从伦敦到孟买的标准航程从6个月缩短到9个星期;而在印度境内,铁路网络的建立也将促使权力和商业中心更紧密地联系在一起。对3个管辖区军队(Presidency armies)的控制现在过渡到了皇室手中,而且征募范围也扩大到整个南亚次大陆的各个"武装种族",从而更有效地控制了内部安全。对印度自然资源和商业资源的开发也达到了历史上前所未有的水平,因为英国的制造商和实业家——19世纪后期的大型国际展览打开了他们的眼界——将自己与印度的产品和市场联系在一起。

本文通过汇集一些幸存的物质证据,以展示东印度公司及其雇员的成就,也提醒人们这些材料以多种方式让英国公众对印度有了最初的了解。这些经历从17世纪各种罕物展的惊奇相遇，到水晶宫的大商场式展览和19世纪后期的国际博览会，一系列演变都充斥着南亚次大陆的财富。关注印度博物馆的当代评论家（在附录V中有更详细的引用）简明地概括了这种一手材料的潜在影响：

> 这里的材料可谓汗牛充栋，借助各种物品所提供的注释，能够在几个小时内教给英国人关于印度人内在生活和社会习俗的知识，可能比他们在几年的零散阅读中获得的知识都要多，实际上，这比任何已有的出版作品中提供的知识都要丰富。

游客们沉浸其中，欣赏这些印度制品的独特之处，进而认可它们，也开始在日常生活中培养起这种异国品味。就像在所有最好的博物馆中一样，展品比任何学术论文都更能生动地向人们讲述自己的故事，为一种备受忽视的知识和经验流派做出了重要贡献，尽管直到今天仍然未得到许多历史学家的充分认可。也是在这里，英国人开始与他们的印度同行培养认同感，从而开启了一条在21世纪的多元文化社会中持续探索的道路。

附 录

以下是为对前文提供证据支持的文本。附录Ⅰ是韦尔斯利侯爵在他发起的印度动物学研究计划中编制的关键文本——是博物学史上具有重大意义的文献。其余文本是当代评论家对印度博物馆具有参考价值的评述。这些文献大多具有新闻性质，涵盖了从博物馆在1842年和1844年的成熟阶段（附录Ⅱ~Ⅲ）到1851年博览会盛典的全盛时期（附录Ⅳ），再到1858年公司所有权的暮年时期（附录Ⅴ），以及1869年印度事务部接管博物馆后的时代（附录Ⅵ）。最后，附录Ⅶ中再现了博物馆对1857年曼彻斯特艺术珍宝展的贡献。按照前文的分类方法，参考并综合这些文献就形成了一个连贯的综合视角，描述了那些面对公司藏品的参观者的感受，这在今天可能被称为访客体验。

附录 I

总督大臣（韦尔斯利侯爵）关于印度自然历史的备忘录，威廉堡，1804年7月26日（'Minute of the Governor General [Marquess Wellesley] on the Natural History of India, Fort William, 26 July 1804'）。

迄今为止，欧洲对于印度大陆和印度群岛自然历史的某些分支的了解是有缺陷的。尽管在过去二十年中，在研究与该亚洲地区的风俗、产物和古迹有关的科学探索方面取得了进展，但许多欧洲的博物学家不是对其他国家最常见的四足动物和鸟类一无所知，就是描述得不完整、不准确。

对于印度自然历史这一重要领域的描述和改进涵盖了动物研究领域的主要部分，它配得上英国东印度公司的慷慨和宽容之举，必然会为世界带来可喜的贡献。

促进和推动基础科学领域的所有研究，是在印度的英国政府根据其目前的崇高地位所被赋予的职责，并且必须依靠我们以低的成本扩充公众的知识量。

总督坚信，凭借我们在印度各地收集准确信息的便利条件，关于地球上这片次大陆的自然历史知识可以在相对短的时间内得到大幅度的改进和扩展，而不需要对公共资源投入重大资金。但是，除非某位胜任的公职人员负责收集信息，并整理和发表他的研究结果，否则这个值得期望的目标将永远无法实现。考虑到这一点，总督在过去一段时间里一直在考虑选择一位熟悉自然历史的人员，让他负责在大不列颠的亚洲领土上发展这门有用的科学。

布坎南博士的学识和经验使他完全有能力完成这个任务，因此总督建议布坎南博士收集有关英国政府统治的印度省份中所有准确描述最具特色的四足动物和鸟类的材料，并根据情况将他的调查扩展到这个广袤大陆的其他地区和附近的岛屿。

为了方便履行这一职责，总督在巴拉克普尔牵头建立了一个机构，用于保留布坎南博士收集的四足动物和鸟类，直到对它们完成详细的描述和绘制，这对于自然历史学家来说是非常重要的。

总督建议向该辖区下属的每个固定驻地的主要文官和军官发出通告，要求获得授权的医务人员与布坎南博士就这个问题作出迅速准确的回复。另外，还要求主要的文官和军官授权他们的医务人员向他们治下的所有政府官员（无论是欧洲人还是当地人）寻求帮助和信息，且要求对方完全配合，以获取所需的动物，从附近最聪明的人那里获取有关它们的自然历史的最准确信息，并为将动物运送到总督府提供必要帮助。

印度总督提议要求尊敬的圣乔治堡议会总督阁下、尊敬的孟买议会总督、英属锡兰岛总督阁下以及威尔士亲王岛副总督，分别指示各自政府的合适官员与布坎南博士通信，并在他们所管理的地方权限范围内向布坎南博士提供一切可行的帮助，同时还要向马六甲和明连古两地发出类似的命令。

为了便于布坎南博士通信，有必要命令总邮政长官免费接收并转发布坎南博士就其在自然历史研究领域的来往信件，而且要求圣乔治堡、孟买和锡兰的政府分别向这些地区的总邮政长官发出类似的命令。所有涉及布坎南博士的与他目前职责相关的信件，必须在信封上写上写信人的姓名和"印度自然历史"的字样。

为了完成现任工作所分配的任务，布坎南博士需要的每月支出如下：

巴拉克普尔动物园所需的费用，500新卢比；

一位画家，100卢比；

一位书写员，40卢比；

文具和颜料，60卢比；

野生动物和鸟类的收集费用，300卢比。每月总计1000新卢比，或计125英镑。

在提议每月使用1000卢比时，总督打算将一年的总开支限制在12 000卢比以内，以完成他所考虑的重要事项。然而，有时可能需要一些临时开支用于建造收藏四足动物和鸟类的建筑，但金额不会太大。同时建议授权布坎南博士按照他认为最有利于推进此项任命目标的方式支出这笔款项，并要求他每6个月向总督议会的公共部门提交详细的实际支出账目，并报告这6个月里在巴拉克普尔收集珍稀或美丽鸟类方面取得的进展。

自1800年6月起，在加登里奇（Garden Reach）开始收集一项鸟类和四足动物，用于提供给威廉堡学院的附属机构。自从它们被转移到巴拉克普尔以来，在这些动物身上已经花费了 2791 卢比 8 安娜 6 皮塔，相当于 349 英镑。这笔费用的金额当然将从总预算中提前支出。

总督建议将布坎南博士对于相关自然历史主题的观察资料，以及每个主题的绘图收集起来，每个季度转发给尊敬的东印度公司，并由他们决定用何种最适当的方式出版这些作品。

韦尔斯利[1]

附录 II

"尊敬的东印度公司博物馆，利登霍尔街"摘自《海派，适合所有人的文艺收集或碎片》[The Sea-Pie, an omnium gatherum of literature & art, with scraps to suit all hands, 第 i 卷（1842），第 206–211，250–258，293–302 页）]。

（在伦敦众多的知识宝库中）有一座博物馆，与其他博物馆有着同样的目的和价值，而且对英国的游客来说具有特殊的吸引力；这个博物馆能真正代表国家，不仅因为它由英国人创立，并由他们的努力收集藏品，也是因为它所拥有的财富的数量和多样性。它比起仅仅拥有英国艺术、英国矿物或动物的展品，或者任何从其古老性、奇特性或与科学的关系中获得其主要价值的物品，更加能代表英国。我们在这里谈论的这座博物馆是国家的，因为它的起源与国家品格、国家事业和国家繁荣息息相关，并且其中的每一件物品，无论它本身的内在价值如何，都与一系列事件相关，这些事件逐渐揭示了一个国家的特质，并使英国商人团队的勇气和智慧征服了广袤的地区，并建立起一个庞大的帝国……

东印度公司博物馆位于利德贺街的公司大楼内的几个房间，它并不因其规模引人注目，而是因为其多样性。它的收藏不仅要归功于公司本身的行动，更多地归功于个人和公司雇员的特别贡献。当我们进入第一间展厅时，我们的注意力立即被三个大展台所吸引，上面展示着用木材、珍珠母、象牙和银制成的中国别墅模型……

下一个引起我们关注的物品相当有趣，它展示了印度人的凶残，并让我们回想起我们的同胞在 20 世纪末的英勇事迹。这是来自塞林加帕坦的战利品——蒂普的老虎……

在右手边的窗户上，有一个白色大理石的新哈森（Singhasane），即印度王座，上面有一个灵迦，四周环绕着其他一些印度神祇的形象，如梵天、帕尔瓦蒂、象神和牛神。这是由奥格（Ogg）中校赠送的。

旁边还有另一个用大理石制成的灵迦，上面雕刻了梵天的四个脑袋和巨蛇阿难陀（象征无尽的时间）……

在右边的第一个展柜中，放置在地面上的是一块重达 25 磅的陨石。它是在帕特亚拉拉贾领地附近的杜拉拉（Durala）被发现的……为彭宁顿中校（Pennington）所赠。[2]

此外，还有一件木制品陈列在其中，内含一条鱼的鱼角碎片，据说它在"法夸尔森"号（Farquharson）船航行途中撞到了船舷上。这是船体前外部衬里的一部分，在船停泊于干船坞时被切割出来。这个巨大的鱼角似乎穿透了铜护板和衬里……这是由约翰·克鲁克山（John Cruickshank）上校于1832年赠送的。

第二个展柜中陈列着几件精美的印度武器，包括剑、匕首等。其中最引人注目的是特拉凡哥尔拉贾王的剑，由他本人赠送。这确实是辉煌的印度艺术的见证。刀柄是金质的，手柄呈龙头状，并镶嵌着大小适中、价值不菲的钻石和红宝石。刀鞘同样是金质的，并且做工精美。

旁边展示着一柄宽大的剑鞘（宽度达4英寸），用紫色天鹅绒覆盖，两端和中部用银丝镶嵌装饰，做工精美。这是一位廓尔喀酋长的剑。剑刃呈弯曲状，内侧边缘比手柄处更宽。由亨利·沃斯利（H. Worsley）上校赠送。

下一个武器也是相同形状的，被称为"科拉"（Kora）。它是喜马拉雅山地区居民使用的武器。剑鞘用类似鲨鱼皮的材料包裹，并在中部和两端装饰了精美的金质填花，做工精细。这是尼泊尔事务大臣比玛·斯哈（Bhima Singha）经由黑斯廷斯侯爵之手赠送的。

它旁边一件非常独特的武器是一把匕首，莫卧儿帝国的人通常将其佩戴在腰带上。它被称为佩什库布兹（Peishkubz）……长约18英寸，专门为左撇子设计……由沃斯利上校赠送。

旁边是一把穆斯林苦行僧的匕首，也用于刺击。手柄是一块弯曲的玉石。由黑斯廷斯侯爵赠送……

最后，也是展柜中最有趣的物品之一，是马拉地帝国创始人的遗物。这是希瓦吉（Sivajee）谋杀比贾布尔将军阿卜杜拉·汗（Abdalla Khan）的兵器，由希瓦吉的后裔——萨塔拉的王侯赠送。它被称为"巴格纳"（Baghnakh），或者老虎爪，由一块大约3英寸长的钢制成，两端分别有一个环，用于插入拇指和小指，而其中突出三个弯曲的刀刃，类似爪子。这个武器在这个家族中保存了近两百年之久……

在下一个（第四个）展柜中，我们可以看到来自拉合尔的一对手套，这是当地首领使用的手套，由钢制成，并镶嵌金饰。

与它们放置在一起的还有三个天文仪。一个是印度的，由希拉兹（Sheeraz）的王子赠送。另一个是称为具（Yantra Raja）的印度制品，由孟买的约翰·泰勒（John Taylor）博士遗赠。还有一个阿拉伯制品，由克劳德·罗素（Claude Russell）先生赠送。

紧挨着它们的是来自中国的两个罗盘，由约瑟夫·科顿（Joseph Cotton）先生赠送。接下来的一些有趣物品是来自海德·阿里（蒂普苏丹的父亲）陵墓的两块石头碎片，位于科拉。它们是绿色的，显然是石英，类似于在迈索尔地区发现的石头。由汉密尔顿·布坎南博士赠送。

它们旁边是一块深红色的手帕，曾属于蒂普，后来在塞林伽巴丹发现。上面绣着《古兰经》里的句子，并在麦加受过祝祷。

它被称为"瑞玛"(Ruma),人们认为它具有护身符一样的功能。

接下来是蒂普习惯用来祈祷的石板的一块碎片,由奥格上校赠送。

(几枚奖章)

接下来是一些象牙梳子,雕刻精美,还镀了金。据说曾被献给夏洛特女王,但遭到拒绝。其中一把梳子上镶嵌有蓝宝石。它们由颇具名声的马拉地酋长拉戈布哈(Raghobhah)赠送。

("穆斯林念珠",由黑斯廷斯夫人赠送;满清红顶子官帽;槟榔切割器;来自锡兰的刽子手的刀;众多中国物品;古尔王朝的瓷砖)

在入口对面的相应展柜中,有两个银茶壶。一个由理查德·斯特恩(Richard Sterne)先生赠予公司,另一个是伯克利(Berkeley)勋爵于1760年赠送的。还有一些在印度教徒中使用的祭祀和家居用具。由黑斯廷斯侯爵夫人赠送。

靠近展柜的是巴拉斯瓦纳塔(Paraswanatha)的雕像,他是耆那教(也是印度教派别之一)的第二十三位"提尔塔卡拉"(Tirthakara),或称导师。它是从加索帕(Garsoppa)的一座废弃的寺庙中带来的……加索帕是一座位于卡纳拉石梯下的镇子。该雕塑的基座上刻有梵文铭文,使用古代卡纳拉字符书写,于1806年发现。由麦肯齐上校赠送。

(巴比伦废墟上的铭文碑)该铭文的复制版是由东印度公司付费制作的,用于在整个欧洲分发。

(克伦威尔对英国东印度公司请求提供海军保护的回应文件;中国古董)

……一组人物形象,代表着神祇罗摩占陀罗(Ramachandra),他的妻子悉达(Sita),他的兄弟罗摩衍那(Lakshmana),以及勇猛的神猴哈努曼(Hanuman),他的盟友。这组家庭成员都约有12英寸高,并经过彩绘和镀金处理……

接下来是克利须那神(Krishna),他正在跳舞,双臂举起,仿佛在吹奏长笛。然而,长笛已经消失了。他同样身披彩绘和镀金,与我们的朋友潘趣(Punch)十分相似,有时在街上出现。据说,这位神祇是印度女性的宠儿。

在他旁边是女神杜尔迦(Durga),她骑在一头狮子上,手持一根棍棒、一面鼓、一根三叉戟和一朵莲花。

接下来是一个机器模型,在印度是用来拧绳子的。

在壁炉顶上是一尊佛陀的雕像,他盘腿而坐,体型较大,由黑色大理石制成。它是由约翰逊少校从果阿带来送给埃德华·穆尔先生的,后者是《印度神话》的作者,其人博学多识,他将这尊雕像送给了博物馆。

在壁炉和窗户之间的墙上有一个嵌入式的展柜,里面陈列着各种形式、等级和程度的印度教诸神偶像,由银、青铜、黄铜等材料制成。与它们一起展示的,还有许多更加吸引考古学家的物品。

展柜旁边是一块雕刻精美的石板,其

年代未知，取自一座金字塔状的土墩或顶塔。这块石板以及墙边的其他几块被称为"达戈普"（dah-gope），或称佛教神龛，这属于对佛陀的崇拜……它们取自阿马拉瓦蒂（Amarawati）的遗址，属于麦肯齐（McKenzie）收藏。

接下来是一尊黑色大理石的耆那教的（导师）雕像，他站立着，背后是蛇神舍沙（Sesha），蛇神的九个脑袋遮住了他。

在窗户之外的角落里，是一尊马特里·查蒙达（Matri Chamounda），或被称为毁灭者的杜尔迦的雕像。她戴着一串人头，踩在一具尸体上。

在达戈普之间的墙上有两块圆形石板，或者更准确地说是将一个圆形石板分成两片：其中一块上有雕刻，描绘了各种形象，主要是女性；另一块则只有装饰。

地板上放着两个很重的石制哑铃，是印度摔跤运动员使用的。

在石板之间有一个太阳神苏利耶（Surya）的雕像，周围还有一些侍从形象，它们是用黑色大理石而成。

墙上还嵌入了其他几尊印度教神祇的雕像……

通过这个说明……我们将读者的注意力引向收藏中最珍贵的容器之一。它是一个纯金的小盒子，外面装饰有8个人物形象，或者更准确地说是2组4个人物，描绘着释迦牟尼布道时的场景……它们制作精美……和它构成一对的是另一个镶嵌有蓝宝石的金盒子，发现时里面还装有一些金银币、金银戒指（有些镶嵌宝石）以及各种其他物品。据推测，它们来自一个约1200年前的佛塔。

在通往图书馆的相邻房间中，保留着杜尔詹·萨尔（Durjan Sal）的象鞍和轿子，他是珀勒德布尔（Bhurtpore）的篡位者，这些物品是由指挥攻占该城的康伯米尔（Combermere）勋爵赠送的。象鞍是一个大尺寸的坚固平台，长约6英尺，宽约4英尺，差不多呈矩形，由银或镀银金属制成……据推测，它的重量约为900磅。

附录Ⅲ

C. G. 卡勒斯（C. G. Carus），《萨克森国王在1844年穿越英格兰和苏格兰的旅程》（*The King of Saxony's Journey through England and Scotland in the Year 1844*），S. C. 戴维森手稿（S. C. Davison）（伦敦，1846年），第132-133页。

东印度公司大厦今天正式对外开放，我由此进入参观了它的精美藏品。当人们想到这座建筑物内坐落着掌控庞大的英属印度帝国的中央办事处时，不禁心生敬畏之情！即便它那被黑色氯柱门廊玷污的外观与如此重要的建筑相比显得陈旧和微不足道，也不能让人小觑。陈列藏品的房间比较低矮，那些奇珍异宝只能透过积满灰尘的玻璃展示柜来观看。事实上，这座建筑看上去并不像是掌管着一亿七千万人的中心所在！这里的藏品中无疑有很多值得仔细研究的东西。其中一

附 录

部分收藏了东印度的民族珍品，另一部分收藏了自然珍品。前者包括一些看起来令人不快的石头和金属偶像、几件盔甲和武器（如提普塞卜的盔甲和他的宝座碎片）、碑铭（一块带有楔形文字碑文的波斯波利斯石碑）、雕塑、衣物碎片、模型，以及大量波斯、土耳其和梵文手稿。与此收藏相关的还有一座包含有关印度著作的图书馆。自然历史物品的收藏数量并不多，显然没有人对此感兴趣或者没有人很了解它们，否则东印度公司可能会有一个不同类型的博物馆！有人向我指出了一种新品种的印度牡鹿（Cervus frontalis），它被认为是最引人注目的展示，即使在居维叶（Cuvier）的著作中也没有提及它。

附录 IV

《东印度博物馆》摘录（Extracts from East India Museum）；《利德贺街东印度公司博物馆和图书馆简介（伦敦，1851 年）》[a Description of the Museum and Library, of the Honourable East India Company, Leadenhall Street (London, 1851)]。

与许多其他公共机构和私人组织一样，尊贵的东印度公司今年每天开放博物馆，供公众参观……在此处，人们无须预先准备或申请，直接参观东方最珍贵的宝藏之一。

目前公司所拥有的收藏并未得到很好的展示。主要的博物馆位于一个较低的、几乎是半地下的地方，其他珍品陈列室外观也并不吸引人。此外，它们的布局和设计并没有特别方便。游客首先进入的图书馆位于二楼，藏品还有一部分位于三楼，剩余的部分则位于一个次要的、几乎是地下的区域，而游客在离开建筑前必须前往这个区域……

（对一些宗教雕塑进行了描述，随后是）

珍宝展柜

内含各种类型的人物和小塑像。其中一些非常庄重，另一些则令人忍俊不禁，有几个极其丑陋，还有一些特别美丽。然而，从自然面貌上看，它们都称不上是写实主义风格。这个展柜上方还悬挂着一幅特别的印度岩石的画作。

（对一个耆那教的供桌、一张王座、一批盔甲以及"陨石"展柜进行了进一步的描述，接着）

珍宝展柜

内含许多稀有的艺术品，尤其是一枚中国指南针……1842 年从中国获得的几柄剑……坎迪国王的行刑官的刀……蒂普·塞卜的手帕……以及鞑靼皇家陵墓的一块碎片，属于他的父亲海德·阿里；还有几枚分配给我们本土印度团队的奖章。

（描述了几封信件和文件，接着是）

具有象征性的乐器

它表现了一个欧洲军官被一只老虎爪子压制的情境，是为了哄蒂普开心而设计的。在动物身体侧面的旋转连接手柄会作用于一些内部机械装置，然后从脖子附近的管道中发出一声低沉的呻吟，既可以理解为老虎的低吼，也可以理解为受苦者被压制时的痛苦。我们可以想象出这种发明所体现的巧思是多么细腻，以及愤怒的情感有多么深刻。

（下一个展柜是家庭主妇所感兴趣的，其中包含）

茶的样品

（接下来是有关中国和印度的器具、中国宅第的模型和阿旗陀石窟的绘画的描述，然后是关于图书馆中的书籍、手稿和珍品的描述，之后游客上楼参观）

博物馆

在前往的过程中，游客会在过道上看到一些用于装饰墙壁的各种各样的印刷品，但并没有特别的价值。人们将进入的第一个房间位于左侧，可以确定地说，它绝对不足以成为如此丰富的公司博物馆的一部分，因为它又小又窄、又黑又脏。不过，我们推测这只是临时安排，直到能做出更合适的选择。

第一个房间

游客右转后，首先会看到一艘马来三角帆船的模型——这些是以往在东方海域给我们的商船带来了巨大破坏的海盗船；一座在圣赫勒拿岛建造的奇特的风车模型；一个各种东方产品的展柜。

在相邻的墙壁上，游客会看到：一个非常独特的印度乐器，其声音完全通过木材传出；爪哇和迈索尔使用的农业工具的模型；一系列阿比西尼亚土著制造品、饰品、家居用品和服饰，以及来自地球上这个隐蔽区域的一些稀有的水牛皮盾牌。这里还可以找到同类的穆斯林的防御武器，以及来自非洲内陆的带毒箭矢的箭筒。

在房间的右侧第一个窗户中，有一些美丽的锡克珠宝、锁具和武器鞘的样品，证明这个非凡的民族在机械制造方面的熟练程度几乎不亚于它在武器领域所获得的声誉。一个由爪哇人用水牛皮做的人物塑像的展柜，是他们在戏剧表演中使用的，也值得一看。

在第二个，或剩余的窗户中，陈设了一系列西藏居民的服饰、武器、饰品和家居用品——这个民族如此神秘，以至于我们甚至怀疑他们的大喇嘛或统治者是否真的存在。

在离开房间前的一面墙上，游客将会看到一个展柜，其中展示了各种东方武器的样品，尤其是三把用于切割人肉的神圣巴塔刀、爪哇刀和来自阿比西尼亚的剑，还有一个新西兰的女士工具盒。

房间的中央摆放着一个印度村庄和法庭的模型，其中有一名欧洲法官主持审判，旨在促进正义的实施。

在通过门厅前往下一个房间时，游客会发现一些从尼尼微废墟上取下的铸件。

第二个房间

仍然窄小，其外观甚至比第一个房间更不吸引人，但它里面却包含一些值得关注的物品，尤其是那个非凡的自然产物——巨大的海椰子标本；中国战船和船屋的模型，以及一个代表河流船只的模型，许多中国居民在其中度过了大半辈子；孟加拉的房船（Budge Row）；关于印度艺术和制造业的插图；描绘印度各行各业和农具的有趣图像。

在第三个房间中

游客现在进入的房间，是整个系列中

最大、最漂亮的。它收藏了大量的鸟类、较小的哺乳动物和自然历史藏品，其中有许多非常美丽。印度水牛和大象的头部，还有猴子，尤其是蝴蝶，简直令人着迷。参观者可以在这个房间里愉快地度过一两个小时。

新博物馆

位于图书馆和建筑物的底层之间，这个房间有些尴尬，因为我们要从画廊进入，通过内部的楼梯下到下面的房间。游客最好围着画廊的边走一圈，查看自然历史中各种有趣的事物，主要是鸟类和较小的动物，包括水牛、藏羚羊和山羊。水牛对于西半球的居民来说比东方平原的居民更有趣，因为它在亚洲地区数量庞大，而在西半球却减少到了要濒临灭绝的程度……藏羚羊和山羊虽然近年来被广泛宣传说为我们提供生产衣物所用的羊毛，但不用说，它们尚未大规模进口以满足生产目的……

（欣赏了中国灯笼后，参观者继续前行，向下到大厅的那层，游客在右边首先会遇到一个引人注目的）

化石遗骸的收藏

主要包括那些庞大的动物，尽管它们早已在史前消失，但它们的骨骼还是让我们惊叹其体形的巨大。猛犸象的标本是最多的，但我们还有其他标本，包括来自纳尔布达河的贝壳和那种名为柔性砂岩（Flexible Sandstone）的奇特产物。

在房间末端的主要窗户前面，游客会发现一些罕见的印度古物；在它们对面是一小部分海狸、狼和印度狐狸的收藏；一些美丽的鱼类标本，独角鲸或锥鼻鱼的特殊武器。其中有一种鱼类标本——剑鱼——特别有趣，它自己在水中飞驰时嵌入了一艘船的底部。几年前（从中国航行归来时），这条剑鱼是从东印度商船"法夸尔森"号（Farquaharson）的木料中取出的，当时公司习惯租用自己的船只……

在房间的中央位置

在右边，游客首先会看到杜尔甘·萨尔（Durgan Sal）的宏伟坐骑。根据公司的说法，这位东方的拿破仑骑大象时设计了这个坐骑，旁边是他的轿子，他更喜欢被他的臣民们抬着走。它的附近还有：

尤萨图妮（Eusatuata）的木乃伊

曾经被称为贵族之家的女主人，尽管她已经以这种状态安眠了2500年，美丽消失，纷争平息，生命归寂……

在这个中央房间的尽头是一只巨大的乌龟。

在中央区域的一侧，将会发现一尊非常古老的佛教创始人释迦牟尼（文中将Sakyamuni错写为Sakyamuir）的雕像；一辆"寺庙车"（Car of Juggernaut）的模型，在东方造成了巨大的破坏，也许它对人类的伤害并不比西方的迷信更为严重。相邻的还有来自爪哇的弥勒佛像、其他印度教诸神的塑像，以及毁灭女神杜尔伽（Durga）的雕像，她头戴一串人头，踩在死者的身体上；而著名的蒂普·塞卜的头盔和身体护甲则使这套有趣的藏品更加完整……

我们再次感谢尊敬的东印度公司向公众展示这些珍宝，并希望随着藏品的增加，能够找到更合适的展览场所，以便更充分地欣赏它们的卓越价值和魅力，不让它们局促在目前有限和分散的展示空间。

附录 V

东印度博物馆之旅，摘自《休闲时光》1858 年，第 7 期，第 469—473 页。

这个博物馆由于最近发生的事件而显得比平常更具吸引力，它位于伦敦利德贺街的东印度公司大楼内，占据了一系列相连的楼层。每周有一天对公众免费开放，其他时间需要持有票券才能参观，博物馆入场券可从公司成员或其他相关机构获得，但在 9 月关闭。它包含了大量有趣而引人入胜的物品，展示了印度人的风俗、习惯、艺术和工业，某种程度上也展示了他们的宗教信仰和历史。由于缺乏系统分类和目录，再加上展示空间的明显不足，难以适当展示累积的珍宝，因此很难一览全貌，更不用说注意到每一件值得仔细观察的藏品了。事实上，这些收藏集值得人们进行仔细的研究和观察。但非常遗憾的是，公众不便获得关于空间、分发带注释的目录以及各个物品附上的描述标签。不过凭借各种物品附带的解释说明，也足够让英国人在几个小时内了解印度人的在南亚次大陆的生活和社会习俗，这是他们从碎片阅读中很难获得的，实际上，这些知识在任何现有的出版物中也找不到。有时人们会抱怨英国从未与印度在大众意识上交流碰撞。这种抱怨是合理的：作为一个整体，我们对作为大英帝国同胞的一亿印度人几乎一无所知；我们惊叹于他们的工业奇迹，无法仿制的纺织品，他们向我们展示了在烦琐而艰苦的工作中那令人难以置信的毅力，他们的耐心以及在手工方面无与伦比的技巧；但对于印度人民——创造这些惊人成就的力量——我们几乎全无头绪。现在，东印度博物馆至少可以解开其中很大一部分谜团，如果正确使用，它将为英国人了解这个日益重要的主题提供宝贵的帮助。

游客最好从地下一层开始参观。这一层主要用于接收和陈列各种模型，它们涵盖了许多主题，对于未曾到印度旅行过的参观者，这些模型都是相当新奇的，而且都多少会引人好奇。我们的篇幅只允许我们提到其中几个。我们注意到，那辆丑陋的寺庙车模型似乎让我们感觉似曾相识，想起至少三十年来在传教士报告里的插图中见过它，因此并不奇怪它看起来有些破旧，还布满灰尘。一个更值得一看的东西是饰有木雕、皮革和象牙的皇家战车样的轿子模型，在这个轿子里，一位大人物能够不费力地伸展双腿高高坐着，享受皇家的荣耀。但最引人注目的模型或许是位于拉合尔的伦吉特·辛格（Runjeet Singh）之墓的模型。这个模型以一种深色木材精雕细琢而成，它呈现出一座宏伟寺庙的形态，有四个立面，每个立面看起来似乎与其他立面相对称，中间还有一个巍峨的圆顶，圆顶上还有一个高耸的尖顶。设计宏大而令人印象深刻，但它对于一个欧洲人并没有什么墓地的感觉，更多地让人联想到墓主活着的日子，墙内辉煌奢华，带给人们的并不是寂静、孤独和死亡的感觉。

一个描绘高拉克普尔（Goluckpore）桥和瀑布的模型展示了在印度河流上航行的特殊性，以及应对该国突发洪水的办法。上层阶级的印度住宅模型让我们对印度富人享受的舒适和奢华有所了解，其中几个模型周围还有一些从事各种职业的当地人，使我们能够对印度家庭的家庭设施和活动有一些概念。一座以柔软的白木制成的精美模型展示了一个位于高地上的堡垒，底部周围是方形的类似兵营的建筑物；小小的士兵人偶单独或成排地站在地面上，整个模型雕刻技巧高超，精细入微。

这里的人物模型数以千计。也许最有用和有趣的是那些代表各种手艺和职业的工人的模型；它们大多尺寸微小，但是它们穿着各自民族和职业的服装，或半裸，或全裸，视情况而定；我们看到他们在工作——纺织、挖掘、挑水、耕种、磨谷物、烹饪食物，或者表演戏法、驯蛇，展示它们的灵敏或肌肉。总之，这些展品展示了他们在本土从事各种职业的真实场景。有一个场景展示了一个本地拉贾盛大的婚礼游行，模型们身穿闪闪发光的华丽衣服，佩带武器、金光闪闪的宝石；有的步行，有的骑马，还有的骑骆驼或大象，还有的乘坐战车。另一个场景是一个正在审判的法庭，所有官员都身穿官服出席，原告和被告以及旁听者也在场。此外，还有宗教狂热者和苦行僧的模型，展示这些被错误教义煽动的异教狂热者所承受的各种折磨和自我奉献的方式。

各种工具和农业用具的模型展示了他们在农耕技艺方面的粗浅知识，非常有趣。然后还有各种类型的车辆模型，无论是架在杆上的轿子，还是有轮子的车辆。最后，在这些模型中，也不能忽视他们在海洋和河流中的船只的模型，无论是用于商业目的还是娱乐目的，这些印度造船工都会让它们下水。其中一些船只非常轻巧漂亮，在某种程度上类似于欧洲的游艇，装有大的三角帆，它们能以相当很快的速度在水面上飞驰；另一些则像中国的平底帆船一样笨重，例如一些棉花船；而一些货船，似乎只是一不成形的漂浮木材，最沉重的荷兰船只与之相比简直就是一个飞行的水星。为皇家或宗教庆典而设计的御用船只，在豪华和辉煌方面几乎可以与威尼斯的总督船媲美。

同一楼层还展示着一系列印度乐器。它们全部都是便携式的乐器，包括管乐，如号角、喇叭、圆号和竹笛；弦乐类似于班卓琴，有些显然类似于小提琴，还有一些看起来像竖琴和吉他的混合样式。所有这些乐器的显著特点是制造者不懂声乐原理，以及在它们的结构和装饰上所花费的大量精力。然而，这一观点不适用于铙钹、锣、鼓、钟和其他制造喧嚣声的乐器。

离开地下楼层，游客可以沿着楼梯往上走，这样就有机会观察墙面上一些相当全面的印度实用纺织品。这些主要包括编织的垫子、地毯，以及以披肩花纹为特色的华丽地毯；柳席、稻草席或竹席；刺绣地板布；同样的纺织品上也绘有动物和人物的图案，与花卉、卷轴和花纹相互交织。在更高处，游客将看到巨大的水牛头和水牛角，以及野鹿的头和鹿角。在楼梯平台上的展示柜中，游客可以看到大麻的植物标本，以及用其他植物纤维制成的各种大麻替代品。除此之外，还展示了一些精美的绳索样品，它们似乎非常适合手工编造。

通过大厅进入博物馆的第一层，游客站在那里可以看到一个精致的舞会场景模型，它是皇室招待会的再现，一位王子坐在一顶深红色天鹅绒的帐篷前，帐篷边缘装饰着厚重的银饰，接受他的大臣、首领或者客人的致敬。整个场面都非常华丽，金银和其他鲜艳的颜色使其熠熠生辉。

靠近这个华丽场景的地方挂着许多印度皮革的样品；它们大多结实、坚固，但在制革方面不如西方制革工艺。在对面的墙上陈列着各种纸张样品，采用极粗糙和廉价的材料制成，比如用于制作门垫的黄麻和其他普通植物纤维。在同样的大厅里展示了各种篮子，它们大部分由稻草、柳条、竹篾等材料精编而成，工艺精湛，超越了我们的工匠所能制作的任何作品。

穿过大厅向右走，我们可以看到各种能够展现印度技艺的最精美的展品。墙上的几幅绘画首先吸引了人们的眼球。它们在很大程度上采用了我们的微型画风格完成，无论是在色彩、效果还是手法上都可以与最好的作品相媲美。然而，透视法只得到了部分认可，艺术家对透视法的运用往往导致画出错误的轮廓，而不是真实的轮廓。

在雕塑领域中，印度艺术家展现出更大的优势。象牙雕刻作品最为众多，而且所有作品无一例外都具有高度的艺术价值，展现了艺术家卓越的观察力和运用雕刻工具的技巧。人物、马匹、骆驼、大象等形象都以令人惊叹的准确度雕刻出来，最微小的细节都被以一种严谨的精确度展示出来，据我们所知，这种精细度是欧洲同一样微小尺度的作品无法比拟的。石雕作品同样值得称赞：通常所选材料是各种本土大理石的变种；有时也使用玛瑙或水晶，但所有雕塑作品都具有高水准，以极大的真实感和活力呈现出动物的特征，而且所有作品都经过了最高程度的抛光处理。

一个装有印度武器的巨大玻璃橱柜也是一件引人注目的展品。几乎所有这些武器都是最华丽、最昂贵的，镶嵌或覆盖着纯金饰品，并且偶尔闪烁着珍贵的宝石。短剑安装在碧玉、玛瑙、印度水晶或珍稀石头的柄上；盾牌、头盔、铁手套等物件上都有珍稀金属质地的精美浮雕装饰，或者闪耀着珠宝，而剑、矛和战斧同样有丰富的纹饰。至于火枪，它们的长钢管上覆盖了一整块金质镶嵌图案，枪托和配件同样奢华耀眼。

比武器更加精细并且可能同样昂贵的是檀木制的家具产品。这些家具用白色金属、象牙和珍稀宝石进行镶嵌，比意大利学派最精致的马赛克镶嵌还要小得多，其中许多作品可能需要数年的辛劳才能完成。与此相比，同样吸引人的是同一木材上微雕作品的样本，仅仅在一个平方英寸的空间中，所有的劳作场景都得以集中展现；微小的花朵、叶子和纤维团块聚集在一起——所有这些都是在柔软、均匀的木材中坚持不懈地雕刻完成的。

在日用产品中，要提到一套有趣的漆器和一套黄铜器皿；其中包括灯具、花瓶、茶壶、烛台、研钵、盘子、水烟壶底座、水容器和各种家用器具。还有一套陶器，包括粗糙简陋的器皿，如葫芦、铺地砖、盘子、杯子等，以及设计优雅、做工精良的其他陶器，有些陶器类似于古埃特鲁里亚（Estruscan）陶器。

在这个房子的中心，被放置在一些玻璃橱柜中的是一套精美的宝石、珠宝和个人首饰，以及精选的银制和金制品。手镯、臂环、项链、戒指、护身符和挂件堆积在这里，宝石在每一束光线中闪烁着，像眼睛一样闪耀。在同一个玻璃橱柜中，还展示了一些稀有的银器和金器作品，如卡片篮、护链、金属手镯等。如果按照伦敦的劳动成本来支付这些作品的工艺价格，其价值可能接近材料成本的一千倍。在整个考察过程中，我们一直被一个特点所打动：印度工艺的特点是精细加工；印度艺术家似乎永远不满足于自己的作品，只要还有可能做更多的事情，他们便会不懈追求；他似乎从不考虑实用性，只有当他们把自己的全部能力都用在作品上时，他们才认为这个作品完美无缺。因此，他们常常制作出不会被粗糙的、劳动的手触碰的物品，这些物品只是为了被保存下来而存在。这种无用的精细加工在印度劳动的各个领域都是明显而突出的，它诉说着一个再明显不过的事实，即印度人的劳动从未找到适当的出路，也未得到应有的回报。

重新穿过大厅，进入左侧的房间，我们发现自己进入了一个我们并不十分熟悉的房间。这个房间展示了令人眼花缭乱的女性装饰品和服装，金丝绣披风和头饰、用金子印花样而非颜料印花样的纱巾、印花布、克什米尔羊绒披肩、丝质手帕和布料、如蛛丝般细致的网状物品、精美的刺绣、华丽而厚重的金边织物、天鹅绒上的刺绣、蕾丝纱巾——这种蕾丝是用金线和微小的金属片制成的，形成了精致的图案。在场的女士们对此欣喜若狂，但可怜的我们却没有足够的智慧来欣赏或描述这些。然而，我们可以欣赏到房间里的家具，它们是最奢华和昂贵的，都具备之前提到的精细加工；我们也可以欣赏到勒克瑙的纳瓦布舒尔夫（Schurff）的塑像在画廊尽头的壁龛里。他坐在那里，活灵活现，十分自然地在他的绯红天篷下吸着水烟，双腿盘坐在垫子上，周围装饰着富裕和辉煌的饰物，与他的地位相称。

登上楼梯来到顶楼，我们置身于印度的自然产品之中，并被这个国家的主要商品所环绕。这些产品来自动植物和矿物。这些材料非常多，我们无法一一列举。然而，它们被分类和整理在橱柜和架子上，相对而言具有一定的秩序。其中包括：各种木材的样本，以小块展示；印度的谷物、玉米、各个品种的米、小米和各种豆类的样品；茶叶、咖啡、烟叶；葛根粉、木薯淀粉、各种糖、各种面粉等。接下来是水果，干果或腌制品，如枣、无花果、罗望子、柠檬；还有用石膏制作的模型，如苹果、梨、菠萝和果园水果等无法保存的水果。棉花以各个生产和加工阶段展示，亚麻和植物纤维也是如此。有来自旁遮普邦的丝线；喀什米尔的羊毛，细如丝绸，色彩鲜艳夺目；用于制造的动物物质，如贝壳、牙齿、角、象牙、珍珠母贝、绚丽的羽毛、干燥的肌腱等；染料，如靛蓝、藏红花和虫红；用于制革的物质；数不清的药物、化学品和药剂；无数的动植物油样本；石头、卵石、化石和地质标本；用于陶瓷的颜料、颜料和土壤；还有从矿山开采出来的矿石。

这是对印度博物馆一番快速调查的结果，我们建议读者在有机会的时候亲自前去观察。我们没有提及这个地方备受瞩目的狮子，蒂普的老虎和他的无敌披风，著名的纳迪尔·沙阿的全身肖像画（对艺术家来说并不令人满意），以及坎迪行刑者的剑，等等。事实上，这些珍宝中的大部分都在人头攒动的展厅逃过了我们的视线。在这里，可以花上几个星期进行有益的研究，东印度公司的董事们通过让公众有机会参观这样一个展览，为我们的民众带来福利。

附录Ⅵ

以下摘录来自《雅典娜报》（*The Athenæum*），刊于1869年5月至7月。

《雅典娜报》，2170（1869年5月29日）

"印度产品报告员"这个自1858年起成为印度博物馆馆长的官方头衔，已经足够说明该博物馆创立的实际目的。尽管游客的注意力可能更多地被它的动物学、人种学、考古学和神话学的收藏所吸引，而不是被其对印度农业工具、土壤产品、动植物产物和制造品的展示所吸引，比如犁、耙、播种机、糖、淀粉、香料和调味品、茶叶和咖啡、烈酒、香料、药材、树胶、油和油籽、棉花和其他纤维植物，印度的染料、木材和木料、生丝、羊毛、羽毛、角以及许多矿石；特别是其制造品的样品，包括陶器、镶嵌着宝石的大理石、玉石和水晶的雕刻品、檀香木和象牙制品、镶嵌工艺品（主要在孟买和苏拉特制造）、漆器和漆器制品、铜器和黄铜器、刀剑、珠宝以及各种纺织品，等等。这些展品和其他相关的物品都证明了印度博物馆作为英国和印度之间的商业媒介的重要价值……

在之前列举的这些物品中，有些与英国和印度之间的贸易有着特殊关联（它们只是印度博物馆藏品的一部分）。当然，其中有些比其他物品更具商业价值。因此，沃森博士认为应建议印度政府采取一些措施，使那些无法亲自在印度事务处博物馆内进行考察和研究的人们能够实际接触到这些物品。因此，他提出并实施了一个展开巡回展览的藏品租借计划，可以使藏品在本国甚至海外展出。他还努力推广将这类展览永久化的想法，换句话说，就是在英国和印度最重要的工业中心创建印度博物馆分馆……在关于印度产品的永久性展览计划中，沃森博士目前只实现了在纺织品方面的计划。他在英格兰、苏格兰、爱尔兰的13个城镇以及印度的7个城镇的每套藏品中都包含700件印度纺织品样品。它们仅展示了印度较常见的穿着物品；而随着这类纺织品的增加，样品数量现在可以进一步扩大……

《雅典娜报》，2171（1869年6月5日）

印度博物馆的珍宝系列是相当可观的。它包括钻石、绿松石、石榴石、红宝石、蛋白石、玉石和玛瑙。其中用这些珍贵宝石制作的物品属于现存最珍稀的艺术品，值得特别讲述一番。虽然我们在这里只能提及它们，但我们不应忽略目前可以在印度博物馆看到的一组非常奇特的玛瑙藏品，因为它只是暂时展出，可能很快就会消失在公众视野。我们指的是由乔治·伯德伍德博士（Dr. George Birdwood）——他曾是孟买政府中央博物馆的秘书和馆长之一——收集和拥有的藏品，这是我们见过的最精美的收藏之一……

我们无法从印度博物馆展示的无尽珍奇物品中转移目光，同时也抑制不住地想表达对于再次发现仰光文物的特别喜悦之情，因为据我们的记忆，这些文物在过去的几年里消失了。至少，我们不记得在菲夫宅邸（Fife House）看到过它们。这些文物是在1855年由一些劳工在仰光发现的，当时他们正在为欧洲人建造新的兵营而夷平一座佛教寺庙……

然而，我们几乎忘记了我们的老朋友，那只老虎。谁没有在印度事务处看到过它，更重要的是谁没听到过它的声音？谁能在被它那刺耳的声音刺激过后，还能从记忆中将它抛之脑后呢？据说这只可怕的老虎——当然，我们指的是代表它的雕像——是在塞林加巴丹围城战中，从蒂普苏丹的财宝中发现的。它是这位伟大苏丹的玩具，展示了一只老虎正在啃咬一名英国军官的身体，通过转动手柄，使得动物的咆哮与垂死的受害者的尖叫声混合在一起。这些尖叫声和咆哮声一直是学徒们在印度事务处的图书馆里工作时的困扰，因为似乎利德贺街的民众们坚持要让这台野蛮的机器持续表演。毫无疑问，这只老虎对于毫无准备的读者的神经造成了震动，导致我们的东方学著作的一些版本中出现理解错误。幸运的是，它现在已经从图书馆里移走了。同样令人庆幸的是，善良的命运之神夺去了它的手柄，并且我们很高兴地想到，他的一些内部机械被堵塞了。或者，就像一个对此还一无所知的参观者所说的，它是坏掉了。我们真诚地希望它能保持这样的状态，如果必要的话，可以继续被公众观赏，但再也不想听到它的声音了。

《雅典娜报》2176（1869年7月10日）

在印度博物馆中有许多不同材料制作的佛陀和诸多神佛的形象，包括银、青铜、黄铜、大理石、砂岩、玻璃、木材等材质的。

然而，佛教艺术并不仅仅局限于佛陀形象的表现，它也描绘了与释迦牟尼生平有关的传说，而在这些插图中，佛教艺术的价值达到了巅峰……我们从詹姆斯·弗格森先生最后一部精彩的作品中得知印度博物馆拥有一些精美的佛教艺术品样本，该作品中除了桑吉（Sanchi）佛塔照片的复制品，还包括了他在菲夫宅那里发现的阿姆拉瓦提（Amrâvatî）佛塔的碎片的照片。直到最近，印度博物馆的这些珍宝才得到安置。如果不是因为他超凡的热情和精力，以及得到了福布斯·沃森博士的友好帮助，印度博物馆在商业和科学意义上都不会有现在的重要性，很可能很少有人会知道这些令人惊叹的佛教艺术文物。但我们不禁要问，詹姆斯·弗格森先生作品中的阿姆拉瓦提照片的原物现在在哪里（这些照片是由格里格斯先生在印度博物馆的摄影工作室中拍摄的）。我们探寻后得知，它们现在的归宿比在菲夫宅更加尊贵。现在它的存放地被称为军需品库……诚然，作为非佛教信徒，我们不能期望有奇迹发生。印度事务处的一间古怪的阁楼绝对无法容纳更多的东西。没有婆罗门的神灵，没有佛陀能够完成这一壮举。如果印度博物馆在其他方面所拥有的四分之一藏品都无法容身于那个无法形容的房间里——需要特别的研究和足够的肺活量才能安全到达——那么，众多婆罗门的神灵只能满足于举行拥挤的宫廷会议，住在适当尺寸的两个玻璃箱中，正适合他们保持隐形；而阿姆拉瓦提大理石雕塑的下落则是个谜。每一个攀登印度事务处高峰的人所面临的唯一问题是，为什么印度产品、制成品和艺术品的过去和现在的插图必须被放逐到这样一个既无法适应其质量和数量，当然也无法满足任何未来紧急情况的地方？然而，我们很高兴地了解到，这个问题终于有了答案。一个新的印度博物馆将要诞生；而印度，要为她的新印度事务处感到自豪，我们认为，拥有一个能够适当容纳一切见证过去和现在发展的藏品的建筑物，她将会更加自豪。

附录Ⅶ

1857年曼彻斯特艺术珍品展览会，摘自《1857年曼彻斯特收藏的艺术珍品目录》（伦敦，1857年），第166–169页。

从横穿中庭的任何一扇门进入，来自印度的展品以及一些来自波斯的展品被摆放在左手边的展柜上，而来自中国和缅甸的展品则占据着右手边的场地……中庭的墙壁大部分被印度的纺织品所覆盖，如垫子、地毯、挂毯、地板巾，还有一些来自阿格拉和德里当地艺术家的绘画作品，主要由尊敬的东印度公司贡献……

在北边墙上还可以看到一些印度对曼彻斯特主要产品的使用情况。在印度，棉花除了常见用途，还被用于各种其他用途，在这里我们有他们一些地毯和挂毯的样本……

在西边墙上有一些印度长期以来闻名的印花织物的样品，但她已经被欧洲科学和技术在艺术改进方面的应用所超越，而这是她的人民早在很久以前就发现的……

除此之外，我们还有各种丝绸制品，用于当地人自己的服装。其中著名的有贝拿勒斯和浦那的双层编织织物样品。克什米尔的披肩无论何时何地都能引起赞赏；而这些披肩之后是贝拿勒斯和艾哈迈达巴德所闻名的丝绸、纱和丝织品，以不同的丝绸、银线或金线绣制和编织成图案。

然而，我们必须回到墙壁上，重新留意一些本土艺术家的绘画作品——它们不仅仅是艺术技巧的典范，也让我们看到了艺术的奇迹。我们首先可以注意到一系列被视为建筑图纸的作品，描绘了印度西北部的一些墓地、清真寺和宫殿。其中许多都是由穆斯林征服者引入印度的华丽的建筑样本。与此相对应的是欧洲人手绘的南至马德苏拉（Madsura）和拉米塞罗姆（Ramiserom）之间的印度教寺庙的外部和内部图纸。还有一些由东印度公司董事会下令制作的南印度和西印度寺庙以及锥体寺庙的系列绘画和照片藏品……

由女王陛下和阿尔伯特亲王殿下慷慨捐赠的东方武器藏品，[3] 包含一些精美的螺旋和编织枪管样品，以及所谓的大马士革刀刃——它们是由著名的印度或乌兹钢制成的——还有用钢制作、用金银嵌饰的模板。这些都与东印度公司和几位贵族捐献的武器一起，展示了印度工匠的高超技艺。它们似乎属于不同的时代，但实际上现在的印度仍然在使用……

在房间的下部放置的其他展柜中，展示了印度工匠在雕刻方面的技艺，不论是黑木家具、檀香木、乌木、角或象牙盒子；在象牙雕刻中，可以看到非常精湛的大象、骆驼和牛的雕像，以及一些苍鹭的雕像。人们常常说他们不能再做出比这还好的作品。长期以来，这种镶嵌金银的盒子以其金银镶嵌工艺而闻名，同样著名的还有象牙和玳瑁制成的双陆棋棋盘、象牙制作的工具盒和写字台，以及用豪猪刺制作的工具盒……

在房间的中央，帐篷内展示了一些最华丽的印度刺绣作品，用天鹅绒和金线制成，还有一些丝绸、纱和金银绣制的卡布（khab）作品；还有皇室的象征物、驱蝇器等，而另一侧则展示了一些出色的战利品。房间内外还展示了一些来自孟买的雕刻精美的家具和花架，这些家具和花架采用的木材被称为黑木，但实际上是一种被称为阔叶黄檀（Dalbergia latifolia）的木材……

注 释

绪论　东印度公司：1600—1874年

1　重要的刺激来自黎凡特公司（Levant Company）的商人们，他们通过阿勒颇和君士坦丁堡的贸易枢纽建立起利润可观的香料贸易，但由于荷兰船只通过好望角开辟了直接通往东方的航线，这使得他们的贸易面临风险。

2　这里提供的特许状的细节来自于 *A Collection of Statutes concerning the Incorporation, Trade, and Commerce of the East India Company ...*（London，1786）的附录，以下简称为 *Statutes*（1786）。该公司在1698年被授予了新徽章："白底红色十字；在右上方有法国和英国的盾徽纹章，盾牌上有王室的金色皇冠装饰"。

3　John Ogilby, *The Relation of His Majestie's Entertainment passing through the City of London, to his Coronation*（London，1661），pp. 9-10. 参与其中的两位年轻人被认定为约翰和塞缪尔·福特（Samuel Ford），他们是理查德·福特爵士的儿子，而他本人则是"东印度公司委员会"委员之一。

4　Lorenzo Magalotti, *Travels of Cosmo iii, Grand Duke of Tuscany, through England（1669）*（London，1821），pp. 325-7. 两个"黑摩尔人"和（出人意料的）一只骆驼的存在可能表明整个场景在最广泛的意义上仅仅是"印度"的，如下文进一步讨论。这一重要插图展示了公司早期对收藏的兴趣，然而它未被雷·德斯蒙德对晚期印度博物馆的全面描述中提及（*The India Museum, 1801-1871*，London，1982），而这一事实整体上未被较近期学者注意到。

5　关于这个术语的讨论，请参阅 Jessica Keating 和 Lia Markey 的文章，"Indian" Objects in Medici and Austrian-Habsburg Inventories: A Case-study of the Sixteenth-century Term, *Journal of the History of Collections*, xxiii（2011），pp. 283-300. 此外还可以参考 Strawberry Hill 的拍卖目录，其中包括了"黑色和金色的印度、日本摆件……展示中国的风俗和礼仪"。[George Robins, *A Catalogue of the Classic Contents of Strawberry Hill Collected by Horace Walpole*（London，1842），p. 237］.

6　Brian Allen, 'The East India Company's Settlement Pictures: George Lambert and Samuel Scott', in *Under the Indian Sun: British Landscape Artists*, ed. P. Rohatgi and P. Godrej (Bombay, 1995), pp. 2–7, figs 4–5. 同样的观点出现在 Mildred Archer, 'The East India Company and British Art', *Apollo*, lxxxii (1965), p. 401: "仿佛董事们对于在他们的生活方式中出现（即使是间接地）与"中国"或"印度"相关的东西感到畏缩嫌弃，尽管他们的办公室和家具中也包含了东方产品，但他们的交易和对待对方的方式与对待北美印第安人或爱斯基摩人没有什么不同"。

7 根据詹妮弗·豪斯（Jennifer Howse）博士（个人交流）的研究，纳瓦布的肖像画是作为早些时候由东印度公司赠送给他的乔治三世国王肖像的交换条件而得到的。

8 在我们研究的大部分时期里，东印度公司设立的主要政府驻地（总督府）位于加尔各答、孟买和马德拉斯；一旦建立起来，总督府的所在地就在加尔各答。

9 Michael Snodin and John Styles, *Design and the Decorative Arts: Britain, 1500–1900* (London, 2001), p. 130.

10 关于东印度公司船只航行时使用的红白两色旗（公司格子旗），以及它们可能成为美国独立后星条旗的灵感来源的描述，请参考相关资料：Sir Charles Fawcett, 'The Striped Flag of the East India Company, and its Connexion with the American "Stars and Stripes"', *Mariner's Mirror*, xxiii/4 (1937), pp. 449–76.

11 Jean Sutton, 'The English East India Company: The Historical Perspective', *International Journal of Nautical Archaeology and Underwater Exploration*, xix/1 (1990), pp. 7–8, 11. 萨顿（Sutton）指出，这样的船只往返印度或远东地区的航行最多四次。

12 See Geoff Egan, 'Leaden Seals: Evidence for eic Trade in Textiles', *International Journal of Nautical Archaeology and Underwater Exploration*, xix/1 (1990), pp. 87–9.

13 *Statutes*, appendix pp. xviii–xxx. 即使在其独立存在的短暂期间，这个"新"公司显然对一些在下文中描述的印度的收集活动产生了负面影响：在1698年写给爱德华·杜布瓦的信中，爱德华·巴克利将"我们所感受和担心的问题"归咎于其代理人，并希望印度的困难能早日得到解决。[Anna Winterbottom, 'Medicine and Botany in the Making of Madras, 1680–1720', in *The East India Company and the Natural World*, ed. V. Damodaran, A. Winterbottom and A. Lester (Basingstoke, 2015), p. 48]。

14 Philip Lawson, *The East India Company: A History* (London, 2014), p. 118.

15 可以说，英属东印度公司的行政档案，现在构成了大英图书馆印度事务处的档案（简称IOR）的一部分，是与该公司相关的最重要的文物。然而，本文作者在此并没有处理：在适当的情况下，本文使用了这些档案，但没有试图对其作整体性的描述。

16 东印度公司内的赞助制度是公开和正规化的，每个董事会成员都被分配了一定数量的提名名额。这些提名与有潜在价值的职位有关，有的家族渴望让他们的子弟走上一条可能有利可图的职业道路。为了确保招募的可靠性，必须要提供担保金，因此，紧密的忠诚关系由强大财政支撑。该制度也存在滥用的问题：1793 年的法案规定董事会成员必须发誓不接受提名的贿金，但这种做法在此后多年仍然存在。

17 Andrew Hambling, *The East India College at Haileybury, 1806-1857* (Haileybury, 2005), pp. 9-10.

18 到了现在，这些文员的职责不再仅仅是"给茶叶称重，计算包裹和测量棉布布料"，他们开始接受更高级的行政和外交职责的培训。现在没有任何实习生被允许在18岁之前前往印度。在哈利伯瑞学院的正常培训期为三年。

19 更多关于阿第斯康比的细节见 J. M. Bourne, 'The East India Company's Military Seminary, Addiscombe, 1809-1858', *Journal of the Society for Army Historical Research*, lvii (1979), pp. 206-22. 一些学员还参加了位于马洛（白金汉郡）的军事学院。

20 在这里有趣的是，东印度公司将从西瓦利克山脉发掘的化石的石膏模型发送到阿第斯康比，同时还向其他博物馆和大学提供了类似的模型。（约 1846 年）(see also Desmond, *The India Museum*, p. 59).

21 一周的课程表在 *Rules and Regulations for the Good Government of the Military Seminary* (London, 1825): 炮兵和工程师学员被期望能够以清晰可读的字迹写出印地语常用的两种字母系统（纳加里字母和阿拉伯字母）；具备基本的语言基础知识……能够阅读、翻译和解析一些简单的印地语文章；并且能够从记诵一些简单的对话，作为学习交流印地语的入门。(*Rules and Regulations*, pp. 22-3).

22 Bourne, 'East India Company's Military Seminary', pp. 208-210. 在辩护中，伯恩（Bourne）认为，阿第斯康比学院的学员所经历的训练制度与桑赫斯特（Sandhurst）和伍尔维奇（Woolwich）的同时代学员相比，算不上严苛。

23 对于当时的英国人（以及接下来的几代人），1857 年的起义被称为"印度叛乱"（Indian Mutiny）或"士兵暴动"（Sepoy Mutiny），但这些术语现在已经不再受欢迎。一件富有表现力的文物，现属于皇家收藏（rcin 67236），是巴哈杜尔·沙阿（Bahadur Shah）的镶有珠宝的皇冠；罗伯特·泰特勒（Robert Tytler）在起义后的拍卖会上购买了这件皇冠，后来以 500 英镑的价格卖给了维多利亚女王。*The Indian Heritage. Court Life and Arts under Mughal Rule*, exh. cat., Victoria and Albert Museum (London, 1982), no. 307.

24 在 1623 年，英国试图渗透安汶岛（印度尼西亚群岛），结果导致荷兰处决了七名英国东印度公司的代理人，这使英国东印度公司将重心转向了印度。与此同时，荷兰人继续在 1640 年以后征服葡萄牙人，后者的影响范围仅限于果阿、第乌和达曼。

25 "这是一个东印度的黑铜神像，据说是由我的主人丹比（Denby）勋爵从神庙的祭坛上带走的。"see Oliver Millar, ed., *Abraham van der Doort's Catalogue of the Collections of Charles i*, Walpole Society 37（1960）, p. 94 no. 20.

26 马德拉斯在莫卧儿王朝控制之外，在毗伽耶纳伽罗帝国的领土上，后者授予了在那里定居的权利。

27 *Statutes*, appendix p. vii.

28 蒂普苏丹试图与拿破仑·波拿巴结盟的举动进一步为 1799 年攻占塞林伽巴丹提供了正当理由。

29 在所有这些战役中，东印度公司的军队只占少数，但这支有纪律的军队和他们骁勇的英国指挥官被认为在战场上发挥了决定性的作用。东印度公司通过一系列条约扩大了自己的影响力（尤其是在韦尔斯利的领导下），派遣（今天）所谓的"军事顾问"，在加强亲英国统治者的军队方面起到了重要作，同时还任命了驻在他们宫廷里的代表，负责处理外交事务。

30 后来在 1783 年修订公司章程的过程中，议会也支持了这种观点："追求在印度的征服和领土扩张计划是与本国意愿、荣誉和政策相悖的措施"。(*Journals of the House of Commons*, xxxviii, p. 1032).

31 这个扩张时代见证了贪婪的"腐败官员"的出现，他们以自身私利为重，同时征收不可持续的土地税，并主持了一场灾难性的行政管理——在三年内，由于公司的管理不善，导致 1000 万人因饥荒而丧生。

32 黑斯廷斯回到英国后受到弹劾，此次弹劾成为滥用议会权力的代名词，耗费了他大约八年的时间和大部分财富，但最终宣告他清白无罪。

33 英国东印度公司的军队在克莱武和黑斯廷斯的领导下得到了转变，从籍籍无名成为一支纪律严明、运作高效的军队。1748 年，三个总督军被置于同一位总司令——少将斯特林·劳伦斯（被视为"印度军队之父"）的指挥下。

34 Patricia Kattenhorn, 'Sketching from Nature: Soldier Artists in India', in *Under the Indian Sun: British Landscape Artists*, ed. P. Rohatgi and P. Godrej（Bombay, 1995）, p. 17.

35 然而，英庇的任命遭到了强烈反对，不仅有来自东印度公司内部，还有来自常规司法机构的反对声，他们对他接受由公司支付薪水的职位表示愤慨。英庇在返回英国后也受到弹劾，但他被宣判无罪。

36 康沃利斯将东印度公司的服务组织分为总务部门和商务部门，还建立了一支警察部队。

37 或许只有 1860 年对北京圆明园的掠夺行为在规模上可以与之相比。詹姆斯·赫维亚（James Hevia）将这一行动解释为有意的殖民主义政策的表达。（J. L. Hevia,

'Looting Beijing: 1860, 1900', in *Tokens of Exchange: The Problem of Translation in Global Circulations*, ed. L. H. Liu (Durham and London, 1999, pp. 192-213), Katrina Hill 在她的文章中提供了更加细致入微的观点, 'Collecting on Campaign: British Soldiers in China during the Opium Wars', *Journal of the History of Collections*, xxv (2013), pp. 227-52. 威尔斯利 (Wellesley) 迅速而有效地恢复了在塞林伽巴丹的秩序, 这表明管控只是暂时性崩溃。他渴望恢复秩序, 以避免进一步破坏"人民的信心", 在他们的传统权力结构被颠覆后, 情况已经够令人痛苦了。

38 *Supplementary Despatches and Memoranda of Field Marshall Arthur Duke of Wellington*, kg: *India*, *1797-1805* (London, 1858), p. 212.

39 在塞林伽巴丹事件之后分配的奖金让许多人一夜暴富: 奖金的数额从普通士兵的三分之二份额 (12 个印度金币) 到总额的八分之一份额 (324 907 个印度金币) 不等, 而总指挥官获得了最高份额。(*Supplementary Despatches*, vol. i, p. 223). 获得的奖金估计总价值为 £1 143 216。

40 韦尔斯利 (*Supplementary Despatches*, p. 290), 代理商拥有一大批属于已故苏丹的衣物, 如果不加以阻止, 他们将在公开拍卖中对其出售, 这些物品将被不满的穆斯林作为圣物购买下来, 威尔斯利勋爵需确保它们被呈递给董事会。然而, 他在保存蒂普苏丹装饰华丽的金饰宝座方面并不成功: 尽管威尔斯利希望它保持完整, 但只有一些装饰细节免遭毒手, 那些代理商将其分割成了与副官的整个战利品份额的三分之一相等的包裹。

41 Maya Jasanoff, 'Collectors of Empire: Objects, Conquests and Imperial Self-fashioning', *Past and Present*, clxxxiv (2004), p. 128, 将掠夺塞林伽巴丹视为公司"一个商业机构……赋予自己征服一个国家的风范", 并提高了自己的形象, 被描述为"罗马式的, 许多人乐于认为此举: 庄严, 高贵, 武装, 胜利"。

42 在数量上, 东印度公司的管理始终依赖于大多数印度雇员, 尽管在 19 世纪之前, 他们的晋升机会严重受限。

43 Kapil Raj, 'Colonial Encounters and the Forging of New Knowledge and National Identities: Great Britain and India, 1760-1850', *Osiris* 2nd ser., xv (2000), p. 121. 拉杰 (Raj) 在这里引用了一个估计出来的数据, 即 19 世纪上半叶, 在马德拉斯总督辖区直接从事民政行政工作的英国人与南亚人之比约为 1∶180。

44 东印度公司似乎对在丹麦保护下在特兰奎巴和塞兰坡的德国传教士的活动更加宽容, 甚至允许他们在丹麦殖民地之外开展工作。

45 Penelope Carson, 'Grant, Charles (1746-1823)', *Oxford Dictionary of National Biography* (Oxford, 2004-16), vol. xxiii, pp. 290-93.

46 Ibid. 在这个角色中，格兰特在哈利伯瑞创办东印度学院上也起到了重要作用。

47 *House of Commons Sessional Papers*（1812/13），no. 282；我很感谢卡罗尔·泰勒博士为找到这个参考资料而付出的努力。

48 在加尔各答还为英国教会建立了基础设施，最终马德拉斯和孟买教区成立；1820年，主教学院在加尔各答创办，旨在培养本地的传教士，但在接下来的25年里，学院的学生人数从未超过11人。

49 示例，如Chris Wingfield, '"Scarcely more than a Christian Trophy Case"?: The Global Collections of the London Missionary Society Museum（1814–1910）', *Journal of the History of Collections*, xxix（2017），pp. 109–28.

第一部分 东印度公司的藏品

1 Sir William Foster, *John Company*（London, 1926），p. 87. 据说这只鸟最初来自印度尼西亚的班达（Banda），显然是詹姆斯一世将其添加到他的动物园中的；它的一些肢体可能最终进入了兰贝斯的贸易博物馆，该博物馆宣称拥有 "一条腿和爪子，来自在S·詹姆斯（S. Jameses）的食火鸡或鸸鹋"（John Tradescant, *Musæum Tradescantianum; or, A Collection of Rarities Preserved at South-Lambeth neer London*（London, 1656），p. 3）。显然，皇室对食火鸡的兴趣很快就得到了满足，因为在1676年，公司写给苏拉特的一封信中提到："陛下不再需要食火鸡了"。比起这个，查理二世反而需要一只长着冠的鹤以及其他在颜色上与在英国所见不同的引人注目的野禽。［Caroline Grigson, *Menagerie: The History of Exotic Animals in England*（Oxford, 2016），pp. 19, 30–32］.

2 C. R. Markham, ed., *The Voyages of Sir James Lancaster, Kt., to the East Indies*, Hakluyt Society lvi（London, 1877），pp. 136, 144.

3 Michael Strachan, *Sir Thomas Roe, 1581–1644: A Life*（Salisbury, 1989），p. 115; Grigson, *Menagerie*, p. 20.

4 在那个时候，英国皇家学会的会员构成和兴趣范围仍然广泛，因此，会员和许多特许公司背后的绅士企业家社区之间存在一定程度的重叠，这一因素极大地增强了这些公司在科学事业中的参与度。

5 波义耳本人是英属东印度公司董事会的重要成员。他收到了来自东印度公司军官中有志于自然科学的人的报告，并宣称他与东印度公司的关系是出于 "对知识的渴望，而非利益"。（Miles Ogborn, *Indian Ink: Script and Print in the Making of the East India Company*（Chicago, il, and London, 2007），pp. xvi–xvii）.

6 Henry Oldenburg, *The Correspondence of Henry Oldenburg*, ed. A. R. Hall and M. B. Hall（Madison, Milwaukee and London, 1965–71），vol. ii, no. 353. 在之前

的 10 月 5 日，东印度公司董事会记录了一个委员会的任命，该委员会的任务是"研究处理由伯克利勋爵带来的来自皇家学会的若干询问文件"。(*Calendar of the Court Minutes* 1925，p. 91）。

7 Oldenburg, *Correspondence of Henry Oldenburg*, vol. iv, no. 796.

8 例如，东印度公司（以及哈德逊湾公司和南海公司）为皇家学会的天文学家提供了观测 1769 年金星凌日的设备，这一事件促使库克船长第一次踏上南太平洋的航程。

9 Richard Axelby and Savithri Preetha Nair, *Science and the Changing Environment in India, 1780-1920: A Guide to Sources in the India Office Records*, ed. A. Cook（London, 2010），p. 11.

10 British Library, Sloane ms 4013; see Savithri Preetha Nair, '"... to be serviceable and profitable for their health": A Seventeenthcentury English Herbal of East Indian Plants owned by Sloane', in *From Books to Bezoars: Sir Hans Sloane and his Collections*, ed. A. Walker, A. MacGregor and M. Hunter（London, 2012），pp. 105-19.

11 文本的主要部分以"与自然相悖的肿胀的差异、原因和治疗""……伤口的处理""……脱臼的骨骼"等为标题。各种治疗方法也以表格形式列在卷末。

12 Nair, '... to be serviceable and profitable for their health', pp. 109-11, 117-19.

13 *Philosophical Transactions*, xxii（1700-1701），pp. 579-94. 随后还有类似的通信，布朗在其中承认了他的同行外科医生塞缪尔·巴克利、沃尔特·基尔（Walter Keir）、塞缪尔·丹尼尔（Samuel Daniel）、查尔斯·佩里（Charles Perry）和詹姆斯·坎宁汉姆的参与。

14 公爵夫人除了写信给汉斯·斯隆之外，还附上了"尚在萌芽的学院种子"（即从皇家学会派往格雷森学院的种子）。她还在 1693 年制作了一份"从东印度派来的种子目录，由我哥哥哈里发送"。British Library, Sloane mss 3343, fol. 219v, 4061, fol. 26, quoted in Mark Laird, *A Natural History of English Gardening, 1650-1800*（New Haven, ct, and London, 2015），p. 85

15 James Petiver, *Musei Petiveriani*（London, 1695-1703），*Centuria Prima*, p. 43; J. E. Dandy, *The Sloane Herbarium: An Annotated List of the Horti Sicci Composing It; With Biographical Accounts of the Principal Contributors*（London, 1958），pp. 99-102.

16 布尔克利致佩蒂弗（Petiver），1701 年 1 月 20 日，引自 Anna Winterbottom, 'Medicine and Botany in the Making of Madras, 1680-1720', in *The East India Company and the Natural World*, ed. V. Damodaran, A. Winterbottom and A. Lester（Basingstoke, 2015），p. 38. 例如，杜布瓦在 1698 年寄出了"五卷植物，其中四卷附有'马拉巴尔语的植物目录'，两包种子，一只

来自缅甸的葫芦，两种用泰米尔语和特拉古语标明名称的腌制水果"。（ibid., p. 48）。

17 Ibid., p. 38. 巴克利感到有必要向佩蒂弗指出，野外采集是一项昂贵、耗时且时常伴有危险的活动，不可轻率进行。然而，在一封信中，他提到曾经寄送了二十卷标本给佩蒂弗。（ibid., pp. 38, 48）。

18 在东印度公司的海外服务中，内科医生和外科医生的角色似乎没有像英国本土那样有明确的区分。许多医学毕业生（尤其是来自爱丁堡大学）在东印度公司的服务中有所记录，经常作为外科医生附属于机构和远征队，包括文职和军事任务。Donald MacDonald, in *Surgeons Twoe and a Barber*（London, 1950）, pp. 259-60，在1697—1900年，有31位印度医疗服务的外科医生当选为皇家学会院士。

19 Compare here Alexander Dalrymple, 'Journal of a Voyage to the East Indies, in the Ship Grenville, Captain Burnet Abercrombie, in the Year 1775', *Philosophical Transactions*, lxviii（1778）, pp. 389-418, with Henry Wise, *An Analysis of One Hundred Voyages to and from India, China, &c., performed by Ships in the Hon. ble East India Company's Service*（London, 1839）.

20 Partha Mitter, in *Much Maligned Monsters: History of European Reactions to Indian Art*（Oxford, 1977）, observes pp. 146-7，不能说琼斯在东方学发展中的重要性言过其实：米特尔指出，他过早的离世让"印度学失去了其主要的推动力"。

21 *Asiatick Researches*, i（1788）, pp. iii, xii-xiii. 这本期刊的内容范围（最初由"尊敬的公司出版社的监督人"提供印刷）证实了琼斯的说法：它非常受欢迎，以至于有几年它在伦敦被逐字重新印刷——这一举措被认为在很大程度上扩大了公众对印度的兴趣。［Sir Joseph Banks, *The Indian and Pacific Correspondence of Sir Joseph Banks*, ed. N. Chambers（London, 2008-14）, vol. ii, p. 337 note 2］。在其他总督辖区，类似的功能也通过1804年孟买文学协会的成立以及1812年马德拉斯文学协会的建立来实现（尽管它们的名称如此，但它们的兴趣与加尔各答协会一样广泛）。伦敦的皇家亚洲学会是一个独立的机构，但受到印度模式的重大影响，它于1823年成立，并在次年获得了皇家特许状。

22 Niklas Thode Jensen, 'Science without Empire? The "Tranquebarian Society" between Government, Mission and Tamil Society', unpublished paper presented to the workshop Mission, Science and Medicine in Colonial South Asia（2011），记录表明，好望角以东地区第一个学术社团是巴达维亚艺术与科学协会（Het Bataviansch Genootschap van Kunsten en Wettenschappen），成立于1778年。而特兰克巴尔协会（Det Tranquebarske Selskab）则成立于1788年。詹森指出，虽然特兰克巴尔协会专注于"关于印度的一切有用和适用的知识"，而巴达维亚协

会则关注支持荷属东印度的农业、贸易和繁荣，但亚洲学会采取了更为超然和学术化的形式，更倾向于文学和语言学研究以及科学领域。他还对特兰克巴尔协会中教士的主导地位与加尔各答的情况进行了对比，在加尔各答，教士在东印度公司的特许状于1813年更新之后才起到了重要作用。

23 Mildred Archer and Ronald Lightbown, *India Observed: India as Viewed by British Artists, 1760-1860*, exh. cat., Victoria and Albert Museum, London (1982), p. 27.

24 例如，J. M. Steadman ('The Asiatick Society of Bengal', *Eighteenth-century Studies*, x (1977), pp. 464-83) 他将亚洲学会的进展描述为"学术与无知、怀疑与轻信的奇特混合"，他认为从一开始，亚洲学会就是一种悖论（尽管是"巧妙的"悖论），将实践和理论目标不协调地混合在一起，展示出专业能力和业余能力并存。尽管在斯特德曼文章中，涉及以梵文为主的语言学（尤其是梵语）研究可能很少有业余爱好者参与，但也可能暗示了：与自然界的接触为两个社群的互利参与提供了更有利的领域。

25 Quoted in S. N. Mukherjee, *Sir William Jones: A Study in Eighteenth-century British Attitudes to India*, 2nd edn (London and Hyderabad, 1987), p. 103.

26 Michael J. Franklin, 'Jones, Sir William (1746-1794)', *Oxford Dictionary of National Biography* (Oxford, 2004-16), vol. xxx, p. 673, 据记载，琼斯在学会的创会大会上提出了将会员资格扩展到印度土著人的问题，但直到1829年才有土著人被接纳为会员。从开始就可以看出，学会的会员接受了来自印度学者（除了语言学家之外）的贡献，这一点可以从有一篇论文出现的情况来证明，'On the Baya, or Indian Grossbeak', by Athar Ali Khan, in *Asiatick Researches*, i (1788), pp. 109-10.

27 威尔金斯抵达加尔各答时无功而返，未能成功竞选牛津大学的阿拉伯语教授职位。

28 Thomas R. Trautmann, 'Wilkins, Sir Charles (*bap.* 1749, *d.* 1836)', *Oxford Dictionary of National Biography* (Oxford, 2004-16), vol. lviii, pp. 973-5. 特劳特曼 (Trautmann) 指出（第974页），威尔金斯的孟加拉语活字在霍尔海德 (Halhed) 的《孟加拉语语法》(*Grammar of the Bengali Language*)（1778年）中有所使用——这是该语言的第一本英语入门读本。实际上，印刷厂的日常运作转交给了其他人。

29 公司的赞助，尤其在沃伦·黑斯廷斯担任总督期间，延伸到这些早期印刷作品以及其他作品，这超出了本篇文章的范围，但在下文得到详细阐述：Ogborn, *Indian Ink*, esp. pp. 220-50。

30 Kathy Lazenbatt, 'The Roots and Beginnings of the Royal Asiatic Society of Great Britain and Ireland', in *India East/West: The Age of Discovery in Late Georgian India as seen through the Collections*

of the Royal Asiatic Society, London, ed. J. Sokoly and A. Ohta, exh. cat., ras, London, and Virginia Commonwealth University in Qatar, Qatar（2010）, pp. 30-35. Ray Desmond, *The European Discovery of the Indian Flora*（Oxford, 1992）, p. 54, 注意到科尔布鲁克曾与年轻的约瑟夫·班克斯一同就读于哈罗公学；琼斯在印度期间，他们保持了富有成果的联系。科尔布鲁克返回英国后，他成为（皇家）亚洲学会创立的主要推动者，并担任该学会的第一任主席。

31　Henry Thomas Colebrooke, 'Botanical Observations on Select Indian Plants', *Asiatick Researches*, iv（1801）, p. 231.

32　英庇夫人的许多绘画作品主题都是关于动物学的，关于这些作品的讨论在第107页上更详细地描述。不幸的是，伊莱贾爵士因涉嫌司法失职（尽管未在法庭上得到证实）而被人们更多地记住，这也导致了沃伦·黑斯廷斯的垮台。

33　Jochen Sokoly, 'Zayn al-Din, Sir William and Lady Anna Maria Jones and their Study of Botany', in Sokoly and Ohta, *India East/West*, pp. 48-75. 更多关于这些图纸的思考请见 pp. 48-9, 107.

34　皇家艺术协会收藏的另一幅琼斯夫人的花卉图（编号 025.068）上有注释。'*Atragene* Linn: Merchée Beng: Crishnanagar 24 Oct: 1791'.

35　Casey A. Wood, 'Lady[Elizabeth]Gwillim-Artist and Ornithologist', *Ibis*, lxvii/3（1925）, pp. 594-9.

36　到目前为止，会议一直在最高法院举行，并得到总督的祝福。

37　J. Mathew, 'Edward Blyth, John M'Clelland, the Curatorship of the Asiatic Society's Collections and the Origins of the *Calcutta Journal of Natural History*', *Archives of Natural History*, xlii（2015）, pp. 265-78; Fred Naggs, 'William Benson and the Early Study of Land Snails in British India and Ceylon', *Archives of Natural History*, xxiv（1997）, pp. 37-88. 正如纳格斯（Naggs, 第45-8页）所述，似乎确实有证据表明布莱斯在履行职责方面存在疏忽，导致部分藏品（如贝壳、昆虫和化石）的丢失或破坏，尽管布莱斯坚决为自己辩护，反驳批评者的激烈攻击。

38　1851年，该学会改名为孟加拉亚洲学会（Asiatic Society of Bengal），它在1934年获得了皇家特许状。值得注意的是，马德拉斯的政府中央博物馆（现在是金奈政府博物馆）声称是加尔各答之后南亚次大陆上最古老的公共博物馆，成立于1851年。

39　值得注意的是，到了这个时候，纺织品已经取代香料成为东印度公司与东方贸易的主要组成部分。

40　关于东印度公司早期博物学家与特兰克巴尔博物学家之间的关系，请参阅 Arthur MacGregor, 'European Enlightenment in India: An Episode of Anglo-German Collaboration in the Natural Sciences on the Coromandel

Coast, late 1700s–early 1800s', in *Naturalists in the Field: Collecting, Recording and Preserving the Natural World from the Fifteenth to the Twenty-first Century*, ed. A. MacGregor (Leiden and Boston, 2018), pp. 365–92.

41 约瑟夫·班克斯（1743—1820）于1781年被封为爵士，从1778年起担任皇家学会主席超过40年，在库克船长的第一次（"奋进"号，*Endeavour*）航行中担任博物学家。他是19世纪初英国自然科学领域的主导人物，东印度公司董事会经常向他请教专业方面的问题。

42 I. H. Burkill, *Chapters on the History of Botany in India* (Delhi, 1965), p. 12, 据记载，科尼希担任的"植物学家或博物学家"职位并不在他当时的东印度公司编制内，而是由军方提供资助。

43 Desmond, *European Discovery of the Indian Flora*, pp. 39–40.

44 帕特里克此前曾与他的同父异母兄弟亚历山大·拉塞尔一起在黎凡特地区进行研究，亚历山大·拉塞尔是*Natural History of Aleppo*（1756）的作者。之后，他在伦敦结识了班克斯和索兰德，他们研究了帕特里克在黎凡特地区收集的物品。

45 Patrick Russell to Banks, 12 March 1786: Banks, *Indian and Pacific Correspondence of Sir Joseph Banks*, vol. ii, no. 83.

46 虽然拉塞尔的倡议有望引入一系列经过本地验证的新药，但值得注意的是，在班克斯为东印度公司董事会对拉塞尔的提议进行评估时，他并不倾向于批准任何未经伦敦药剂师评估的本地研发药物："我斗胆建议……只有在一些欧洲药典推荐的情况下，才允许植物因其医疗特性而被接纳，或者由印度现已建立的一个或两个医疗委员会进行验证其现有特性……"，1788年11月25日班克斯致信董事会：Banks, *Indian and Pacific Correspondence of Sir Joseph Banks*, vol. ii, no. 257. 另外, Pratik Chakrabarti, '"Europe does not Want You so much as India": Science, Liminality and Spirituality in the Coromandel', unpublished paper presented to the workshop Mission, Science and Medicine in Colonial South Asia (2011), 提到 *Edinburgh New Dispensatory* 成为草药植物及其化学性质的新信息的重要存储库，参考了在殖民地工作的自然学家的植物研究，但在这个过程中，"许多来自本地的洞见被忽视了"。

47 Desmond, *European Discovery of the Indian Flora*, pp. 45–7.

48 See Mark F. Watson and Henry J. Noltie, 'Career, Collections, Reports and Publications of Dr Francis Buchanan (later Hamilton), 1762–1829: Natural History Studies in Nepal, Burma (Mayanmar), Bangladesh and India. Part 1', *Annals of Science*, lxxiii (2016), p. 397.

49 关于此事以及罗克斯堡生活的许多方面，见 Tim Robinson, *William Roxburgh, the Founding Father of Indian Botany* (Chichester, 2008).

50 Over the previous 25 years the eic had encouraged Bengalis to grow indigo for export-the Company's products dominated the world by this time 在过去的25年里，东印度公司鼓励孟加拉人种植靛蓝用于出口，该公司的产品在这个时期占据了世界的主导地位。[Steven Cohen, 'Materials and Making', in *The Fabric of India*, ed. Rosemary Crill, exh. cat., Victoria and Albert Museum, London (London, 2015) , p. 31]. 早在半个世纪前，塞缪尔·布朗（Samuel Browne 就曾描述过"我在东印度公司花园中收集的乡村植物"（Winterbottom, 'Medicine and Botany in the Making of Madras', p. 44 ）。

51 MacGregor, 'European Enlightenment in India'.

52 Quoted in Robinson, *William Roxburgh*, p. 42.

53 1786 年 4 月 26 日，基德致东印度公司董事会; Banks, *Indian and Pacific Correspondence of Sir Joseph Banks*, vol. ii, no. 84. 在这一时期，基德只是建议在加尔各答建立一批有价值的进口食用植物的库存，例如西米、椰子、枣和木薯，然后将它们传播给民众，以创建替代性的食品供应。

54 1786 年 6 月 1 日，基得致孟加拉政府; Banks, *Indian and Pacific Correspondence of Sir Joseph Banks*, vol. ii, no. 86. 凯德的信附有代理总督约翰·麦克弗森爵士的认可，麦克弗森在沃伦·黑斯廷斯辞职和康沃利斯勋爵到任之间担任代理总督一职，他在信中认可并表示这个提案是他"长久以来一直关心的，并且董事会完全同意推动它"。

55 引自Caroline Cornish, 'Curating Science in an Age of Empire: Kew's Museum of Economic Botany', PhD thesis, Royal Holloway, University of London (2013) , p. 21.

56 除了在其他地方提到的开普敦和圣赫勒拿的花园，这个假设的交流系统的主要节点将是西印度群岛。在复辟后的一年，查理二世曾写信给东印度公司，命令他们招募一位植物研究员，该研究员将前往印度，以调查将适当的商品从东方的公司领地移植到西印度群岛的可能性。然而东印度公司似乎没有推动这个项目便搁置不谈了，因为他们对在自己的市场内促进竞争对手的利益并不感兴趣。'"Knowledgeable Readers": Jamaican Critiques of Sloane's Botany', in *From Books to Bezoars: Sir Hans Sloane and his Collections*, ed. A. Walker, A. MacGregor and M. Hunter (London, 2012) , p. 82.

57 在 1787 年 3 月 12 日写给威廉·布鲁尔的信中，基德称："只要财政部门给我指出界限，我将以最经济的方式指示挖掘和围堰工作，这是必不可少的预防措施，既可以防止困扰那个地区的野生水牛的掠夺行为，又可以防止因九月至潮汐导致的洪水。"(IOR, p/3/25, pp. 286-9) .

58 Desmond, *European Discovery of the Indian Flora*, p. 58.

59 Anonymous, *A Short Account of Colonel Kyd, the Founder of the Royal Bo-*

tanic Garden, Calcutta（Calcutta, 1893）。

60 在优先级上，基德在加尔各答建立的花园和罗克斯堡在萨马尔科特建立的花园之间似乎很难选择。然而，后者不会像前者一样享有长久的生命力和声望。

61 Deepak Kumar, 'The Evolution of Colonial Science in India: Natural History and the East India Company', in *Imperialism and the Natural World*, ed. J. M. MacKenzie（Manchester, 1990）, p. 52, 提到东印度公司董事会虽然赞赏罗克斯堡对人民困境的关注，但他们更加重视他在具有"商业"影响的领域的活动，并且正是基于这些原因，他的事业才得以繁荣发展。

62 值得注意的是，尼科巴面包果（Pandanus leram）与太平洋的面包果（Artocarpus altilis）是不同的物种。另外一种面包果（Pandanus odoratissimus）是孟加拉的本土植物，"但它的品种非常次等，且有缺陷，以至于本地居民不怎么在意它。"（IOR, p/3/52, pp. 366-9）。

相比之下，基德上校于1790年4月30日写给加尔各答政府秘书爱德华·海伊的信中提到，加尔各答花园收到了来自南科瑞尼科巴群岛的一种面包果，这种面包果在完全成熟时可以养活七个人。至于最早接触南科瑞尼科巴群岛面包果的情况，请参阅Henry J. Noltie, 'Gavin Hamilton of Calcutta and the Nicobar Breadfruit', *Journal of the Royal Asiatic Society*, 3rd ser. xxv（2015）, pp. 669-83.

63 IOR, f/4/134 no. 2427.

64 IOR, h/799/, pp. 9-19.

65 在1790年4月30日致爱德华·海伊的信中，基德上校指责了那些在广州的绅士们，他们对他寻求蚕种和适当品种桑树的请求毫不理会。他猜测，他们对此事完全保持沉默"只能归咎于一种令人讶异的迟缓"，他建议将此事提交给伦敦的东印度公司董事会来解决。（IOR, p/3/52, pp. 369-89）。

66 Cohen, 'Materials and Making', pp. 20-23; Crill, *Fabric of India*, p. 176.

67 Banks, *Indian and Pacific Correspondence of Sir Joseph Banks*, vol. ii, no. 268, p. 382 note 1. 虽然短期内种植中国茶的雄心没有实现，但大约50年后，在印度北部——尤其是在大吉岭地区，茶叶生产开始商业化。（ibid, vol. ii, p. 382 note 1）。

68 Viscount Valentia, *Voyages and Travels to India, Ceylon, the Red Sea, Abyssinia and Egypt, in the Years 1802, 1803, 1804, 1805, and 1806*（London, 1809）, vol. i, p. 64; Desmond, *European Discovery of the Indian Flora*, pp. 62-4. 瓦伦西亚一直是韦尔斯利代表东印度公司董事会工作的忠实拥护者。

69 威廉·凯里（William Carey, 1761—1834）于1799年成功在丹麦殖民地塞兰坡建立了一个传教站，规避了英国东印度公司对其控制领土上的传教活动的禁令，该禁令一直持续到1813年。他还建立了一家能印刷孟加拉语和梵文的印刷厂，成为孟

注 释

加拉地区最重要的科学资料出版商。

70 William Roxburgh, *Hortus Bengalensis; or, a Catalogue of the Plants Growing in the Honourable East India Company's Botanic Garden at Calcutta*, ed. W. Carey (Serampore, 1814), p. ii. 后来, 凯里在塞兰坡将罗克斯堡的 *Flora Indica*, 或称 *Descriptions of Indian Plants* 于1820—1824年出版, 这本书原本由在加尔各答的沃立克和伦敦的罗伯特·布朗拖延了很长时间后才得以面世。

71 Rajendralala Mitra, 'Part i: History of the Society', in *Centenary Review of the Asiatic Society of Bengal, from 1784 to 1883* (Calcutta, 1885), p. 71.

72 在1797年, 布坎南从拉基波尔写信给詹姆斯·爱德华·史密斯说:"我目前居住的地方过于潮湿, 使得保护植物非常困难, 再加上成群的昆虫, 令植物收藏的组建成了不可能之事。但我将很乐意保存我所能获得的任何植物, 并将标本转送给您。"引自 Watson and Noltie, 'Career, Collections, Reports and Publications of Dr Francis Buchanan', p. 400.

73 有关布坎南在自然历史领域工作的详细描述, 请参阅上述文献。

74 布坎南对威尔斯利侯爵的忠诚在伦敦的东印度公司董事会眼里毫无益处; 当威尔斯利失宠时, 布坎南不可避免地也会遭受牵连。

75 更多见, p. 60. 一场关于他在印度积累的植物绘画所有权的争议阻止了他在这个领域的进一步工作。

76 沃立克出生时名叫内森·乌尔夫·沃立克 (Nathan Wulff Wallich), 是居住在哥本哈根的犹太商人的儿子。他在那里接受教育, 并最终获得皇家外科医学院 (Royal Academy of Surgeons) 的文凭。

77 IOR, p/7/17 no. 26.

78 IOR, p/7/18 no. 52.

79 这些人可能是熟练的园艺师: 关于负责一般苗圃的谢克·穆提 (Shaik Mooty), 华利写道:"他对植物的治疗和栽培知识的了解, 对林奈系统的了解, 更令人惊讶的是他对自然分类的了解, 足以使任何欧洲园艺师都感到自豪。"(Desmond, *European Discovery of the Indian Flora*, pp. 81, 83-5).

80 Roger de Candolle and Alan RadcliffeSmith, 'Nathaniel Wallich ... (1786-1854) and the Herbarium of the Honourable East India Company ...', *Botanical Journal of the Linnean Society*, lxxxiii (1981), pp. 328; William Roxburgh, *Flora Indica; or Descriptions of Indian Plants*, ed. N. Wallich (London, 1820-24), p. iv. 对第三卷出版的反复延迟感到厌烦后, 罗克斯堡的儿子在1832年请求威廉·凯里 (他也有整个作品的手稿副本) 在塞兰坡完整地出版该卷 (但不包括沃里克的注释), 凯里随后按照请求办理了此事。

81 沃里克首次描述的植物之一是漆树 (他称之为 Melanorrhoea usitata, 现在被称为 Gluta usitata），它在南亚和东南亚都属于支柱型产业。[见 Ralph Isaacs and T. Richard Blurton, *Visions from the Golden Land*: *Burma and the Art of Lacquer*（London, 2000），pp. 80-81].

82 Stuart Carey Welch, *Room for Wonder*: *Indian Painting during the British Period 1760-1880*（New York, 1978），p. 185，提到及至 1855 年，仅有一家公司就种植了 327 000 磅（148 000 千克）的茶叶，到 1865 年，它向投资者回报了 35% 的利息。

83 格里菲斯写给威廉·胡克尔的信函，引自理查德·阿克塞尔比（Richard Axelby）的'Calcutta Botanic Garden and the Colonial Re-ordering of the Indian Environment', *Archives of Natural History*, xxxv（2008），p. 157.

84 戴斯蒙德（*European Discovery of the Indian Flora*, p. 96）指出，格里菲斯向孟加拉政府所展示的大面积损坏可能其部分原因是 1842 年袭击了花园的一场飓风。然而，他对植物标本室的批评表明他并不怀疑要归咎于谁。然而，他也批评了植物标本室（ibid., p. 97），这无疑表明他把责任归咎于该部门。

85 在一封于 1843 年 6 月 19 日致政府秘书的信中，格里菲斯强调了从花园出售木材所得到的收入，"其中大部分在与植物园相关的改进开始之前，就必须砍伐"，在这些操作中，具有一定的引导标准："使花园内的空气流通更畅通（比以前更好），增加装饰，清除特定区域，以便形成系统化的园林（植物园的精髓），以及尽量减少边界上混杂的草木植物和森林树木"。（IOR, p/13/43, no. 45）.

86 Joseph D. Hooker, *Himalayan Journals*; or, *Notes of a Naturalist*（London, 1854），vol. i, p. 3.

87 Desmond, *European Discovery of the Indian Flora*, p. 96.

88 William Griffith, in *Report on the Hon'ble Company's Botanic Gardens, Calcutta*（Calcutta, 1843），pp. 101-3.

89 如果将格里菲斯的重要性的评估完全归因于他对花园的粗暴处理，这将完全是错误的。他被评为"在印度的最伟大的植物学家"，"一个天才"，以及"拥有令人敬畏的智慧和艺术天赋的人"。这些评价突显了他的重要性。（见 Axelby, 'Calcutta Botanic Garden', p. 155）.

90 Axelby, 'Calcutta Botanic Garden', pp. 150-63.

91 Ibid., p. 157. 阿克塞尔比（p. 160）认为 19 世纪上半叶公司人员在实地实践的科学逐渐完全让位于在大都市中心进行的科学：只有在那里才有可能形成全球视角，因此只有从事大都市科学的人才有能力和权利来指导和解释当前的研究方向。

92 T. Thomson, 'Report on the Hon'ble Company's Botanic Garden', p. 63, 引自 Chakrabarti, 'Europe does not Want You so much as India'.

93 后来，它的名称更名为印度植物园（Indian Botanic Garden, 于 1950 年），并在

1963年在行政上成为一个国家机构，正如其名称所暗示的那样。

94 Chakrabarti（'Europe does not Want You so much as India'）观察到詹姆斯·安德森在马德拉斯郊区的马尔马隆种植的胭脂仙人掌园也在同一时间关闭了。

95 Desmond, *European Discovery of the Indian Flora*, p. 41. 麦肯齐似乎对调查中的植物学元素有些失望，他宣称"在自然历史方面从未按照我所提出和期望的方式进行分析研究"，但这是否影响了海因的贡献或使其在缺乏资源的情况下进行事后工作尚不清楚。详见科林·麦肯齐'Biographical Sketch of the Literary Career of the late Colonel Colin Mackenzie ... Contained in a Letter addressed by him to the Right Hon. Sir Alexander Johnston', *Journal of the Royal Asiatic Society*, i/2（1834）, p. 338. 当然还有海因自己的 *Tracts, Historical and Statistical*，1814年出版，书上有给东印度公司董事会的献词，看起来是一个令人敬慕的观察者之作。

96 Valentia, *Voyages and Travels to India*, vol. ii, p. 412.

97 Desmond, *European Discovery of the Indian Flora*, p. 106.

98 H. Montgomery Hyde, 'Dr George Govan and the Saharanpur Botanical Gardens', *Journal of the Royal Central Asian Society*, xlix pt. 1（1962）, pp. 47–57.

99 Ibid., p. 50.

100 Desmond, *European Discovery of the Indian Flora*, pp. 107–11.

101 Henry J. Noltie, *The Dapuri Drawings: Alexander Gibson and the Bombay Botanic Gardens*（Edinburgh and Woodbridge, 2002）.

102 见 IOR, p/274/28, pp. 95–6, 1783年1月25日，詹姆斯·安德森致函马卡特尼勋爵，董事长和总督："几年前，我从阿迪亚尔河彼岸的土著人那里购买了一小片地皮的耕作权，距离海岸有两英里，希望您能下令将其完全授予在下。"

103 安德森关于虫类的保护建议，请参阅 Edward Cutbush 'On Cochineal', *Archives of Useful Knowledge*, i（1811）, pp. 262–5. 他与（明显不情愿的）班克斯关于这个问题进行了长期通信，班克斯表示"坚定地相信，无论对公司还是对安德森来说，都不会从这个事业中获得任何好处"。（Banks, *Indian and Pacific Correspondence of Sir Joseph Banks*, vol. ii, nos 215, 217–18, 252; vol. iii, no. 95; vol. vi, no. 57），最终，他被证明是正确的。

104 IOR, p/241/27, pp. 3185–9; p/241/27, pp. 3371–402.

105 从东印度公司致圣乔治堡的公开信中提取的一段内容，日期为1801年9月9日，写道："我们赞同您同意废除位于马尔马隆的胭脂仙人掌园和位于萨穆尔科塔的植物园"，前提是得找到合适的替代该植物园的地点。（IOR, f/4/98 no. 1994）.

106 Anonymous, 'The Work of the ims in India', *Indian Medical Gazette*, xlvii（1912），p. 231；同见 D. G. Crawford, *A History of the Indian Medical Service, 1600-1913*（London, 1914）.

107 Hyde, 'Dr George Govan', p. 54. A 在这里还需要提到由施拉金威特兄弟收集的藏品，他们并不是公司员工，而是英属东印度公司委托进行调查的人员。这些调查结果包括：收集了 12 000 个标本中的 3000 种植物，以及 500~600 个木材横截面样本，等等。（Stephanie Kleidt, 'List und Last: Die Sammlungen der Gebrüder Schlagintweit', in *Über den Himalaya: Die Expedition der Brüder Schlagintweit nach Indien und Zentralasien 1854 bis 1858*, ed. M. von Brescius, F. Kaiser and S. Kleidt（Cologne, 2015），p. 116）. The impact of the Company on Indian forestry（as on agriculture）was considerable, and not to be measured by the few hundred samples by which it would be represented in the museum context. 东印度公司对印度林业（以及农业）的影响是相当大的，不能仅仅通过几百个在博物馆中展示的样本来衡量。

108 诺斯还有一位名叫约翰·彼得·罗特勒的传教士兼植物学家陪同，显然这位传教士能够自己进行更广泛的研究。

109 1800 年 2 月 1 日，德·容维尔致诺斯，该信在米尔德里德·阿彻的著作中有引用，*Natural History Drawings in the India Office Library*（London, 1962），pp. 35-6.

110 Mildred Archer, *Company Paintings: Indian Paintings of the British Period*（London, 1992），p. 37；此外，还可以在尤德林·德·容维尔的著作中看到一篇由瓦伦蒂亚勋爵撰写的评论文章，*Quelques notions sur l'Isle de Ceylan / Some Notions about the Island of Ceylon*, ed. M.-H. Estève and P. Fabry（Colombo, 2012），pp. 36-7.

111 更有用的信息请参见，Henry Noltie, *Raffles' Ark Redrawn: Natural History Drawings from the Collection of Sir Stamford Raffles*（Edinburgh and London, 2009）.

112 James B. McNair, 'Thomas Horsfield: American Naturalist and Explorer', *Torreya*, xlii/1（1942），pp. 1-9.

113 IOR, b/198 Court minutes, 1 May 1839, fol. 63; Ray Desmond, *The India Museum, 1801-1879*（London, 1982），pp. 67-8.

114 Banks, *Indian and Pacific Correspondence of Sir Joseph Banks*, vol. ii, no. 90.

115 Ibid., vol. vi, no. 28, 68, 94, 136, 172.

116 IOR, p/4/26, pp. 342-53.

117 John Ellis, *Directions for bringing over Plants, from the East-Indies and other Distant Countries, in a State of Vegetation*（London, 1770），p. 1; idem., *Description of the Mangostan and the Bread-fruit: The First, Esteemed one of the most Delicious; the Other the most Useful of all the Fruits in the East Indies*（London, 1775）.

118 IOR, p/4/26, pp. 342-53.

119 IOR, p/4/34, pp. 507-13. Peter Good later accompanied Robert Brown on the voyage of hms *Investigator*（1801-3）（Charles Nelson, personal communication）.

120 然而，德斯蒙德（*European Discovery of the Indian Flora*, p. 312）记录了，在 1820 年，总共有不少于九位船长因成功安全运送来自中国的活体货物而获得园艺学会的奖章。

121 Banks, *Indian and Pacific Correspondence of Sir Joseph Banks*, vol. iii, no. 167.

122 Desmond, *European Discovery of the Indian Flora*, pp. 314-15.

123 Anon.[William Roxburgh], *Flora Sta Helenica*（St Helena, 1825）, pp. i-ii. 关于罗克斯堡在编写这本匿名作品中的角色，请参阅 Q.C.B. Cronk, *The Endemic Flora of St Helena*（Oswestry, 2000）.

124 后来以威廉·罗克斯堡的名义出版, 'Directions for Taking Care of Growing Plants at Sea', *Transactions of the Society of Arts, Manufactures and Commerce*, xxvii（1809）, pp. 237-8.

125 Nathaniel Wallich, 'Upon the Preparation and Management of Plants during a Voyage from India', *Transactions of the Horticultural Society of London*, 2nd ser. 1（1835）, pp. 140-43. 对于沃利克参与将种子逆向传输的粗略见解，可以从一份致公司秘书 G. 卢辛顿（G. Lushington）的指示中得到，该指示要求他起草一封有以下内容的信函给沃利克。（IOR, p/9/37）: "我被指示将随信附带的一箱南美洲原产的多种水果和蔬菜的种子转交给您，这些种子最近是从尊敬的董事会那里收到的，同时附上了一份随箱描述清单的副本。请您将这些种子在公司植物园中以您认为最合适的方式进行播种，并将实验结果报告给我，以供政府和尊敬的董事会参考。"

126 Robinson, *William Roxburgh*, p. 92. 罗宾逊进一步指出，即使是如此重要的一批货物，也没有在邱园的记录中出现。

127 Desmond, *European Discovery of the Indian Flora*, pp. 319-22; E. Charles Nelson, 'From Tubs to Flying Boats: Episodes in Transporting Living Plants', in *Naturalists in the Field: Collecting, Recording and Preserving the Natural World from the Fifteenth to the Twenty-first Century*, ed. A. MacGregor（Leiden and Boston, 2018）, pp. 578-606.

128 Jessie M. Sweet, 'Instructions to Collectors: John Walker（1793）and Robert Jameson（1817）; with Biographical Notes on James Anderson（LL.D.）and James Anderson（M.D.）', *Annals of Science*, xxix（1972）, p. 405.

129 Robert['Richard']Wight, 'Illustrations of Indian Botany Principally of the Southern Parts of the Peninsula', *Botanical Miscellany*, ii（1831）, p. 93; de Candolle and Radcliffe-Smith, 'Nathaniel Wallich', p. 330.

130 海恩致克莱武勋爵的便函，1802年4月2日；IOR, f/4/152 item 2601, p. 5.

131 一个特别（尽管有些不够专业）的例子是早期有关剖析穿山甲的论文：Adam Burt, 'On the Dissection of the Pangolin, in a Letter to General Carnac from Adam Burt, communicated by the General', *Asiatick Researches*, ii（1790）, pp. 353–8.

132 在拉塞尔去世前不久，与埃弗拉德·霍姆共同发表的论文（Patrick Russell and Everard Home, 'Observations on the Orifices found in Certain Poisonous Snakes, situated between the Nostril and the Eye, with some Remarks on the Structure of those Orifices ...', *Philosophical Transactions of the Royal Society*, xciv（1804）, pp. 70–76; ibid., 'Remarks on the Voluntary Expansion of the Skin of the Neck, in the Cobra de Capello or Hooded Snake of the East Indies ...', *Philosophical Transactions of the Royal Society*, xciv（1804）, pp. 346–52；also in Russell's *An Account of Indian Serpents, Collected on the Coast of Coromandel; Containing Descriptions and Drawings of each Species; together with Experiments and Remarks on their Several Poisons*（London, 1796–1809）, appendices i–ii.

133 Grigson, *Menagerie*, p. 145.

134 IOR, ms e226/77（h）. 尽管发现"西藏是一个天然的树木和各种蔬菜最贫瘠的地方"，博格尔还是成功寄送了十二包种子"转交给总督"。

135 IOR, p/3/33, pp. 188–94.

136 'Anniversary discourse', in *Asiatick Researches*, iv（1801）, pp. 17–18.

137 Sir T. E. Colebrooke, *The Life of H. T. Colebrooke*（London, 1873）, p. 136.

138 Mitra, 'History of the Society', p. 57; Naggs, 'William Benson and the Early Study of Land Snails', pp. 44–5.

139 Russell, *Account of Indian Serpents*, p. xi.

140 Banks, *Indian and Pacific Correspondence of Sir Joseph Banks*, vol. ii, no. 213. no. 44.

141 在这样一个人员更迭频繁的社会中，经验的连续性缺乏是非常严重的。拉塞尔（（*Account of Indian Serpents*, p. v））观察到，"英属殖民地的欧洲居民可以说每二十五年经历一次完全变化……但自然历史研究在传统中传承得非常不完整……这……首次提出了收集和描述科罗曼德尔海岸上发现的蛇类的想法。"（*Account of Indian Serpents*, p. v）

142 Ibid. 这些解剖观察结果还在 *Philosophical Transactions of the Royal Society* 上再版（Russell and Home, 'Observations on the Orifices found in Certain Poisonous Snakes', 同上., 'Remarks on the Voluntary Expansion of the Skin of the Neck, in the Cobra de Capello'）.

143 Banks, *Indian and Pacific Cor-*

respondence of Sir Joseph Banks, vol. ii, no. 73. 拉塞尔的 *Descriptions and Figures of Two Hundred Fishes*; *Collected at Vizagapatam on the Coast of Coromandel*（London，1803）前言中提到，他还提到使用了阿特迪（Artedi）、布洛赫（Bloch）和拉塞珀德（Lacépéde）继续编写的布封的《自然历史》（*Histoire naturelle*）的资料，但这些可能是在他回到英国后查阅的。

144 Banks，*Indian and Pacific Correspondence of Sir Joseph Banks*，vol. i，pp. iii–iv.

145 Ibid.，vol. ii，no. 157.

146 Russell，*Descriptions and Figures of Two Hundred Fishes*，preface.

147 威廉堡学院很快被英属东印度公司压制，并由他们自己设计的英国机构——哈利伯瑞学院（赫特福德郡）取而代之。与此同时，还成立了一个独立的军事学员培训中心，位于阿第斯康比（萨里郡）。

148 M. Martin，ed.，*The Despatches*，*Minutes*，*and Correspondence of the Marquess Wellesley*，*K.G.*，vol. iv（London，1837），pp. 674–6. 有关完整的备忘录文本，请参阅附录一。

149 由于未能得到伦敦的英属东印度公司董事会的支持，计划中的学院（韦尔斯利的另一项倡议）被放弃了。请参阅注释 147.

150 Desmond，*European Discovery of the Indian Flora*，p. 76.

151 关于东印度公司与更传统制图技术培训的相关内容，请参阅 p. 126.

152 *The Bee*，xvii（1793），pp. 330–33；同见 Sweet，'Instructions to Collectors'，pp. 398–400.

153 完整版见 Sweet，'Instructions to Collectors'，pp. 402–6.

154 加德满都谷地在最宽处约 22 千米（14 英里），围绕着一个面积略超过 500 平方千米的区域。

155 Mark Cocker and Carol Inskipp，*A Himalayan Ornithologist*: *The Life and Work of Brian Houghton Hodgson*（Oxford，1988），p. 26，值得注意的是，霍奇森的洞见对达尔文在编纂 *Variation of Animals and Plants under Domestication*（1868）一书中非常有用。霍奇森本人的科学产出总共有 146 篇关于自然历史主题的论文。他的手稿收藏和许多原始绘画作品被捐赠给了伦敦动物学会。

156 Sir William Wilson Hunter，*Life of Brian Houghton Hodgson*，*British Resident at the Court of Nepal*（London，1896），pp. 302–5. 在调查过程中，施拉金威特兄弟收集的动物学藏品也是值得注意的：其中包括 6000 个鸟类标本（大约三分之二是骨架，其余是制作成标本的皮毛），大部分大型哺乳动物的兽皮和毛皮，以及海洋和淡水贝壳。（Kleidt，'List und Last'，p. 116）. 尽管施拉金威特兄弟受公司委托进行磁测量，但他们在途中积累的标本并没有全部送往公司博物馆：有关他们收藏的后续历史的详细资料可在克莱特的著作中找到。(ibid., pp. 117-37; see also Felix Driver, 'Face to Face with Nain Singh: The Schlagintweit Collections and their Uses', in *Naturalists in the Field: Collecting, Recording and Preserving the Natural World from the Fifteenth to the Twentyfirst Century*, ed. A. MacGregor (Leiden and Boston, 2018), pp. 441-69.

157　J. Mathew, 'Edward Blyth, John M'Clelland, the Curatorship of the Asiatic Society's Collections and the Origins of the *Calcutta Journal of Natural History*', *Archives of Natural History*, xlii (2015), pp. 265-6. 许多有关动物学主题的论文再次由霍奇森提供。

158　Ibid., pp. 270-76.

159　Naggs, 'William Benson and the Early Study of Land Snails'. 纳格斯在一些贝恩森同行的传记中提供了宝贵的个人资料注解。

160　W. H. Benson, 'Description of the animal of *Ampullaria*, a genus of freshwater testacea, with a notice of two species inhabiting the freshwaters of the Gangetic Provinces', *Gleanings in Science*, 1 (1829), pp. 52-4. 随着1832年建筑师、古物研究者和收藏家詹姆斯·普林塞普(James Prinsep, 1799-1840)被任命为亚洲学会秘书，他创办的《科学摘要》(*Gleanings in Science*)改名为《孟加拉亚洲学会杂志》(*Journal of the Asiatic Society of Bengal*)。它在接下来的一些年里与更为成熟的《亚洲研究》(*Asiatick Researches*)一起出版(Elizabeth Errington, ed., *From Persepolis to the Punjab: Exploring Ancient Iran, Afghanistan and Pakistan* (London, 2007), p. 10)。

161　W. G. Griffith, *Journals of Travels to Assam, Burma, Bootan, Affghanistan and the neighbouring Countries* (Calcutta, 1847), p. xxviii. Elsewhere (p. xxi). 格里菲斯对自己缺乏详细专业知识表示歉意："在没有知识的情况下进行收集是多么荒谬的事啊！"

162　Sophia, Lady Raffles, *Memoir of the Life and Public Services of Sir Thomas Stamford Raffles*, frs (London, 1830), p. 452.

163　C. E. Wurtzburg, *Raffles of the Eastern Isles* (London, 1954), p. 652. 莱佛士的收藏将遭受自然历史上最令人痛惜的灾难之一，当时他们正在返回英国的东印度商船"荣耀"号上，该船起火并沉没，货物全部葬身大海。

164　ior, p/186/97, nos. 36-7 (no. 37 is letter of agreement).

165　This account of Hume is based on N. J. Collar and R. P. Prys-Jones, 'Pioneer of Asian Ornithology: Allan Octavian Hume', *Birdingasia*, xvii (2012), pp. 17-43.

166　休姆的成就之一是他在1885年被承认为印度国民大会的首次会议的召集人之一。印度国民大会是一个政党，后来在独立运动中崭露头角。

167　Anandi Ramamurthy, 'Orientalism

and the 'Paisley' Pattern', in *Disentangling Textiles: Techniques for the Study of Designed Objects*, ed. M. Schoeser and C. Boydell (Manchester, 2002), p. 127.

168 Archer, *Natural History Drawings in the India Office Library*, pp. 6-7 and passim. 该收藏包括许多专门为韦尔斯利绘制的画作, 还有其他为他复制的作品, 这无疑显示了他对收藏的认真态度。

169 Ibid., p. 77.

170 ior, p/3/25, pp. 89-91.

171 Banks to eic, 4 July 1794; Banks, *Indian and Pacific Correspondence of Sir Joseph Banks*, vol. iv, no. 131.

172 Savithri Preetha Nair, 'Tranquebar Missionaries at the Tanjore Court: Science, Medicine and Enlightenment at the Turn of the 19th Century', 未发表文章提交给"殖民时期南亚的使命、科学和医学" (Mission, Science and Medicine in Colonial South Asia) 研讨会 (2011)。

173 Desmond, *European Discovery of the Indian Flora*, pp. 47-50. 与此同时, 植物园内的艺术家已经复制了约1200幅图纸。

174 Watson and Noltie, 'Career, Collections, Reports and Publications of Dr Francis Buchanan', p. 401, 引自布坎南写给罗克斯堡的信, 他给他的"老画家一个月一个金莫赫 (mohur) 的薪水, 并让他负责绘制鱼类"。布坎南坚持要求他的艺术家首先"准确地勾勒轮廓", 在达到这一点后, 他才允许开始上色。布坎南对鱼类学的兴趣将在很久之后让他出版了广受赞赏的作品: *Account of the Fishes Found in the River Ganges and its Branches* (Edinburgh, 1822)。

175 The quotation relates to J. E. Gray's *Illustrations of Indian Zoology ... from the collection of Major General Hardwicke* (London, 1830-34). 格雷的作品致力于为英属东印度公司的董事会服务。

176 1803年9月1日, 哈德威克写给班克斯的一封信讲述了那些试图将研究结果带回国的人所遇到的障碍: "我被告知在清理这些 (印度的种子) 以及一系列自然历史绘画作品时会遇到很大困难, 因为它们需要通过海关的程序, 并且可能会面临重税问题, 这几乎迫使我放弃这一收藏。" (Banks, *Indian and Pacific Correspondence of Sir Joseph Banks*, vol. vi, no. 161)。

177 Archer, *Natural History Drawings in the India Office Library*, p. 79.

178 1835年, 霍奇森在给英国亚洲学会副主席的信中写道: "我的研究的现有成果包括一系列绘画作品 (鸟类都是按照实际大小绘制), 由两位经过严格训练的本地画师描绘显著的部分……我的绘画作品有几百幅, 几乎每个主题都一再根据新的标本进行了修正, 以达到该物种成熟状态时在颜色和形态方面的准确性……并使用了投影描绘器来确保准确性; 当没有使用投影仪时, 绘图师在我的监督下, 不断对标本的特点做细致的描绘" [引自 Ann Datta and Carol

Inskipp, 'Zoology ... amuses me much', 在 *The Origins of Himalayan Studies: Brian Houghton Hodgson in Nepal and Darjeeling, 1820-1858*, ed. David M. Waterhouse（London and New York, 2004）, p. 137］。

179 See note 177.

180 A. O. Hume, quoted in Hunter, *Life of Brian Houghton Hodgson*, pp. 304-5; Archer, *Natural History Drawings in the India Office Library*, p. 11.

181 R. H. Phillimore, *Historical Records of the Survey of India*（Dehradun, 1945-54）, vol. ii, p. 405.

182 Mildred Archer, *Natural History Drawings in the India Office Library*（London, 1962）, p. 23.

183 Henry J. Noltie, *Robert Wight and the Illustration of Indian Botany*, Linnean Society, Special Issue 6（London, 2006）; idem., *The Cleghorn Collection: South Indian Botanical Drawings, 1845 to 1850*（Edinburgh, 2016）。

184 私人委托的绘画在英国可能产生的影响至少与东印度公司的艺术家创作的绘画一样重要：格里格森（*Menagerie*, pp. 146-7）指出，英庞夫人的收藏——可能该类收藏中是最著名的——在约翰·拉瑟姆（John Latham）的 *Supplements to his General Synopsis of Birds*（1787 and 1801）中得到广泛使用，其中英庞夫人还被认为是有关藏品的描述信息的主要贡献者；同时，托马斯·佩南特在他的 'View of Hindoostan'［in *Outlines of the Globe*, vol. i（London, 1798）, pp. 258, 344, 346］中也承认，英庞夫妇提供了一些无法获得的物种的绘画。

185 Archer, *Natural History Drawings in the India Office Library*, pp. 19, 55；帕里的收藏中约有两百幅绘画被赠送给了印度博物馆。

186 Hazlitt, Gooden & Fox, *Indian Painting for British Patrons, 1770-1860*, exh. cat., Hazlitt, Gooden & Fox（London, 1991）, no. 8.

187 在帕里的绘画作品文件夹［现存于弗吉尼亚州阿普维尔的橡树泉花园基金会图书馆（Oak Spring Garden Foundation）］中，有一份未知手稿的注释。由 Archer, *Natural History Drawings in the India Office Library*, p. 55 引述。

188 Maria Graham, *Journal of a Residence in India*（Edinburgh, 1812）, p. 146.

189 J. Forbes Royle, *Illustrations of the Botany and other Branches of the Natural History of the Himalayan Mountains and of the Flora of Cashmere*, vol. i（London, 1839）。

190 Archer, *Natural History Drawings in the India Office Library*, pp. 56, 30.

191 Ibid., pp. 89-90; Judith Magee, *Images of Nature: The Art of India*（London, 2013）, pp. 6, 16-18. 菲德勒（Fidlor）在叙事绘画和自然历史插图方面都很出色。还保

存有一些较为简单但力求科学准确的绘画作品，通常由居住在印度的英国女士们完成，例如安娜·玛丽亚（威廉·琼斯爵士的妻子，Sokoly and Ohta, *India East / West*, pp. 49-50, 54-6）和坎宁夫人（总督夫人），她们在19世纪中叶为加尔各答植物园绘制了花卉作品（Desmond, *India Museum*, p. 48）。

192 Hazlitt, Gooden & Fox, *Indian Painting for British Patrons*, no. 5. 在描述埃洛拉寺庙时，马莱特雇用了甘加拉姆为其绘制插图，他表示他将通过对它们的完整描绘来表现"威尔斯先生的高尚品味、娴熟的笔触和令人赞赏的工作态度"。(*Asiatick Researches*, vi（1801）, pp. 382-3).

193 Archer, *Natural History Drawings in the India Office Library*, pp. 17-19.

194 Thomas Horsfield, *A Descriptive Catalogue of the Lepidopterous Insects in the Museum of the Honourable East India-Company*, part i（London, 1828）, pp. 6-7.

195 Archer, *Natural History Drawings in the India Office Library*, p. 61, 尽管没有明确说明，但提供的证据表明这些艺术家是中国人。

196 Wilfred Blunt and William T. Stearn, *The Art of Botanical Illustration*, new edn（London and Woodbridge, 1994）, pp. 184-7.

197 Sir William Foster, 'British Artists in India, 1760-1820', *Walpole Society*, xix（1930-31）. 同见 Mildred Archer, 'The East India Company and British Art', *Apollo*, lxxxii（1965）, pp. 401-9; *Artist and Empire: Facing Britain's Imperial Past*, ed. A. Smith, D. Blayney Brown and C. Jacobi, exh. cat., Tate Britain（London, 2015）. 当然，其中许多最著名的艺术家，包括蒂利·凯特尔（Tilly Kettle）和约翰·佐法尼，并不是主要的风景画家。

198 艺术家协会成立于1758年，皇家艺术院（霍奇斯于1786年当选）则是十年后成立的。

199 Giles Tillotson, *The Artificial Empire: The Indian Landscapes of William Hodges*（Richmond, 2000）, p. 59.

200 Foster, 'British Artists in India', p. 1, 观察到，对进入英国的绘画征收的进口税，对大规模绘画构成了一种抑制力：托马斯·希基在1791年返回家乡时发现，他必须为自己绘制的画作支付40英镑的关税。

201 兰伯特和斯各特的绘画作品在布莱恩·艾伦（Brian Allen）的著作中得到了详细讨论：'The East India Company's Settlement Pictures. George Lambert and Samuel Scott', in *Under the Indian Sun: British Landscape Artists*, ed. P. Rohatgi and P. Godrej（Bombay, 1995）, pp. 1-16.

202 在2017年1月23日于考陶尔德艺术学院（Courtauld Institute）举行的一个有趣的关于"东印度公司及其防御工事"（The East India Company and Its Fortifications）的演讲中，艾米莉·曼恩（Emily Mann）博士敏锐地指出了代利杰里绘画作品在代表东印度公司在印度西南部的影响力方面发挥的作用，从而更好地突显了东印度公司对南亚次大陆的主导地位的画面。

203 董事会有记录显示，兰伯特每幅画作获得15个基尼的报酬，不久之后这些画作被雕刻成版画并作为印刷品出售。（Allen, The East India Company's Settlement Pictures, pp. 10-11）. 曼恩博士（The East India Company and Its Fortifications）指出了这些画作以及当时描绘非洲公司（以及之前的百慕大公司）领地的视图中要塞的突出地位，强调这些画作在象征着东印度公司在其相应的海外领土内的强大力量方面的作用。

204 Pauline Rohatgi, 'Preface to a Lost Collection: The Pioneering Art of Francis Swain Ward', in *Under the Indian Sun: British Landscape Artists*, ed. P. Rohatgi and P. Godrej（Bombay, 1995）, pp. 31-2, . 记录显示，斯温此前曾在艺术家协会的连续展览上展出过这些画作，引起了考古学家理查德·高夫（Richard Gough）的注意：尽管对斯温的作品赞赏有加，但高夫遗憾地表示"东印度公司没有为古代遗迹制作雕版画"。董事们将这些原作挂在东印度公司对外联络委员会的房间内，在那里它们与附近的董事会大厅中的兰伯特和斯各特的作品交相辉映。

205 两幅在奇丹巴拉姆（Chidambaram）的塔罗阁（Nataraja）寺庙的绘画，连同手稿描述，过去曾收藏在皇家图书馆，现已转移到大英图书馆。（Maps k Top.115.82. b.2-3）.

206 Patricia Kattenhorn, 'Sketching from Nature: Soldier Artists in India', in *Under the Indian Sun: British Landscape Artists*, ed. Rohatgi and Godrej, pp. 17-30; Natasha Eaton, 'Hodges's Visual Genealogy for Colonial India', in *William Hodges, 1744-1797: The Art of Exploration*, ed. G. Quilley and J. Bonehill, exh. cat., National Maritime Museum, London, and Yale Center for British Art, New Haven（2004）, p. 35. 威廉·霍奇斯和丹尼尔斯夫妇也都在各方面广泛使用暗箱相机。

207 Rohatgi重印了当时的藏品目录, 'Preface to a Lost Collection', p. 48.

208 Isabel Stuebe, 'William Hodges and Warren Hastings: A Study in Eighteenth-century Patronage', *Burlington Magazine*, cxv（1973）, p. 659, 其中提到了约翰·麦克弗森于1778年12月31日写给黑斯廷斯的介绍信，信中提到了霍奇斯希望记录亚洲地区的"最奇特的自然和艺术景观"。

209 William Hodges, *Travels in India during the Years 1780, 1781, 1782 & 1783*（London, 1793）, p. 155.

210 In his *Travels in India*, p. 27, 霍奇斯描述了在帕格尔布尔的驻地宅子，位于一条河边，面朝着"美丽的公园般的乡村，树木葱郁，被沼泽分开，四周被林地环绕。这个地方的美丽主要归功于克利夫兰先生的品味。"许多霍奇斯的画作在1794年在加尔各答举行的拍卖会上被售出，即在克利夫兰去世之后。其中许多画作后来就消失了，并且再无音讯。Geoff Quilley and John Bonehill, eds, *William Hodges, 1744-1797: The Art of Exploration*, exh. cat., National Maritime Museum, London, and Yale Center for British Art, New Haven（2004）, p. 7.

211 Hodges's *Travels in India*, pp. 26-7，例如，这揭示了对印度雕塑的完全不重视的态度。参观圣地贾纳加尔的时候，他写道："这块岩石被印度教徒视为圣地；在它的许多部分上都有与他们的神话有关的雕塑作品。很遗憾，我不能像许多撰写关于婆罗门教的聪明作者那样对印度教徒的雕塑艺术表示高度的赞扬。我以一个艺术家的眼光来看，我认为这些作品只能与我在大溪地和其他南太平洋岛屿上见过的印度教徒的粗糙作品水平相当。这些雕塑的创作时间很难确定，但可以确定的是，印度教徒所创作的较现代的人物雕塑作品与古代作品相比并无多大改进。然而，我在印度教寺庙上看到一些装饰品有着精美的雕刻……"

212 霍奇斯的拍卖会于1795年6月29日在佳士得拍卖行举行。

213 黑斯廷斯精心保存的那些绘画现在收藏在纽黑文的耶鲁大学英国艺术中心。这些绘画已被伊莎贝尔·康姆斯·斯图伯（Isabel Combs Stuebe）编目：*The Life and Works of William Hodges*（New York and London, 1979）, pp. 191-293, 她还对（pp. 350-54）*The Consequences of War*（now lost）有如下描述：在《和平》中展示的田园风光在这里被再次描述，但是"来自远方的士兵现在霸占了农民的幸福隐居之地——而秃鹰停栖的地方曾经是家鸽孵育雏鸟的地方"。这个场景很容易被反对黑斯廷斯派别利用，将其视为对他离开后的印度的隐喻。

214 Quilley and Bonehill, eds, *William Hodges*.

215 Giles Tillotson, 'Hodges and Indian Architecture', in Quilley and Bonehill, eds, *William Hodges*, p. 51.

216 Thomas Daniell and William Daniell, *Oriental Scenery*（London, 1795-1815）. 'Twentyfour Views in Hindoostan'，发表于1795年，是献给东印度公司董事会的，而'Antiquities of India'（1799）则是"满怀敬意地献给伦敦古迹学会"。

217 Partha Mitter, *Much Maligned Monsters: History of European Reactions to Indian Art*（Oxford, 1977）, pp. 126-31.

218 ior, f/4/179 no. 3268. 希基先前表现出了他的企业家精神，他试图创作一系列描绘在塞林伽巴丹战斗的七幅画作，并计划将其雕刻成版画出售。他成功制作了一系列主要人物的肖像素描，［Mildred Archer, 'Wellington and South India: Portraits by Thomas Hickey', *Apollo*（July 1975）, pp. 30-35］，但这个计划最终没有实现。

219 这个雄心勃勃的计划显然是希基自己发起的。公司在1769年任命了罗伯特·奥姆（Robert Orme, 1728—1801）为其历史学家，年薪为 400 英镑；奥姆出版了备受赞誉的 History of the Military Transactions of the British Nation in Indostan from the Year mdccxlv（1763–78）和 Historical Fragments of the Mogul Empire, the Morattoes and English Concerns in Indostan from the Year mcclix（1782），然而，奥姆从未尝试过像希基所描述的这样宏大的调查工作。

220 Archer and Lightbown, India Observed, p. 13 中有引述。

221 这幅肖像画（有多个版本）于 1775 年在伦敦的艺术家协会展出。这是纳瓦布送给东印度公司的礼物，作为对公司早前赠送给他的乔治三世肖像的回礼。

222 Major William Palmer with his second wife, the Mughal Princess Bibi Faiz Bakhsh. 这幅画也被归功于弗朗切斯科·雷纳尔迪（Francesco Renaldi）。

223 Patrick Conner, George Chinnery, 1774-1852: Artist of India and the China Coast（Woodbridge, 1993），p. 89. 康纳（p. 90）指出，"除了一支部队和一些公司的雇员外，在钦纳里抵达时，城市中只有十二名欧洲人记录在案。"

224 康纳（George Chinnery, pp. 104–5）对钦纳里的肖像中捕捉到的英印关系做出了恰当的评论，他的评论对象"主要是英国人，并且……在所有的着装细节上都体现出英伦风——与他们在东方的父辈和祖父们不同，他们有时会着以东方服饰为自己或家人画像"。对印度妻子和后代的承认也越来越少见，钦纳里绘制的混血儿 William and Katherine Kirkpatrick of 1805（Conner, George Chinnery, colour pl. 12）被认为是一个晚期的例子。

225 Noltie, Cleghorn Collection, p. 2, 提出（通过与日本和其他地方的产品类比），"印度出口艺术品"可能是一个更准确（和中立）的术语。

226 Mildred Archer and Toby Falk, India Revealed: The Art and Adventures of James and William Fraser, 1801-35（London, 1989）.

227 Ibid., p. 37. 在其他地方，这些作者（第 38 页）提到拉尔吉（Lallji）"显然非常重视他曾经见过画家约翰·佐法尼"，这暗示着可能没有进行过广泛的指导。

228 詹姆斯·弗雷泽（James Fraser）本人一直在尝试绘制关于尼泊尔族士兵（Gurkha）和其他主题的人物素描：这些素描可能为这些在其他方面前所未有的形象提供了概念模型。然而，并没有迹象表明，这些所提到的素描确实对弗雷泽后来的画作中的人物形象产生了影响。

229 J. P. Losty, Picturesque Views of India: Sita Ram, Lord Hastings's Journey from Calcutta to the Punjab, 1814-15（New Delhi, 2015）. T 这些绘画作品在苏格兰西部的比特（Bute）家族的芒斯图尔特府邸（Mountstuart）被重新发现；其中大部分作品在 1995 年被英国图书馆收藏，但其中两幅已经被分散保存。

230 洛斯提（J. P. Losty）（*Picturesque Views of India*, p. 21）提出他可能也受到乔治·钦纳里绘画的影响。

231 亚瑟·威廉·德维斯（Arthur William Devis, 1762—1822）于1784—1795年在印度停留了11年，他也怀有制作一系列描绘孟加拉地区"艺术、制造业和农业"的版画的抱负。尽管他完成了30幅相关的绘画，但只有少数版画得到了出版。[Stephen Whittle, 'Devis, Arthur William（1762-1822）', in *Dictionary of National Biography*（Oxford, 2004-16）, vol. xv, p. 980]。

232 See Mildred Archer, 'Baltazard Solvyns and the Indian Picturesque', *Connoisseur*, clxx（1969）, pp. 12-18; Archer and Lightbown, *India Observed*, pp. 14, 68; 以及、最近、最全面的是，Robert L. Hardgrave, *A Portrait of the Hindus: Balthazar Solvyns and the European Image of India, 1760-1824*（Ahmedabad and New York, 2004）。

233 Quoted ibid., p. 81.

234 以威廉·弗雷泽为例，他是1805年德里驻军助理。在对"定居"点进行测量时，旨在确定土地所有权并为税收目的进行评估，他描述了自己的工作情况："从日出到早上9点，我总是骑在马背上，使用六分仪、经纬仪和测量轮。下午3点到天黑也是如此。"他声称在这些工作中，骑行距离一般都不少于16或17英里。（Archer and Falk, *India Revealed*, pp. 14-15, 18）。

235 *Rules and Regulations for the Good Government of the Military Seminary*（1825）, pp. 23, 63.

236 卡滕霍尔（Kattenhor）（'Sketching from Nature', p. 20）根据阿第斯康比的记录指出："为学员提供两盒颜料，一盒湿式颜料用于民事绘图；一盒块状颜料，共8种颜色，附带刷子和英国墨水，用于制作平面图和剖面图，每盒价格为2先令6便士。"

237 Raymond Head, 'From Obsession to Obscurity: Colonel Robert Smith: Artist, Architect and Engineer. i', *Country Life*, clxix/4370（1981）, pp. 1432-4.

238 Quoted in Florence D'Souza, *Knowledge, Mediation and Empire: James Tod's Journeys among the Rajputs*（Manchester, 2015）, p. 44.

239 Sir William Foster, 'The Pictures, etc., of the Royal Asiatic Society', *Journal of the Royal Asiatic Society*（1924）, pp. 90-91.

240 引自 J. P. Losty, '"The Architectural Monuments of Buddhism": Hodgson and the Buddhist Architecture of the Kathmandu Valley', in *The Origins of Himalayan Studies: Brian Houghton Hodgson in Nepal and Darjeeling, 1820-1858*, ed. David M. Waterhouse（London and New York, 2004）, p. 103.

241 第一卷 *Archaeologia* 仅早在十年前出版。在古物研究者中间一开始引起了浓厚的兴趣之后，对于印度事务的主要论文发表渠道很快由孟加拉亚洲学会的《亚洲研究》（Asiatick Researches）承担起来——该学会成立于1788年，后来由伦敦的《皇家亚洲学会杂志》（Journal of the Royal Asiatic Society）接替。

242 一周后，孟买总督查尔斯·布恩（Charles Boone）对撒尔塞特岛寺庙进行的早期调查结果被传达给学会。布恩担任孟买总督的任期为1716—1720年。

243 Richard Gough, *A Comparative View of the Antient Monuments of India, Particularly those in the Island of Salset near Bombay ...*（London, 1785）, p. iv.

244 参见海伦纽斯·斯科特（Helenus Scott）于1790年1月7日在孟买写给班克斯的信件（Banks, *Indian and Pacific Correspondence of Sir Joseph Banks*, vol. iii, no. 66）："我希望（Hunter）能看到现在的象岛洞窟，因为在前任总督鲍达姆（Boddam）先生的指示下，清理了积累了4~5英尺高的大量泥土。这使得大洞窟的高度更高，支撑它的柱子看起来更清晰。一些完全被掩埋的雕像群已经见了天日，鲍达姆先生还有件功劳是，在洞窟入口处设置了哨兵，这在一定程度上防止了无知者对这些古迹的破坏。"

245 帕尔塔·米特（Partha Mitter）认为厄斯金（Erskine）的历史学导论是"为研究印度艺术史制定方法论的重要一步"。（Mitter, *Much Maligned Monsters*, pp. 154-5）. 这位插画家可能是同一位阿什伯纳（Ashburner）夫人，她与家人一同在1825年从孟买乘坐"剑桥"号（Cambridge）回国的"归途旅客"名单中出现。[*Oriental Herald and Journal of General Literature*, iv（1825）, p. 153]. 孟买商人、慈善家和改革家查尔斯·福布斯爵士（1774—1849）是东印度公司董事会成员，据说他的收藏中有一只来自象岛洞窟的一个雕像的手臂，这手臂被艺术家认为"显示了蕴藏在雕塑中的高度精湛品味。"[Robert M. Grindlay, 'An Account of some Sculptures in the Cave Temples at Ellora', *Transactions of the Royal Asiatic Society*（1830）, pp. 326-7].

246 William Chambers, 'Some Account of the Sculptures and Ruins of Mavalipuram....', *Asiatick Researches*, i（1788）, p. 145.

247 Benjamin G. Babington, 'An Account of the Sculptures and Inscriptions at Mahámalaipur', *Transactions of the Royal Asiatic Society*（1830）, pp. 258-9. 巴宾顿（Babington）安排对一些雕塑进行部分挖掘，以便为哈德尔斯顿（Hudleston）的绘画提供便利（巴宾顿也参与其中），他建议亚洲学会应该获取一些雕塑的石膏复制品。

248 梅本证明了他自己的才能：在威尔士去世后，他搬到加尔各答，在那里他出版了他的作品：*Sketches Illustrative of Oriental Manners and Customs*（1797）.

249 霍莉·沙弗（Holly Shaffer）（*Adapting the Eye: An Archive of the British in India, 1770-1830*, exh. cat., Yale Center for British Art（New Haven, ct, 2011）, pp. 7, 16）指出，刚格兰（Gangaram）首先接受了当地艺术传统的培训，同时还受到威尔士和马莱

特的透视绘画、着色和建筑绘图（包括使用暗箱照相机）等规范教导；而他本人认为是对他的欧洲赞助人的绘画风格产生了影响。

250 马莱特于1798年将这些绘画带回英国，显然与威尔士的女儿同船而行，后来他们结婚了。随后，托马斯·丹尼尔（Thomas Daniell）将其他景观进行了雕刻，以配合他在1803年出版的 *Hindu Excavations* 一书。(Archer, 'Wellington and South India', pp. 120–24).

251 Quoted by Shaffer, *Adapting the Eye*, p. 14.

252 Robert M. Grindlay, 'An Account of some Sculptures in the Cave Temples at Ellora', *Transactions of the Royal Asiatic Society*（1830）, pp. 326–7. 在其他地方，同一位作者［'Observations on the Sculptures in the Cave Temples at Ellora', *Transactions of the Royal Asiatic Society*（1830）, p. 487］写道:"虽然不敢将印度雕塑的古典纯净和希腊雕刻的优雅比肩，但可以断言它展示了相当大的设计宏伟和表达强度。"这是一个充满希望（虽然谦虚）和欣赏的表达。格林德莱（Grindlay）在《亚洲皇家学会会报》(*Transactions of the Royal Asiatic Society*) 中的首次贡献出一篇文章后，紧接着是詹姆斯·托德上校（Lieutenant-Colonel James Tod）的另一篇文章，解释了埃洛拉（Ellora）的人物雕塑，*Transactions of the Royal Asiatic Society*（1830）, pp. 328–39.

253 Henry Salt, 'Account of the Caves in Salsette', *Transactions of the Literary Society of Bombay* 1（1819）, p. 131, fig. 67. 索尔特同年发表了他的 *Twenty-four views in St Helena, the Cape, India, Ceylon, the Red Sea, Abyssinia and Egypt*. 在大英博物馆中有一些来自瓦伦蒂亚勋爵的藏品。

254 Adam Blackader, 'Description of the Great Pagoda of Madura, the Choultry of Trimul Naik, in a Letter from Mr Adam Blackader, Surgeon, to Sir Joseph Banks', *Archaeologia*, x（1789）, pp. 449–59.

255 A. Stirling, 'An Account, Geographical, Statistical and Historical of Orissa proper, or Cuttack', *Asiatick Researches*, xv（1825）, p. 163.

256 Stephen Wheeler（rev. Roger T. Stearn）'Tod, James（1782–1835）', *Oxford Dictionary of National Biography*（Oxford, 2004–16）, vol. liv, pp. 865–6.

257 James E. Alexander, 'Notice of a Visit to the Cavern Temples of Adjunta in the East-Indies', *Transactions of the Royal Asiatic Society*（1829）, pp. 362–70. 这些洞窟也在詹姆斯·弗格森的著作中得到了更详细的描述: *Illustrations of the Rock-cut Temples of India*（London, 1845）.

258 William Dalrymple, 'The Greatest Ancient Picture Gallery', *New York Review of Books*, 23 October 2014, www.nybooks.com, accessed 31 May 2017.

259 印度当局是响应东印度公司董事会的指示行动的，此前皇家亚洲学会向东印度公司提出了呼吁，要求保护洞窟，并指派一位具备适当才能的人编制绘画的复本。

260 据说吉尔（Gill）在他的一生中杀死了150只老虎，大部分是步行狩猎的。索尔特提到洞穴对老虎的吸引力（'Account of the Caves in Salsette', p. 47），并提到："（撒尔塞特岛）的老虎会前往这些荒凉的洞穴寻找水源，因为我们可以清楚地看到它们的足迹在不同方向的通道上交叉，而且村民告诉我它们在干旱季节期间会完全定居在这里。"在吉尔的英国妻子返回英国后，他接连与两名印度情妇交往，在阿贾安塔（Ajanta）的工作期间与她们生下了几个孩子。在此期间，他还进行了参观其他古代遗址的旅行。

261 除了因其绘画而备受赞誉，吉尔还通过立体摄影做出了重要贡献。吉尔在阿贾安塔的工作后由孟买艺术学院的约翰·格里菲斯接替，他继续进行记录工作直到1885年。令人难以置信的是，当格里菲斯的绘画被送往伦敦时，其中许多作品也在南肯辛顿博物馆的一场火灾中毁于一旦。大英博物馆仍保存着他的几幅油画草图。

262 *Historical Records of the Survey of India*（vol. i, p. 1）的引言将这类严肃工作的首次进行（无疑是由工程军官进行的）追溯到普拉西之战后和东印度公司对某些领土开始统治的初期阶段。

263 虽然印度测绘工作的第一步是在30年前开始的，但在提到这个话题时，让人想起了苏格兰的 *Statistical Account of Scotland*，它在约翰·辛克莱尔爵士（Sir John Sinclair, 1754—1835）的指导下进行，于1791—1799年出版了21卷。苏格兰的测绘工作是通过向教区牧师循环发放问卷来进行的，询问诸如地理、经济和自然资源以及社会习俗等主题，并通过编辑汇总结果。然而，在印度从事这项任务的人员没有这样的资源可依靠，他们基于由测绘调查员团队提供的观察结果和由当地的穆恩希斯（munshis）收集的信息来进行工作，通常需要在几年的时间里进行协作。

264 苏格兰的测绘工作由威廉·罗伊（William Roy, 1726—1790，最终晋升为少将）精心策划，他被誉为英国陆军测量局（Ordnance Survey）的创始人，该机构在他去世后于1791年成立。毫无疑问，威廉·罗伊及其测绘项目在当时的印度军事测量员中肯定是众所周知的，即使只是通过声誉而已。其中许多人很可能在罗伊担任总测量师期间接受了在公司任职的工程师官员的培训。英国的第一张军事测绘图纸直到1801年才出现。

265 Kapil Raj, *Relocating Modern Science: Circulation and the Construction of Knowledge in South Asia and Europe, 1650-1900*（Basingstoke, 2007），pp. 60-91. 拉杰（p. 65）指出，直到19世纪中叶，地图才普遍被英国（或其他欧洲）旅行者所采用。

266 Matthew H. Edney, *Mapping an Empire: The Geographical Construction of British India, 1765-1843*（Chicago, il, and London, 1997），p. 11. 艾德尼指出，阿克巴的 *Āʾīn-i Akbarī* 最近已经被翻译并提

供给伦内尔参考。

267 Raj, *Relocating Modern Science*, p. 76. 1809 年，制图学被引入阿第斯康比军事学院的课程中，首次培养出了一批熟练的测量员。

268 他生平最有用的资料来源是麦肯齐本人于 1834 年所写的《生平简介》（Biographical Sketch）；同见 W. C. Mackenzie, *Colonel Colin Mackenzie, First Surveyor-General of India*（Edinburgh and London, 1952）.

269 P. G. Robb, 'Mackenzie, Colin（1753-1821）', *Oxford Dictionary of National Biography*（Oxford, 2004-16）, vol. xxxv, p. 566.

270 Ibid.

271 Bernard S. Cohn, *Colonialism and its Forms of Knowledge: The British in India*（Princeton, nj, 1996）, p. 83, 这个收藏包括大量的手稿和记录，另外还有 77 卷记录的寺庙铭文、79 份平面图、2630 幅绘画、6218 枚硬币、106 张图片和 40 件古董。其中一些硬币在大英博物馆的收藏中特别引人注目。

272 J. M. Steadman, 'The Asiatick Society of Bengal', *Eighteenth-century Studies*, x（1977）, p. 471, 评论了梵语和其他语言学研究在英属印度受到官方鼓励的程度，这是公司更有远见的行政官员决心根据当地法律来管理社会（并征收税收）的结果。他还谈到早期翻译家在区分当地惯例和更普遍遵守的原则方面面临的困难。

273 Robb, 'Mackenzie, Colin（1753-1821）', 提到在迈索尔测量中，麦肯齐特别利用了来自 1794 年在马德拉斯建立的测量学校的学徒。其中几个学徒是从基德普尔（Kidderpore）孤儿院招来的，并在东印度公司的职业生涯中取得了成功。

274 Kapil Raj, 'Colonial Encounters and the Forging of New Knowledge and National Identities: Great Britain and India, 1760-1850', *Osiris*, 2nd ser. xv（2000）, pp. 129-33, 讨论了在印度发展起来的独特的具有描述性且获得数据丰富的测量方法，与英国重度依赖的三角测量的做法有所不同。这些做法如此不同，以至于当于 1851 年建立了一个正式的测量教学机构时，必须编写全新的手册，因为"几乎没有现存的英国地形测量作品触及或提供对该国独特的测量系统的任何实际了解"。这无疑是"边缘地区"自主解决自身需求而无须依赖大都会的又一个例子。

275 首次对喜马拉雅山脉的测量是由乔治·埃弗雷斯特（George Everest, 1790—1866）于 1830 年完成的。埃弗雷斯特先是孟加拉炮兵团服役，并在莱佛士的指导下在爪哇进行了测量工作，之后于 1817 年加入了三角测量测绘部门。他后来成为该测绘部门的负责人，担任了印度的测量总监和测量总长。[Elizabeth Baigent, 'Everest, Sir George（1790-1866）', *Oxford Dictionary of National Biography*（Oxford, 2004-16）, vol. xviii, pp. 791-3].

276 Jennifer Howes, *Illustrating India: The Early Colonial Investigations* of Colin Mackenzie, 1784-1821 (Oxford, 2010), p. 6.

277 该遗址的历史在以下作品中已有详细介绍，同时还提供了详尽的插图目录，展示了遗址上的雕塑作品：Robert Knox, Amaravati: Buddhist Sculpture from the Great Stūpa (London, 1992). 在该卷的前言中，杰西卡·罗森 (Jessica Rawson) 将这些雕塑（第7页）描述为"大英博物馆印度收藏的荣耀，以及南亚次大陆以外最重要的一组古印度雕塑"。

278 在1845年，沃尔特·埃利奥特 (Walter Elliot) 大规模挖掘阿马拉瓦蒂遗址时，他发现那里"没有任何建筑结构的痕迹或迹象，甚至没有一块石头的碎片能表明曾经有建筑物存在，每一个碎片都……被带走并烧成石灰。"

279 埃利奥特的调查根据"东印度公司尊敬的董事会的指示"进行，主要在东南亚的岛屿，马德拉斯是他最西边的测量点。(C. M. Elliot, 'Magnetic Survey of the Eastern Archipelago', Philosophical Transactions of the Royal Society, cxli (1851), pp. 287-331. 印度的磁力调查是皇家学会和英国科学促进协会领导的全球项目的一部分，当时被描述为"迄今为止世界上最大的科学事业"。其主要目标是收集一系列数据，以"简化地球磁场的变化，这在此前是难以解决的问题"。至于东印度公司，它在马德拉斯、西姆拉、孟买和新加坡建立了观测站。[John Cawood, 'The Magnetic Crusade: Science and Politics in Early Victorian Britain', Isis, lxx/254 (1979), p. 513 and passim].

280 Hermann, Adolphe and Robert de Schlagintweit, Results of a Scientific Mission to India and High Asia … (Leipzig and London, 1861-6), vol. i, p. 8; Gabriel Finkelstein, '"Conquerors of the Künlün"? The Schlagintweit Mission to High Asia, 1854-57', History of Science, xxxviii (2000), p. 189. 事实上，从一开始，这次远征的构想必须非常广泛，可以根据兄弟们携带的各种仪器来判断："磁力计、计时器、测斜仪、气压计、温度计、透射仪、电量计、偏光计、经纬仪、指南针、天平……相机"。(ibid.). 关于施拉金威特，见最近的 Felix Driver, 'Face to Face with Nain Singh'。

281 对于施拉金威特兄弟来说，公司为他们提供通往喜马拉雅山的便利是合适的，因为当亚历山大·冯·洪堡（1769—1859）于1814—1817年间多次寻求许可前往该地区时，公司显然未能做到同样的事情。洪堡几乎无法相信公司的人员竟然没有努力进行喜马拉雅山脉的测量，他们只是"毫不在意地看着巨大的喜马拉雅山脉，甚至没有想过这些山有多高。"[Andrea Wulf, The Invention of Nature: The Adventures of Alexander von Humboldt, the Lost Hero of Science (London, 2015), pp. 162-71]. 就公司而言，尽管洪堡也得到普鲁士国王及其驻伦敦的普鲁士大臣的支持，但公司坚决拒绝向他发放护照，似乎对洪堡直言不讳地批评殖民主义的观点感到紧张。

282 他们的原始记录保存在印度事务处图书馆中（G. Armitage, 'The Schlagintweit Collections', *Indian Journal of History of Science*, xxiv/1（1989）, pp. 67–83）。为了促进兄弟们的调查结果出版，英属东印度公司在他们返回柏林后继续向他们支付丰厚的津贴。

283 加布里埃尔·芬克尔斯坦（Gabriel Finkelstein）（'Conquerors of the Künlün', note 112）提到了在施拉金威特的 *Results of a Scientific Mission to India and High Asia*（1861–6）中罕见的索引卷中的一则公告，记录着"去年夏天在印度办公大楼博物馆展示了这些完整的头部（即面部铸像），由其馆长福布斯·沃森博士监督。作者断言："自从它们首次亮相以来，它们就得到了著名的科学权威机构以及英国、印度和欧洲大陆媒体的高度赞赏。"我感谢芬克尔斯坦教授提供了相关文本的复印件。

284 Stephanie Kleidt, 'List und Last: Die Sammlungen der Gebrüder Schlagintweit', in *Über den Himalaya: Die Expedition der Brüder Schlagintweit nach Indien und Zentralasien 1854 bis 1858*, ed. M. von Brescius, F. Kaiser and S. Kleidt（Cologne, 2015）, p. 116.

285 'A public service or trust turned to private gain'（*oed*）.

286 *The Athenaeum* no. 1764, 17 August 1861, p. 215. 有人认为这位匿名作者是约瑟夫·胡克尔（Joseph Hooker），而这段文字本身被视作早期沙文主义写作的例证，但事实上，'Athenaeum Index of Reviews and Reviewers'（http://smcse.city.ac.uk/doc/cisr/web/athenaeum/athall.html）显示这位作者是出生于德国的贝尔托尔德·西曼（Berthold Seemann）。我对费利克斯·德里弗提供这个参考资料表示感谢。

287 坎宁安继续支持使用摄影技术，他的助手J.D.贝格勒（J.D. Beglar）据信拍摄了约400张照片。坎宁安个人的手工艺品和硬币收藏于1894年捐赠给大英博物馆。

288 大三角测量测量工程始于1802年，最终从马德拉斯延伸到喜马拉雅山脉的山麓，50年后由埃佛勒斯特完成。D. T. Moore, 'New Light on the Life and Indian Geological Work of H. W. Voysey（1791–1824）', *Archives of Natural History*, xii（1985）, pp. 107–14，记载到（像许多其他在英东印度公司服役的外科医生一样），沃伊西在爱丁堡（以及阿伯丁和伦敦）接受了学习，并在那里结识了有影响力的博物学家和馆长罗伯特·詹姆森教授。沃伊西抵达印度时，是军队的一名助理外科医生；他转入英东印度公司的服务是由兰布顿（Lambton）上校安排的。

289 其他博物学家和测量员也收集了地质标本，其中包括科林·麦肯齐、本杰明·海因和威廉·洛克斯伯格，但沃伊西的工作规模完全不同。

290 由摩尔列出（'New Light on the Life ... of H. W. Voysey', pp. 127–35）。这

些标本附有沃伊西的一份文件副本："1821年1月至2月从海德拉巴德到马德拉斯的旅程中收集的岩石标本清单……已转交给巴宾顿博士。"该收藏的一部分于1823年6月由沃伊西赠送给了伦敦的地质学会，而其他标本在重新聚拢在一起之前，最开始被送到了孟加拉亚洲学会。摩尔还提到现存于牛津大学伯德雷恩图书馆的两份手稿，均在1833年由亚洲学会修改后出版；第一份手稿被认为是沃伊西的手迹，日期为1820年6月24日，题为"Report submitted to the Supreme Government dated 24 June 1820 accompanied by a map, drawings and specimens"，而第二份手稿名为"Mr. Voysey's report to the M[arquess] of Hastings drawn up in June 1819"。

291 在这个时期，蒸汽动力的兴起进一步推动了调查工作，同时交通运输的改善开始使某些迄今为止无法接触的矿床具备商业可行性。

292 作为对这种新兴兴趣的显著说明，收录在《亚洲研究》第18卷（1833年）中的论文几乎全部涉及地质学、矿物学和古生物学。这些论文是由骑兵、步兵和炮兵团的军官以及官方测量团队的成员、外科医生和民间研究人员贡献的。类似的地质学和自然历史主题的论文在那个时期的其他期刊上也变得更加普遍。

293 引自 Kumar, 'Evolution of Colonial Science in India', p. 56.

294 Ibid.

295 奥尔德姆（Oldham）是爱丁堡大学罗伯特·詹姆森的学生之一，他在詹姆森的指导下接受了地质学的培训。

296 新体制的最早行动之一就是在加尔各答建立了一个地质博物馆。

297 1828年，沃立克在伦敦休假期间结识了福尔克纳，并成为他热心的（尽管没有报酬的）助手，毫无疑问，这对福尔克纳到达印度后顺利与印度机构合作起到了一定的作用。[Joyce Brown, 'A Memoir of Colonel Sir Probey Cautley, frs, 1802–1871, Engineer and Palaeontologist', *Notes and Records of the Royal Society*, xxxiv（1980）, p. 197].

298 Hugh Falconer and Sir Proby T. Cautley, *Fauna Antiqua Sivalensis, being the Fossil Zoology of the Sivalik Hills in the North of India*（London, 1845-9）; Brown, 'A Memoir of Colonel Sir Probey Cautley', pp. 197-202.

299 Susmita Basu Majumdar, *Kalighat Hoard: The First Gupta Coin Hoard from India*（Calcutta, 2014）.

300 William Marsden, *Numismata Orientalia Illustrata: The Oriental Coins, Ancient and Modern, of his Collection ...*（London, 1823-5）, vol. ii, pp. 726-7.

301 Majumdar, *Kalighat Hoard*, p. 6.

302 引自 Joe Cribb, 'Rediscovering the Kushans', in *From Persepolis to the Punjab: Exploring Ancient Iran, Afghanistan and Pakistan*, ed. E. Errington（London, 2007）, pp. 181-2.

303 Errington, *From Persepolis to the Punjab*, pp. 9-10.

304 马森（Masson）的传记有效地被埃林顿（Errington）很好地概括了，in ibid., pp. 11-14.

305 Ibid. 马森项目的目标是将尽可能多的文物与马森本人的七卷和149份未编目的手稿进行对照，这些手稿保存在大英图书馆中。见'Masson Project', www.britishmuseum.org/research/ research_projects, accessed 14 August 2017.

306 Errington, *From Persepolis to the Punjab*, pp. 14-16. 奇怪的是，考虑到他的考古学背景，该硬币收藏在背景信息方面相当缺乏。

307 Maya Jasanoff, 'Collectors of Empire: Objects, Conquests and Imperial Selffashioning', *Past and Present*, clxxxiv（2004）, pp. 130-31, 将斯图尔特对印度教事物的吸引视为"莫卧儿文化权威衰落"的第一个迹象，正如早期英国学术界对印度所展现出的兴趣。

308 Evan Cotton, '"Hindoo" Stuart', *Bengal, Past and Present*, xlvi（1933）, p. 32; idem., '"Hindoo" Stuart: A Discovery at the British Museum', *Bengal, Past and Present*, xlviii（1934）, p. 78.

309 Jörg Fisch, 'A Solitary Vindicator of the Hindus: The Life and Writings of General Charles Stuart（1757/58-1828）', *Journal of the Royal Asiatic Society*（1985）, passim.

310 Dalrymple, *White Mughals*, p. 42, quoting the anonymous *Sketches of India written by an Officer for the Fire-side Travellers at Home*（London, 1821）, pp. 221-2.

311 尽管斯图尔特可能是私生子，但人们认为他是第一代高特子爵约翰·普伦德加斯特-斯密斯（John Prendergast-Smyth）的侄子，这一事实可能有助于他进入东印度公司。他的遗嘱（National Archives, prob-11/1758）提到了他在爱尔兰留下的两个兄弟姐妹。

312 斯图尔特生平和文学作品的最完整记录在 Fisch, 'A Solitary Vindicator of the Hindus', pp. 35-57. 不幸的是，斯图尔特对印度事物开始有同情言辞的时候，正值欧洲社区的态度开始变得强硬，并且基督教传教士的声音开始越来越激烈地表达自己的立场——因此对斯图尔特的观点有着了特别的敌意。

313 据说有两位婆罗门负责照看他的"战利品"。[Brendan Lynch, 'Irish Patrons and Collectors of Indian Art', *gpa Irish Arts Review Yearbook*（1988）, p. 176]; 毫无疑问，正是他们在鉴定神像方面做出了许多贡献。

314 ior, l/ag/34/27/93, pp. 745-62: 'Particulars of the late General C. Stuart's Museum sent to Messrs Cockerell, Traill & Co.'

315 一些雕塑被描述为放置在带有锁和钥匙的红木盒子中，这可能对应了斯图尔特遗嘱中提到的"一些小箱子"，遗嘱规定，这些箱子及其所含的"印度教像"将赠予巴恩斯街和爱尔兰库尔洛奇的理查德·格雷戈里先生（Richard Gregory Esqr）或者出售给凯利上校的儿子约翰·凯利（John Kelley）。虽然他从尚存的建筑物上"解救"雕塑的行为受到了批评（在 Fisch, 'A Solitary Vindicator of the Hindus', pp. 51-2 中有概述），但似乎没有什么理由相信他在这方面是贪婪的。引人注目的是，伴随这些雕塑的信息几乎完全是关于图像的，没有提及其出处。

316 根据理查德·布雷顿（Richard Blurton）的观察（来自私人通信），在第一次英缅战争（1824—1826）之后，缅甸雕塑开始在加尔各答出现，可能其中许多雕塑可能是要运往英国的。

317 另一个稀奇之事是一把"长木印度匕首，或称为卡托尔（Cantaur），固定在地面上，尖端朝上，一个巴特那的本地丑角儿（Harlequin）用双手和双脚支撑，匕首的尖端几乎离他的背部只有1英寸，在这个姿势下，重达5莫恩德（Maunds，约相当于426磅）的木头放在他的胸前，柯伦上校的三个仆人骑在上面，他几乎撑了整整一分钟。1819年10月。"

318 尽管东印度公司的船只通常不会经过加尔各答，但它们偶尔也会冒险航行至南太平洋，并有可能在那里停靠。

319 ior, l/ag/34/27/93, pp. 765-87, pp. 765-87: 'Inventory of the Goods of the late Major Genl. C. Stuart', 28 September 1829.

320 在家居用品中还发现了一对形象为"圣约瑟夫、圣母玛利亚和婴儿耶稣"的雕像。

321 请参阅注释2。遗嘱还规定了将斯图尔特在伦敦由书商约翰·罗德尔保管的"馆藏丰富的图书馆"和其他物品进行分发。

322 加上保险费用（转换为3000英镑），对财产征收了各种印花税、143个包裹的运费（1350英镑）和出口税。（£225）：IOR, l/ag/34/27/93, pp. 790-93.

323 Ramaprasad Chanda, '"Hindoo" Stuart: A Forgotten Worthy and his Tomb', *Bengal Past and Present*, l (1935), p. 54.

324 Cotton, "Hindoo" Stuart. 斯图尔特的执行者指定将50英镑作为"为逝者的坟墓建造纪念碑"的费用，并指定建筑师为"埃尔斯先生"（Mr Eales）。（IOR, l/ag/34/27/93, p. 792）.

325 例如，见文章 John Eliot in *Asiatick Researches*（1792, pp. 17-37）对于加罗山地区居民的描述，他观察到，"通过善待和鼓励，他们在很大程度上可以被文明化，即便不能为我所用，也至少可以让他们变得和平守法。"

326 Jonathan Duncan, 'An Account of Two Fakeers, with their Portraits', *Asiatick Researches*, v (1798), pp. 37-48.

327 Chakrabarti, '"Europe does not Want You so much as India"引述。然而，印度的艺术品，甚至是明显具有宗教性质的物品，确实进入了弗兰克的在哈雷的珍奇屋，这些藏品有时伴有记录，说明前所有者在皈依基督教后放弃了它们，但有时似乎只是为了纪录。

328 Schlagintweit, *Results of a Scientific Mission to India*, vol. i, p. 9. T 他们收

集的人类遗物包括 46 个头骨和 21 个完整的骨骼；民族志材料包括服装、武器、饰品、器皿以及房屋和船只的模型等。（Stephanie Kleidt, 'List und Last', p. 117）。

329 请参阅近期的 Driver, 'Face to Face with Nain Singh'。

330 G. Armitage, 'The Schlagintweit Collections', p. 71. 这些铸像在 1879 年转移到南肯辛顿博物馆，然后在 1895 年被送到都柏林博物馆。在那里，它们似乎无人问津，直到被 Felix Driver, 'Face to Face with Nain Singh' 重新带回国际舞台上，才再次引起人们的关注。

331 Andrew Zimmerman, 'Die Gipsmasken der Brüder Schlagintweit: Verkörperung kolonialer Macht', in *Über den Himalaya: Die Expedition der Brüder Schlagintweit nach Indien und Zentralasien, 1854-1858*, ed. M. von Brescius et al.（Cologne, 2015）, pp. 241–9.

332 Hermann von Schlagintweit, 'Notes on some Ethnographical Casts, &c.', *Journal of the Anthropological Society of London*, 2（1864）, pp. clxxxviii-clxxxix. 即使按照当时的标准，施拉金威特的话语用英语说出来似乎也令人不太舒服："婆罗门主要是为了展示他那清晰的雅利安人种面孔，与接下来的铸像形成对比……贡德人和比尔人，明显具有最野蛮和最不规则的特征；上半部分有些类似黑人，下颚明显较弱……"

333 我很感激爱尔兰国家博物馆的主任拉格纳尔·奥·弗洛因（Raghnall Ó Floinn）（目前大部分铸像藏品保存在该博物馆）和负责铸像的馆长菲奥娜·里利（Fiona Reilly），他们帮助我获得对藏品的访问权限。我也非常感谢费利克斯·德赖弗（Felix Driver）教授和加布里埃尔·芬克尔斯坦（Gabriel Finkelstein）教授，他们慷慨地与我分享了他们对施拉金威特兄弟的了解。还有两个最近获得的文物（并非来自印度博物馆）在大英博物馆，而其他一些则在欧洲的收藏中。

334 Cocker and Inskipp, *Himalayan Ornithologist*, p. 32. 对于对霍奇森在民族志方面的贡献进一步评价，请参阅 Martin Gaenszle, 'Brian Hodgson as Ethnographer and Ethnologist', in *The Origins of Himalayan Studies: Brian Houghton Hodgson in Nepal and Darjeeling, 1820-1858*, ed. David M. Waterhouse（London and New York, 2015）, pp. 206–26.

335 引自 John Falconer, 'Ethnographical Photography in India 1850–1900', *Photographic Collector*, v/1（1984）, p. 32. 作为对于另一种明显的业余兴趣的示例，福尔克纳（见上文）引用了另一位观察者的话（希望他是开玩笑的），称在印度，民族志是 1865 年 "最受欢迎和兴盛的科学领域——它是如此兴盛以至于我很快预料到，对于那些具有知识追求的年轻女士来说，她们将会收集一些漂亮的小盒子，里面装着颅骨，供她们的朋友们观赏。"

336 Ibid., pp. 27-8. 事实上，施拉金威特兄弟也使用了摄影技术，但显然他们认为以记录为目的而言，铸模要更为优越。

337 Ibid., pp. 33–5, 40.

338 *Reports of the Juries*, *Exhibition of the Works of Industry of all Nations*, *1851*（London, 1852）. *Reports of the Juries*（1852）, class x, p. 279.

339 *Journal of the Society of Arts*, 1/6（31 December 1852）, pp. 61–3.

340 Roger Fenton, 'Photography in France', *The Chemist* new ser. 4（1852）, pp. 221–2; Roger Taylor 'The Pioneering Photographic Expeditions of Linnaeus Tripe', in *Captain Linnaeus Tripe*, *Photographer of India and Burma*, *1852-1860*, ed. R. Taylor and C. Branfoot, exh. cat., National Gallery of Art, Washington, dc, and Metropolitan Museum of Art, New York（2014）, pp. 12–22.

341 'Falconer, 'Ethnographical Photography in India', p. 30.

342 在退休后向布里斯托尔和英格兰西部业余摄影协会发表的一次讲座中，T. 比格斯（T. Biggs）——'A Retrospect of Photographic Experience', *British Journal of Photography*（21 April 1882）, p. 231——提到在他早期的职业生涯中曾在测量局工作了六年，其间他"必须通过三种本地语言的考试，这些语言在测量局的工作中都要使用"（其他地方被认定为梵文、马拉地语和卡纳达语，即两种印欧语系和一种德拉威语系）——这对英国人的语言能力给出了一个比通常描述的更积极的形象。

343 比格斯致印度国务大臣的信，日期为1877年12月3日；IOR, l/e/2/103, item 50; Taylor, 'The Pioneering Photographic Expeditions of Linnaeus Tripe', p. 23. Biggs（'A Retrospect of Photographic Experience', p. 232）上面记录了，最清晰的结果是通过在雕刻的石头上涂上石灰浆，然后清洗掉原始表面，使雕刻的字母呈现出白色。

344 见www.luminous-lint.com/app/photographer/Thomas__Biggs/A, accessed 14 August 2017. Biggs retired from active service with the rank of Colonel.

345 见文章'Alexander Hunter and the Madras School of Art', in Noltie, *Cleghorn Collection*, pp. 151–60.

346 ior, e/4/829, India and Bengal Despatches, 7 February 1855, fols 623–5. 公司在萨里郡的阿第斯康比学院在同一年将摄影纳入课程中。

347 Janet Dewan, 'Linnaeus Tripe: Critical Assessments and other Notes', *Photographic Collector*, v/1（1984）, pp. 50–51.

348 Taylor, 'The Pioneering Photographic Expeditions of Linnaeus Tripe', p. 40.

349 德万（Dewan）（'Linnaeus Tripe', pp. 54–5）记载到，到那时，特里佩已经开始使用干胶片制程，而不再使用更麻烦的卡罗法，尽管干胶片制程本身也存在技术上的困难。John Falconer（*India: Pioneering Photographers*, *1850-1900*（London,

2001），p. 142）列举了特里佩在这个时期的七本出版物，其中都包括南印度城市的景观（在某些情况下以立体影像对的形式呈现）。

350 ior，p/249/75，595，quoted in Divia Patel，'Robert Gill and his Circle of Friends in India'，*History of Photography*，xxxii（2008），pp. 326–7.

351 James Fergusson，*The Rock-cut Temples of India: Illustrated by Seventy-four Photographs Taken on the Spot by Major Gill*（London，1864），preface.

352 Patel（'Robert Gill and his Circle of Friends'，pp. 328–9）记录显示，最终吉尔的债务迫使他将所有的材料卖给了东印度公司，其中包括 78 张立体影像的洞穴景观底片、36 幅洞穴绘画、27 张平面图、两幅剖面图和 19 张雕塑素描。

353 T. Biggs，'A Retrospect of Photographic Experience'，p. 232.

354 在这里值得一提的是印度医务服务的本杰明·辛普森爵士，他是孟加拉摄影学会的成员，在 1862 年伦敦世界博览会上展示的"北印度的八十个种族"获得了金奖。之后他为 *Descriptive Ethnology of Bengal*（1872）提供了插图。

355 Desmond，*India Museum*，p. 119. 坎宁的意图是将每一幅印刷品的副本发送到印度事务处。Falconer，*India: Pioneering Photographers*，p. 24，记录了从底片副本制作的印刷品被约翰·威廉·凯和约翰·福布斯·沃森在印度博物馆装订成相册。

356 John Falconer，'"A Pure Labor of Love": A Publishing History of *The People of India*'，in *Colonialist Photography: Imag(in)ing Race and Place*，ed. E. M. Hight and G. D. Sampson（London and New York，2002），pp. 52，54. 福尔克纳承认虽然它们是"对人类学的一份直接贡献"，但这些卷册也可以被解释为"19 世纪痴迷于对详尽的数据和知识档案进行存储和分类的一个例子"，或者作为"表面上科学项目在殖民领域中被用于政治目的的主要例证"。然而，它们构成了"19 世纪摄影史上的一个里程碑"。

357 Falconer，*India: Pioneering Photographers*，p. 8. Falconer（pp. 29–33）还概述了在这一时期形成的本土摄影师群体的兴起，他们独立于英国东印度公司，为记录他们的国家和人口做出了自己的贡献。

第二部分 英国视角下的印度

1 从 1643 年开始，东印度公司坚持要求出口商品上的设计和色彩方案根据英国人的品味和偏好进行调整，这也是印度纺织品日益受欢迎的另一个重要因素。Michael Snodin and John Styles，*Design and the Decorative Arts: Britain，1500-1900*（London，2001），pp. 136–8.

2 See Veronica Murphy，'Europeans and the Textile Trade'，in *The Arts of India: 1550-1900*，ed. J. Guy and D. Swallow（London，1990），pp. 153–71.

3 Anandi Ramamurthy, 'Orientalism and the "Paisley" Pattern', in *Disentangling Textiles: Techniques for the Study of Designed Objects*, ed. M. Schoeser and C. Boydell (Manchester, 2002), p. 125.

4 John Evelyn, *The Diary of John Evelyn*, ed. E. S. De Beer (Oxford, 1955), vol. iii, pp. 425-6. 两年前，即1663年9月5日，塞缪尔·佩皮斯陪妻子去康希尔（Cornhill）购物，"试了多次后，我为妻子买了一块Chinke，有描画图案的印度卡利科（Callico）布料，用它来装饰她的新书房非常漂亮"：Samuel Pepys, *The Diary of Samuel Pepys: A New and Complete Transcription*, ed. R. Latham and W. Matthews, vol. iv (London, 1985), p. 299.

5 见罗斯玛丽·克利尔（Rosemary Crill）对*Chintz: Indian Textiles for the West*（London, 2008）的介绍。

6 这一部分不可避免地在概述上深受雷·戴斯蒙德关于《印度博物馆》（*The India Museum*）这部著作的影响。关于博物馆的建立和收藏的更多知识见Robert Skelton, 'The Indian Collections, 1798-1978', *Burlington Magazine*, cxx (1978), pp. 297-304.

7 这些雕塑的收集由培根（Bacon）开始，后来由他的两个儿子约翰·培根二世（John Bacon II）和托马斯·培根完成。Rupert Gunnis, *Dictionary of British Sculptors, 1660-1851* (London, 1953), p. 27. 建筑内部设有由约翰·迈克尔·赖斯布拉克（John Michael Rysbrack）雕刻的大理石壁炉和壁炉上装饰，于1728年作为早期重建计划的一部分完成。上面再次展示了这些信息，描绘了不列颠尼亚接受东方的财富，两个丘比特持着丰饶角，背景中有船只：见Brian Allen, 'From Plassey to Seringapatam: India and British History Painting c. 1760-c. 1800', in *The Raj: India and the British, 1600-1947*, ed. C. A. Bayly, exh. cat., National Portrait Gallery, London (1990), p. 27 fig. 6.

8 *Old Humphrey's Walks in London* (London, 1843 [？]), p. 147.

9 Sir Joseph Banks, *Indian and Pacific Correspondence of Sir Joseph Banks*, ed. N. Chambers (London, 2008-14), vol. ii, no. 213, no. 44; vol. iii, no. 44. 关于拉塞尔的那条蛇见图109.

10 除了在第253页上讨论的雕像头像外，勒弗的藏品中仅包含了一些来自印度的自然标本和少数的民族志物品，其中有一枚"方形卢比……为阿克巴皇帝铸造，由东印度公司的一位军官在1773年攻占阿格拉时获取"。[Adrienne L. Kaeppler, *Holophusicon. The Leverian Museum: An Eighteenth-century English Institution of Science, Curiosity, and Art* (Altenstadt, 2011), pp. 235-8］. 这与勒弗从太平洋地区和美洲西北海岸收集到的丰富藏品形成鲜明对比，这很可能反映了勒弗可以获取到特殊供应链。

11 最初，该学会及其博物馆设在格拉夫顿街，后于1848年搬迁至新伯灵顿街，再于1869年搬迁至阿尔伯马尔街。在那时，该套藏品被借给了印度博物馆，从此再也没有回到学会手中。虽然一些物品幸存下来，但整套藏品和印度博物馆一样遭受了被瓦解的命运。（C. F. Beckingham, 'A History of the Royal Asiatic Society, 1823–1973', in *The Royal Asiatic Society: Its History and its Treasures*, ed. S. Simmonds and S. Digby (Leiden and London, 1979), pp. 28–30); 见两篇未署名的文章，在'The Royal Asiatic Society's Museum', in the *Penny Magazine of the Society for the Diffusion of Useful Knowledge*, x (1841), pp. 324–6, 335–6.

12 通常情况下，进入该机构需要一张由该机构成员签署的门票，而广大公众可以在圣诞节、复活节和特拉法尔加战役及滑铁卢战役纪念日的三天内入场参观。见 R. D. Altick, *The Shows of London* (Cambridge, ma, and London, 1978), pp. 300–301.

13 艾伦（'From Plassey to Seringapatam', p. 36）记载，柯尔波特的全景画曾一度被提议出售给东印度公司，但遭到了拒绝；后来该全景画不幸毁于火灾。

14 一些公众成员有相同的感觉：Michael D. Willis ['Sculpture from India', in *A. W. Franks: Nineteenth-century Collecting and the British Museum*, ed. M. Caygill and J. Cherry (London, 1997), p. 255] 引用彼得·戈登（Peter Gordon）在1835年出版的小册子中的话，他宣称"（印度博物馆）的管理应当由大英博物馆的受托人来负责"。戈登对该公司有着反感的历史，他在印度期间曾被送入该公司的监狱，并在1830年返回英国后展开了一场个人运动反对该公司。

15 Maya Jasanoff, 'Collectors of Empire: Objects, Conquests and Imperial Self-fashioning', *Past and Present*, clxxxiv (2004), pp. 122–3, 128.

16 威尔金斯在1823年后创办了伦敦亚洲学会（后来成为皇家亚洲学会），他在这方面起了关键作用，尽管没有得到东印度公司的正式支持（尽管他曾寻求过）。

17 Kaeppler, *Holophusicon*.

18 这段引文来自亚洲学会的创会章程；博物馆见 Arthur MacGregor, *Curiosity and Enlightenment: Collectors and Collections from the Sixteenth to the Nineteenth Century* (New Haven, ct, and London, 2007), pp. 224–6. 威尔金斯本人并不是艺术协会的成员。

19 Ray Desmond, *The India Museum, 1801–1879* (London, 1982), pp. 5–14.

20 关于英属东印度公司发行的货币的评论，请参阅 Peter R. Thompson, *The East India Company and its Coins* (Honiton, 2010).

21 Mildred Archer, *Tippoo's Tiger* (London, 1959); also Susan Stronge, *Tipu's Tigers* (London, 2009).

22 确实，伦敦塔长期以来一直收藏着历史上的武器和盔甲，但这似乎不是莫宁顿主要考虑的。斯特朗（Stronge）(*Tipu's Tigers*, p. 62) 提到了一种说法，即蒂普苏丹不仅委托制作了这件作品，而且还亲自设计了它，每天下午都会去看它。这种信念使得这件作品在英国人眼中更加可憎。

23 用蒂普的老虎演奏英国曲调的报道出现在1803年12月9日的《泰晤士报》上。这篇文章是由詹妮弗·豪斯（Jennifer Howse）博士提供的，我对此表示感谢。这种表演似乎标志着对它的最后侮辱，象征着对蒂普苏丹的征服。

24 最近的研究确定其起源地为班加罗尔附近的查纳帕特纳［Sadiah Qureshi, 'Tipu's Tiger and the Images of India, 1799–2010', in *Curating Empire*: *Museums and the British Imperial Experience*, ed. S. Longair and J. M. McAleer（Manchester, 2012）, p. 207］，现在查纳帕特纳以其雕刻木制玩具而闻名，其起源可追溯到蒂普王朝和波斯工匠，据说是他引进开创的。传统上，老虎常常与蒂普本人联系在一起，他被称为"迈索尔之虎"。但是库雷西（Qureshi）提到，这个组合可能也是为了庆祝军事指挥官赫克托·门罗爵士（Hector Munro，之前击败了蒂普的军队）的儿子在塞加尔岛狩猎时被老虎杀死的事件（当时在英国，因这一事件还生产了一款受欢迎的斯塔福德郡陶器人像作为纪念）。

25 *The Athenæum*, 5 June 1869, p. 766.

26 *Encyclopædia Londinensis*; *or*, *a Universal Dictionary of Arts*, *Sciences*, *and Literature*（London, 1815）, vol. xiii, p. 452.

27 资料来源见附录Ⅱ。

28 Desmond, *India Museum*, p. 36.

29 公司可能对此并没有太多积极的兴趣，因为长期以来为了提高产业效率，公司一直在寻求将棉花清洁过程机械化的方法。［Deepak Kumar, 'The Evolution of Colonial Science in India: Natural History and the East India Company', in *Imperialism and the Natural World*, ed. J. M. MacKenzie（Manchester, 1990）, p. 55］.

30 Banks, *Indian and Pacific Correspondence of Sir Joseph Banks*, vol. iii, no. 66.

31 1842年，博物馆的匿名作者［'The Museum of the Honourable East India Company, Leadenhall Street', *The Sea-pie*: *An Omnium Gatherum of Literature and Art*, i（1842）, p. 210］，描述了这个灯笼："由角制成，上面绘有精美的神话人物；它悬挂在一个框架上，周围有丝绸的吊坠。"详见附录Ⅱ.

32 马森是第一个造访旁遮普哈拉帕遗址的欧洲人，现在哈拉帕作为印度河流域文明的典型遗址而闻名。据信他带回英国的是一批约47 000枚硬币的藏品；他的（相当可观的）藏品遗留物如今保存在大英博物馆中。

33 *Old Humphrey's Walks in London*, pp. 147–8.

34 可以完全相信戴斯蒙德所断言的自然历史藏品在这方面直到19世纪中叶才被大英博物馆超越的说法。（Desmond, *India Museum*, p. 49）.

35 正如卡罗琳·科尼什（Caroline Cornish）所指出的，这种做法在拥有植物标本馆的人中已经非常普遍和广泛。然而，在这个情况下，伦敦的植物学家对沃立克的慷慨赠予则不太感兴趣。库尔玛（Kumar）（'Evolution of Colonial Science in India', p. 53）引用了与沃立克在伦敦共事的阿方斯·德·康多勒的一封信，他注意到："必须说，英国植物学家不待见沃立克这份异国的礼物。一旦他回到印度，他无法分发的一切将被锁起来永远埋藏。"

36 IOR, f/4/961, no. 27345.

37 戴斯蒙德（*European Discovery of the Indian Flora*, p. 43）指出，沃立克收藏的更多标本，被认为不适合转移到伦敦，当时被存放在加尔各答植物园的植物标本馆。

38 Joseph D. Hooker, *Himalayan Journals; or, Notes of a Naturalist* (London, 1854; repr. 1891), p. 3; Roger De Candolle and Alan RadcliffeSmith, 'Nathaniel Wallich ... (1786–1854) and the Herbarium of the Honourable East India Company ...', *Botanical Journal of the Linnean Society*, lxxxiii (1981), pp. 344–5.

39 *Kew Bulletin* no. 7 (1913), pp. 257–8.

40 几年后，阿什莫林博物馆在其藏品目录 [P. B. Duncan, *A Catalogue of the Ashmolean Museum, Descriptive of the Zoological Specimens, Antiquities, Coins, and Miscellaneous Curiosities* (Oxford, 1836), passim] 中感谢了"尊敬的英国东印度公司"提供了来自印度的画眉鸟和乌鸦标本；来自锡兰的猫头鹰；来自东印度群岛的鹭鸟；来自中国的孔雀；来自马鲁古群岛的狐猴；来自爪哇岛的鹰、伯劳、鸟鸣、雀鸟、乌鸦、翠鸟、沼泽鸡、水獭和麝猫；以及来自非洲的戴胜鸟。

41 其中至少有一些礼物被承认是出于研究目的而非陈列用途：在将东印度公司博物馆的一些"选出来的哺乳动物和鸟类"转交给日内瓦大学的自然历史教授奥古斯丁·皮拉穆斯·德·康多勒时，霍斯菲尔德承认"由于印度气候的影响，其中许多物种可能不适合进行保存所需的准备工作；但希望它们在科学角度上能够对学术参考和研究有所裨益。"；引自 Jessica Ratcliff, 'The East India Company, the Company's Museum and the Political Economy of Natural History in the Early Nineteenth Century', *Isis*, cvii (2016), p. 512.

42 IOR, e/4/763 India and Bengal Despatches, 16 September 1840, fols 1155–72.

43 Hugh Falconer and Sir Proby T. Cautley, *Fauna Antiqua Sivalensis, being the Fossil Zoology of the Sivalik Hills in the North of India* (London, 1845-9); Desmond, *India Museum*, pp. 58–61. 需要提及的是，偶尔也会有来自其他地区的标本进入收藏：1841年，由W.C.哈里斯船长组织的前往阿比西尼亚肖阿王室的使团带来了一批东非的鸟类和昆虫标本。

44 Moore, 'Geological Collectors and Collections of the India Museum', p. 399.

45 凯若琳·柯尼什（Caroline Cornish）——'Curating Science in an Age of Empire: Kew's Museum of Economic Botany', PhD thesis, Royal Holloway, University of London (2013), pp. 22-3——注意到基于约翰·林德利（John Lindley）在1832年的一份报告的推荐，邱园被转移到公众所有权下，这一时期"重新启动"了对经济植物学的兴趣。林德利（曾在班克斯的图书馆和植物标本馆工作）于1840年被任命为伦敦大学学院的第一任植物学教授。

46 RBG Kew. Herbarium presentations to 1900 vol. i, 5 February 1858, fols 249-51.

47 这本书中包括一个三页的捐赠者名单，其中大部分是"作为印度政府代表团和使节的博物学家，或者是文职和军职绅士，赠予尊敬的董事会成员"。[Thomas Horsfield, *A Catalogue of the Mammalia in the Museum of the Hon. East-India Company* (London, 1851), p. iii].

48 G. Armitage, 'The Schlagintweit Collections', *Indian Journal of History of Science*, xxiv/1 (1989), pp. 68-9.

49 标本的目录已经丢失，但一些标本和文件保存在自然历史博物馆的矿物学部门中。

50 施拉金威特兄弟贡献给东印度公司的藏品表现不佳，而留在当时仍健在的兄弟手中的藏品也并没有好到哪里去：根据加布里埃尔·芬克尔斯坦的说法 ['"Conquerors of the Künlün"? The Schlagintweit Mission to High Asia, 1854-57', *History of Science*, xxxviii (2000), p. 181]，当埃米尔在赫尔曼去世后整理他的藏品时，发现"他的所有科学信函和植物标本都长满了霉菌"。尽管后一种说法具有戏剧性的力量，但它只部分正确，因为其中一些标本保存在伦敦的自然历史博物馆、伦敦的皇家植物园、爱丁堡和美国国家植物标本馆中。

51 对于一件来自酒精收藏的罕见存世品，并附有早期标签，请参见图109。

52 J. Forbes Royle, *Illustrations of the Botany and other Branches of the Natural History of the Himalayan Mountains and of the Flora of Cashmere*, vol. i (London, 1839), p. vii.

53 *The East India Museum: A Description of the Museum and Library of the Honourable East India Company, Leadenhall Street* (London, 1851).

54 根据这一说法，越来越集中的信息收集形式的巩固（其中印度博物馆是最典型的例子）导致了国家内权力的整体性"重构"。据记载，约翰·斯图亚特·密尔在1861年发现，在日益集权和官僚化的行政机制中，人们对进步的迹象表示欢迎：在他看来，集中化的信息存储对于集权政府生成新的理解和做出平衡决策是必要的。请参阅 Jessica Ratcliff, 'The East India Company, the Company's Museum and the Political Economy of Natural History in the early Nineteenth Century', *Isis*, cxvi (2016), p. 503.

55 Ibid., p. 508.

56 *Official Descriptive and Illustrated Catalogue of the Great Exhibition of* *the Works of Industry of all Nations*, part iv: *Colonies-Foreign States*, *Division i*（London, 1851）.

57 在万国博览会上如此突出展示印度藏品，被描述为在文化层面上对南亚次大陆的有效吞并，预示着即将到来的帝国吞并。[Carol A. Breckenridge, 'The Aesthetics and Politics of Colonial Collecting: India at World Fairs', *Comparative Studies in Society and History*, xxi（1989）, p. 204]. 然而，在这里似乎存在着超越性的暗示，而且当时没有直接证据表明存在这种意识形态上的明确计划。

58 该描述与目前在维多利亚和阿尔伯特博物馆登记的一把剑和剑鞘非常相符，该剑是来自印度博物馆的藏品，但来源未知（参见图113中的武器）。

59 人们常常将其他议程归因于这些展览——推动殖民主义的发展（例如，Breckenridge, 'Aesthetics and Politics of Colonial Collecting', pp. 214-15）——然而，它们在促进商业和工业发展方面的主要作用是不可争议的。罗伊尔及其继任者福布斯·沃森完全支持这些目标，并在东印度公司与连续的展览会和交易会之间建立了极为有效的联系。

60 *Official Descriptive and Illustrated Catalogue*, p. 858.

61 Reproduced in J. Forbes Royle, *On the Culture and Commerce of Cotton in India and Elsewhere*（London, 1851）, pp. 586-9.

62 IOR, e/4/803 India and Bengal Despatches, 7 January 1850.

63 *Official Descriptive and Illustrated Catalogue*, pp. 857-8.

64 *Reports of the Juries*, p. 378.

65 Agnes M. M. Lyons, 'The Textile Fabrics of India and Huddersfield Industry', *Textile History*, xxvii（1996）, p. 183, 提到，截至19世纪40年代，佩斯利的制造商仅雇用了大约200名绘图师和设计师。

66 Ralph Nicholson Wornum, 'The Exhibition as a Lesson in Taste', in *The Crystal Palace Exhibition*（*Art Journal* special issue）（London, 1851）, p. xix.

67 *Reports of the Juries*, p. 740.

68 克里什纳加尔（Krishnanagar，西孟加拉邦）是这些人物雕塑最著名的生产中心，它们的样品几乎在19世纪后期的每个重要贸易展览会上都获得了奖项：这些人物雕塑经过精心绘制，穿着得体，大小从几英寸到真人大小不等。这种工艺在克里什纳加尔得到了发展，得益于克里什纳查德拉·罗伊大王（1728—1783年在位）的赞助，他对英国东印度公司的存在持友好态度（他在克莱武前往普拉西的进攻中提供了庇护）。在接下来的一个世纪里，这种工艺达到了巅峰，这一发展也不乏来自西方展览和贸易展览会需求的推动：见 Susan S. Bean, 'The Unfired Clay Sculpture of Bengal in the Artscape of Modern South Asia', in *A Companion to Asian Art and Architecture*, ed. R. M. Brown and D. S. Hutton（Chichester, 2011）, pp. 604-28;

Sria Chatterjee, 'People of Clay: Portrait Objects in the Peabody Essex Museum', *Museum History Journal*, vi（2013）, pp. 203-21. 浦那和勒克瑙也是生产中心［Charlotte H. F. Smith and Michelle Stevenson, 'Modelling Cultures: 19th Century Indian Clay Figures', *Museum Anthropology*, xxxiii（2010）, pp. 37-48］.

69 要了解这种模型的更广泛分布情况，可以参考1839年7月31日亚历山大·吉布森的一封信，他是孟买植物园的负责人（IOR, p/348/4），他在信中请求总督的许可，将一箱"在印度使用的各种农业工具模型"发送到伦敦、利物浦或格拉斯哥，地址为Messrs P. Lawson & Sons, Seedsmen, Hunter Square, Edinburgh, 以供将其交给苏格兰高地协会博物馆。劳森公司此前免费寄送过花园种子。

70 *Official Catalogue of the Great Exhibition*, pp. 926-7.

71 *Reports of the Juries*, p. 679. 斯塔娜·内纳迪克［Stana Nenadic］（'Exhibiting India in Nineteenth-century Scotland and the Impact on Commerce, Industry and Popular Culture', *Journal of Scottish Historical Studies*, xxxiv（2014）, pp. 73-4］最近在有关苏格兰工业博物馆早期历史的辩论中也发现了类似的矛盾态度。该博物馆成立于1854年，部分受到万国博览会和装饰艺术博物馆的启发。在博物馆早期的一些展览中，该博物馆受到马德拉斯工艺学院的亚历山大·亨特博士的帮助，他提供了"一系列有趣（在其他地方被描述为'美丽'）的印度本土服装、墙纸、地板装饰等设计"。但在辩论的其他环节中，一些与会者毫不犹豫地将印度和中国作品的收藏（包括亨特提供的作品）归类为"野蛮人"的作品，这种判断是源于固有的偏见，而非材料本身所呈现的证据。

72 关于罗伯特·怀特改良棉花（包括引进美国棉花到印度）的问题，可以参考罗Henry J. Noltie, *The Life and Work of Robert Wight: Robert Wight and the Drawings of Rungiah and Govindoo*, Book i（Edinburgh, 2007）, pp. 117-45.

73 *Reports of the Juries*, p. 69.

74 *Official Catalogue of the Great Exhibition*, p. 157.

75 约翰·R.戴维斯（John R. Davis）——*The Great Exhibition*（Stroud, 1999）, p. 104——记载，罗伊尔还受雇布置"伦敦的动物和植物产品展览，但其努力可能不够充分"。

76 皇家收藏的凯瑟琳·琼斯（Kathryn Jones）（个人交流）观察到，根据加拉德公司（Garrard & Co.）于1896年（并一直注释到1912年）起草的手稿清单，被标记为"皇冠珠宝"（rcin 1116294），所有这些物品确实"由维多利亚女王留给皇冠"。翡翠腰带现在的清单编号为rcin 11291，而蒂穆尔红宝石项链则为rcin 100017。C. R. Fay（*Palace of Industry, 1851*（Cambridge, 1951）, pp. 70-71）女王提到的附属清单仍然附在它的一份展览日志的校订本中，由比阿特丽斯公主（Pricess Beatrice）准备。该清单有几页之多，包括提到"库塔克

注 释

（Cuttack）和特拉凡哥尔的银丝细工、德里雕刻的波斯印章、卡什米尔用金和珍珠绣制的披肩、达卡的细纱、贝拿勒斯混合不同颜色的金线围巾、桑蚕丝绸、地毯、毯子和天鹅绒、檀香木、象牙雕刻、寺庙模型、锣、坎贝（Cambay）的玛瑙杯、豪猪刺编织的篮子、马拉巴尔的席子，以及喜马拉雅山的古代真甘松"。

77　*Reports of the Juries*, p. 73.

78　*Official Catalogue of the Great Exhibition*, 1851, p. 857.

79　Desmond, *India Museum*, pp. 74-5.

80　对于东印度公司礼物的完整描述，见 Thom Richardson and Natasha Bennett, 'The East India Company Gift to the Tower of London in 1853', in *East Meets West: Diplomatic Gifts of Arms and Armour between Europe and Asia*, ed. T. Richardson (London, 2013), pp. 112-38.

81　Ibid., p. 132.

82　戴斯蒙德（*India Museum*, p. 75）一些存世的画在1885年南肯辛顿博物馆印度馆发生的第二次火灾中毁坏。仅有少数作品在维多利亚和阿尔伯特博物馆仍然保存完好。

83　James Meenan and Desmond Clarke, *The Royal Dublin Society, 1731-1981* (Dublin, 1981), p. 36.

84　Desmond, *India Museum*, p. 77. 德斯蒙德指出，来自其他地方的展品令人失望，因此印度收藏对展览的成功至关重要。

85　Ibid., p. 104.

86　IOR, l/f/2/192, Finance & Home Committee, 1855年9月27日，由于东印度公司对博览会的杰出贡献，获赠拿破仑三世和尤金妮皇后的肖像画。（ior, f55, f56）. 詹妮弗·豪斯博士向我指出了这一事实。

87　Desmond, *The India Museum*, p. 78.

88　Ibid., p. 115.

89　Amin Jaffer, *Luxury Goods from India: The Art of the Indian Cabinet-maker* (London, 2002), p. 12.

90　*Journal of the Society of Arts*, xxvii/1390 (1879), p. 727. 这是伯德伍德在他的著作《印度工艺》（*Industrial Arts of India*）中再次提及的一个主题。在该书中（第132页），他明确将他在印度工艺设计中发现的日益普遍的退化归咎于"伯明翰和曼彻斯特机械生产力那不可抗拒的力量"，同时他认为"最糟糕的伤害也许来自印度政府强加给这个国家的建筑风格"。他接着写道（第134~135页）："然而，最值得担心的是在印度普遍引入机器"，他担心这将"不可避免地使这个国家的传统艺术陷入同样的原则混乱之中……这已经连续三代破坏了英格兰以及欧洲和北美其他地方装饰艺术和中产阶级的品位"。

91　*Catalogue of the Art Treasures of the United Kingdom collected at Manchester in 1857* (Manchester, 1857), pp. 194-8; *Exhibition of Art Treasures of the United Kingdom, held at Manchester in 1857. Report of the Executive Committee* (Manchester, 1859).

92　Gulielmi iv. Regis. cap. lxxxv, xii.

93　1867年，福布斯·沃森正式被任命为博物馆馆长和报告员，但很明显他在几年前就已经有效地承担了这个双重角色。

94　IRO, l/sur/6/3 Memorandum to the Duke of Argyll, 1869年2月13日。

95　要不是美国内战导致大多数跨大西洋的展商无法参展，参展作品的数量可能会更多。

96　*Official Catalogue, Industrial Department, International Exhibition, 1862* (London, 1862), pp. 114-24.

97　黛博拉·斯沃洛（Deborah Swallow）['The India Museum and the British-India Textile Trade in the Late Nineteenth Century', *Textile History*, xxx (1999), p. 33] 提出了一种可能性，即福布斯·沃森可能受到了公司早期出版的印度布料贸易样本册，或随着施拉金威特藏品一起来到博物馆的论文和纺织品样本册的影响。

98　John Forbes Watson, *The Textile Manufactures and the Costumes of the People of India* (London, 1866), pp. 2-3.

99　Ibid., p. 7.

100　利昂斯（Lyons）('Textile Fabrics of India', p. 182) 将福布斯·沃森的样本收藏描述为从18世纪到当代贸易展览中所收集的材料。乔治·伯德伍德后来谴责将"精美的纺织品……裁成碎片，并将它们作为贸易样本分发给英国制造商这种"不可思议的破坏行为"。

101　关于该倡议在哈德斯菲尔德的影响的案例研究，见 Lyons, 'Textile Fabrics of India'.

102　Swallow, 'India Museum and the BritishIndia Textile Trade', pp. 37-8.

103　斯沃洛（ibid., p. 39）提供了收到这两个系列的收件人名单。

104　John Forbes Watson, *Collection of Specimens and Illustrations of the Textile Manufactures of India*, 2nd ser. (London, 1873-80).

105　Felix Driver and Sonia Ashmore, 'The Mobile Museum: Collecting and Circulating Indian Textiles in Victorian Britain', *Victorian Studies*, lii (2010), pp. 353-85.

106　John Forbes Watson, 'On the Extension of Commerce between the United Kingdom and India, and on the Development of Resources of Both Countries by Means of Trade Museums', *Journal of the Royal Society of Arts*, xvi (1868), pp. 225-33.

107　John Forbes Watson, *On the Measures Required for the Efficient Working of the India Museum and Library, with Suggestions for the Foundation, in Connection with them, of an Indian Institute ...* (London, 1874), pp. 48-50. 作者强调每个标本在被放入锡衬盒和密封之前都会被放入一个热气室，以破坏其活性。他写道，在此之前，如果没有这么处理过，"东印度公司分发的绝大多数印度藏品早已无法继续使用"。

108 南肯辛顿博物馆是现在的维多利亚和阿尔伯特博物馆的前身，在1899年有了这一名称。书中提到的南肯辛顿博物馆的许多藏品至今仍保存在维多利亚和阿尔伯特博物馆的中。

109 Driver and Ashmore, 'The Mobile Museum'. 通常，这些最早的巡回展品设想可占据五个带玻璃的展示柜，它们可以组装在一起形成一个独立的单元，占地面积为12英尺乘6英尺；组成展示柜的是在运输时用来打包物品的箱子。此外，还有一个支撑柱，上面放置着70个带玻璃的框架，展示原材料或制成品。这些展示方式与福布斯·沃森的"贸易博物馆"非常相似，尽管安东尼·伯顿（Antony Burton）在 Vision and Accident: The Story of the Victoria and Albert Museum（London, 1999）, p. 84 中，将其发明归功于亨利·科尔。

110 Desmond, *The India Museum*, p. 95.

111 见附录 'Establishment of Trade Museums', in Watson, *On the Measures Required for the Efficient Working of the India Museum and Library*, pp. 47–54.

112 Driver and Ashmore, 'The Mobile Museum', pp. 853–85.

113 引自 Armitage, 'Schlagintweit Collections', p. 70.

114 示例请参考收藏中的三枚镶嵌宝石的拇指戒指: *The Indian Heritage: Court Life and Arts under Mughal Rule*, exh. cat., Victoria and Albert Museum, London（1982）, nos 304–6.

115 Memo from George Birdwood, ior, l/f/2/451, Finance and Home Committee, 7 January 1875, item 29.

116 该建筑原本是菲夫伯爵的宅邸，最近则用作茶叶贸易的拍卖场。位于利德贺街的东印度大厦，如今已经失去了所有功能，于1863年被拆除。那里迷人的莫卧儿风格家具仅以79英镑10先令的价格被出售。

117 *Illustrated London News*, 3 August 1861, pp. 125–6.

118 在该事件几年过后藏品在菲夫宅邸的逗留期间，斯克莱特（P. L. Sclater）写道，"人们都很清楚，它们只是被临时存放在这里，等待新的印度事务处的建成，那里承诺有充足的空间来展示它们"，但是当印度事务处的各个部门搬进"圣詹姆斯公园中的方塔宫殿"时，人们发现根本没有空间来展示它们。'The Zoological Collections in the India House', *Nature*, vii（1873）, p. 457.

119 IOR, l/f/2/253, Finance and Home Committee, 11 June and 14 June 1861.

120 Desmond, *India Museum*, pp. 88–9.

121 *The Times*, 5 May 1874.

122 *The Oriental*, i（1873）, p. 320; 引自 Desmond, *India Museum*, p. 129.

123 显然，其他部分在这个时候进入了长期储存状态。

124 Sclater, 'The Zoological Collections in the India House', pp. 457–8.

125 IRO, Home Miscellaneous 787, 16 April 1874. 有人向国务大臣提出了关于将博物馆费用加在印度纳税人身上的不当陈述，特别是当后者从中获得的直接利益如此之少时。这是一个不时浮出水面的问题：哈克尼选区的国会议员亨利·福塞特（被称为"印度的议员"）提出了一项动议："本议会认为，让印度人民全额或部分地为在英国建造或维护印度博物馆做出贡献是不公正的。"福布斯·沃森继续为维护现状而进行一场保卫战，理由是印度确实从印度博物馆的服务中受益，并且，期望印度方面做出贡献并不是不合理的。

126 IRO, Home Miscellaneous 787 Council of India meeting 22 January 1875.

127 并非所有这些收藏中的材料都能够被接触到。马克·科克和卡罗尔·因斯基普（Mark Cocker and Carol Inskipp）——*A Himalayan Ornithologist: The Life and Work of Brian Houghton Hodgson*（Oxford, 1988），p. 31——记录了这样一件事情：1874年，俄国博物学家和旅行家阿列克谢·帕夫洛维奇·费德琴科（Aleksei Pavlovitch Fedchenko）要求查看布莱恩·霍顿·霍奇森在喜马拉雅山脉采集的动物材料，这些材料二十年前由霍奇森捐赠给东印度公司博物馆，但他被拒绝了，理由是这些材料尚未拆包。

128 Science and Art Department of the Committee of Council on Education, South Kensington, *India Museum: Inventory of the Collection of Examples of Indian Art and Manufactures transferred to the South Kensington Museum*（London, 1880）. 该清单保留在维多利亚和阿尔伯特博物馆；复制件在国家艺术图书馆，va.1880.0011.

129 Caroline Cornish, 'Curating Global Knowledge: The Museum of Economic Botany at Kew Gardens', in *Spaces of Global Knowledge: Exhibition, Encounter and Exchange in an Age of Empire*, ed. D. A. Finnegan and J. J. Wright（London, 2015）, pp. 126–42.

130 George C. M. Birdwood, *The Industrial Arts of India*（London, 1880）, p. 178, 解释了博物馆中武器的分类是根据威尔布拉姆·埃格顿（Wilbraham Egerton）设计的"非常实用"的分类方式进行的，这种分类方式"部分基于民族，部分基于地理，部分基于经济"。同样的组织原则也适用于威尔布拉姆·埃格顿的收藏, *An Illustrated Handbook of Indian Arms; Being a Classified and Descriptive Catalogue of the Arms Exhibited at the India Museum*（London, 1880）.

131 福布斯·沃森一直在游说反对将藏品放置在南肯辛顿。他引用了伦敦商会的一位成员的话，表示藏品"与其在南肯辛顿，还不如在廷巴克图"。他还提出，"在本尼维斯山（Ben Nevis）上可以找到一个更便宜的地方，对于实际目的来说几乎同样适用"。（引自 Desmond, *India Museum*, p. 199）. 然而，正如戴斯蒙德所指出的，对于维多利亚女王来说，南肯辛顿的场地现在与阿尔伯特亲王的关联已经变得神圣，没有任何事物能够改变她的决心。

132 C.E.D. Black, 'An India Museum as a Memorial of His Late Majesty King Edward vii', *Journal of the East India Association*, new ser. 1（1910）, p. 155.

133 Desmond, *India Museum*, p. 203, pl. 34.

134 Royal Botanic Gardens, Kew, *Annual Report*（1880）, pp. 56–61.

135 一座木质碾米机（1932.89.167）和两个模型犁（1932.89.145-6）目前存放在牛津大学皮特里弗斯博物馆（Pitt Rivers Museum），它们于1932年从印度学会转移至这座博物馆，并可能源自印度博物馆解散时转移至那里的藏品：杰里米·库特（Jeremy Coote），该信息源自个人通信。

136 柯尼什（'Curating Science in an Age of Empire', pp. 259-60）对于邱园之前持有的印度木材样品的稀缺性发表了评论，并得出结论，说迄今为止，植物园对于这个领域的收集一直让印度博物馆来完成。然而早在1858年，约瑟夫·胡克意识到了"已经在兰贝斯特里德路的印度事务处仓库中放了多年"的大量木材收藏，但当时邱园试图将它们转移过来却遭到了拒绝。

137 自从1866年起，约瑟夫·罗伊尔就在印度博物馆工作，他是约翰·福布斯·罗伊尔的儿子。

138 自从1878年起，邱园已经拥有一套超过1100种印度木材的精良收藏，这是印度林业部门最初为1878年的巴黎世界博览会准备的"非常庞大的木材、树胶、树脂、水果、须根等"副本集，并且经过其科学官员的确认。其中，121件（单独的）印度博物馆标本被送往英国大英博物馆（自然历史部）的植物学部门，而281件则被送往哈佛大学的阿诺德植物园博物馆。（Cornish, 'Curating Science in an Age of Empire', pp. 274–8）.

139 Armitage, 'Schlagintweit Collections', p. 70. 卡若琳·科尼什在访问德拉敦时找不到这些收藏的踪迹，实际上她提供的证据已经证明它们被销毁了。（Cornish, 'Curating Science in an Age of Empire', p. 249）.

140 v&a Archive, Nominal File ma/2/1, im 1857, 引自 Driver and Ashmore, 'Mobile Museum', p. 375.

141 大英博物馆凭借其多样化的雕塑收藏，包括来自印度的雕塑，已成为探索共同主题和关注点的重要纽带。据推测，这些主题贯穿许多早期文明，并跨越了现代学术界所强加的界限。例如，罗马艺术的情欲维度最近通过在赫库兰尼姆和庞贝的挖掘中得到揭示，在欧洲现在能接触到的印度雕塑中似乎找到了共鸣。

142 *Synopsis of the Contents of the British Museum*, 27th edn（London, 1832）, p. 3.

143 戴斯蒙德（*India Museum*, p. 50）记录显示，1797年孟加拉机构的J.科尔斯·斯科特（J. Corse Scott）博士将两个大象头送往英属东印度公司董事会，并要求将它们赠送给皇家学会，但最终这些大象头被提供给了大英博物馆（另外，来自同一来源的三个大象头则保留在印度办公室博物馆）。随着时间的推移，更多的物品将从公司的收藏中流向大英博物馆。

144 Richard Payne Knight, *An Account of the Remains of the Worship of Priapus*（London, 1786）, p. 81, pl. x, fig. 1.

145 Quoted in Michael D. Willis, 'Sculpture from India', in *A. W. Franks：Nineteenth-century Collecting and the British Museum*, ed. M. Caygill and J. Cherry（London, 1997）, p. 250.

146 *Proceedings of the Society of Antiquaries*, 2nd ser. 8（1881）, pp. 551-2.同年，弗兰克斯制作了一份印刷清单，列出了保存在印度事务处图书馆的阿马拉瓦蒂的规划图、素描、地图和雕塑与建筑绘画，同时请求提供关于麦肯齐在该遗址工作的其他细节的信息。［Augustus Wollaston Franks, *List of Drawings from the Amaravati Tope, Southern India, Made for Colonel C. Mackenzie 1816-1819*（Westminster, 1881）］.

147 *Illustrated London News*, 3 August 1861, p. 126.当时，阿马拉瓦蒂的雕塑被称为埃利奥特大理石雕塑（以瓦尔特·埃利奥特命名），直接与希腊的雕塑进行比较。

148 R. Bowdler Sharpe, *The History of the Collections Contained in the Natural History Departments of the British Museum：Birds*（London, 1906）, p. 396.

149 所引用的比阿特丽斯·泰西耶（Beatrice Teissier）的报纸报道（'Asia in 18th-Century Edinburgh Institutions：Seen or Unseen？', *Proceedings of the Society of Antiquaries of Scotland*, cxxxiv（2004）, p. 502）在这篇有趣的文章中，对早期从东方运抵苏格兰的物品进行了描述，作者详细列举了18世纪末从印度和更广阔的东方地区运抵的大量物资。虽然直接来访的船只是个例外，正如她所记录的那样，"在18世纪末的爱丁堡，一直都能见到来自东印度的商品"。

150 据说到18世纪末，直接或间接依靠东印度公司谋生的英国人数量已经增加到约90 000人。［引自T. W. Nechtman, *Nabobs：Empire and Identity in Eighteenth-century Britain*（Cambridge, 2010）, p. 13］.

151 迈克尔·爱德华兹（*The Nabobs at Home*（London, 1991）, p. 25）指出，1772年，英国下议院的一个委员会列出了东印度公司雇员接受的超过200万英镑的"礼物"；当米尔贾法尔登上王位时，罗伯特·克莱武因一笔大约23.4万英镑的支付而受益（尽管他声称该交易完全合法），即使是孟加拉军队的下级军官也获得了3000英镑。

152 Helen Clifford, 'The Dundas Property Empire and Nabob Taste：Accommodating the East：Sir Lawrence Dundas as Nabob of the North？', at blogs.ucl.ac.uk/eicah/files/2013/02/ Aske-Hall, February 2013. 该文章，与同一作者的另一篇文章一起（Helen Clifford, 'Chinese Wallpaper：An Elusive Element in the British Country House' blogs.ucl.ac.uk/eicah/2013/02/12/chinese-wallpaper, 12 February 2013），这段内容被复制在一本与本著作同时出版的高度相关的专著中：Margot Finn and Kate Smith, eds, *The*

East India Company at Home，1757–1857（London，2018）.

153 'India House, Thanet', at https://historicengland.org.uk/listing/the-list/listentry/1351101, accessed 14 August 2017.

154 Nechtman, *Empire and Identity*, p. 166.

155 布赖恩·艾伦（'From Plassey to Seringapatam', p. 34）记载，克莱武原计划委托本杰明·韦斯特（Benjamin West）创作一系列大型绘画作品，用于装饰克莱蒙特的用餐室，展示他在印度职业生涯中最重要的事件。虽然韦斯特完成了一幅画作，但克莱武于1774年去世，这个系列计划被终止。

156 房屋南边的山顶上是家庭农场，由科克雷尔和丹尼尔设计，与建筑方案相一致。

157 引自Carl J. Weinhardt, 'The Indian Taste', *Metropolitan Museum of Art*, new ser. 16 no. 7（1958），p. 212.

158 爱德华·皮克（Edward Peake），个人通信。摄政王已经委托建造一座印度风格的马厩和圆形建筑物，用于他在布莱顿的别墅，建筑师威廉·波登（William Porden）的设计是基于丹尼尔兄弟在阿格拉和德里的建筑版画。（Weinhardt, 'The Indian Taste', p. 211）. 布莱顿皇家亭殿（Brighton Pavilion）仍然是印度（以及其他地区）对英国建筑产生影响的最为著名的例子，但它与东印度公司仅有次要联系，因此在本文中不再详述。

159 爱德华兹（*Nabobs at Home*, pp. 42-3）爱德华兹指出，新古典主义建筑师C.R.科克雷尔是查尔斯·科克雷尔的侄子，他对塞津科特庄园（Sezincote）非常不满意，以至于在为查尔斯爵士去世后准备出版的他叔叔的作品列表中，都将其省略了。

160 韦因哈特（Weinhardt）（'The Indian Taste', pp. 213–14）指出，爱德华·艾肯（Edward Aiken）在他的《别墅设计》（*Designs for Villas*）中包括了几个印度范例，将其与哥特式建筑相比，称其能够形成"一种令人感到惬意的多样性，并满足对新奇事物的热情"，而罗伯特·卢加（Robert Lugar）也在他的《建筑素描》（*Architectural Sketches*）中包括了印度化的别墅设计，但它们似乎没有引起人们太大的热情。斯特顿公园（汉普郡）是由乔治·丹斯（George Dance）为东印度公司董事弗朗西斯·巴林爵士（Sir Francis Baring）建造的，其中融入了一些印度风格的细节，但这些细节只是象征性的，没有更多的实质性内容。［Patrick Conner, *Oriental Architecture in the West*（London，1979），pp. 116–17］. 雷蒙德·黑德（Raymond Head）（'Sezincote: A Paradigm of the Indian Style', unpublished ma thesis, Royal College of Art（1982），*passim*］对塞津科特庄园的影响持更加乐观的态度，但可以说，它所产生的影响力最多也只是分散的。

161 史密斯（Smith）对印度建筑有着比大多数人更直接的经验，他参与了印度多个历史建筑的修复项目。见Diane James, 'A Fairy Palace in Devon: Redcliffe Towers, built by Colonel Robert Smith（1787–1873），

Bengal Engineers', blogs.ucl.ac.uk/ eicah/ files/2014/07/Redcliffe, July 2014.

162 "The Barbarick splendour of those Asiatick Buildings, 目前由这个学院的一位成员（即威廉·霍奇斯）出版，可能会为一位建筑师提供构图和整体效果的启示，这些启示在其他情况下可能不会出现，但并不是要模仿那些建筑。"［Sir Joshua Reynolds, *Discourses on Art*, ed. R. R. Wark（London and New Haven, ct, 1997）, Discourse xiii, lines 424-6］.

163 布莱顿皇家穹顶宫（尽管风格更多元化，不仅仅是纯粹的印度风格，还融合了摩尔式、中国式和哥特式的特色，争相吸引人们的注意）因其糟糕的品位和外观的丑陋而遭到无情的抨击。作为摄政王本人的构思作品，它与东印度公司没有任何关联，这种东方化的宫殿成了间接批评摄政王本人的对象，正如东印度公司本身因其雇员接受印度风俗而遭受了含沙射影的攻击一样。

164 Desmond, *European Discovery of the Indian Flora*, pp. 291-3. 例如，菲利普·米勒（Philip Miller）在1768年已经在切尔西植物园种植决明树（Cinnamomum camphora），而东印度公司的园艺师在此几十年后仍在努力研究该植物。

165 Mark Laird, *A Natural History of English Gardening, 1650-1800*（New Haven, ct, and London, 2015）, pp. 85-6. 到了18世纪末，公爵夫人在那里愉快地培育了来自印度和新大陆的热带植物。

166 Kate Teltscher, *The High Road to China : George Bogle, the Panchen Lama and the First British Expedition to Tibet*（London, 2006）, p. 229. 博格尔要求他姐姐将种子寄回英国，但这些种子的命运也是未知的。

167 爱丁堡花园位于利斯沃克（Leith Walk）的旧址时，它曾从印度收到威廉·罗克斯堡的茶叶（来自中国）和其他植物（亨利·诺尔蒂，个人通信）

168 Edward Malins, 'Indian Influences on English Houses and Gardens at the Beginning of the Nineteenth Century', *Garden History*, viii（1980）, p. 46.

169 Bl, Add. ms 29392-99. 沃伦·黑斯廷斯的这些文件包括"建造和调节热带果树温室的计划……"，以及"栽培贝伦贾尔（或茄子）的规则"和"辣椒栽培指南"。

170 丹尼尔在他的《东方风景》（*Oriental Scenery*, London, 1795-1815）一书中写到印度的花园时说："这些花园通常很大，直线铺设的人行道交叉错落，两旁种满了花草，里面种植了各种美味的水果；园内有几座优雅的亭子，主人偶尔坐在那里享受他的水烟、歌舞等印度人非常热衷的娱乐活动。"

171 这些尺寸适中的雕像是基于托马斯·丹尼尔绘制的南印度坦贾武尔的宏大象征性形象中的神牛（湿婆的圣牛）的图纸建造的。

172 我对亨利·诺尔蒂（Henry Noltie）的这个发现表示感谢，这使得杜布瓦种植的植物在一个明显受限的背景下得到了解释。

173 这些植物肯定是在温室中种植的，而不是在花坛里。

174 James Forbes, *Oriental Memoirs...Written during Seventeen Years Residence in India*（London, 1813）, vol. iii, p. 409.

175 Desmond, *European Discovery of the Indian Flora*, pp. 294, 296, 301, 303.

176 另一方面，海伦·克利福德（Helen Clifford）描绘的室内环境（引用阿尔方斯·多代的小说 *The Nabob* 中的描写，该小说写于19世纪末）与回国的侨民偏爱的建筑一样是保守的英式："他们的餐厅装饰着雕刻的橡木，供应商是某家大型家具供应商，同时为四个沙龙提供家具……挂饰、艺术品、吊灯，甚至摆放在餐具柜上的银器……这是一位巨富的新贵匆匆建立的完美代表，他急于享受自己的财富。"

177 贝尔曾经是吉德勒公司（Girdler's Company）的主席。John Irwin, *The Girdlers Carpet*（London, 1962）, p.[7], 根据这种观点，制作绒毯的技术在北印度（包括拉合尔，贝尔的地毯就是在那里织造的）仅在四十年前才被引入，这个产业是由波斯移民创立的，他们在莫卧儿帝国皇帝阿克巴（1556—1605）的庇护下抵达印度；目前的研究承认这个产业可能在莫卧儿帝国之前就有了。

178 Robert Skelton, 'Indian Art and Artefacts in Early European Collecting', in *The Origins of Museums: The Cabinet of Curiosities in Sixteenth and Seventeenth-century Europe*, ed. O. Impey and A. MacGregor（Oxford, 1985）, p. 276.

179 See, for example, *Indian Heritage*（1982）, p. 163 no. 556.

180 Amin Jaffer, *Furniture from British India and Ceylon: A Catalogue of the Collections of the Victoria and Albert Museum and the Peabody Essex Museum*（London, 2001）. 提供了对印度家具的全面调查，包括各个地方家具样式的变化和材料。

181 Edward Ives, *A Voyage from England to India in the Year mdccliv*（London, 1754）, p. 52; Jaffer, *Luxury Goods from India*, p. 11.

182 Jane Roberts, ed., *George iii and Queen Charlotte: Patronage, Collecting and Court Taste*（London, 2004）, cat. 477. 罗伯茨提到，夏洛特女王后来又添加了一张长椅、六把椅子和两把角椅。后来这些家具被摄政王买下，用于布莱顿穹顶宫。其他象牙家具是由沃伦·黑斯廷斯夫人于1784年左右赠送给夏洛特女王的（ibid, cat 478）。

183 Jaffer, *Luxury Goods from India*, pp. 93, 98.

184 Ibid., pp. 9–13.

185 Robert Skelton, 'Indian Art and Artefacts in early European Collecting', in *The Origins of Museums: The Cabinet of Curiosities in Sixteenth and Seventeenth-century Europe*, ed. O. Impey and A. MacGregor（Oxford, 1985）, p. 277; Clive

Wainwright, 'Only the True Black Blood', *Furniture History*, xxi（1985）, pp. 250-57; Jaffer, *Furniture from British India and Ceylon*, pp. 130-37.

186 Farebrother, Clark & Lye, *Daylesford House, Worcestershire: A Catalogue of the Valuable Contents of the Mansion ... which will be Sold by Auction by Messrs Farebrother, Clark & Rye*（London, 1853）; Lindsay Boynton, 'The Furniture of Warren Hastings', *Burlington Magazine*, cxii（1970）, pp. 508-20.

187 约翰·索恩爵士（Sir John Soane）也为他的起居室购买了一套镶嵌象牙的家具。据记载，这套家具是"在克鲁将军的物品拍卖会上由理查德·韦斯特马科特（Richard Westmacott）购买的"，很可能是索恩从韦斯特马科特那里购买的。见 C. A. Bayly, *The Raj: India and the British, 1600-1947*, exh. cat., National Portrait Gallery, London（1990）, no. 161.

188 Natasha Eaton, 'Hodges's Visual Genealogy for Colonial India', in *William Hodges, 1744-1797: The Art of Exploration*, ed. G. Quilley and J. Bonehill, exh. cat., National Maritime Museum, London, and Yale Center for British Art, New Haven（2004）, p. 36.

189 Boynton, 'The Furniture of Warren Hastings', p. 512.

190 这里所探讨的绘画角色走上了不同的轨迹，但在公共展示的背景下，可以注意到，在1800年的利西姆剧院，历史画家罗伯特·克尔·波特（Robert Ker Porter, 1777—1842）展示了他的环绕式全景画作《攻陷塞林伽巴丹》（*The Taking of Seringapatam*）。这幅巨大的全景画作以其庞大的规模给伦敦人留下了深刻印象，使他们感受到这场战斗所呈现的壮观景象，这场战斗在英国人的想象中长期占据着与滑铁卢战役相媲美的重要地位。这种类型的艺术作品会继续以其他类似的呈现方式给人留下深刻的印象，令人着迷——不仅仅有关著名的战争胜利，还有一些著名的失败——持续了半个多世纪，尽管（如在这里所提到的）它的内容主题仅仅涉及印度。[Breckenridge, 'Aesthetics and Politics of Colonial Collecting', p. 198; Hermione de Almeida and George H. Gilpin, *Indian Renaissance: British Romantic Art and the Prospect of India*（Aldershot and Burlington, vt, 2005）, pp. 160-61; Nenadic, 'Exhibiting India in Nineteenth-century Scotland', pp. 71-2].

191 Ashmolean Museum, ms ams2, 'Book of Benefactors'; Arthur MacGregor et al., *Ashmolean Museum, Oxford. Manuscript Catalogues of the Early Museum Collections, 1683–1886（Part i）*（Oxford, 2000）, p. 7. 这雕刻被认为是"西方博物馆首次记录，并且在今天可以辨认的重要印度雕塑作品"。[James Harle, 'An Indian "Gonga"', *The Ashmolean*, ii（1983）, pp. 6-7]; 理查德·戴维

斯（Richard Davis）[*Lives of Indian Images*（Princeton, nj, 1997）, p. 143]将其描述为"最早的标签错误案例"，因为 Gonga 一词被应用于任何偶像，而不是像海格斯（Hedges）所想象的那样指代单个神祇。

192　Partha Mitter, in *Much Maligned Monsters: History of European Reactions to Indian Art*（Oxford, 1977）, p. 91, 在20世纪之前，未发现欧洲其他地方收藏类似的情色作品。

193　William Hodges, in *Travels in India during the Years 1780, 1781, 1782 & 1783*（London, 1793）, p. 153, 提到汤利（Townley）还拥有一根黑色玄武岩柱，上面雕刻着装饰，他认为这是印度教艺术力量的"有力证据"。这根柱子从古尔（Gour）带来，"这座古城（现已完全毁灭）位于恒河东岸，几乎与拉杰马哈尔（Rajmahal）相对。"

194　引自 Michael Clarke and Nicholas Penny, *The Arrogant Connoisseur: Richard Payne Knight, 1751–1824*（Manchester, 1982）, p. 60. 琼斯在1788年的论文《论希腊、意大利和印度的神祇》（*On the Gods of Greece, Italy, and India*）中还提供了更广泛的知识背景，以便更好地理解佩恩·奈特的研究成果：他提到（第221页）他打算调查"古希腊和意大利的民间崇拜与印度的民间崇拜之间的相似之处"，"如果能证明这一点，我们可以推断出在他们（这些古民族）偏离对唯一真神的理性崇拜时，他们之间存在着普遍联系或亲缘关系"。同见 Clarke and Penny, *Arrogant Connoisseur*, pp. 59–60. 亚历山大·达尔林普尔早期对这件作品的解释（Dalrymple, 'Account of a Curious Pagoda near Bombay, Drawn up by Captain Pyke ... made from the Captain's Journal in Possession of the Honourable the East-India Company', *Archaeologia*, vii（1780）, p. 332）亚历山大·达尔林普尔早期对这件作品的解释远不及佩恩·奈特所提供的解释：他在这个展开的女性形象中看到了一个孩子的形象，"也许与那些匆忙的肤浅观众脑海中想到的所罗门在两个母亲之间做出决定的故事有些相似"。

195　Mildred Archer and Ronald Lightbown, *India Observed: India as Viewed by British Artists, 1760–1860*, exh. cat., Victoria and Albert Museum, London（1982）, p. 22.

196　Partha Mitter, 'European Responses to the Sacred Art of India', in *Enlightening the British: Knowledge, Discovery and the Museum in the Eighteenth Century*, ed. R.G.W. Anderson, M. L. Caygill, A. G. MacGregor and L. Syson（London, 2003）, p. 122.

197　Ibid.

198　Dalrymple, 'Account of a Curious Pagoda', p. 332.《考古学》是一个罕见的媒介，通过它，有意于古物研究的东印度公司员工能够向更广泛的世界推广他们的工作。从1788年开始，《考古学》的功能基本上被在加尔各答出版的《亚洲研究》所取代。尽管《亚洲研究》也在英国复制发行，但读者群体要窄得多。

199 Ibid.

200 Kaeppler, *Holophusicon*, pp. 235-6, fig. 7.3.

201 *Catalogue of the Leverian Museum ... The Sale of the Entire Collection by Messrs King and Lochee*（1806）: 43rd day, lot 5049; last day but one, lot 11; last day, lot 10.

202 Kaeppler, *Holophusicon*, pp. 235-6.同一作者（第236~237页）摘录了来自销售目录的多个印度民俗物品的条目，还有来自利维里安博物馆展览。

203 Christie's, *A Catalogue of Indian Idols, Indian Paintings, Drawings, &c which were collected by Mr Simpson, during a Long Residence in India, in the Company's Service*（London, 1792）. D. G. Crawford（*Roll of the Indian Medical Service*, p. 265）记录显示，辛普森在1768年加入了东印度公司，作为一名外科医生的助手，在海上服役了8年，然后转到南印度，在马杜赖和特里钦诺波利（Trichinopoly）服役。附近有一个宗教中心，位于西林汉姆岛（Syringham/Srirangam）。他在1786年休假期间前往欧洲，后来没有再回到印度。

204 将辛普森的收藏与一个"居住在特里奇诺波利的绅士的私人博物馆"相提并论是非常诱人的，这个私人博物馆的目录曾被发送给对古物感兴趣的蒙博多勋爵（Monboddo，一位在1799年去世的爱丁堡法官）；

见 Teissier, 'Asia in 18th-century Edinburgh Institutions', note 188. 该收藏包括"一整套印度婆罗门教的雕像——他们崇拜的真正偶像超过120个，由铜、黄铜和象牙制成……一个可移动的婆罗门教寺庙模型，由当地人创作的印度绘画和素描书籍；一本中国绘画书；波斯书籍；以及关于卡让叶（Cadjan Leaf）的书籍"——与伦敦拍卖目录非常相似。然而，这份（未标明日期的）爱丁堡清单还包括"大量的印度战争武器以及各种来自印度和中国的奇特物品"，这些物品并未包括在佳士得的拍卖中，所以这两份清单并不完全相同。

205 正如理查德·布鲁顿（Richard Blurton）所解释的，这是湿婆神的一种形态（塔罗阁，Nataraja），与被供奉在吉登伯勒姆（Chidambaram）的那种一样。

206 William Dalrymple, in *The Guardian*, 25 August 2007.

207 'Bealings and Playford Parish Plan', www.playford.org.uk/Documents/ParishPlan/FinalPlan/Section5.htm, accessed 15 August 2017.

208 在福布斯漫长的履职期间，他被描述为"印度生活的刻苦学习者"，收集了有关他周围各个方面的材料，最终形成了他的四卷本《东方回忆录》（*Oriental Memoirs*），于1813年出版。福布斯自己的绘画作品（现在一些作品存放在耶鲁大学英国艺术中心）为这部作品提供了插图，但他还委托詹姆斯·威尔斯（James Wales）将他的一些洞窟寺庙和榕树的素描改编成油画，分别于1785年和1787年在皇家学院（Royal Academy）展出。（Shaffer, *Adapting the Eye*, p. 6.）

209 Forbes, *Oriental Memoirs*, vol. iii, p. 361.

210 Forbes, *Oriental Memoirs*, vol. iii, p. 362; Conner, *Oriental Architecture in the West*, p. 119. 关于稍晚时期出现在查尔斯·福布斯爵士（Sir Charles Forbes, 1773—1849）收藏中的雕塑，我们对它了解甚少。福布斯爵士于1811年从印度回国，进入议会，并成为东印度公司的重要成员。据说他在菲茨罗伊广场的住所中拥有一件来自象岛（Elephanta）巨型雕像的手臂，艺术家认为这说明他对雕塑具有很高的品位。见 Robert M. Grindlay, 'An Account of Some Sculptures in the Cave Temples at Ellora', *Transactions of the Royal Asiatic Society*（1830）, p. 327.

211 Weinhardt, 'The Indian Taste', p. 211.

212 Conner, *Oriental Architecture in the West*, p. 117. Raymond Head（'Sezincote', pp. 8-9）提到，为了纪念亚历山大·卡兰德（Alexander Callander, 1741—1792），一位在东印度公司任职25年，最后驻扎在詹布萨尔（Jambusar）的人，设计了一个供中洛锡安郡（Midlothian）使用的寺庙。当时的一份报道提到："在这座建筑的小教堂中，打算竖立一座设计得当的大理石纪念碑"——显然是以霍奇斯的《选择的景观》和丹尼尔的《东方风景》中的设计为基础的穹顶，但看起来纪念碑也没有竖立，寺庙也一直没有建完。早于这些的是由康耐尔斯·达西爵士（Conyers D'Arcy, 约1685—1758）在约克郡阿斯克庄园（Aske Hall）修建的两座建筑。W.R. 罗宾逊［*Robinson's Guide to Richmond*（Richmond, 1833）, p. 52］描述道："庙宇是一座高耸的建筑，高出庄园后面的树林，实际上是按照印度寺庙的准确模型建造的；而在皮尔默山（位于阿斯克和里士满德之间）有一座塔楼……据说是一个完美的印度山堡的复制品。"更近期的观点倾向于认为这座庙宇是卡帕布尔·布朗（Capability Brown）的作品。［N. Pevsner, *The Buildings of England*: *The North Riding*（Harmondsworth, 1966）, p. 65］.

213 Andrew Mackillop, 'The Highlands and the Returning Nabob: Sir Hector Munro of Novar, 1760-1807', in *Emigrant Homecomings*: *The Return Movement of Emigrants, 1600-2000*, ed. M. Harper（Manchester, 2005）, pp. 249-50. 由于一种奇妙的相互关系，至少有一个哥特式废墟是在印度土地上建造的，这旨在增强风景如画的特质：Gary D. Sampson, 'Unmasking the Colonial Picturesque: Samuel Bourne's Photographs of Barrackpore Park', in *Colonialist Photography*: *Imag（in）ing Race and Place*, ed. E. M. Hight and G. D. Sampson（London and New York, 2002）, fig. 5.6. 展示了一张由塞缪尔·伯恩于1867年拍摄的照片，照片中展示了位于巴拉克普尔公园被爬藤植物覆盖的废墟。

214 Michael Willis ('Sculpture from India', p. 253), 提出了一个意见，即斯图尔特在某些情况下可能充当过公司的信使，在休假期间运送钻石。

215 Ian Jenkins, 'James Stephanoff and the British Museum', *Apollo*, cxxi/1 (1985), pp. 179–80, fig. 11.

216 Willis, 'Sculpture from India', pp. 253-4. 该目录由 Norton, Trist, Watney, & Co. 编写，题为 A Catalogue of the Valuable & Interesting Museum of Oriental Sculpture. 该博物馆由已故的查尔斯·斯图尔特上将建立，并被已故的 J. 布里奇购买。目录中提到，原计划于 1872 年 6 月 20 日在牧者丛举行拍卖活动。大英博物馆的副本上注明："沃拉斯顿·弗兰克斯爵士是此次拍卖会上唯一的竞标者。拍卖师反对拍卖，但弗兰克斯坚持要买下。最终，布里奇的女儿们将它们捐赠给了大英博物馆（b.m.），原文如此，朗沃斯·丹尼斯（Longworth Danes），1920。"

217 George Robins, *A Catalogue of the Classic Contents of Strawberry Hill Collected by Horace Walpole* (London, 1842), pp. 177, 192.

218 这一组藏品被编进了《印度遗产》（*Indian Heritage*），各处可见.

219 Christie's, *A Catalogue of Indian Idols, Indian Paintings, Drawings, &c which were collected by Mr Simpson, during a Long Residence in India, in the Company's Service* (London, 1792).

220 都柏林大学圣三一学院和牛津大学图书馆。

221 Christie & Manson, *A Catalogue of the Extensive and Highly Interesting Oriental Museum of Colonel Cobbe, deceased*, London, 24 and 26 May 1837; 编目的带注释版本在 Arthur MacGregor, ed., *The Cobbe Cabinet of Curiosities: An Anglo-Irish Country House Museum* (New Haven, ct, and London, 2015), pp. 450–61 中被复制为附录。科布上校的收藏被放在论文 'The Cobbes in India' by Luke Harris, pp. 296–315 同一卷的内容中，罗斯玛丽·克利编写目录。科布收藏曾在都柏林新桥的家庭住所集结和扩充，目前存放在吉尔福德附近的哈奇兰兹公园。科布上校拍卖中列出的一些物品可以确定为科布家族购买的用于自家展柜的物品。

222 The Court of Directors were less than pleased with Tod's immersion in local culture; at his retirement General David Ochterlony expressed 'great hope of a favourable change on the arrival of Captain Cobbe'. 董事会对托德全身心地融入当地文化并不满意。在他退休时，大卫·奥克特洛尼将军表示"在科布上校到任后，非常希望会有有利的变化"。引自 Harris, 'The Cobbes in India', p. 303, 对科布的职业生涯的总结基于这些信息。

223 这些藏品在同一卷中由卢克·哈里斯（Luke Harris）（'The Cobbes in India', p. 306）进行了讨论，并由罗斯玛丽·克利尔（cat. 14.50）进行了清点。其中几件藏品上贴有乌尔都语和天城文的纸贴标签。

224 Harris, 'The Cobbes in India', passim. 最频繁购买的是商人布拉姆·赫尔茨（Bram Hertz）；在赫尔茨个人收藏的拍卖目录中，印度古董仅限于22尊高度在7至28厘米（3至11英寸）之间的神像，虽然有标明题材，但并未提供关于起源的信息。[Bram Hertz, *Catalogue of the Collection of Assyrian, Babylonian, Egyptian, Greek, Etruscan, Roman, Indian, Peruvian and Mexican Antiquities formed by B. Hertz*（London, 1851）, pp. 155-6].

225 *Calendar of State Papers, Colonial Series: East Indies, China and Persia 1625-1629*, p. 439 no. 543; *1630-1634*, p. 153 no. 182. 在后来的情况下，船长本人打算以自己的名义赠送礼物，但被东印度公司董事会阻止了，他们认为礼物由公司代表赠送更为合适。另见 Foster, *John Company*, pp. 82-96.

226 在1663年休假期间参观圣詹姆斯公园时，彼得·蒙迪（Peter Mundy）报告称，看到了许多不同种类的动物，包括"印度羚羊、斑纹鹿和一种来自圭亚那的小山羊"，还有"一只食火鸡，比鸵鸟稍小一点的奇特禽类"。[J. Keast, ed., *The Travels of Peter Mundy, 1597-1667*（Redruth, 1984）].

227 William Derham, *Philosophical Letters between the Learned Mr Ray and Several of his Ingenious Correspondents ...*（London, 1718）, p. 126.

228 Caroline Grigson, *Menagerie: The History of Exotic Animals in England*（Oxford, 2016）, pp. 38-40, with further bibliography.

229 Arthur MacGregor, 'Patrons and Collectors: Contributors of Zoological Subjects to the Works of George Edwards（1694-1773）', *Journal of the History of Collections*, xxvi（2014）, appendix; Grigson, *Menagerie*, p. 62.

230 George Edwards, *Natural History of Uncommon Birds, and of Some Other Rare and Undescribed Animals*（London, 1743-51）, vol. iii, no. 209; Grigson, *Menagerie*, p. 70. 沃思（Worth）上尉和霍顿（Houghton）在给乔治·爱德华兹的《鸟类自然史》（*Natural History of Birds*）插图提供的标本中占据重要位置：见 MacGregor, 'Patrons and Collectors', appendix.

231 James Parsons, 'Some Account of the Animal sent from the East Indies, by General Clive, to ... the Duke of Cumberland, which is now in the Tower of London: in a Letter from James Parsons to the Rev. Thomas Birch', *Philosophical Transactions of the Royal Society*, li（1760）, pp. 648-52; Grigson, *Menagerie*, pp. 136-8, 在信中记录了当野山猫死亡时，约翰·亨特对其进行了解剖，并将其骨骼放置在他的博物馆中。

232 William Bingley, *Animal Biography; or, Popular Zoology: Illustrated* *by Authentic Anecdotes*, 5th edn (London, 1820), vol. i, order ii, pp. 136–8.

233 Vernon N. Kisling, 'Colonial Menageries and the Exchange of Exotic Faunas', *Archives of Natural History*, xxv (1998), pp. 308, 311.

234 关于这些动物的历史，最近有凯若琳·格里格森进行了评述，'New Information on Indian Rhinoceroses (*Rhinoceros unicornis*) in Britain in the Mid-eighteenth Century', *Archives of Natural History*, xlii/1 (2015), pp. 76–84.

235 一位船上的军官绘制了一幅画，后来由乔治·爱德华兹复制（British Museum, p&d, Sl.5261.44），描绘了这种动物身处一片模糊的东方风景中，尽管爱德华兹的说明文字表明这幅画是在海上创作的，当时该动物已经死亡。

236 James Parsons, 'A Letter from Dr Parsons ... Containing the Natural History of the Rhinoceros', *Philosophical Transactions of the Royal Society*, xlii (1743), pp. 523–41. 在此之前，这种动物还由帕森斯的导师、解剖学家詹姆斯·道格拉斯向皇家学会的成员描述过。这只动物显然是由它自己的孟加拉看守员陪同运送到英国的。

237 Kees Rookmaaker, John Gannon and Jim Monson, 'The Lives of Three Rhinoceroses Exhibited in London, 1790–1814', *Archives of Natural History*, xlii (2015), pp. 279–300.

238 Bingley, *Animal Biography*, vol. i, order ii, p. 126.

239 Grigson, *Menagerie*, pp. 105–6. 乔治·斯塔布斯在 1790—1791 年的一幅画作中记录了这只犀牛。(Hunterian Museum, Royal College of Surgeons): 见 Judy Egerton, *George Stubbs, Painter: Catalogue Raisonné* (New Haven, ct, and London, 2007), p. 512.

240 Rookmaaker, Gannon and Monson, 'The Lives of Three Rhinoceroses'; Grigson, *Menagerie*, pp. 111–12.

241 *Lincoln, Rutland and Stamford Mercury*, 27 July 1810, 引自 Rookmaaker et al., 'Lives of Three Rhinoceroses', p. 292.

242 Caroline Grigson, 'New Information on Indian Rhinoceroses (*Rhinoceros unicornis*) in Britain in the Mid-eighteenth Century', *Archives of Natural History*, xlii/1 (2015), pp. 138–9.

243 宾格莱（Bingley）（*Animal Biography*, vol. i, order ii, p. 151）描述中提到这个标本在抵达时的体型"不比一只大猪大多少，但后来长得很大"，这可能意味着大多数体型较大的哺乳动物可能是在其幼年时期进口的。

244 Grigson, *Menagerie*, p. 213.

245 Ibid., pp. 225–7.

246 Egerton, *George Stubbs, Painter*, no. 77.

247 Grigson, *Menagerie*, p. 138.

248 凯若琳·格里格森发现有关此批

货物的参考资料，提到了"tyger"并将船只命名为 East Indiaman *Ponsborn*: *Oxford Journal*, 13 June 1772; *Morning Chronicle*, 13 June 1772.

249 Grigson, *Menagerie*, pp. 97–8. 麦卡特尼的老虎乘坐东印度船"伯爵"号到达，几乎可以肯定这只老虎是在1793年死后被斯塔布斯解剖的。（ibid., p. 105）.

250 Grigson, *Menagerie*, pp. 163–4.

251 Ibid., p. 174.

252 Ibid., pp. 116, 179–80.

253 Ibid., p. 180.

254 Ibid., p. 175.

255 Ibid., p. 138.

256 Ibid., pp. 139–43. See also T.E.C. Walker, 'The Clives at Claremont', *Surrey Archaeological Collections*, lxv (1968), pp. 92–3, 列出了其他动物，包括斑马和小马驹、非洲公牛、西班牙和纽芬兰的鹅、中国野鸡、孔雀；以及"库拉索鸟"（Curaso Birds）。

257 现在在格拉斯哥的亨特艺术画廊（Hunterian Art Gallery）: 见 the entry by Ian Rolfe in Judy Egerton, *George Stubbs, 1724-1806*, exh. cat., Tate Gallery, London (1984), no. 81.

258 Grigson, *Menagerie*, p. 142.

259 Henry Strachey to Clive, 3 December 1773: British Library, ms Eur f/128/93, fol. 97; Grigson, *Menagerie*, p. 142. 同见 William Hunter, 'An Account of the Nyl-ghau, an Indian Animal, not hitherto Described', *Philosophical Transactions*, lxi (1771), pp. 170–81.

260 牦牛（Bos frontalis）是一种大型半驯养牛科动物，其自然分布范围从印度东北部延伸到中国西南部。

261 威廉·亨特此前承认："乍一看，雄性印度大羚羊给我一种搞不清其物种的感觉，介于黑牛和鹿之间。"但最后，他说："我得到了我弟弟的确认，他对其进行了解剖……印度大羚羊是一种新物种。"（Hunter, 'Account of the Nyl-ghau', pp. 171, 178）.

262 Banks, *Indian and Pacific Correspondence of Sir Joseph Banks*, vol. vi, no. 27.

263 对于当时建立在许多景观花园中的动物园（并非全部依赖于东印度公司的干预），有关的评论可以参考 Sally Festing, 'Menageries and the Landscape Garden', *Journal of Garden History*, viii (1988), pp. 104–17.

264 Kate Teltscher, *The High Road to China: George Bogle, the Panchen Lama and the First British Expedition to Tibet* (London, 2006), p. 241, 记载了牦牛的旅程开始时有一头伴侣一同前往英国，但这头牦牛在航行中未能存活。可能随后提供了一头替代品，据说是黑斯廷斯的公牛，被描述为"强壮但脾气不好"，曾经繁殖了许多幼崽。

265 黑斯廷斯从印度运回英国的几匹阿拉伯马中，或许最受喜爱的是这匹马。在1787年8月7日，他在日记中记录了"斯塔布斯先生绘制马匹"的情况。由此产生的画作也成了斯塔布斯为黑斯廷斯完成的马术肖像画的基础，该肖像画于1791年完成，画中的被摄者形象是根据一些草草准备的素描添加的。见 Egerton, *George Stubbs, Painter*, nos 279–80.

266 Egerton, *George Stubbs, Painter*, no. 284; Grigson, *Menagerie*, pp. 147–50.

267 Grigson, *Menagerie*, pp. 116, 127–8, 131, 230.

268 Robert Bakewell, *Observations on the Influence of Soil and Climate on Wool ...*(London, 1808), p. 117.

269 Arthur MacGregor, *Animal Encounters: Human and Animal Interaction in Britain from the Norman Conquest to World War One*(London, 2012), pp. 472–5.

270 Garry Alder, *Beyond Bokhara: The Life of William Moorcroft, Asian Explorer and Pioneer Veterinary Surgeon, 1767-1825*(London, 1985), p. 129. 摩尔克罗夫特观察到，即使对于克什米尔来说，披肩贸易也是每年价值2 300 000卢比的生意。他问道：这对英国来说可能价值多少？(ibid).

271 Grigson, *Menagerie*, pp. 131, 213.

272 MacGregor, 'Patrons and Collectors', appendix.

273 Helen Cowie, *Exhibiting Animals in Nineteenth-century Britain: Empathy, Education, Entertainment*(Basingstoke, 2014).

附录

1 From *The Despatches, Minutes, and Correspondence of the Marquess Wellesley, K.G.*, ed. M. Martin, vol. iv(London, 1837), pp. 674–6.

2 菲利克斯·德赖弗（Felix Driver）已经友好地向我指出了1860年10月24日的一封信，该信是由英国博物馆的自然历史部门主管理查德·欧文（Richard Owen）和矿物部门保管员内维尔·斯托里·马斯凯林（Nevil Story Maskelyne）写给印度事务大臣，其中他们提到东印度公司总部保存了几颗陨石。他们指出，陨石不属于任何特定的国家，只有当它们被汇集起来进行比较和分析，放置在像他们所管理的专门收藏中时，才会具有价值。他们恳请国务大臣的协助，"将现存于东印度公司总部的少量陨石与国家收藏的陨石藏品进行合并"。

3 根据1857年1月16日的《晨报》报道，维多利亚女王打算从皇家军械库借出"一大批武器和盔甲"，其中包括"蒂普赛卜（Tippoo Saib）佩戴的武器——他的剑，带有镀金和珠宝装饰的把手和刀刃……以及马拉地宝剑……还有用金属丝细工制作的华丽短刀"。

参考文献

Alder, Garry, *Beyond Bokhara: The Life of William Moorcroft, Asian Explorer and Pioneer Veterinary Surgeon, 1767–1825* (London, 1985)

Alexander, James E., 'Notice of a Visit to the Cavern Temples of Adjunta in the East-Indies', *Transactions of the Royal Asiatic Society* (1829), pp. 362–70

Allen, Brian, 'From Plassey to Seringapatam: India and British History Painting *c.* 1760–*c.* 1800', in *The Raj: India and the British, 1600–1947*, ed. C. A. Bayly, exh. cat., National Portrait Gallery, London (1990), pp. 27–37

—, 'The East India Company's Settlement Pictures. George Lambert and Samuel Scott', in *Under the Indian Sun: British Landscape Artists*, ed. P. Rohatgi and P. Godrej (Bombay, 1995), pp. 1–16

Almeida, Hermione de, and George H. Gilpin, *Indian Renaissance: British Romantic Art and the Prospect of India* (Aldershot and Burlington, VT, 2005)

Altick, R. D., *The Shows of London* (Cambridge, MA, and London, 1978)

Anonymous [William Roxburgh], *Flora Sta Helenica* (St Helena, 1825)

Anonymous, 'The Museum of the Honourable East India Company, Leadenhall Street', *The Sea-pie: An Omnium Gatherum of Literature and Art*, I (1842), pp. 206–11, 250–58, 293–302

Anonymous, *A Short Account of Colonel Kyd, the Founder of the Royal Botanic Garden, Calcutta* (Calcutta, 1893)

Anonymous, 'The Work of the IMS in India', *Indian Medical Gazette*, XLVII (1912), pp. 225–52

Archer, Mildred, *Tippoo's Tiger* (London, 1959)

—, *Natural History Drawings in the India Office Library* (London, 1962)

—, 'The East India Company and British Art', *Apollo*, LXXXII (1965), pp. 401–9

—, 'Baltazard Solvyns and the Indian Picturesque', *Connoisseur*, CLXX (1969), pp. 12–18

—, 'Wellington and South India: Portraits by Thomas Hickey', *Apollo* (July 1975), pp. 30–35

—, 'Works by William Alexander and James Wales', in *The Royal Asiatic Society: Its History and its Treasures*, ed. S. Simmonds and S. Digby (Leiden and London, 1979), pp. 116–25

—, *Company Paintings: Indian Paintings of the British Period* (London, 1992)

—, and Toby Falk, *India Revealed: The Art and Adventures of James and William Fraser, 1801–35* (London, 1989)

Armitage, G., 'The Schlagintweit Collections', *Indian Journal of History of Science*, XXIV/1 (1989), pp. 67–83

Art Treasures, Exhibition of Art Treasures of the United Kingdom, held at Manchester in 1857: Report of the Executive Committee (Manchester, 1859)

Artists and Empire: Facing Britain's Imperial Past, ed. A. Smith, D. Blayney Brown and C. Jacobi, exh. cat., Tate Britain, London (2015)

Axelby, Richard, 'Calcutta Botanic Garden and the Colonial Re-ordering of the Indian Environment', *Archives of Natural History*, XXXV (2008), pp. 150–63

—, and Savithri Preetha Nair, *Science and the Changing Environment in India, 1780–1920: A Guide to Sources in the India Office Records*, ed. A. Cook (London, 2010)

Babington, Benjamin G., 'An Account of the Sculptures and Inscriptions at Mahámalaipur', *Transactions of the Royal Asiatic Society* (1830), pp. 258–68

Baigent, Elizabeth, 'Everest, Sir George (1790–1866)', *Oxford Dictionary of National Biography* (Oxford, 2004–16), XVIII, pp. 791–3

Bakewell, Robert, *Observations on the Influence of Soil and Climate on Wool . . .* (London, 1808)

Banks, Sir Joseph, *The Indian and Pacific Correspondence of Sir Joseph Banks*, ed. N. Chambers (London, 2008–14)

Bayly, C. A., *The Raj: India and the British, 1600–1947*, exh. cat., National Portrait Gallery, London (1990)

Bean, Susan S., 'The Unfired Clay Sculpture of Bengal in the Artscape of Modern South Asia', in *A Companion to Asian Art and Architecture*, ed. R. M. Brown and D. S. Hutton (Chichester, 2011), pp. 604–28

Beckingham, C. F., 'A History of the Royal Asiatic Society, 1823–1973', in *The Royal Asiatic Society: Its History and its Treasures*, ed. S. Simmonds and S. Digby (Leiden and London, 1979), pp. 1–77

Benson, W. H., 'Description of the Animal of *Ampullaria*, a Genus of Freshwater Testacea, with a Notice of Two Species Inhabiting the Freshwaters of the Gangetic Provinces', *Gleanings in Science*, I (1829), pp. 52–4

Biggs, T., 'A Retrospect of Photographic Experience', *British Journal of Photography* (21 April 1882), pp. 231–2

Bingley, William, *Animal Biography; or, Popular Zoology; Illustrated by Authentic Anecdotes*, 5th edn (London, 1820)

Birdwood, George C. M., *The Industrial Arts of India* (London, 1880)

Black, C.E.D., 'An India Museum as a Memorial of His Late Majesty King Edward VII', *Journal of the East India Association*, new ser. I (1910), pp. 153–81

Blackader, Adam, 'Description of the Great Pagoda of Madura, the Choultry of Trimul Naik, in a Letter from Mr Adam Blackader, Surgeon, to Sir Joseph Banks', *Archaeologia*, X (1789), pp. 449–59

Blunt, Wilfrid, and William T. Stearn, *The Art of Botanical Illustration*, new edn (London and Woodbridge, 1994)

Bourne, J. M., 'The East India Company's Military Seminary, Addiscombe, 1809–1858', *Journal of the Society for Army Historical Research*, LVII (1979), pp. 206–22

Bowdler Sharpe, R., *The History of the Collections Contained in the Natural History Departments of the British Museum: Birds* (London, 1906)

Boynton, Lindsay, 'The Furniture of Warren Hastings', *Burlington Magazine*, CXII (1970), pp. 508–20

Breckenridge, Carol A., 'The Aesthetics and Politics of Colonial Collecting: India at World Fairs', *Comparative Studies in Society and History*, XXXI (1989), pp. 195–216

Brown, Joyce, 'A Memoir of Colonel Sir Probey Cautley, FRS, 1802–1871, Engineer and Palaeontologist', *Notes and Records of the Royal Society*, XXXIV (1980), pp. 185–225

Buchanan [Hamilton], Francis, *An Account of the Fishes Found in the River Ganges and its Branches* (Edinburgh, 1822)

Burkill, I. H., *Chapters on the History of Botany in India* (Delhi, 1965)

Burt, Adam, 'On the Dissection of the Pangolin, in a Letter to General Carnac from Adam Burt, communicated by the General', *Asiatick Researches*, II (1790), pp. 353–8

Burton, Antony, *Vision and Accident: The Story of the Victoria and Albert Museum* (London, 1999)

Calendar of the Court Minutes, Calendar of the Court Minutes etc: of the East India Company, 1664–1667, ed. E. B. Sainsbury (Oxford, 1925)

Carson, Penelope, 'Grant, Charles (1746–1823)', *Oxford Dictionary of National Biography* (Oxford, 2004–16), vol. XXIII, pp. 290–93

Catalogue of the Art Treasures, Catalogue of the Art Treasures of the United Kingdom collected at Manchester in 1857 (Manchester, 1857)

Catalogue of the Great Exhibition, Official Descriptive and Illustrated Catalogue of the

Great Exhibition of the Works of Industry of all Nations, part IV: *Colonies – Foreign States, Division I* (London, 1851)

Catalogue of the Leverian Museum, Catalogue of the Leverian Museum . . . The Sale of the Entire Collection (by Messrs King and Lochee) (London, 1806)

Cawood, John, 'The Magnetic Crusade: Science and Politics in Early Victorian Britain', *Isis*, LXX/254 (1979), pp. 493–518

Chakrabarti, Pratik, '"Europe does not Want You so much as India": Science, Liminality and Spirituality in the Coromandel', unpublished paper presented to the workshop Mission, Science and Medicine in Colonial South Asia (2011)

Chambers, William, 'Some Account of the Sculptures and Ruins of Mavalipuram . . .', *Asiatick Researches*, I (1788), pp. 145–70

Chanda, Ramaprasad, '"Hindoo" Stuart: A Forgotten Worthy and his Tomb', *Bengal Past and Present*, L (1935), pp. 52–5

Chatterjee, Sria, 'People of Clay: Portrait Objects in the Peabody Essex Museum', *Museum History Journal*, VI (2013), pp. 203–21

Christie's, *A Catalogue of Indian Idols, Indian Paintings, Drawings, &c. which were collected by Mr Simpson, during a Long Residence in India, in the Company's Service* (London, 1792)

Clarke, Michael and Penny, Nicholas, *The Arrogant Connoisseur: Richard Payne Knight, 1751–1824* (Manchester, 1982)

Clifford, Helen, 'Chinese Wallpaper: An Elusive Element in the British Country House', blogs.ucl.ac.uk/eicah/2013/02/12/chinese-wallpaper, December 2013

—, 'The Dundas Property Empire and Nabob Taste: Accommodating the East: Sir Lawrence Dundas as Nabob of the North?', at blogs.ucl.ac.uk/eicah/files/2013/02/Aske-Hall, February 2013

Cocker, Mark, and Carol Inskipp, *A Himalayan Ornithologist: The Life and Work of Brian Houghton Hodgson* (Oxford, 1988)

Cohen, Steven, 'Materials and Making', in *The Fabric of India*, ed. Rosemary Crill, exh. cat., Victoria and Albert Museum, London (2015), pp. 14–75

Cohn, Bernard S., *Colonialism and its Forms of Knowledge: The British in India* (Princeton, NJ, 1996)

Colebrooke, Henry Thomas, 'Botanical Observations on Select Indian Plants', *Asiatick Researches*, IV (1801), pp. 231–303

Colebrooke, Sir T. E., *The Life of H. T. Colebrooke* (London, 1873)

Collar, N. J. and R. P. Prys-Jones, 'Pioneer of Asian Ornithology: Allan Octavian Hume', *BirdingAsia*, XVII (2012), pp. 17–43

Conner, Patrick, *Oriental Architecture in the West* (London, 1979)

—, *George Chinnery, 1774–1852: Artist of India and the China Coast* (Woodbridge, 1993)

Cornish, Caroline, 'Curating Science in an Age of Empire: Kew's Museum of Economic Botany', PhD thesis, Royal Holloway, University of London (2013)

—, 'Curating Global Knowledge: The Museum of Economic Botany at Kew Gardens', in *Spaces of Global Knowledge: Exhibition, Encounter and Exchange in an Age of Empire*, ed. D. A. Finnegan and J. J. Wright (London, 2015), pp. 119–42

Cotton, Evan, '"Hindoo" Stuart', *Bengal, Past and Present*, XLVI (1933), pp. 32–3

—, '"Hindoo" Stuart: A Discovery at the British Museum', *Bengal, Past and Present*, XLVIII (1934), pp. 78–80

Cowie, Helen, *Exhibiting Animals in Nineteenth-century Britain: Empathy, Education, Entertainment* (Basingstoke, 2014)

Crawford, D. G., *A History of the Indian Medical Service 1600–1913* (London, 1914)

—, *Roll of the Indian Medical Service, 1615–1930* (London, 1930)

Cribb, Joe, 'Rediscovering the Kushans', in *From Persepolis to the Punjab: Exploring Ancient*

Iran, Afghanistan and Pakistan, ed. E. Errington (London, 2007), pp. 179–210

Crill, Rosemary, *Chintz: Indian Textiles for the West* (London, 2008)

—, ed., *The Fabric of India*, exh. cat., Victoria and Albert Museum, London (2015)

Cronk, Q.C.B., *The Endemic Flora of St Helena* (Oswestry, 2000)

Cumming, Edward M., and David J. Carter, 'The Earl of Abergavenny (1805), an Outward Bound English East Indiaman', *International Journal of Nautical Archaeology and Underwater Exploration*, XIX/1 (1990), pp. 31–3

Cutbush, Edward, 'On Cochineal', *Archives of Useful Knowledge*, I (1811), pp. 257–73

Dalrymple, Alexander, 'Journal of a Voyage to the East Indies, in the Ship Grenville, Captain Burnet Abercrombie, in the Year 1775', *Philosophical Transactions*, LXVIII (1778), pp. 389–418

—, 'Account of a Curious Pagoda near Bombay, Drawn up by Captain Pyke . . . This Extract was made from the Captain's Journal in Possession of the Honourable the East-India Company', *Archaeologia*, VII (1780), pp. 323–32

Dalrymple, William, *White Mughals: Love and Betrayal in Eighteenth-century India* (London, 2002)

Daniell, Thomas, and William Daniell, *Oriental Scenery* (London, 1795–1815)

Dandy, J. E., *The Sloane Herbarium: An Annotated List of the Horti Sicci composing it; With Biographical Accounts of the Principal Contributors* (London, 1958)

Datta, Ann, and Carol Inskipp, 'Zoology . . . amuses me much', in *The Origins of Himalayan Studies: Brian Houghton Hodgson in Nepal and Darjeeling, 1820–1858*, ed. David M. Waterhouse (London and New York, 2004), pp. 134–53

Davis, John R., *The Great Exhibition* (Stroud, 1999)

Davis, Richard H., *Lives of Indian Images* (Princeton, NJ, 1997)

De Candolle, Roger, and Alan Radcliffe-Smith, 'Nathaniel Wallich . . . (1786–1854) and the Herbarium of the Honourable East India Company . . .', *Botanical Journal of the Linnean Society*, LXXXIII (1981), pp. 325–48

Derham, William, *Philosophical Letters between the Learned Mr Ray and Several of his Ingenious Correspondents . . .* (London, 1718)

Desmond, Ray, *The India Museum, 1801–1879* (London, 1982)

—, *The European Discovery of the Indian Flora* (Oxford, 1992)

Dewan, Janet, 'Linnaeus Tripe: Critical Assessments and other Notes', *Photographic Collector*, V/1 (1984), pp. 47–65

Driver, Felix, 'Face to Face with Nain Singh: The Schlagintweit Collections and their Uses', in *Naturalists in the Field: Collecting, Recording and Preserving the Natural World from the Fifteenth to the Twenty-first Century*, ed. A. MacGregor (Leiden and Boston, 2018), pp. 441–69

Driver, Felix, and Sonia Ashmore, 'The Mobile Museum: Collecting and Circulating Indian Textiles in Victorian Britain', *Victorian Studies*, LII (2010), pp. 353–85

D'Souza, Florence, *Knowledge, Mediation and Empire: James Tod's Journeys among the Rajputs* (Manchester, 2015)

Duncan, Jonathan, 'An Account of Two Fakeers, with their Portraits', *Asiatick Researches*, V (1798), pp. 37–48

[Duncan, Philip Bury], *A Catalogue of the Ashmolean Museum, Descriptive of the Zoological Specimens, Antiquities, Coins, and Miscellaneous Curiosities* (Oxford, 1836)

The East India Museum; A Description of the Museum and Library of the Honourable East India Company, Leadenhall Street (London, 1851)

Eaton, Natasha, 'Hodges's Visual Genealogy for Colonial India', in *William Hodges, 1744–1797: The Art of Exploration*, ed. G. Quilley and J.

Bonehill, exh. cat., National Maritime Museum, London, and Yale Center for British Art, New Haven (2004), pp. 35–48

Edney, Matthew H., *Mapping an Empire: The Geographical Construction of British India, 1765–1843* (Chicago, IL, and London, 1997)

Edwardes, Michael, *The Nabobs at Home* (London, 1991)

Edwards, George, *Natural History of Uncommon Birds, and of Some Other Rare and Undescribed Animals* (London, 1743–51)

Egan, G., 'Leaden Seals: Evidence for EIC Trade in Textiles', *International Journal of Nautical Archaeology and Underwater Exploration*, XIX/1 (1990), pp. 87–9

Egerton, Judy, *George Stubbs, 1724–1806*, exh. cat., Tate Gallery, London (1984)

—, *George Stubbs, Painter: Catalogue Raisonné* (New Haven, CT, and London, 2007)

Egerton, Hon. Wilbraham, *An Illustrated Handbook of Indian Arms; Being a Classified and Descriptive Catalogue of the Arms Exhibited at the India Museum* (London, 1880, 2nd edn 1896)

Eliot, John, 'Observations on the Inhabitants of the Garrow Hills, made during a Publick Deputation in the Years 1788 and 1789', *Asiatick Researches*, III (1792), pp. 17–37

Elliot, C. M., 'Magnetic Survey of the Eastern Archipelago', *Philosophical Transactions of the Royal Society*, CXLI (1851), pp. 287–331

Ellis, John, *Directions for bringing over Plants, from the East-Indies and other Distant Countries, in a State of Vegetation* (London, 1770)

—, *Description of the Mangostan and the Breadfruit: The First, Esteemed one of the most Delicious; the Other the most Useful of all the Fruits in the East Indies* (London, 1775)

Encyclopædia Londinensis, Encyclopædia Londinensis; or, a Universal Dictionary of Arts, Sciences, and Literature (London, 1815)

Errington, Elizabeth, ed., *From Persepolis to the Punjab: Exploring Ancient Iran, Afghanistan and Pakistan* (London, 2007)

Evelyn, John, *The Diary of John Evelyn*, ed. E. S. De Beer (Oxford, 1955)

Falconer, Hugh, and Sir Proby T. Cautley, *Fauna Antiqua Sivalensis, being the Fossil Zoology of the Sivalik Hills in the North of India* (London, 1845–9)

Falconer, John, 'Ethnographical Photography in India 1850–1900', *Photographic Collector*, V/1 (1984), pp. 16–45

—, *India: Pioneering Photographers, 1850–1900* (London, 2001)

—, '"A Pure Labor of Love": A Publishing History of *The People of India*', in *Colonialist Photography: Imag(in)ing Race and Place*, ed. E. M. Hight and G. D. Sampson (London and New York, 2002), pp. 51–83

Farebrother, Clark and Lye, *Daylesford House, Worcestershire: A Catalogue of the Valuable Contents of the Mansion . . . which will be Sold by Auction by Messrs Farebrother, Clark & Rye* (London, 1853)

Fawcett, Sir Charles, 'The Striped Flag of the East India Company, and its Connexion with the American "Stars and Stripes"', *Mariner's Mirror*, XXIII/4 (1937), pp. 449–76

Fay, C. R., *Palace of Industry, 1851* (Cambridge, 1951)

Fenton, Roger, 'Photography in France', *The Chemist*, new ser. 4 (1852), pp. 221–2

Fergusson, James, *Illustrations of the Rock-cut Temples of India* (London, 1845)

—, *The Rock-cut Temples of India: Illustrated by Seventy-four Photographs Taken on the Spot by Major Gill* (London, 1864)

Festing, Sally, 'Menageries and the Landscape Garden', *Journal of Garden History*, VIII (1988), pp. 104–17

Finkelstein, Gabriel, '"Conquerors of the Künlün"? The Schlagintweit Mission to High Asia, 1854–57', *History of Science*, XXXVIII (2000), pp. 179–218

Finn, Margot, and Kate Smith, eds, *The East India Company at Home, 1757–1857* (London, 2018)

Fisch, Jörg, 'A Solitary Vindicator of the Hindus: The Life and Writings of General Charles Stuart (1757/58–1828)', *Journal of the Royal Asiatic Society* (1985), pp. 35–57

Forbes, James, *Oriental Memoirs . . . Written during Seventeen Years Residence in India* (London, 1813)

Forbes Watson, John, *Index to the Native and Scientific Names of Indian and other Eastern Economic Plants and Products* (London, 1866)

—, *The Textile Manufactures and the Costumes of the People of India* (London, 1866)

—, 'On the Extension of Commerce between the United Kingdom and India, and on the Development of Resources of both Countries by Means of Trade Museums', *Journal of the Royal Society of Arts*, XVI (1868), pp. 225–33

—, *Collection of Specimens and Illustrations of the Textile Manufactures of India*, 2nd ser. (London, 1873–80)

—, *On the Measures Required for the Efficient Working of the India Museum and Library, with Suggestions for the Foundation, in Connection with them, of an Indian Institute . . .* (London, 1874)

—, and John William Kaye, *The People of India: A Series of Photographic Illustrations, with Descriptive Letterpress, of the Races and Tribes of Hindustan* (London, 1868–72)

Foster, Sir William, 'The Pictures, etc., of the Royal Asiatic Society', *Journal of the Royal Asiatic Society* (1924), pp. 81–91

—, *John Company* (London, 1926)

—, 'British Artists in India, 1760–1820', *Walpole Society*, XIX (1930–31), pp. 1–88

Franklin, Michael J., 'Jones, Sir William (1746–1794)', *Oxford Dictionary of National Biography* (Oxford, 2004–16), vol. XXX, pp. 665–74

Franks, Augustus Wollaston, *List of Drawings from the Amaravati Tope, Southern India, made for Colonel C. Mackenzie, 1816–1819* (London, 1881)

Gaenszle, Martin, 'Brian Hodgson as Ethnographer and Ethnologist', in *The Origins of Himalayan Studies: Brian Houghton Hodgson in Nepal and Darjeeling, 1820–1858*, ed. David M. Waterhouse (London and New York, 2015), pp. 206–26

Gough, Richard, *A Comparative View of the Antient Monuments of India, Particularly those in the Island of Salset near Bombay . . .* (London, 1785)

Graham, Maria, *Journal of a Residence in India* (Edinburgh, 1812)

Gray, J. E., *Illustrations of Indian Zoology . . . from the collection of Major General Hardwicke* (London, 1830–34)

Griffith, W. G., *Journals of Travels to Assam, Burma, Bootan, Affghanistan and the Neighbouring Countries* (Calcutta, 1847)

Grigson, Caroline, 'New Information on Indian Rhinoceroses (*Rhinoceros unicornis*) in Britain in the Mid-eighteenth Century', *Archives of Natural History*, XLII/1 (2015), pp. 76–84

—, *Menagerie: The History of Exotic Animals in England* (Oxford, 2016)

Grindlay, Robert M., 'An Account of Some Sculptures in the Cave Temples at Ellora', *Transactions of the Royal Asiatic Society* (1830), pp. 326–7

—, 'Observations on the Sculptures in the Cave Temples at Ellora', *Transactions of the Royal Asiatic Society* (1830), pp. 487–90

Gunnis, Rupert, *Dictionary of British Sculptors, 1660–1851* (London, 1953)

Hambling, Andrew, *The East India College at Haileybury, 1806–1857* (Haileybury, 2005)

Hamilton, Francis Buchanan, *Account of the Fishes Found in the River Ganges and its Branches* (Edinburgh, 1822)

—, 'Description of the Ruins of Buddha Gáya', *Transactions of the Royal Asiatic Society*, II (1829), pp. 40–51

Hardgrave, Robert L., *A Portrait of the Hindus: Balthazar Solvyns and the European Image of India, 1760–1824* (Ahmedabad and New York, 2004)

Harle, James, 'An Indian "Gonga"', *The Ashmolean*, II (1983), pp. 6–7

Harris, Luke, 'The Cobbes in India', in *The Cobbe Cabinet of Curiosities: An Anglo-Irish Country House Museum*, ed. A. MacGregor (New Haven, CT, and London, 2015), pp. 296–315

Hazlitt, Gooden & Fox, *Indian Painting for British Patrons, 1770–1860*, exh. cat., Hazlitt, Gooden & Fox, London (1991)

Head, Raymond, 'From Obsession to Obscurity: Colonel Robert Smith: Artist, Architect and Engineer. I', *Country Life*, CLXIX/4370 (1981), pp. 1432–4

—, 'Indian Fantasy in Devon: Colonel Robert Smith: Artist, Architect and Engineer. II', *Country Life*, CLXIX/4371 (1981), pp. 1524–8

—, 'Sezincote: A Paradigm of the Indian Style', unpublished MA thesis, Royal College of Art, London (1982)

Hertz, Bram, *Catalogue of the Collection of Assyrian, Babylonian, Egyptian, Greek, Etruscan, Roman, Indian, Peruvian and Mexican Antiquities formed by B. Hertz* (London, 1851)

Hevia, J. L., 'Looting Beijing: 1860, 1900', in *Tokens of Exchange. The Problem of Translation in Global Circulations*, ed. L. H. Liu (Durham and London, 1999), pp. 192–213

Heyne, Benjamin, *Tracts, Historical and Statistical, of India; With Journals of several Tours, through Various Parts of the Peninsula* (London, 1814)

Hill, Katrina, 'Collecting on Campaign: British Soldiers in China during the Opium Wars', *Journal of the History of Collections*, XXV (2013), pp. 227–52

Historical Records of the Survey of India (London, 1945–)

Hodges, William, *Select Views in India, Drawn on the Spot, in the Years 1780, 1781, 1782, and 1783, and Executed in Aqua Tinta* (London, 1785–8)

—, *Travels in India during the Years 1780, 1781, 1782 and 1783* (London, 1793)

Hooker, Joseph D., *Himalayan Journals; or, Notes of a Naturalist* (London, 1854; repr. 1891)

Horsfield, Thomas, *A Descriptive Catalogue of the Lepidopterous Insects in the Museum of the Honourable East India-Company*, part I (London, 1828)

—, *A Catalogue of the Mammalia in the Museum of the Hon. East-India Company* (London, 1851)

Howes, Jennifer, *Illustrating India: The Early Colonial Investigations of Colin Mackenzie, 1784–1821* (Oxford, 2010)

Hunter, William, 'An Account of the Nyl-ghau, an Indian Animal, not Hitherto Described', *Philosophical Transactions*, LXI (1771), pp. 170–81

Hunter, Sir William Wilson, *Life of Brian Houghton Hodgson, British Resident at the Court of Nepal* (London, 1896)

Hyde, H. Montgomery, 'Dr George Govan and the Saharanpur Botanical Gardens', *Journal of the Royal Central Asian Society*, XLIX, pt. 1 (1962), pp. 47–57

Indian Heritage, The Indian Heritage: Court Life and Arts under Mughal Rule, exh. cat., Victoria and Albert Museum, London (1982)

Irwin, John, *The Girdlers Carpet* (London, 1962)

Isaacs, Ralph, and T. Richard Blurton, *Visions from the Golden Land: Burma and the Art of Lacquer* (London, 2000)

Ives, Edward, *A Voyage from England to India in the Year MDCCLIV* (London, 1754)

Jaffer, Amin, *Furniture from British India and Ceylon: A Catalogue of the Collections of the Victoria and Albert Museum and the Peabody Essex Museum* (London, 2001)

—, *Luxury Goods from India: The Art of the Indian Cabinet-maker* (London, 2002)

James, Diane, 'A Fairy Palace in Devon: Redcliffe Towers, Built by Colonel Robert Smith (1787–1873), Bengal Engineers', blogs.ucl.ac.uk/eicah/files/2014/07/Redcliffe (July 2014)

Jasanoff, Maya, 'Collectors of Empire: Objects, Conquests and Imperial Self-fashioning', *Past and Present*, CLXXXIV (2004), pp. 109–35

Jenkins, Ian, 'James Stephanoff and the British Museum', *Apollo*, CXXI/1 (1985), pp. 174–81

Jensen, Niklas Thode, 'Science without Empire? The "Tranquebarian Society" between Government, Mission and Tamil Society', unpublished paper presented to the workshop Mission, Science and Medicine in Colonial South Asia (2011)

Jones, Sir William, 'On the Gods of Greece, Italy, and India . . .', *Asiatick Researches*, I (1788), pp. 221–75

Jonville, Eudelin de, *Quelques notions sur l'Isle de Ceylan / Some Notions about the Island of Ceylon*, ed. M.-H. Estève and P. Fabry (Colombo, 2012)

Kaeppler, Adrienne L., *Holophusicon: The Leverian Museum: An Eighteenth-century English Institution of Science, Curiosity, and Art* (Altenstadt, 2011)

Kattenhorn, Patricia, 'Sketching from Nature: Soldier Artists in India', in *Under the Indian Sun: British Landscape Artists*, ed. P. Rohatgi and P. Godrej (Bombay, 1995), pp. 17–30

Keast, J., ed., *The Travels of Peter Mundy, 1597–1667* (Redruth, 1984)

Keating, Jessica, and Lia Markey, '"Indian" Objects in Medici and Austrian-Habsburg Inventories: A Case-study of the Sixteenth-century Term', *Journal of the History of Collections*, XXIII (2011), pp. 283–300

Kisling, Vernon N., 'Colonial Menageries and the Exchange of Exotic Faunas', *Archives of Natural History*, XXV (1998), pp. 303–20

Kleidt, Stephanie, 'List und Last: Die Sammlungen der Gebrüder Schlagintweit', in *Über den Himalaya: Die Expedition der Brüder Schlagintweit nach Indien und Zentralasien 1854 bis 1858*, ed. M. von Brescius, F. Kaiser and S. Kleidt (Cologne, 2015), pp. 113–37

Knight, Richard Payne, *An Account of the Remains of the Worship of Priapus* (London, 1786)

Knox, Robert, *Amaravati: Buddhist Sculpture from the Great Stūpa* (London, 1992)

Kumar, Deepak, 'The Evolution of Colonial Science in India: Natural History and the East India Company', in *Imperialism and the Natural World*, ed. J. M. MacKenzie (Manchester, 1990), pp. 51–66

Laird, Mark, *A Natural History of English Gardening, 1650–1800* (New Haven, CT, and London, 2015)

Lawson, Philip, *The East India Company: A History* (London, 2014)

Lazenbatt, Kathy, 'The Roots and Beginnings of the Royal Asiatic Society of Great Britain and Ireland', in *India East / West: The Age of Discovery in Late Georgian India as seen through the Collections of the Royal Asiatic Society, London*, ed. J. Sokoly and A. Ohta, exh. cat., RAS, London, and Virginia Commonwealth University in Qatar, Qatar (2010), pp. 30–37

Losty, J. P., '"The Architectural Monuments of Buddhism": Hodgson and the Buddhist Architecture of the Kathmandu Valley', in *The Origins of Himalayan Studies: Brian Houghton Hodgson in Nepal and Darjeeling, 1820–1858*, ed. David M. Waterhouse (London and New York, 2004), pp. 77–110

——, *Picturesque Views of India: Sita Ram, Lord Hastings's Journey from Calcutta to the Punjab, 1814–15* (New Delhi, 2015)

Lynch, Brendan, 'Irish Patrons and Collectors of Indian Art', *GPA Irish Arts Review Yearbook* (1988), pp. 169–84

Lyons, Agnes M. M., 'The Textile Fabrics of India and Huddersfield Industry', *Textile History*, XXVII (1996), pp. 172–94

MacDonald, Donald, *Surgeons Twoe and a Barber* (London, 1950)

MacGregor, Arthur, et al., *Ashmolean Museum, Oxford: Manuscript Catalogues of the Early*

Museum Collections 1683–1886 (Part 1) (Oxford, 2000)

—, *Curiosity and Enlightenment: Collectors and Collections from the Sixteenth to the Nineteenth Century* (New Haven, CT, and London, 2007)

—, *Animal Encounters: Human and Animal Interaction in Britain from the Norman Conquest to World War One* (London, 2012)

—, 'Patrons and Collectors: Contributors of Zoological Subjects to the Works of George Edwards (1694–1773)', *Journal of the History of Collections*, XXVI (2014), pp. 35–44

—, 'European Enlightenment in India: An Episode of Anglo-German Collaboration in the Natural Sciences on the Coromandel Coast, Late 1700s–Early 1800s', in *Naturalists in the Field: Collecting, Recording and Preserving the Natural World from the Fifteenth to the Twenty-first Century*, ed. A. MacGregor (Leiden and Boston, 2018), pp. 365–92

—, ed., *The Cobbe Cabinet of Curiosities: An Anglo-Irish Country House Museum* (New Haven, CT, and London, 2015)

Mackenzie, Colin, 'Biographical Sketch of the Literary Career of the late Colonel Colin Mackenzie . . . contained in a Letter addressed by him to the Right Hon. Sir Alexander Johnston', *Journal of the Royal Asiatic Society* (1834), pp. 333–64

Mackenzie, W. C., *Colonel Colin Mackenzie, First Surveyor-General of India* (Edinburgh and London, 1952)

Mackillop, Andrew, 'The Highlands and the Returning Nabob: Sir Hector Munro of Novar, 1760–1807', in *Emigrant Homecomings: The Return Movement of Emigrants, 1600–2000*, ed. M. Harper (Manchester, 2005), pp. 233–61

Mcnair, James B., 'Thomas Horsfield: American Naturalist and Explorer', *Torreya*, XLII/1 (1942), pp. 1–9

Magalotti, Lorenzo, *Travels of Cosmo III, Grand Duke of Tuscany, through England (1669)* (London, 1821)

Magee, Judith, *Images of Nature: The Art of India* (London, 2013)

Majumdar, Susmita Basu, *Kalighat Hoard: The First Gupta Coin Hoard from India* (Calcutta, 2014)

Malins, Edward, 'Indian Influences on English Houses and Gardens at the Beginning of the Nineteenth Century', *Garden History*, VIII (1980), pp. 46–66

Markham, C. R., ed., *The Voyages of Sir James Lancaster, Kt., to the East Indies*, Hakluyt Society, LVI (London, 1877)

Marsden, William, *Numismata Orientalia Illustrata: The Oriental Coins, Ancient and Modern, of his Collection . . .* (London, 1823–5)

Martin, M., ed., *The Despatches, Minutes, and Correspondence of the Marquess Wellesley, KG*, vol. IV (London, 1837)

Maskiell, Michelle, 'Consuming Kashmir: Shawls and Empires, 1500–2000', *Journal of World History*, XIII/1 (2002), pp. 27–65

Mathew, J., 'Edward Blyth, John M'Clelland, the Curatorship of the Asiatic Society's Collections and the Origins of the *Calcutta Journal of Natural History*', *Archives of Natural History*, XLII (2015), pp. 265–78

Meenan, James, and Desmond Clarke, *The Royal Dublin Society, 1731–1981* (Dublin, 1981)

Millar, Oliver, ed., *Abraham van der Doort's Catalogue of the Collections of Charles I*, Walpole Society, XXXVII (1960)

Mitra, Rajendralala, 'Part 1: History of the Society', in *Centenary Review of the Asiatic Society of Bengal, from 1784 to 1883* (Calcutta, 1885), pp. 1–195

Mitter, Partha, *Much Maligned Monsters: History of European Reactions to Indian Art* (Oxford, 1977)

—, 'European Responses to the Sacred Art of India', in *Enlightening the British: Knowledge, Discovery and the Museum in the Eighteenth Century*, ed. R.G.W. Anderson, M. L. Caygill, A. G. MacGregor and L. Syson (London, 2003), pp. 119–26

Moor, Edward, *The Hindu Pantheon* (London, 1810)

Moore, D. T., 'Geological Collectors and Collections of the India Museum, London, 1801–79', *Archives of Natural History*, X (1982), pp. 399–427

—, 'New Light on the Life and Indian Geological Work of H. W. Voysey (1791–1824)', *Archives of Natural History*, XII (1985), pp. 107–14

Mukherjee, S. N., *Sir William Jones: A Study in Eighteenth-century British Attitudes to India*, 2nd edn (London and Hyderabad, 1987)

Müller-Bahlke, Thomas, *Die Wunderkammer der Franckeschen Stiftungen*, 2nd edn (Halle, 2012)

Murphy, Veronica, 'Europeans and the Textile Trade', in *The Arts of India: 1550–1900*, ed. J. Guy and D. Swallow (London, 1990), pp. 153–71

Murray, David, *Museums, their History and their Use* (Glasgow, 1904)

Naggs, Fred, 'William Benson and the Early Study of Land Snails in British India and Ceylon', *Archives of Natural History*, XXIV (1997), pp. 37–88

Nair, Savithri Preetha, 'Tranquebar Missionaries at the Tanjore Court: Science, Medicine and Enlightenment at the Turn of the 19th Century', unpublished paper presented to the workshop Mission, Science and Medicine in Colonial South Asia (2011)

—, '"... to be serviceable and profitable for their health": A Seventeenth-century English Herbal of East Indian Plants owned by Sloane', in *From Books to Bezoars: Sir Hans Sloane and his Collections*, ed. A. Walker, A. MacGregor and M. Hunter (London, 2012), pp. 105–19

Nechtman, T. W., *Nabobs: Empire and Identity in Eighteenth-century Britain* (Cambridge, 2010)

Nelson, E. Charles, 'From Tubs to Flying Boats: Episodes in Transporting Living Plants', in *Naturalists in the Field: Collecting, Recording and Preserving the Natural World from the Fifteenth to the Twenty-first Century*, ed. A. MacGregor (Leiden and Boston, 2018), pp. 578–606

Nenadic, Stana, 'Exhibiting India in Nineteenth-century Scotland and the Impact on Commerce, Industry and Popular Culture', *Journal of Scottish Historical Studies*, XXXIV (2014), pp. 67–89

Noltie, Henry J., *The Dapuri Drawings: Alexander Gibson and the Bombay Botanic Gardens* (Edinburgh and Woodbridge, 2002)

—, *Robert Wight and the Illustration of Indian Botany*, Linnean Society, Special Issue 6 (London, 2006)

—, *Robert Wight and the Drawings of Rungiah & Govindoo*, bk I (Edinburgh, 2007)

—, *Raffles' Ark Redrawn: Natural History Drawings from the Collection of Sir Stamford Raffles* (Edinburgh and London, 2009)

—, 'Gavin Hamilton of Calcutta and the Nicobar Breadfruit', *Journal of the Royal Asiatic Society*, 3rd ser. 25 (2015), pp. 669–83

—, *The Cleghorn Collection: South Indian Botanical Drawings, 1845 to 1850* (Edinburgh, 2016)

Official Catalogue of the Great Exhibition of the Works of Industry of all Nations (London, 1851)

Official Catalogue, Industrial Department, International Exhibition, 1862 (London, 1862)

Ogborn, Miles, *Indian Ink: Script and Print in the Making of the East India Company* (Chicago, IL, and London, 2007)

Ogilby, John, *The Relation of His Majestie's Entertainment passing through the City of London, to his Coronation* (London, 1661)

Oldenburg, Henry, *The Correspondence of Henry Oldenburg*, ed. A. R. Hall and M. B. Hall (Madison, Milwaukee and London, 1965–71)

Parsons, James, 'A Letter from Dr Parsons ... Containing the Natural History of the Rhinoceros', *Philosophical Transactions of the Royal Society*, XLII (1743), pp. 523–41

—, 'Some Account of the Animal sent from the

East Indies, by General Clive, to . . . the Duke of Cumberland, which is now in the Tower of London: in a Letter from James Parsons to the Rev. Thomas Birch', *Philosophical Transactions of the Royal Society*, LI (1760), pp. 648–52

Patel, Divia, 'Robert Gill and his Circle of Friends in India', *History of Photography*, XXXII (2008), pp. 326–37

Pennant, Thomas, *Outlines of the Globe*, vol. I (London, 1798)

Pepys, Samuel, *The Diary of Samuel Pepys: A New and Complete Transcription*, ed. R. Latham and W. Matthews, vol. IV (London, 1985)

Petiver, James, *Musei Petiveriani* (London, 1695–1703)

Pevsner, N., *The Buildings of England: The North Riding* (Harmondsworth, 1966)

Phillimore, R. H., *Historical Records of the Survey of India* (Dehra Dun, 1945–54)

Quilley, Geoff, 'Hodges and India', in *William Hodges 1744–1797: The Art of Exploration*, ed. Geoff Quilley and John Bonehill, exh. cat., National Maritime Museum, London, and Yale Center for British Art, New Haven (2004), pp. 137–86

—, and John Bonehill, eds, *William Hodges, 1744–1797: The Art of Exploration*, exh. cat., National Maritime Museum, London, and Yale Center for British Art, New Haven (2004)

Qureshi, Sadiah, 'Tipu's Tiger and the Images of India, 1799–2010', in *Curating Empire: Museums and the British Imperial Experience*, ed. S. Longair and J. M. McAleer (Manchester, 2012)

Raffles, Lady Sophia, *Memoir of the Life and Public Services of Sir Thomas Stamford Raffles, FRS &c.* (London, 1830)

Raj, Kapil, 'Colonial Encounters and the Forging of New Knowledge and National Identities: Great Britain and India, 1760–1850', *Osiris*, 2nd ser. 15 (2000), pp. 119–34

—, *Relocating Modern Science: Circulation and the Construction of Knowledge in South Asia and Europe, 1650–1900* (Basingstoke, 2007)

Ramamurthy, Anandi, 'Orientalism and the "Paisley" Pattern', in *Disentangling Textiles: Techniques for the Study of Designed Objects*, ed. M. Schoeser and C. Boydell (Manchester, 2002), pp. 121–33

Ratcliff, Jessica, 'The East India Company, the Company's Museum and the Political Economy of Natural History in the early Nineteenth Century', *Isis*, CVII (2016), pp. 495–517

Reports of the Juries, Exhibition of the Works of Industry of all Nations, 1851: Reports of the Juries on the Subjects of the Thirty Classes into which the Exhibition was Divided (London, 1852)

Reynolds, Sir Joshua, *Discourses on Art*, ed. R. R. Wark (London and New Haven, CT, 1997)

Richardson, Thom, and Natasha Bennett, 'The East India Company Gift to the Tower of London in 1853', in *East Meets West: Diplomatic Gifts of Arms and Armour between Europe and Asia*, ed. T. Richardson (London, 2013), pp. 112–38

Robb, P. G., 'Mackenzie, Colin (1753–1821)', *Oxford Dictionary of National Biography* (Oxford, 2004–16), vol. XXXV, pp. 565–7

Roberts, Jane, ed., *George III and Queen Charlotte: Patronage, Collecting and Court Taste* (London, 2004)

Robertson, James, '"Knowledgeable Readers": Jamaican Critiques of Sloane's Botany', in *From Books to Bezoars: Sir Hans Sloane and His Collections*, ed. A. Walker, A. MacGregor and M. Hunter (London, 2012), pp. 80–89

Robins, George, *A Catalogue of the Classic Contents of Strawberry Hill Collected by Horace Walpole* (London, 1842)

Robinson, W. R., *Robinson's Guide to Richmond* (Richmond, 1833)

Robinson, Tim, *William Roxburgh: The Founding Father of Indian Botany* (Chichester, 2008)

Rohatgi, Pauline 'Preface to a Lost Collection. The Pioneering Art of Francis Swain Ward', in *Under the Indian Sun: British Landscape Artists*, ed. P. Rohatgi and P. Godrej (Bombay, 1995), pp. 31–52

Rookmaaker, Kees, John Gannon and Jim Monson, 'The Lives of Three Rhinoceroses Exhibited in London, 1790–1814', *Archives of Natural History*, XLII (2015), pp. 279–300

Rottler, Johan Peter [with notes by C. L. Wildenow], 'Botanische Bemerkungen auf der Hin- und Rückreise von Trankenbar nach Madras', *Gesellschaft Naturforschender Freunde zu Berlin*, new ser. 4 (1803), pp. 180–224

Roxburgh, William, 'Directions for Taking Care of Growing Plants at Sea', *Transactions of the Society of Arts, Manufactures and Commerce*, XXVII (1809), pp. 237–8

—, *Hortus Bengalensis, or a Catalogue of the Plants Growing in the Honourable East India Company's Botanic Garden at Calcutta*, ed. W. Carey (Serampore, 1814)

—, *Flora Indica; or Descriptions of Indian Plants*, ed. N. Wallich (London, 1820–24)

—, *Flora Indica; or Descriptions of Indian Plants* (Serampore, 1832)

Royle, J. Forbes, *Illustrations of the Botany and other Branches of the Natural History of the Himalayan Mountains and of the Flora of Cashmere*, vol. I (London, 1839)

—, *On the Culture and Commerce of Cotton in India and Elsewhere* (London, 1851)

Rules and Regulations for the Good Government of the Military Seminary established by the East-India Company . . . (London, 1825)

Russell, Patrick, *An Account of Indian Serpents, Collected on the Coast of Coromandel; Containing Descriptions and Drawings of each Species; together with Experiments and Remarks on their Several Poisons* (London, 1796–1809)

—, *Descriptions and Figures of Two Hundred Fishes; Collected at Vizagapatam on the Coast of Coromandel* (London, 1803)

Russell, Patrick, and Everard Home, 'Observations on the Orifices found in Certain Poisonous Snakes, situated between the Nostril and the Eye, with some Remarks on the Structure of those Orifices . . .', *Philosophical Transactions of the Royal Society*, XCIV (1804), pp. 70–76

—, 'Remarks on the Voluntary Expansion of the Skin of the Neck, in the Cobra de Capello or Hooded Snake of the East Indies . . .', *Philosophical Transactions of the Royal Society*, XCIV (1804), pp. 346–52

Salt, Henry, 'Account of the Caves in Salsette', *Transactions of the Literary Society of Bombay*, I (1819), pp. 44–56

Sampson, Gary D., 'Unmasking the Colonial Picturesque: Samuel Bourne's Photographs of Barrackpore Park', in *Colonialist Photography: Imag(in)ing Race and Place*, ed. E. M. Hight and G. D. Sampson (London and New York, 2002), pp. 84–106

Schlagintweit, Hermann von, 'Notes on Some Ethnographical Casts, &c.', *Journal of the Anthropological Society of London*, II (1864), pp. clxxxviii–clxxxix

Schlagintweit, Hermann, Adolphe and Robert de, *Results of a Scientific Mission to India and High Asia . . .* (Leipzig and London, 1861–6)

Science and Art Department of the Committee of Council on Education, South Kensington, *India Museum: Inventory of the Collection of Examples of Indian Art and Manufactures transferred to the South Kensington Museum* (London, 1880)

Sclater, P. L., 'The Zoological Collections in the India House', *Nature*, VII (1873), pp. 457–8

Shaffer, Holly, *Adapting the Eye: An Archive of the British in India, 1770–1830*, exh. cat., Yale Center for British Art, New Haven (2011)

Skelton, Robert, 'The Indian Collections, 1798–1978', *Burlington Magazine*, CXX (1978), pp. 297–304

—, 'Indian Art and Artefacts in Early European Collecting', in *The Origins of Museums: The Cabinet of Curiosities in Sixteenth- and Seventeenth-century Europe*, ed. O. Impey and A. MacGregor (Oxford, 1985), pp. 274–80

Smith, Charlotte H. F., and Michelle Stevenson, 'Modelling Cultures: 19th Century Indian Clay Figures', *Museum Anthropology*, XXXIII (2010), pp. 37–48

Snodin, Michael, and John Styles, *Design and the Decorative Arts: Britain, 1500–1900* (London, 2001)

Sokoly, Jochen, 'Zayn al-Din, Sir William and Lady Anna Maria Jones and their Study of Botany', in Johen Sokoly and Alison Ohta, *India East / West: The Age of Discovery in Late Georgian India as Seen through the Collections of the Royal Asiatic Society, London*, exh. cat., RAS, London, and Virginia Commonwealth University in Qatar, Qatar (2010), pp. 48–75

—, and Alison Ohta, *India East / West: The Age of Discovery in Late Georgian India as Seen through the Collections of the Royal Asiatic Society, London*, exh. cat., RAS, London, and Virginia Commonwealth University in Qatar, Qatar (2010)

Statutes: A Collection of Statutes concerning the Incorporation, Trade, and Commerce of the East India Company . . . (London, 1786)

Steadman, J. M., 'The Asiatick Society of Bengal', *Eighteenth-century Studies*, C (1977), pp. 464–83

Stirling, A., 'An Account, Geographical, Statistical and Historical of Orissa Proper, or Cuttack', *Asiatick Researches*, XV (1825), pp. 163–338

Strachan, Michael, *Sir Thomas Roe, 1581–1644: A Life* (Salisbury, 1989)

Stuebe, Isabel, 'William Hodges and Warren Hastings: A Study in Eighteenth-century Patronage', *Burlington Magazine*, CXV (1973), pp. 659–65

—, *The Life and Works of William Hodges* (New York and London, 1979)

Stronge, Susan, *Tipu's Tigers* (London, 2009)

Supplementary Despatches: Supplementary Despatches and Memoranda of Field Marshall Arthur Duke of Wellington, KG: India, 1797–1805 (London, 1858)

Sutton, Jean, 'The English East India Company: The Historical Perspective', *International Journal of Nautical Archaeology and Underwater Exploration*, XIX/1 (1990), pp. 5–12

Swallow, Deborah, 'The India Museum and the British-India Textile Trade in the Late Nineteenth Century', *Textile History*, XXX (1999), pp. 29–45

Sweet, Jessie M., 'Instructions to Collectors: John Walker (1793) and Robert Jameson (1817); with Biographical Notes on James Anderson (LL.D.) and James Anderson (M.D.)', *Annals of Science*, XXIX (1972), pp. 397–414

Synopsis, Synopsis of the Contents of the British Museum, 27th edn (London, 1832)

Tabular and Descriptive Lists, Tabular and Descriptive Lists of Articles, from the Territories under the Government of Bombay, also from Malwa, Khyrpoor, and Cutch, forwarded to the India House by the Central Committee at Bombay, for the Paris Exhibition of 1855 (Bombay, 1855)

Taylor, Roger, 'The Pioneering Photographic Expeditions of Linnaeus Tripe', in *Captain Linnaeus Tripe, Photographer of India and Burma, 1852–1860*, ed. Roger Taylor and Crispin Branfoot, exh. cat., National Gallery of Art, Washington, DC, and Metropolitan Museum of Art, New York (2014), pp. 5–47

Teissier, Beatrice, 'Asia in 18th-century Edinburgh Institutions: Seen or Unseen?', *Proceedings of the Society of Antiquaries of Scotland*, CXXXIV (2004), pp. 499–556

Teltscher, Kate, *The High Road to China: George Bogle, the Panchen Lama and the First British Expedition to Tibet* (London, 2006)

Thompson, Peter R., *The East India Company and its Coins* (Honiton, 2010)

Tillotson, Giles, *The Artificial Empire: The Indian Landscapes of William Hodges* (Richmond, 2000)

—, 'Hodges and Indian Architecture', in *William Hodges, 1744–1797: The Art of Exploration*, ed. G. Quilley and J. Bonehill, exh. cat., National Maritime Museum, London, and Yale Center for British Art, New Haven (2004), pp. 49–60

Tod, James, 'Remarks on Certain Sculptures in the Cave Temples at Ellora', *Transactions of the Royal Asiatic Society* (1830), pp. 328–39

—, *Annals and Antiquities of Rajast'han, or the Central and Western Rajpoot States of India*, 2nd edn (Madras, 1873)

Tradescant, John, *Musæum Tradescantianum; or, A Collection of Rarities Preserved at South-Lambeth neer London* (London, 1656)

Trautmann, Thomas R., 'Wilkins, Sir Charles (bap. 1749, d. 1836)', *Oxford Dictionary of National Biography* (Oxford, 2004–16), vol. LVIII, pp. 973–5

Tripe, Linnaeus, *Photographs of the Elliot Marbles, and other Subjects in the Central Museum, Madras* (s.l., 1858)

Valentia, Viscount, *Voyages and Travels to India, Ceylon, the Red Sea, Abyssinia and Egypt, in the Years 1802, 1803, 1804, 1805, and 1806* (London, 1809)

Wainwright, Clive, 'Only the True Black Blood', *Furniture History*, XXI (1985), pp. 250–57

Walker, T.E.C., 'The Clives at Claremont', *Surrey Archaeological Collections*, LXV (1968), pp. 91–6

Wallich, Nathaniel, *Plantæ Asiaticæ Rariores; or Descriptions and Figures of a Select Number of Unpublished East Indian Plants* (London, 1832)

—, 'Upon the Preparation and Management of Plants during a Voyage from India', *Transactions of the Horticultural Society of London*, 2nd ser. I (1835), pp. 140–43

Watson, Mark F., and Henry J. Noltie, 'Career, Collections, Reports and Publications of Dr Francis Buchanan (later Hamilton), 1762–1829: Natural History Studies in Nepal, Burma (Mayanmar), Bangladesh and India. Part 1', *Annals of Science*, LXXIII (2016), pp. 392–424

Weinhardt, Carl J., 'The Indian Taste', *Metropolitan Museum of Art*, new ser. 16 no. 7 (1958), pp. 208–16

Welch, Stuart Carey, *Room for Wonder: Indian Painting during the British Period, 1760–1880* (New York, 1978)

Wheeler, Stephen (revd Roger T. Stearn), 'Tod, James (1782–1835)', *Oxford Dictionary of National Biography* (Oxford, 2004–16), vol. LIV, pp. 865–6

Whittle, Stephen, 'Devis, Arthur William (1762–1822)', *Oxford Dictionary of National Biography* (Oxford, 2004–16), vol. XV, pp. 980–81

Wight, Robert ['Richard'], 'Illustrations of Indian Botany Principally of the Southern Parts of the Peninsula', *Botanical Miscellany*, II (1831), pp. 90–97

Willis, Michael D., 'Sculpture from India', in *A. W. Franks: Nineteenth-century Collecting and the British Museum*, ed. M. Caygill and J. Cherry (London, 1997), pp. 250–61

Wingfield, Chris, '"Scarcely more than a Christian Trophy Case"? The Global Collections of the London Missionary Society Museum (1814–1910)', *Journal of the History of Collections*, XXIX (2017), pp. 109–28

Winterbottom, Anna, 'Medicine and Botany in the Making of Madras, 1680–1720', in *The East India Company and the Natural World*, ed. V. Damodaran, A. Winterbottom and A. Lester (Basingstoke, 2015), pp. 35–57

Wise, Henry, *An Analysis of One Hundred Voyages to and from India, China, &., performed by Ships in the Hon.*[ble] *East India Company's Service* (London, 1839)

Wood, Casey A., 'Lady [Elizabeth] Gwillim – Artist and Ornithologist', *Ibis*, LXVII/3 (1925), pp. 594–9

Wornum, Ralph Nicholson, 'The Exhibition as a Lesson in Taste', in *The Crystal Palace Exhibition* [*Art Journal* special issue] (London, 1851), pp. i–xxii

Wulf, Andrea, *The Invention of Nature: The Adventures of Alexander von Humboldt, the Lost Hero of Science* (London, 2015)

Wurtzburg, C. E., *Raffles of the Eastern Isles* (London, 1954; repr. Oxford 1986)

Zimmerman, Andrew, 'Die Gipsmasken der Brüder Schlagintweit: Verkörperung kolonialer Macht', in *Über den Himalaya: Die Expedition der Brüder Schlagintweit nach Indien und Zentralasien 1854–1858*, ed. M. von Brescius et al. (Cologne, 2015), pp. 241–9